화엄경청량소
華嚴經淸凉疏

화엄경청량소

제30권

제9 서다원림법회 ②

[제39 입법계품 ③ - ⑤]

청량징관 저

석반산 역주

일러두기

1. 본 화엄경소초의 번역에 사용된 원본은 봉은사에 소장된 목판 80 권 『화엄경소초회본』이다.

2. 교정본은 민국(民國) 31년(1942) 대만의 화엄소초편인회(華嚴疏鈔編印會)에서 합본으로 교간(校刊)한 『화엄경소초 10권』을 사용하였다. 그리고 원본현토는 화엄학 연구소의 원조각성 강백의 현토본을 참고하였다.

3. 대장경 속에 경전과 합본으로 수록된 것은 없고, 다만 大正大藏經 권35에 『화엄경소 60권』이 있으며 권36에 『화엄경수소연의초(華嚴經隨疏演義鈔) 90권』이 있지만 경의 본문과의 손쉬운 대조를 위해 회본(會本)을 기본으로 하였으며, 일일이 찾아서 대장경과 대조하지는 못하였다.

4. 교재본이라 한 것은 민족사에서 1997년에 발간한 『현토과목 화엄경』(전 4권)을 지칭하며, 원문 인용은 이 본을 기본으로 하였다.

5. 본『청량소』전권에서는 소(疏)의 전문을 해석하였고, 초문(鈔文)은 너무 번다하고 중복되는 부분을 필자가 임의로 생략하였다.

6. 본문의 이해를 돕기 위하여 도표로 작성한 것은 전강 스승이신 봉선사 능엄학림의 월운강백께 허락을 얻어『화엄경과도(華嚴經科圖)』를 준용(準用)한 것이다.

7. 목차(目次)는『화엄경소초』의 과목을 사용하였고『화엄경과도』를 준용하였다. 과목에 이어지는 ( ) 안에는 간편한 대조를 위하여 목판본의 페이지를 표시하였다. 예) 一. 一) (一) 1 1) (1) 가. 가) (가) ㄱ. ㄱ) (ㄱ) a. a) (a) ㊀ ① ㋎ ㉠ ⓐ ㊉ ㉯ Ⓐ ㊁ ① 가 ㄱ ⓐ Ⓐ ㅏ ❶ ❶ 가 ㄱ ⓐ Ⓐ ❷ 1 가 ㄱ a A

8. 목차는 되도록 현대적 번역어로 제목을 삼으려 하였고, 제목에 이어 표기된 아라비아 숫자는 문단의 개수이다.

9. 경과 소문(疏文)은 조금 띄워서 차별화하였고 소문(疏文) 앞에는 ■ 표시를, 초문(鈔文) 앞에는 ● 로 표시하여 번역문을 수록하였다. ❖ 표시는 역자의 견해를 밝힌 부분이다.

10. 경구(經句)의 번역문은 한글대장경과 민족사 간(刊)『화엄경 전10권』을 참고하였고, 소(疏) 문장의 번역은 직역을 원칙으로 하였고, 인용문은 주로 한글대장경의 번역을 따르고자 노력하였다.

11. 본 청량소 번역에 참고한 주요 도서는 다음과 같다.

   (1) 한글대장경『화엄경1, 2, 3』『보살본업경』『대승입능가경』『대반열반경』『보살영락경』; 동국역경원 刊

   (2) 한글대장경『성유식론』『십지경론』『아비달마잡집론』『유가사지론』『대지도론』『섭대승론』『섭대승론석』『대승기신론소별기』『현양성교론』『신화엄경론』; 동국역경원 刊

   (3)『대정신수대장경』; 大正一切經刊行會 刊

(4) 현토과목『화엄경』; 민족사 刊

(5) 『망월대사전』; 세계성전간행협회 刊,『불교학대사전』; 홍법원 刊,『중국불교인명사전』; 明復 編,『인도불교고유명사사전』; 法藏館 刊

(6) 『신완역 주역』; 명문당 刊,『장자』; 신원문화사 刊,『노자도덕경』; 교림 刊,『논어』; 전통문화연구회 編

12. 주)의 교정본 양식

(1) 소초회본; 대만교정본[華嚴疏鈔編印會]

(2) 宋元明淸南續金纂本 등; 소초회본의 출전 소개 양식

『화엄경청량소』 제30권 차례

大方廣佛華嚴經疏鈔 제62권 羽字卷下
제39. 법계에 증득해 들어가는 품[入法界品] ③

    ㄴ. 모든 교법의 모임 ··· 16
    ㄷ. 선재동자의 모임 10. ·· 21
    (ㄱ) 나아가 구함에 다른 점이 있다 ····················· 21
    (ㄴ) 수행으로 들어간 대중이 다르다 ·················· 22
    (ㄷ) 보이는 방위가 다르다 ································ 23
    (ㄹ) 보는 장소로 차별하다 ································ 29
    (ㅁ) 보내고 보내지 못함으로 다르다 ················· 30
    (ㅂ) 찬탄하고 찬탄하지 않음으로 다르다 ··········· 30
    (ㅅ) 추천함과 추천하지 못함으로 다르다 ··········· 31
    (ㅇ) 결론하고 결론하지 못함이 다르다 ·············· 32
    (ㅈ) 가고 가지 못함이 다르다 ·························· 32
    (ㅊ) 경문을 따라 해석하다 4. ·························· 33
    a. 사부대중이 구름처럼 달려오다 ····················· 34
    b. 삼업으로 조복하여 교화하다 ························ 37
    c. 상근기가 좇아오다 ······································· 45
    d. 대성인이 거듭 가르치다 4. ·························· 73
    a) 간략히 찬탄하고 간략히 가르치다 ················ 73
    b) 자세히 질문하고 자세히 대답하다 ················ 78
    c) 다음 선지식을 지시하다 ······························ 93
    d) 은덕을 기억하며 하직하고 물러가다 ············ 95

(2) 덕운비구 아래 열 분 선지식 10. ······················· 101
　가) 제2. 덕운비구 선지식 6. ··························· 108
　　(가) 가르침에 의지하여 나아가 구하다 ··············· 108
　　(나) 만나서 공경을 표하고 법문을 묻다 4. ··········· 109
　　　ㄱ. 공경함을 베푸는 위의와 법칙 ··················· 109
　　　ㄴ. 이미 발심했다고 밝히다 ························ 109
　　　ㄷ. 질문 내용을 바로 진술하다 ····················· 110
　　　ㄹ. 공덕을 찬탄하고 설해 주기를 청하다 ············ 110
　　(다) 칭찬하고 법문을 설해 주다 2. ·················· 112
　　　ㄱ. 법기가 희유하다고 찬탄하다 ···················· 112
　　　ㄴ. 법문의 세계를 바로 보이다 ····················· 115
　　(라) 자신은 겸양하고 뛰어난 분을 추천하다 ·········· 124
　　(마) 다음 선지식을 지시하다 ························ 143
　　(바) 덕을 연모하여 예배하고 물러가다 ··············· 146
　나) 제3. 해운비구 선지식 6. ··························· 146
　　(가) 선지식의 가르침에 의지하여 나아가 구하다 2. ··· 146
　　　ㄱ) 가르침에 의지해 바로 관찰하다 ················· 150
　　　ㄴ) 다음 선지식을 나아가 구하다 ··················· 150
　　(나) 만나서 공경을 표하고 법문을 묻다 ·············· 152
　　(다) 선재를 칭찬하고 법계를 칭찬해 보이다 2. ······· 154
　　　ㄱ. 법의 그릇을 칭찬하다 ·························· 154
　　　ㄴ. 법문을 바로 설해 주다 2. ······················ 159
　　　　(ㄱ) 관법을 수행하다 ··························· 160
　　　　(ㄴ) 관법으로 얻은 이익 2. ····················· 165
　　　　　a. 부처님을 친견하다 ························· 165
　　　　　b. 법문을 듣다 ······························· 170

(라) 자신은 겸양하고 뛰어난 분을 추천하다 · 177
(마) 다음 선지식을 지시하다 · 179
(바) 덕을 연모하여 예배하고 물러가다 · 182
다) 제4. 선주비구 선지식 6. · 182
　ㄱ. 선지식의 가르침에 의지하여 나아가 구하다 · · · · · · · · · · · · 183
　ㄴ. 만나서 공경을 표하고 법문을 묻다 · 184
　ㄷ. 법계를 찬탄하여 보이다 2. · 190
　ㄱ) 선재를 칭찬하다 · 190
　ㄴ) 법문을 설해 주다 · 191
　ㄹ. 자신은 겸양하고 뛰어난 분을 추천하다 · · · · · · · · · · · · · · · · · 203
　ㅁ. 다음 선지식을 지시하다 · 210
　ㅂ. 덕을 연모하여 예배하고 물러가다 · 210

大方廣佛華嚴經疏鈔 제63권　翔字卷上
제39. 법계에 증득해 들어가는 품[入法界品] ④

라) 제5. 미가장자 선지식 6. · 214
　(가) 선지식의 가르침에 의지하여 나아가 구하다 · · · · · · · · · · · 214
　(나) 만나서 공경을 표하고 법문을 묻다 · 216
　(다) 칭찬하고 법문을 설해 주다 2. · 219
　　ㄱ. 법의 그릇을 칭찬하다 · 219
　　ㄴ. 자신의 법문을 설해 주다 · 230
　(라) 자신은 겸양하고 뛰어난 분을 추천하다 · · · · · · · · · · · · · · · 237
　(마) 다음 선지식을 지시하다 · 239
　(바) 덕을 연모하여 예배하고 물러가다 · 239

마) 제6. 해탈장자 선지식 6. ·· 241
(가) 선지식의 가르침에 의지하여 나아가 구하다 ················ 242
(나) 만나서 공경을 표하고 법문을 묻다 ···························· 246
(다) 칭찬하며 법계를 보이다 2. ·· 252
ㄱ. 선정에 들어 묵연히 보이다 ······································ 252
ㄴ. 선정에서 나와 말로 알리다 4. ································· 256
ㄱ) 선정에서 일어남을 밝히다 ···································· 256
ㄴ) 선정의 명칭과 체성을 보이다 ································ 256
ㄷ) 선정의 업과 작용을 밝히다 ·································· 259
ㄹ) 선정의 체성과 양상을 밝히다 4. ··························· 262
a. 마음을 따라 부처님이 출현하시다 ························ 262
b. 부처님을 생각하는 체성과 양상 ··························· 264
c. 마음은 만 가지 법을 포함하다 ····························· 287
d. 결론하여 닦고 배우기를 권하다 ·························· 287
(라) 자신은 겸양하고 뛰어난 분을 추천하다 ···················· 290
(마) 다음 선지식을 지시하다 ·· 291
(바) 덕을 연모하여 예배하고 물러가다 ····························· 292
바) 제7. 해당비구 선지식 5. ·· 293
(가) 선지식의 가르침에 의지하여 나아가 구하다 ················ 293
(나) 만나서 공경을 표하고 법문을 묻다 2. ························ 296
ㄱ. 만나서 공경을 표하다 2. ·· 296
ㄱ) 선정에 들어간 모습을 보다 ··································· 296
ㄴ) 선정의 뛰어난 작용을 관하다 14. ························· 298
a. 발에서 장자가 나오다 ··· 298
b. 무릎에서 찰제리가 나오다 ··································· 300
c. 허리에서 신선이 나오다 ······································ 301

d. 옆구리에서 용왕이 나오다 ························· 302
e. 가슴에서 아수라가 나오다 ························· 303
f. 등에서 이승이 나오다 ···························· 305
g. 어깨에서 야차가 나오다 ·························· 306
h. 배에서 긴나라가 나오다 ·························· 307
i. 얼굴에서 전륜왕이 나오다 ························· 309
j. 눈에서 태양이 나오다 ···························· 310
k. 미간에서 제석천이 나오다 ························· 312
l. 이마에서 범천왕이 나오다 ························· 312
m. 머리에서 보살이 나오다 ·························· 314
n. 정수리에서 여래가 나오다 ························· 316
ㄴ. 법문을 묻다 2. ································· 328
ㄱ) 선재동자의 찬탄 ······························· 328
ㄴ) 법문을 묻다 ································· 330
(다) 자신은 겸양하고 뛰어난 분을 추천하다 ··············· 336
(라) 다음 선지식을 지시하다 ························ 337
(마) 덕을 연모하여 예배하고 물러가다 ·················· 339

大方廣佛華嚴經疏鈔 제64권 翔字卷下
제39. 법계에 증득해 들어가는 품[入法界品] ⑤

사) 제8. 휴사우바이 선지식 2. ······················· 342
(가) 총합하여 표방하다 ··························· 343
(나) 개별로 해석하다 6. ··························· 343

ㄱ. 선지식의 가르침에 의지하여 나아가 구하다 ····················· 343
ㄴ. 만나서 공경을 표하고 법문을 묻다 3. ····························· 344
ㄱ) 선지식을 뵙다 ·· 344
ㄴ) 공경을 표하다 ·· 353
ㄷ) 법요를 질문하다 ·· 353
ㄷ. 바로 법계를 보이다 4. ·· 354
ㄱ) 법계의 체성과 작용을 거론하다 ····································· 354
ㄴ) 원인이 얕고 깊음을 궁구하다 2. ···································· 357
ㄷ) 과덕이 오래고 가까움을 밝히다 ····································· 363
ㄹ) 법문의 명칭을 밝히다 ·· 372
ㄹ. 자신은 겸양하고 뛰어난 분을 추천하다 ·························· 373
ㅁ. 다음 선지식을 지시하다 ·· 374
ㅂ. 선지식을 연모하여 예배하고 물러가다 ··························· 374
아) 제9. 비목구사선인 선지식 6. ·· 377
(가) 선지식의 가르침에 의지하여 나아가 구하다 ·················· 377
(나) 만나서 공경을 표하고 법문을 묻다 ································ 379
(다) 선재동자를 칭찬하고 법을 설해 주다 2. ························ 383
ㄱ. 법의 그릇을 칭찬하다 ·· 383
ㄴ. 법문의 요점을 바로 설해 주다 6. ···································· 387
ㄱ) 법문의 명칭과 체성을 보이다 ·· 387
ㄴ) 그 경계에 대해 질문하다 ··· 387
ㄷ) 법문을 설해 주고 증득하여 알게 하다 ·························· 388
ㄹ) 해탈법의 이익을 얻다 ·· 390
ㅁ) 버려서 가지함을 밝히다 ·· 393
ㅂ) 말하여 받아들임을 밝히다 ·· 393
(라) 자신은 겸양하고 뛰어난 분을 추천하다 ························ 396

(마) 다음 선지식을 지시하다 ··· 397
(바) 덕을 연모하여 예배하고 물러가다 ···························· 397
자) 제10. 승열바라문 선지식 6. ····································· 399
(가) 선지식의 가르침에 의지하여 나아가 구하다 ················ 400
(나) 만나서 공경을 표하고 법문을 묻다 ··························· 403
(다) 선재동자를 칭찬하고 법문을 설해 주다 6. ·················· 406
ㄱ. 법을 보여 주고 수행하기 권하다 ································ 406
ㄴ. 의심하고 꺼려서 받아들이지 않다 ······························ 414
ㄷ. 뛰어난 인연으로 이끌기를 권하다 13. ························ 415

ㄱ) 범천왕의 권유 415　　ㄴ) 여러 마군의 권유 418
ㄷ) 자재천의 권유 419　　ㄹ) 화락천의 권유 419
ㅁ) 도솔천의 권유 420　　ㅂ) 삼십삼천의 권유 420
ㅅ) 용왕들의 권유 422　　ㅇ) 야차왕의 권유 422
ㅈ) 건달바왕의 권유 424　ㅊ) 아수라왕의 권유 424
ㅋ) 가루라왕의 권유 425　ㅌ) 긴나라왕의 권유 425
ㅍ) 욕계 하늘의 권유 428

ㄹ. 의심한 것을 모두 후회하다 ······································ 429
ㅁ. 훈계하고 얼굴 보기를 권유하다 ································ 430
ㅂ. 가르침에 의지해 수행하여 증득하다 ·························· 432
(라) 자신은 겸양하고 뛰어난 분을 추천하다 ····················· 434
(마) 다음 선지식을 지시하다 ··· 435
(바) 덕을 연모하여 예배하고 물러가다 ···························· 435

大方廣佛華嚴經 제62권

大方廣佛華嚴經疏鈔 제62권 羽字卷下

제39 入法界品 ③

제39. 법계에 증득해 들어가는 품[入法界品] ③

서다원림법회의 기획자이면서 첫 번째 선지식인 문수보살은 선재동자를 칭찬하면서 게송으로 이르되,

"착하다 공덕 갈무리 　　　善哉功德藏이여
나에게 찾아와서 　　　　　能來至我所하여
자비한 마음을 내고 　　　　發起大悲心하여
위없는 깨달음을 구함이여, 　勤求無上覺이로다

광대한 서원을 이미 세웠으며 　己發廣大願하여
중생의 괴로움을 없애려고 　　除滅衆生苦하고
세상 사람을 위하여 　　　　　普爲諸世間하여
보살의 행을 닦나니." 　　　　修行菩薩行이로다

大方廣佛華嚴經 제62권
大方廣佛華嚴經疏鈔 제62권 羽字卷下

제39. 법계에 증득해 들어가는 품[入法界品] ③

ㄴ. 모든 교법의 모임[諸乘會] 4.
ㄱ) 앞에서 지은 것을 결론하다[結前所作] (第二 1上7)

爾時에 文殊師利菩薩이 勸諸比丘하사 發阿耨多羅三藐三菩提心已하시고 漸次南行하사 經歷人間하사 至福城東하여 住莊嚴幢婆羅林中하시니 往昔諸佛이 曾所止住하여 敎化衆生한 大塔廟處며 亦是世尊이 於往昔時에 修菩薩行하여 能捨無量難捨之處라 是故로 此林名稱이 普聞無量佛刹하여 此處가 常爲天龍夜叉乾闥婆阿修羅迦樓羅緊那羅摩睺羅伽人與非人之所供養이러라

이때 문수사리보살이 비구들을 권하여 아늑다라삼약삼보디심을 내게 하고는, 점점 남방으로 가면서 인간 세상을 지내다가 복성의 동쪽에 이르러 장엄당 사라숲에 머물렀으니, 이곳은 옛적에 부처님들이 계시면서 중생을 교화하던 큰 탑이 있는 곳이며, 세존께서도 과거에 보살의 행을 닦으시며 한량없이 버리기 어려운 것을 버리시던 곳이다. 그래서 이 숲은 한량없는 부처님 세계에 소문이 퍼졌으며, 언제나 하늘·용·야차·건달바·아수라·가루라·긴나라·마후

라가·사람·사람 아닌 이들이 공양하는 곳이다.

[疏] 第二, 爾時文殊師利菩薩勸諸下는 諸乘人會라 中에 四니 一, 結前所作이요 二, 漸次下는 明至化處요 三, 時文殊下는 顯所說法이요 四, 說此經下는 明所益衆이라

- ㄴ. 爾時文殊師利菩薩勸諸 아래는 모든 교법의 모임이다. 그중에 넷이니 ㄱ) 앞에서 지은 것을 결론함이요, ㄴ) 漸次 아래는 교화할 장소에 도착했음을 밝힘이요, ㄷ) 時文殊 아래는 말할 법을 밝힘이요, ㄹ) 說此經 아래는 이익 얻은 대중을 밝힘이다.

ㄴ) 교화할 장소에 도착했음을 밝히다[明至化處] (就化 1下5)

[疏] 就化處中하여 其城의 居人이 多有福德일새 故曰福城이니 城은 表防非요 東은 爲羣方之首라 亦啓明之初니 表順福分善이 入道初故라 又表福智가 入位本故니라 娑羅林者는 此云高遠이니 以林木이 森聳故며 表當起萬行莊嚴하여 摧伏故니라 大塔廟者는 卽歸宗之所라 日照三藏이 云, 此城이 在南天竺하고 城東大塔은 是古佛之塔이니 佛在世時에 已有此塔이라하니라 三藏이 親到其所하니 其塔極大하여 東面에 鼓樂供養호대 西面에 不聞이오 於今에 現在며 此處居人이 多唱善財歌辭오 此城內人이 並有解脫分善根이라 堪爲道器라하니 此表所依法界本覺眞性에 諸佛同依니 故로 云, 往昔에 諸佛이 曾所止住等이니라

- ㄴ) 교화할 장소에 (도착했음을) 입각한 중에 그 복성(福城)에 사는 사람은 대부분 복덕이 있으므로 복성이라 하였다. 성(城)은 잘못을 방

어함을 표함이요, 동쪽은 많은 방위의 머리가 된다. 또한 밝음을 알리는 시초요, 순복분(順福分)의 선근을 표하였으니 도에 들어간 처음인 까닭이다. 또 복덕과 지혜를 표하여 지위의 근본에 들어간 까닭이다. '사라숲'이란 높고 멀다고 번역하나니, 숲의 나무가 빽빽하게 솟은 까닭이요, 미래에 만 가지 행을 일으킴을 표하며 장엄하고 꺾어서 굴복시키는 까닭이다. '큰 탑묘가 있는 곳'이란 곧 종지가 돌아갈 곳이다. 일조(日照)삼장은 이르되, "이 성은 남천축에 있으니 성의 동쪽에 있는 큰 탑은 옛 부처의 탑이다. 부처님이 세상에 계실 때에 이미 이 탑이 있었으니, 삼장이 몸소 그 장소에 도착해 보니 그 탑이 극히 크고 동쪽에서 음악으로 북돋워 공양하는데 서쪽에서는 듣지 못하였다. 지금 현재에 이곳에서 사는 사람은 대부분 선재의 노랫말을 불렀다. 이 성 안의 사람이 아울러 순해탈분(順解脫分)의 선근이 있어서 도의 그릇을 감당하게 된다"라 하였다. 여기서는 의지하는 법계가 본각(本覺)의 참된 성품임을 표하였으니, 모든 부처님이 함께 의지하는 연고로 이르되, "예전에 모든 부처님이 일찍이 머물러 살던 곳 등이다"라 하였다.

[鈔] 表順福分善者는 十信이 爲順福分善이요 三賢이 爲順解脫分善이니 所修善根이 順趣解脫故라 四加行位를 名順決擇分善이니 順趣眞實決擇分故라 決擇은 卽見道니 義如十地라 今表十信일새 故是順福이니라

● '순복분(順福分)의 선근을 표함'이란 십신(十信)은 복을 따르는 부분의 선근이 됨이요, 삼현(三賢)은 순해탈분(順解脫分)의 선근이 되나니 닦을 대상인 선근은 해탈로 수순하여 나아가는 까닭이다. 사가행위(四加行位)는 순결택분(順決擇分)의 선근이라 이름하나니, 진실에 나아가는 결

택분으로 수순하는 까닭이다. 결택은 곧 견도위(見道位)이니 이치는 십지와 같은데, 지금은 십신을 표하는 연고로 '복을 따른다'는 뜻이다.

ㄷ) 말할 법을 밝히다[顯所說法] (三顯 2下1)

時에 文殊師利가 與其眷屬으로 到此處已하사 卽於其處에 說普照法界修多羅하시니 百萬億那由他修多羅로 以爲眷屬하니라
이때에 문수사리보살이 그의 권속들과 함께 이곳에 이르러서 <법계를 두루 비추는 경>을 말씀하니, 백만의 나유타 경이 권속이 되었다.

[疏] 三, 顯所說法을 名普照等者는 智用宏舒일새 故云普照요 所照深廣일새 稱爲法界니 卽入法界經也니라
■ ㄷ) 말할 법을 밝힘이다. (법계를) '두루 비추는 등'이란 지혜의 작용을 크게 펼치는 연고로 '두루 비춘다'고 말하였고, 비출 대상이 깊고 광대함을 법계라 칭함은 곧 '법계에 들어가는 경[入法界經]'이란 뜻이다.

ㄹ) 이익 얻은 대중을 밝히다[明所益衆] 2.
(ㄱ) 모든 용의 모임[諸龍會] (四所 2下6)
(ㄴ) 삼승의 모임[三乘會] (後復)

說此經時에 於大海中에 有無量百千億諸龍이 而來其所하여 聞此法已에 深厭龍趣하고 正求佛道하여 咸捨龍身

하고 生天人中하며 一萬諸龍이 於阿耨多羅三藐三菩提
에 得不退轉하며 復有無量無數衆生이 於三乘中에 各得
調伏하나라

이 경을 말할 적에 바다 가운데 있던 한량없는 백천억 용들이
와서 법문을 듣고는 용의 갈래를 싫어하고 바로 불도를 구하
여 용의 몸을 버리고 천상에나 인간에 태어나서, 1만 용들이
아눗다라삼약삼보디에서 물러나지 않게 되었고, 또 한량없
고 수없는 중생들은 삼승 가운데서 제각기 조복하게 되었다.

[疏] 四, 所益衆이라 中에 有二類別하니 初, 明諸龍이 得主¹⁾敎意일새 故云
正求佛道니 卽住海水中하여 堪受得聞이니라 後, 復有下는 攝三乘
機하여 得眷屬敎意일새 故但云復有衆生調伏이요 不別演說일새 故
非別會니라

ㄹ) 이익 얻은 대중을 밝힘이다. 그중에 두 부류로 분별함이 있다.
(ㄱ) 모든 용의 모임이 교법를 주도하는 의미를 얻음을 밝히는 연고
로 이르되, "바로 불도를 구하나니 곧 바닷물 속에서도 듣는 것을 감
당하여 받는다"고 하였고, (ㄴ) 復有 아래는 삼승의 근기를 포섭하
여 권속의 교법의 의미를 얻은 연고로 단지 이르되, "다시 중생을 조
복함이 있다"고 하였으니, 분별하여 연설하지 못하는 연고로 별도의
모임이 아닌 것이다.

[鈔] 不別下는 以刊定記에 開此諸乘人會하여 爲兩會하니 謂三은 攝諸龍
會요 四는 攝諸乘人會라할새 故今²⁾에 遮其謬釋이니라

---

1) 主는 續金本作三이라 하나 誤植이다.
2) 수은 甲南續纂金本作今疏中이라 하다.

- 不別 아래는 간정기(刊定記)에 이런 모든 승(乘)의 사람의 모임을 열어서 두 모임을 삼았다. 이른바 셋은 (ㄱ) 모든 용의 모임을 포섭함이요, 넷은 (ㄴ) 모든 교법의 사람의 모임을 포섭한 연고로 지금 그 잘못 해석함을 막았다.

ㄷ. 선재동자의 모임[善財會] 2.
ㄱ) 총합하여 열 문을 열거하다[總列十門] (自此 3上3)

[疏] 自此로 第三, 時福城人下는 攝善財會라 亦爲十門이니 一, 趣求有異요 二, 修入衆殊요 三, 示方不同이요 四, 見處差別이요 五, 遣不遣³⁾이 別이요 六, 歎不歎이 別이요 七, 推不推이 別이요 八, 結不結別이요 九, 去不去別이요 十, 正釋本文이라

- 여기부터 ㄷ. 時福城人 아래는 선재동자의 모임도 또한 열 문을 포섭한다. (ㄱ) 나아가 구함에 다른 점이 있는 문이요, (ㄴ) 수행으로 들어간 대중이 다른 문이요, (ㄷ) 보이는 방위가 다른 문이요, (ㄹ) 보는 곳이 차별한 문이요, (ㅁ) 보내고 보내지 못함이 다른 문이요, (ㅂ) 찬탄함과 찬탄하지 않음이 다른 문이요, (ㅅ) 추천함과 추천하지 않음이 다른 문이요, (ㅇ) 결론함과 결론하지 못함이 다른 문이요, (ㅈ) 가고 가지 못함이 다른 문이요, (ㅊ) 경문을 따라 바로 해석하는 문이다.

ㄴ) 열 문에 의지하여 이치를 해석하다[依門釋義] 10.
(ㄱ) 나아가 구함에 다른 점이 있다[趣求有異] (今初 3上7)

---

3) 遣不遣은 甲本作教差, 南纂續金本作教遣差라 하다.

[疏] 今初에 有三句하니 初, 文殊가 自往福城은 以機尙微故며 未發心故며 大悲深故오 二, 德雲已去는 善財往求는 機漸勝故며 已發心故며 顯重法故오 三, 末後에는 普賢知識이 不就하시고 善財가 不往은 顯法界位滿에 無來去故니라

■ 지금은 (ㄱ)에 세 구절이 있으니 (1) 문수보살이 스스로 복성으로 가는 것은 근기가 오히려 작은 연고며 발심하지 못한 연고며 대비심이 깊은 까닭이다. (2) 德雲 이후에 선재가 가서 구한 것은 근기가 점차 뛰어나게 된 연고며, 이미 발심한 연고며, 법을 존중함을 밝히려는 까닭이다. (3) 마지막에 보현보살 선지식이 나아가지 않고 선재가 가지 않은 것은 법계의 지위가 만족할 적에 오고 감이 없음을 밝히려는 까닭이다.

(ㄴ) 수행으로 들어간 대중이 다르다[修入衆殊] (二修 3下1)

[疏] 二, 修入衆殊는 唯初信內에 有三會하니 四衆諸類가 不同은 顯創修故며 表通收故오 住位已去에는 善財一身이니 行別在己요 入位希故니라

■ (ㄴ) 수행으로 들어간 대중이 다름이니 오직 첫째 십신(十信)의 안에만 세 모임이 있으니 네 무리의 모든 부류가 같지 않다. 처음 수행함을 밝힌 연고며 통틀어 거둠을 표하는 연고로 십주(十住)위에 가고 나서는 선재(善財)와 한 몸이니 수행이 다름은 자신에게 있으며 들어간 지위가 드문 까닭이다.

[鈔] 唯初信內에 有三會者는 問이라 此攝善財어늘 何以籠前二會오 答이라 以通末會가 爲五相故라 故로 初二會는 是十信收요 而善財中에

自具五相하니 最初信位가 義兼前二일새 故就此序니라

● '오직 (1) 십신위 안에만 세 모임이 있다'는 것은 질문한다. "여기는 선재의 모임을 포섭하는데 어째서 앞의 두 모임을 가두었는가?" 대답한다. "지말법회를 통틀어 다섯 가지 양상이 된 까닭이다. 그러므로 처음 두 모임[ㄱ. 比丘會 ㄴ. 諸乘會]은 십신위로 거두지만 ㄷ. 선재의 모임 중에서 자연히 다섯 가지 양상을 갖추었으니 최초의 십신의 지위는 뜻으로 앞의 둘을 겸하는 연고로 이런 순서에 입각한 것이다.

(ㄷ) 보이는 방위가 다르다[示方不同] 4.
a. 부류가 다름을 총합하여 밝히다[總辨類殊] (三示 3下7)
b. 남방을 따로 해석하다[別釋南方] (南者)

[疏] 三, 示方不同은 大位가 有三하니 初, 地前知識은 多在南方이요 地內는 無方이요 地後는 兼二니라 然이나 南者는 古有五義하니 初一, 約事니 謂擧一例諸라 一方善友도 已自無量이온 況於餘方가 餘四는 約表라 二者는 明義니 表捨暗向智故라 南方之明에 萬物相見하나니 聖人이 南面聽政이 蓋取於此니라 三은 中義니 離邪僻東西二邊하고 契中正之實道故니라 四는 生義니 南主其陽하여 發生萬物하나니 表善財가 增長行故오 北主其陰하니 顯是滅義故라 世尊涅槃에 金棺을 北首니라 五는 隨順義니 背左向右는 右卽順義라 以西域의 土風에 城邑園宅을 皆悉東向이라 故로 自東之南은 順日月轉이니 顯於善財가 隨順敎理故니라

■ (ㄷ) 보이는 방위가 다름이다. 큰 지위는 셋이 있으니 (1) 십지 이전

의 선지식은 대부분 남방에 있고, 십지 안에는 방소가 (따로) 없으며, 십지 뒤에는 둘을 겸한다. 그러나 남쪽은 예로부터 다섯 가지 뜻이 있으니 (1) 현상을 잡은 해석이니, 이른바 하나를 거론하여 여럿과 유례하면 한 방위의 선지식이 이미 자연히 한량없는데 하물며 나머지 방위이겠는가? 나머지 넷은 표함을 잡은 해석이다. (2) 밝음의 뜻이니, 어둠을 버리고 지혜로 향함을 표한 연고니 남방의 밝음은 만물이 서로 보는 것이요, 성인은 남쪽을 향해 정사(政事)를 들음이니 대개 이것을 취하였다. (3) 중간의 뜻이니, 삿되고 치우친 동과 서의 두 변두리를 여의고 중도이면서 바른 실법의 도와 계합한 까닭이다. (4) 태어남의 뜻이니, 남쪽은 그 양지를 주재하여 만물을 생겨나게 하나니 선재가 행법을 증장하는 연고며, 북쪽은 그 음지를 주재하여 그 멸함의 뜻을 밝히는 연고니 세존이 열반한 때에 금관(金棺)은 북으로 머리를 둔 때문이다. (5) 수순함의 뜻이니, 왼쪽을 등지고 오른쪽으로 향함에서 오른쪽은 곧 수순함의 뜻이다. 서역의 흙바람에 성읍의 정원과 집은 모두 동쪽으로 향하는 까닭이다. 그러므로 동쪽에서 남쪽으로 감은 해와 달을 따라 구르나니, 선재가 교리를 따라 수순함을 밝히는 까닭이다.

c. 부류와 상대하여 구분하다[對類料揀] (此五 4上6)
d. 그 수순하고 위배됨을 말하다[敍其順違] (有人)

[疏] 此五義中에 初一은 則通이요 次一과 後二는 地前을 表之요 契中道義요 地後에 表之하고 亦通地前이니라 正證은 離相일새 地中에는 不以南表하고 地後에는 顯於業用[4]일새 不同地中이니라 後에 文殊가 有示코 無方은

表般若가 加行有行코 正證無二故요 普賢이 無方無示는 表法界에 普周故니라 有人이 唯取隨順一義하여 非前諸釋하여 謂正明之義가 出此方故라하니 寧知西域이 南非明等이리요 況通方之說은 言旨多含가

■ 이런 다섯 가지 뜻 중에 처음 하나[(1) 約事]는 통함이요, 다음 하나[(2) 明義]와 뒤의 둘[(4) 生義 (5) 隨順義]은 십지 이전을 표한 것이요, 중도와 계합한 뜻이며, 십지 이후를 표한 것이요, 또한 십지 이전과도 통한다는 뜻이다. 바르게 증득함은 모양 여읨이므로 십지 중간에는 남쪽을 표하지 않고, 십지 이후에는 업과 작용을 밝혔으므로 십지 중간과는 같지 않다. 뒤의 문수보살은 보임은 있고 방위는 없음이니, 반야는 가행위(加行位)로 행법이 있음을 표한 것이요, 둘이 없음을 바로 증득한 연고며, 보현보살은 방위도 없고 보임도 없나니 법계가 넓고 두루함을 표하는 까닭이다. 어떤 사람은 오직 수순하는 한 가지 뜻만 취하여 앞의 모든 해석을 부정하나니 이른바 바르고 밝은 뜻은 이 방위에서 나오는 까닭이라 하였으니, 어찌 서역에서는 남쪽은 밝음이 아님을 알겠는가? 하물며 방위와 통한다는 설명은 말과 종지를 다분히 포함하겠는가?

[鈔] 三示方不同이라 此段有四하니 一, 總辨類殊요 二, 別釋南義요 三, 對類料揀이요 四, 敍昔順違라 今初에 卽總收諸友하여 以爲三類라 言地前多在南者는 以正趣一人이 從東方來라하고 不言南故라 言地內에 無方者는 從婆珊婆下하여 有十善友가 皆無南故라 言地後에 兼二者는 瞿波가 指於摩耶하사대 但云, 此世界中에 有佛母라하고 卽不云南하며 摩耶가 指天主光하사대 云, 此世界三十三天이라하고 天

---

4) 用下에 甲南續金本有廣大二字, 原本及探玄記無라 하다.

主光이 指徧友言하사대 迦毘羅城에 有童子師라하고 徧友가 指衆藝 云하사대 此⁵⁾有童子라하고 衆藝가 指賢勝云하사대 此摩竭提國에 有 優婆夷라하시니 此上五會는 皆無南也니라 賢勝이 指堅固解脫長者하 여 卽云, 南方에 有城하니 名爲沃田이요 彼有長者라하고 堅固가 指妙 月하여 但云, 卽此城中에 有一長者라하며 妙月이 指無勝軍하여 卽 云, 於此南方에 有城하니 名出生이라 彼有長者라하고 無勝軍이 指最 寂靜하여 亦云, 於此城南에 有一聚落하니 名之爲法이요 彼有婆羅 門이라하며 最寂靜이 指德生과 有德하여 亦云, 於此南方에 有城하니 名妙意華門이라하고 德生이 指於慈氏하여 亦云, 於⁶⁾此南方에 有國 하니 名海岸이라하고 文殊와 普賢은 二俱無方이라 地後三相에 有十三 會하니 五會는 有南하고 八會는 無南일새 故云兼二니라

(ㄷ) 보이는 방위가 다름이니, 이런 문단에 넷이 있으니 a. 부류가 다름을 총합하여 밝힘이요, b. 남방을 따로 해석함이요, c. 부류와 상대하여 구분함이요, d. 그 수순하고 위배됨을 말함이다. 지금은 a. 이니 곧 모든 선우를 모두 거두어서 세 부류로 삼은 것이다. (1) '십지 이전은 대부분 남방에 있다'고 말한 것은 정취보살 1인은 동방에서 왔으므로 남쪽이라 말하지 않은 것이다. (2) '십지 안에는 방위가 없다'고 말한 것은 바산바연저(婆珊婆演底)야신부터 아래 열 분 선지식은 모두 남쪽에 없기 때문이다. (3) '십지 뒤는 둘을 겸한다'고 말한 것은 ① 구파(瞿波)여인이 마야부인을 가리키며 단지, "이 세계 중에 불모가 계신다"고만 말했으니 곧 남쪽이라 말하지 않았고, ② 마야부인이 천주광녀를 가리키며, "이 세계의 33천이다"라 말하였고, ③ 천주광녀(天主光女)가 변우동자를 가리키며, "가비라성에 동자인 스

---

5) 此는 甲南續金本無, 經原本有라 하다.
6) 於는 甲南續金本無, 經原本有라 하다.

승이 있다"라 말하였고, ④ 변우(徧友)동자가 지중예(知衆藝)동자를 가리키며 "이곳에 동자가 있다"라 하였고, ⑤ 중예각이 현승(賢勝)우바이를 가리키며 "이 마갈제국에 우바이가 있다"라 하였는데, 이 위의 다섯 모임은 모두 남쪽이란 말이 없다. ⑥ 현승우바이가 견고장자와 해탈장자를 가리키며 곧 말하되, "남방에 성이 있으니 기름진 밭[沃田]이라 하며 저기에 장자가 있다"고 하였고, ⑦ 견고(堅固)장자가 묘월(妙月)장자를 가리키며 단지 "이 성 안에 한 장자가 있다"고만 말하였고, ⑧ 묘월(妙月)장자가 무승군(無勝軍)장자를 가리키며, "여기서 남쪽에 성이 있으니 출생이라 하며 저기에 장자가 있다"라 말하였고, ⑨ 무승군이 최적정(最寂靜)바라문을 가리키며 또한 "이 성 남쪽에 한 부락이 있으니 법촌(法村)이라 하며 저기에 바라문이 있다"라 말하였고, ⑩ 최적정이 덕생과 유덕동녀를 가리키며 또 "여기서 남쪽에 성이 있으니 묘의화문(妙意華門)이라 한다"고 말하였고, ⑪ 덕생(德生)동자가 자씨 미륵(彌勒)을 가리키며 또 "여기서 남쪽에 나라가 있으니 해안(海岸)이라 한다"고 말하였고, ⑫ 문수보살과 보현보살은 둘 다 방위가 없다. 십지 뒤의 세 모습[제2. 會緣入實相 제3. 攝德成因相 제4. 智照無二相]은 열세 번 모임이 있는데, 다섯 번째에 남쪽이 있고, 여덟 번째에 남쪽이 있으므로 '둘을 겸한다'고 한 것이다.

然南方者下는 第二, 別釋南義라 南方之明에 萬物이 相見者는 卽周易說卦中義니 易에 曰, 離者는 明也니 萬物이 皆相見이며 南方之卦也라 聖人이 南面而聽天下하여 嚮明而治하니 蓋取於此也라하니라 北主於陰하니 顯是滅義者는 亦周易意니 說卦에 云, 坎者는 水也며 正北方之卦요 勞卦[7]也니 萬物之所歸也라하니라 世尊金棺下는 引

內敎하여 證이니 義如前引이라 餘는 可知니라
- b. 然南方者 아래는 남방을 따로 해석함이다. '남방의 밝음은 만물이 서로 보는 것'이란 곧 『주역』 설괘전(說卦傳)의 이치이다. 『주역(周易)』에 이르되, "이괘(離卦)는 밝음의 뜻이요, 만물은 모두 서로 보기 때문이니 남방의 괘이다. 성인이 남쪽으로 보면서 천하의 말을 들어 밝은 곳을 향해 다스림은 여기서 취한다"라고 하였다. '북쪽은 그 음지를 주재하여 그 멸함의 뜻을 밝힌다'는 것도 역시 주역의 이치이다. 설괘전(說卦傳)에 이르되, "감괘(坎卦)는 물이니, 바로 북방의 괘로서 수고로운 괘이니, 만물이 돌아가므로 (감괘에서 수고롭다)"라고 하였고, 世尊金棺 아래는 내전 교리를 인용하여 증명하였으니, 이치는 앞에서 인용한 내용과 같으며 나머지는 알 수 있으리라.

此五義中下는 第三, 對類料揀이니 對前三類라 亦可思之니라 有人唯取下는 四, 敍昔順違니 卽苑公意라 於中에 有三하니 一, 敍其所立이라 故로 彼疏序에 云, 善財詢友는 表隨順以南行이라하니라 二, 非前下는 敍其破古니 謂正明之義가 旣出周易하니 故是此方耳니라 三, 寧知西域下는 今疏에 破之라 此有二意하니 一則正斥其破니 旣未尋西域의 內外典册이면 安知西方에 無正明義리요 亦如今人이 相承하여 皆云호대 此方은 立於四時나 西方에는 但明三際라하나니 及見西域記하면 彼亦立其四時요 但以正月十六으로 爲春首耳라 是以로 未能周覽이면 無信凡情이니라 二, 況通方下는 爲其立理니 小乘敎說은 雖非我所制나 於餘方에 所不應行者와 亦不應行을 名曰隨方毗尼온 況於大乘이며 況於華嚴通方之說가 一說이 一切說이며 隨類隨

---
7) 勞卦는 原本作坎, 南金本作坎卦; 易甲續本作勞卦라 하다.

方하여 一時普應커니 何但義求리오

- c. 此五義中 아래는 부류와 상대하여 구분함이니 앞의 세 부류를 상대함도 또한 생각할 수 있으며, d. 有人唯取 아래는 그 수순하고 위배됨을 말함은 곧 혜원(惠苑)법사의 주장이다. 그중에 셋이 있으니 (1) 그 세운 바를 펼침이므로 저 소의 서문에 이르되, "선재가 선지식에 묻고서 수순하여 남쪽으로 감을 표한다"라 하였고, (2) 非前 아래는 그 고덕을 타파하여 말함이다. 이른바 바르고 밝은 뜻은 이미 주역에서 내보인 연고로 '이 방소'라 했을 뿐이다. (3) 寧知西域 아래는 지금 소에서 타파한 내용이다. 여기에 두 가지 의미가 있으니 ① 그 (惠苑법사가) 타파함을 바로 배척함이니 이미 서역의 내외전의 책에서 찾지 못했는데, 어찌하여 서방에서 바르고 분명한 뜻을 알리오. 또한 저 요즘 사람이 서로 이어서 모두에 이르되, "이 사바세계는 네 번의 시간을 세웠는데 서방은 단지 삼제(三際)만 밝히고, 서역의 기록을 보았다. 저기에도 역시 네 번의 시간을 세우고 단지 정월 16일로 봄날 우두머리로 삼았을 뿐이니 이런 연고로 능히 믿음 없는 범부의 생각을 두루 살펴보지 못하는 것이다. ② 況通方 아래는 그 세운 이치로 소승교를 설하려 함이니 비록 내가 제어하지 않더라도 나머지 방위에서 응하여 행하지 못할 것이니, 또한 응하여 행하지 못함을 이름하여 '방위를 따르는 비니[隨方毘尼]'라 한다. 대승과 비교하고 화엄과 비교함은 방위를 통하는 설이면 하나를 말하면 모두를 말함이요, 부류를 따르고 방위를 따르나니 일시에 널리 응하니 어찌 단지 뜻으로만 구할 수 있겠는가?

(ㄹ) 보는 장소로 차별하다[見處差別] (四見 6上4)

[疏] 四, 見處差別者는 三賢은 未證일새 散在諸處나 地上은 證眞일새 生在佛家하고 多居佛會하며 地後는 起用일새 亦散隨緣이요 普賢은 因圓剋果일새 還居佛所니라
- (ㄹ) 보는 장소로 차별함은 삼현(三賢)이 증득하지 못하고 흩어서 여러 곳에 있으며, 십지 이상에는 진여를 증득하여 부처님 가문에 태어남이니 대부분 부처님 모임에 있고, 십지 이후는 작용을 일으킴도 또한 흩어서 인연을 따르며 보현보살이 인행이 원만하여 과덕에 능한 것이니 부처님 처소로 돌아와 사는 것이다.

(ㅁ) 보내고 보내지 못함으로 다르다[遣不遣別] (五遣 6上7)

[疏] 五, 遣不遣者는 初之文殊는 以在最初라 表內熏起信일새 前更無遣이요 見後文殊에는 則般若照極하여 自見普賢法界일새 故亦無遣이요 中間諸友는 顯緣起萬行이 相資圓滿일새 故皆教遣하여 以指後人은 亦顯諸友가 不獨己善이며 離攝屬故니라
- (ㅁ) 보내고 보내지 못함으로 다름이다. 처음의 문수보살이 가장 처음에 있을 적에 안으로 훈습하고 믿음을 일으킴을 표하였다. 앞은 다시 보냄이 없고 뒤의 문수보살을 만나면 반야로 비춤이 지극해서 자연히 보현의 법계를 보는 연고로 또한 보냄이 없다. 중간의 모든 선우는 연기법의 만 가지 행을 밝히고 서로 돕는 것이 원만한 연고로 모두 가르쳐 보내어서 뒷사람을 지시하였다. 또한 모든 선우가 자신의 선근만 유독 밝히는 것은 아니니 포섭하여 소속됨을 떠난 까닭이다.

(ㅂ) 찬탄하고 찬탄하지 않음으로 다르다[歎不歎別] (六歎 6下1)

[疏] 六, 歎不歎者는 初文殊中에는 未發心前일새 所以不歎이요 勸發心
已에 方乃歎之요 後二不歎은 表位滿故며 離心相故오 中間諸友는
皆應有歎이로대 其不歎者는 略有二緣하니 一, 正在定故니 如海幢
等이요 二, 行非道故니 如勝熱과 無厭과 婆須蜜等은 歎違에 逆化故
요 無此二緣호대 不歎者는 略이니라

- (ㅂ) 찬탄하고 찬탄하지 않음으로 다름이니, 처음 문수보살 중에는 아직 발심하기 전이니 그러므로 찬탄하지 않았다. 발심을 권하고 나서라야 비로소 찬탄하는 것이며, 뒤의 두 선우는 찬탄하지 않음이니 지위가 만족함을 표한 연고며 마음 형상을 여읜 까닭이다. 중간의 모든 선우는 모두 응하여 찬탄함이 있다. 그 찬탄하지 않은 것은 간략히 두 가지 인연이 있으니 (1) 바로 선정에 있는 연고니 해당(海幢) 비구 등과 같고, (2) 도(道) 아님을 행하는 연고니 승열(勝熱)바라문과 무염족왕, 바수밀녀 등과 같나니, 위배되는 경계에는 거꾸로 교화함을 찬탄함이 되는 연고요, 이런 두 인연이 없나니, 찬탄하지 않은 것은 생략하였다.

[鈔] 無此二緣不歎者略者는 如休捨優婆夷와 及天主光과 後諸善知識이니라

- '이런 두 인연이 없나니 찬탄하지 않은 것은 생략함'은 휴사(休捨)우바이와 천주광녀(天主光女)와 같이 뒤의 모든 선지식이다.

(ㅅ) 추천함과 추천하지 못함으로 다르다[推不推別] (七推 6下8)

[疏] 七, 推不推者는 諸位知識이 皆有謙己知一하여 推勝知多어니와 唯初一과 後三에 闕斯二事는 爲顯人尊이니 德已備故요 而有遣者는 令

增修無厭이니 法門別故요 普賢이 不推佛者는 顯果海는 離修故며 佛
屬本會故니라

- (ㅅ) 추천함과 추천하지 못함으로 다름이다. 모든 지위의 선지식은 모두 자신은 겸양하여 하나만 알고 뛰어난 분이 많이 안다고 추천함이다. 오직 처음 하나와 뒤의 셋은 이런 두 가지 일을 빼고 사람이 존귀함을 밝혔으니 덕이 이미 구비된 까닭이다. 그러나 '보냄이 있다'는 것은 하여금 싫어하지 않음을 더욱 수행하게 하나니 법문이 다른 연고요, 보현보살이 부처님을 추천하지 않은 것은 과덕의 바다는 수행을 여읨을 밝힌 까닭이며, 부처님은 제1. 근본법회에 속하는 까닭이다.

(ㅇ) 결론하고 결론하지 못함이 다르다[結不結別] (八結 7上2)

[疏] 八, 結不結者는 唯普賢이 有結通十方塵刹은 顯位滿證理周故요 餘皆反此니라

- (ㅇ) 결론하고 결론하지 못함이 다름이다. 오로지 보현보살만이 결론하고 시방의 티끌 수 국토와 통하나니 지위가 만족하고 이치를 증득함이 두루함을 밝힌 까닭이니 나머지는 모두 이것과 반대이다.

(ㅈ) 가고 가지 못함이 다르다[去不去別] (九去 7上4)

[疏] 九, 去不去者는 末後二位에는 無有辭去는 以文殊는 無身이니 顯離相故요 普賢은 位極하니 收盡法界故요 餘皆辭去는 學無常師하여 成勝進故니라

- (ㅈ) 가고 가지 못함이 다름이다. 마지막 두 지위는 하직하고 감이 없

나니 문수보살은 몸이 없나니 여의는 모습을 밝힌 연고며, 보현보살은 지위가 끝이어서 모든 법계를 거두는 까닭이다. 나머지는 모두 하직하고 가나니 무상(無常)한 스승에게 배워서 승진법을 성취한 까닭이다.

(ㅊ) 경문을 따라 해석하다[隨文釋] 4.

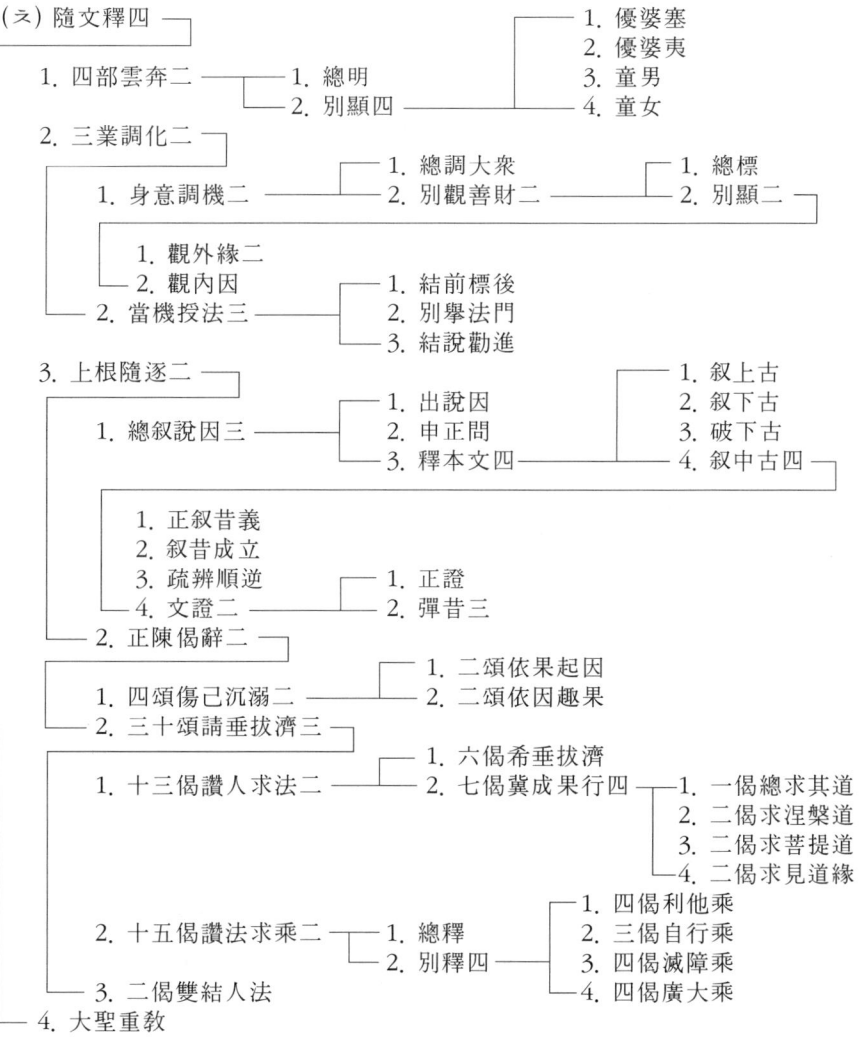

a. 사부대중이 구름처럼 달려오다[四部雲奔] 2.
a) 총합하여 밝히다[總明] (十釋 7上9)

時에 福城人이 聞文殊師利童子가 在莊嚴幢娑羅林中大
塔廟處하고 無量大衆이 從其城出하여 來詣其所하니라
이때에 복성 사람들은 문수사리동자가 장엄당 사라숲 속 큰
탑 있는 곳에 왔다는 말을 듣고, 한량없는 대중이 복성에서
나와 그곳에 이르렀다.

[疏] 十, 釋文者는 於攝善財十信行中이라 文別有四하니 一, 四部雲奔이
요 二, 三業調化요 三, 上根隨逐이요 四, 大聖重教라 今初를 分二니
先, 總明이요

■ (ㅊ) 경문을 따라 해석함이다. 선재가 십신의 행을 포섭한 중에 경문
을 넷으로 구분하나니 a. 사부대중이 구름처럼 달려옴이요, b. 삼업
으로 조복하여 교화함이요, c. 상근기가 따라감이요, d. 대성인이 거
듭 가르침이다. 지금은 a.를 둘로 나누리니 a) 총합하여 밝힘이요,

b) 개별로 밝히다[別顯] 4.
(a) 우바새 대중[優婆塞] (後時 8上10)
(b) 우바이 대중[優婆夷] (經/復有)

時에 有優婆塞하니 名曰大智라 與五百優婆塞眷屬으로
俱하니 所謂須達多優婆塞와 婆須達多優婆塞와 福德光
優婆塞와 有名稱優婆塞와 施名稱優婆塞와 月德優婆塞

와 善慧優婆塞와 大慧優婆塞와 賢護優婆塞와 賢勝優
婆塞라 如是等五百優婆塞로 俱하여 來詣文殊師利童子
所하여 頂禮其足하고 右遶三帀하여 退坐一面하며 復有
五百優婆夷하니 所謂大慧優婆夷와 善光優婆夷와 妙身
優婆夷와 可樂身優婆夷와 賢優婆夷와 賢德優婆夷와
賢光優婆夷와 幢光優婆夷와 德光優婆夷와 善目優婆夷
라 如是等五百優婆夷가 來詣文殊師利童子所하여 頂禮
其足하고 右遶三帀하여 退坐一面하니라

그때 대지 우바새가 5백 우바새 권속과 함께 있었으니, 이른바 수달다우바새·바수달다우바새·복덕광우바새·유명칭우바새·시명칭우바새·월덕우바새·선혜우바새·대혜우바새·현호우바새·현승우바새들이라. 이런 5백 우바새가 함께 문수사리동자 있는 데 와서 발에 엎드려 절하고 오른쪽으로 세 번 돌고 한 곁에 물러가 앉았다. 또 5백 우바이가 있으니 이른바 대혜우바이·선광우바이·묘신우바이·가락신우바이·현우바이·현덕우바이·현광 우바이·당광우바이·덕광우바이·선목우바이들이라. 이런 5백 우바이가 문수사리동자 있는 데 와서 발에 엎드려 절하고 오른쪽으로 세 번 돌고 한 곁에 물러가 앉았다.

[疏] 後, 時有下는 別顯이라 別有四衆하니 一, 優婆塞는 此云近事男이니 謂親近比丘하여 而承事故라 別名에 云, 婆須達多者는 此云善施며 或云財施라 餘可思準이니라 二, 優婆夷는 此云近事女니 親近比丘尼하여 而承事故라 上二는 並由受五戒故로 立近事名이니라 三, 童

男이요 四, 童女니 並可知니라 而數가 皆五百者는 表五位證入이 並通此故니라

- b) 時有 아래는 개별로 밝힘이다. 개별로 네 무리가 있으니 (a) 우바새 대중은 번역하면 '가까이 섬기는 남자[近事男]'라 한다. 이른바 비구를 친근하되 받들어 섬기는 까닭이요, 개별 명칭에 바수달다(婆須達多)라 한 것은 '잘 보시함'이라 번역하고, 혹은 재물 보시라 하나니 나머지는 생각에 준해 보라. (b) 우바이 대중은 번역하면 '가까이 섬기는 여자[近事女]'라 하나니 비구니를 친근하면서 받들어 섬기는 까닭이다. 위의 둘은 아울러 오계(五戒)를 받음으로 인한 까닭이니 '가까이 섬긴다'는 이름을 세운 것이다. (c) 동남이요 (d) 동녀이니 아울러 알 수 있으리라. 숫자가 모두 5백인 것은 다섯 지위로 증득해 들어감을 표한 것도 아울러 이것과 통하는 까닭이다.

[鈔] 婆須達多者는 以此文中에 復有須達長者일새 故釋此一하여 揀異會初의 精舍之主니라

- 바수달다(婆須達多)는 이 소문 중에 다시 수닷타 장자가 있는 연고로 이 하나를 해석하여 다른 모임과 구분하였으니 첫째, 기원정사의 주인이다.

(c) 동남 대중[童男] (經/復有 8上1)
(d) 동녀 대중[童女] (經/復有)

復有五百童子하니 所謂善財童子와 善行童子와 善戒童子와 善威儀童子와 善勇猛童子와 善思童子와 善慧童

子와 善覺童子와 善眼童子와 善臂童子와 善光童子라
如是等五百童子가 來詣文殊師利童子所하여 頂禮其足
하고 右遶三市하여 退坐一面하니라 復有五百童女하니 所
謂善賢童女와 大智居士女童女와 賢稱童女와 美顔童女
와 堅慧童女와 賢德童女와 有德童女와 梵授童女와 德
光童女와 善光童女라 如是等五百童女가 來詣文殊師利
童子所하여 頂禮其足하고 右遶三市하여 退坐一面이니라

또 5백 동자가 있으니, 이른바 선재동자·선행동자·선계
동자·선위의동자·선용맹동자·선사동자·선혜동자·
선각동자·선안동자·선비동자·선광동자들이라. 이런 5
백 동자가 문수사리동자 있는 데 와서 발에 엎드려 절하고
오른쪽으로 세 번 돌고 한 곁에 물러가 앉았다. 또 5백 동녀
가 있으니, 이른바 선현동녀·대지거사의 딸 동녀·현칭동
녀·미안동녀·견혜동녀·현덕동녀·유덕동녀·범수동
녀·덕광동녀·선광동녀들이라. 이런 5백 동녀가 문수사
리동자 있는 데 와서 발에 엎드려 절하고 오른쪽으로 세 번
돌고 한 곁에 물러가 앉았다.

b. 삼업으로 조복하여 교화하다[三業調化] 2.

(a) 신업과 의업으로 중생을 조복하다[身意調機] 2.
㊀ 총합하여 대중을 조복하다[總調大衆] (第二 9上1)

爾時에 文殊師利童子가 知福城人이 悉已來集하시고 隨

其心樂하사 現自在身하시니 威光赫奕하여 蔽諸大衆이라 以自在大慈로 令彼清凉하며 以自在大悲로 起說法心하며 以自在智慧로 知其心樂하며 以廣大辯才로 將爲說法하시니라

그때 문수사리동자는 복성 사람들이 다 와서 모인 줄을 알고 그들이 좋아하는 마음을 따라 자유자재한 몸을 나투었으니, 위풍이 찬란하여 대중들을 가렸으며, 자재하게 인자함으로 그들을 서늘하게 하며, 자재하게 가엾이 여김으로 법을 말할 생각을 내며, 자재한 지혜로 그 마음을 알고 광대한 변재로 법을 말하려 하였다.

[疏] 第二, 爾時文殊下는 三業調化라 中에 二니 一, 身意調機요 二, 爾時文殊師利菩薩이 如是觀下는 當機授法이라 前中에 亦二하니 先, 總調大衆하여 爲授法方便일새 故云將說이니라

■ b. 爾時文殊 아래는 삼업으로 조복하여 교화함이다. 그중에 둘이니 (a) 신업과 의업으로 중생을 조복함이요, (b) 爾時文殊師利菩薩如是觀 아래는 해당 근기가 법문을 받음이다. (a) 중에 또 둘이니 ㉠ 총합하여 대중을 조복하여 법을 받는 방편이 되는 연고로 '장차 설한다'고 말하였다.

㉠ 선재동자를 따로 관찰하다[別觀善財] 2.
① 총합하여 표방하다[總標] (後復 9上5)

復於是時에 觀察善財가 以何因緣으로 而有其名하사

또 선재를 살펴보면서 무슨 인연으로 그런 이름을 지었는 가 하여,

[疏] 後, 復於下는 別觀善財하여 知其不羣하사 特廻聖眷이라 善財會名이 因此而立하니 偏所爲故라 於中에 二니 先, 總標요

■ ㊂ 復於 아래는 선재동자를 따로 관찰함이다. 그 무리 짓지 않고 특별히 성인의 권속을 돌았음을 안 것이다. 선재 모임이란 명칭은 이것으로 인해 건립하였으니 역할이 치우치는 까닭이다. 그중에 둘이니
① 총합하여 표방함이요,

② 개별로 밝히다[別顯] 2.
㉮ 외적 인연을 관찰하다[觀外緣] 2.
㉠ 개별로 설명하다[別明] (二知 9下10)
㉡ 총합하여 결론하다[總結] (後以)

知此童子가 初入胎時에 於其宅內에 自然而出七寶樓閣하고 其樓閣下에 有七伏藏하고 於其藏上에 地自開裂하여 生七寶牙하니 所謂金銀琉璃玻瓈眞珠硨磲瑪瑙라 善財童子가 處胎十月한 然後誕生하니 形體支分이 端正具足하고 其七大藏의 縱廣高下가 各滿七肘하여 從地涌出光明照耀하며
復於宅中에 自然而有五百寶器하여 種種諸物이 自然盈滿하니 所謂金剛器中에 盛一切香하고 於香器中에 盛種種衣하고 美玉器中에 盛滿種種上味飮食하고 摩尼器中

에 盛滿種種殊異珍寶하고 金器盛銀하고 銀器盛金하고 金銀器中에 盛滿瑠璃와 及摩尼寶하고 玻瓈器中에 盛滿硨磲하고 硨磲器中에 盛滿玻瓈하고 瑪瑙器中에 盛滿眞珠하고 眞珠器中에 盛滿瑪瑙하고 火摩尼器中에 盛滿水摩尼하고 水摩尼器中에 盛滿火摩尼한 如是等五百寶器가 自然出現하며 又雨衆寶와 及諸財物하여 一切庫藏을 悉令充滿하니라 以此事故로 父母親屬과 及善相師가 共呼此兒하여 名曰善財하시니라

이 동자가 처음 태 가운데에 들 적에 그 집안에 저절로 칠보로 된 누각이 생기고, 누각 밑에는 일곱 개의 물힌 갈무리가 있으며, 그 갈무리 위에는 땅이 저절로 찢어져서 칠보의 싹이 나니, 금·은·비유리·파리·진주·자거·마노들이라. 선재동자가 태에 있은 지 열 달만에 탄생하니, 몸과 팔다리가 단정하였고, 일곱 개의 큰 갈무리가 가로와 세로와 높이가 각각 칠 척씩 되는 것이 땅에서 솟아오르니 광명이 찬란하였다.

또 집안에는 저절로 5백 개의 보배 그릇이 있어 갖가지 물건이 가득하였으니 금강 그릇에는 모든 향이 담기었고, 향 그릇에는 갖가지 옷이 담기고, 아름다운 옥 그릇에는 갖가지 맛 좋은 음식이 담기고, 마니 그릇에는 갖가지 기이한 보배가 담기고, 금 그릇에는 은이 담기고, 은 그릇에는 금이 담기고, 금은 그릇에는 유리와 마니보배가 가득하고, 파리 그릇에는 자거가 가득하고, 자거 그릇에는 파리가 가득하고, 마노 그릇에는 진주가 가득하고, 진주 그릇에는 마노가

가득하고, 불 마니 그릇에는 물 마니가 가득하고, 물 마니 그릇에는 불 마니가 가득하였다. 이러한 5백 보배 그릇이 자연히 나오고, 또 여러 가지 보배와 모든 재물들이 온갖 창고에 충만하였다. 그러므로 부모와 친척과 관상하는 이들이 이 아이의 이름을 선재라고 부른 줄을 알았다.

[疏] 二, 知此下는 別顯이라 別中에 二니 先, 觀外緣이요 後, 觀內因이라 前中에 亦二니 先, 別明이요 後, 以此事下는 總結이라 財는 多屬依하고 善은 通依正이요 財現이 是其善相일새 稱曰善財니 亦猶善現立稱이니라

- ② 知此 아래는 개별로 밝힘이다. 별상 중에 둘이니 ㉮ 외적 인연을 관찰함이요, ㉯ 내적 원인을 관찰함이다. ㉮ 중에 또한 둘이니 ㉠ 개별로 설명함이요, ㉡ 以此事 아래는 총합하여 결론함이다. 재물이 많음은 의보에 속하나니 의보와 정보에 잘 통하고 재물이 나타남은 그 좋은 모습이요, 선재라 칭한 부분도 역시 '잘 나타남'으로 세운 명칭과 같다.

[鈔] 財多屬依者는 亦有法財일새 故云多也니라
- '재물이 많음은 의보에 속함'이란 또한 법의 재물이 있으므로 '많다'고 말한 것이다.

㉯ 내적 원인을 관찰하다[觀內因] (二又 10上10)

又知此童子가 已曾供養過去諸佛하여 深種善根하며 信

解廣大하며 常樂親近諸善知識하며 身語意業이 皆無過
失하며 淨菩薩道하며 求一切智하며 成佛法器하며 其心
淸淨이 猶如虛空하며 廻向菩提하며 無所障礙하시니라
또 이 동자가 과거의 여러 부처님께 공양하며 착한 뿌리를
많이 심었고, 믿고 이해함이 커서 여러 선지식을 항상 친근
하였으며, 몸과 말과 뜻으로 짓는 일이 허물이 없고, 보살의
도를 깨끗이 하며, 온갖 지혜를 구하여 불법의 그릇을 이루
었고, 마음이 청정하기 허공과 같으며 보리에 회향하여 장
애가 없는 줄을 알았다.

[疏] 二, 又知此下는 觀內因者는 此亦稱善이니 對上爲財니라 又解心順
理曰善이요 積德無盡曰財라 文有十句하니 初一은 唯宿因이요 信解
已去는 皆通過現이니라

■ ㉭ 又知此 아래는 내적 원인을 관찰함이다. 이 또한 선과 칭합하여 위를 상대하여 재물이라 하였다. 또 마음을 알고 이치에 따름을 선(善)이라 하고, 덕을 끝없이 쌓음을 재(財)라고 말한다. 경문에 열 구절이 있으니 첫째 하나는 숙세의 원인뿐이니, 믿고 이해한 다음에는 모두 과거와 현재에 통한다.

(b) 해당 근기가 법문을 받다[當機授法] 3.
㉠ 앞을 결론하고 뒤를 표방하다[結前標後] (第二 10下5)
㉡ 법문을 따로 거론하다[別擧法門] (就別)

爾時에 文殊師利菩薩이 如是觀察善財童子已하시고 安

尉開喩하사 而爲演說一切佛法하시니 所謂說一切佛積集法하며 說一切佛相續法하며 說一切佛次第法하며 說一切佛衆會淸淨法하며 說一切佛法輪化導法하며 說一切佛色身相好法하며 說一切佛法身成就法하며 說一切佛言辭辯才法하며 說一切佛光明照耀法하며 說一切佛平等無二法이라

그때 문수사리보살이 이렇게 선재동자를 관찰하고는 위로하고 일러 주면서 모든 부처의 법을 연설하였으니, 이른바 (1) 모든 부처님의 모으는 법을 말하고, (2) 모든 부처님의 계속하는 법을 말하고, (3) 모든 부처님의 차례로 하는 법을 말하고, (4) 모든 부처님의 모인 대중이 청정한 법을 말하고, (5) 모든 부처님이 법륜으로 교화하는 법을 말하고, (6) 모든 부처님의 육신이 잘생긴 모습의 법을 말하고, (7) 모든 부처님이 법의 몸을 성취하는 법을 말하고, (8) 모든 부처님의 말씀하는 변재의 법을 말하고, (9) 모든 부처님의 광명으로 비추는 법을 말하고, (10) 모든 부처님의 평등하여 둘이 없는 법을 말하는 것이다.

[疏] 第二, 當機授法이라 中에 三이니 初, 結前標後요 二, 所謂下는 別擧法門이요 三, 爾時文殊師利童子爲善財下는 結說勸進이니라 就別擧中하여 十句니 初二는 約佛因이니 一, 積集萬行이요 二, 念念不斷이라 次七은 約佛果니 於中에 前三은 妙用攝生이요 後四는 體用圓備니라 第十句는 通因通果하며 通理通事니라

- (b) 해당 근기가 법문을 받음이다. 그중에 셋이니 ㉠ 앞을 결론하고

뒤를 표방함이요, ㈡ 所謂 아래는 법문을 따로 거론함이요, ㈢ 爾時 文殊師利童子爲善財 아래는 정진하기 권함으로 결론하여 말함이다. ㈡ (법문을) 따로 거론함에 입각한 해석이니 그중에 열 구절이다. ① 처음 두 구절[說一切佛積集法, 說一切佛相續法]은 부처님의 인행을 잡은 해석이니 (1) 만 가지 행을 쌓고 모음이요, (2) 생각 생각에 끊어지지 않음이다. ② 다음 일곱 구절[說一切佛次第法 ~ 說一切佛平等無二法]은 부처님의 과덕을 잡은 해석이다. 그중에 ㉠ 앞의 세 구절은 묘한 작용으로 중생을 섭수함이요, ㉡ 뒤의 네 구절[說一切佛色身相好法 ~ 說一切佛光明照耀法]은 체성과 작용이 원만히 갖춤이다. ③ 열째 구절[說一切佛平等無二法]은 인행에 통하고 과덕에 통하며, 이치에 통하고 현상에 통한다는 뜻이다.

㈢ 정진을 권함으로 결론하여 말하다[結說勸進] (三結 11上10)

爾時에 文殊師利童子가 爲善財童子와 及諸大衆하사 說此法已하시고 慇懃勸喩하여 增長勢力하사 令其歡喜하여 發阿耨多羅三藐三菩提心하며 又令憶念過去善根하여 作是事已하시고 卽於其處에 復爲衆生하사 隨宜說法한 然後而去러시니라

그때 문수사리동자가 선재동자와 대중들을 위하여 이런 법을 말하고는, 은근하게 권하여 세력이 늘게 하며, 그들을 기쁘게 하여 아뇩다라삼먁삼보디심을 내게 하였으며, 또 과거에 심은 착한 뿌리를 기억하게 하였다. 이런 일을 하고는 그 자리에서 다시 중생들에게 마땅하게 법을 말하고 떠

났다.

[疏] 三, 結說勸進이라 中에 結前所說이 普及無偏이니 指前因法하사 勸令進修하시며 令發大心하여 求前佛果하시고 今憶宿善하여 使不自輕이요 餘非此機에는 隨宜更演이니라

■ ㈢ 정진하기 권함으로 결론하여 말함이다. 그중에 앞에서 말한 것을 결론하고 널리 보급하여 치우침 없음이니 앞의 인행의 법을 지적하여 권하여 나아가 수행하게 함이다. 대승의 마음을 발하여 앞의 부처님 과덕을 구하게 한다. 지금에 숙세의 선근을 기억함은 하여금 자연히 경쾌하게 함이니 나머지는 이런 근기가 아니며, 마땅함을 따라서 다시 연설함이다.

c. 상근기가 좇아오다[上根隨逐] 2.

a) 말하는 원인을 총합하여 말하다[總敍說因] 3.
(a) 말하는 원인을 내보이다[出說因] (第三 11下6)
(b) 바른 질문을 말하다[申正問] (此菩)

爾時에 善財童子가 從文殊師利所하여 聞佛如是種種功德하고 一心勤求阿耨多羅三藐三菩提하여 隨文殊師利하여 而說頌曰,
이때 선재동자는 문수사리에게서 부처님의 이런 여러 가지 공덕을 듣고 한결같은 마음으로 아뇩다라삼먁삼보디를 구하며, 문수사리를 따라서 게송을 말하였다.

[疏] 第三, 爾時善財下는 上根隨逐이니 同餐妙旨로되 獨穎衆流하사 重法隨師하여 說偈求度라 文中에 二니 先, 總敍說因이요 二, 正陳偈頌이라 今初니 由已發心故라 此菩提心이 爲當何位오 善財童子는 爲聖가 爲凡가

■ c. 爾時善財 아래는 상근기가 좇아옴이다. 미묘한 종지를 함께 먹는데 대중 무리에서 홀로 빼어남이다. 법을 존중하여 스승을 따르고 게송을 설해 제도를 구한다는 뜻이다. 경문 중에 둘이니 a) 말하는 원인을 총합하여 말함이요, b) 게송 언사를 바로 말함이다. 지금 a)는 이미 발심한 연유 때문이다. 여기의 보리심은 어떤 지위에 해당하는가? 선재동자는 성인인가 범부인가?

(c) 본문을 해석하다[釋本文] 4.
㊀ 오랜 옛날을 말하다[敍上古] (古有 11下9)
㊁ 예전의 안주지신을 말하다[敍下古] (有云)

[疏] 古有多釋하니 一은 云, 卽地上菩薩이니 言發心者는 證發心也라하고 一은 云, 是地前實報凡夫니 但有宿善하여 信根現熟이라하고 有云호대 古不足依라하여 自引安住地神處에 衆神이 相謂云, 此人은 已生法王種中이라하니 斯文이 可定이라하여 然自爲二解하니 一, 謂智[8]契法性하여 生在佛家를 名法王種이니 卽已入地요 二, 謂據多聞熏習勝解眞性하여 成就佛種을 名生法王種中이니 卽三賢內의 種性菩薩이라하니라

■ 예로부터 많은 해석이 있나니 하나는 이르되, "곧 지상(地上)보살이

---

8) 智下에 甲南續金本有智字, 原本無라 하다.

다. 발심이라 말한 것은 증발심(證發心)을 뜻한다. 둘은 이르되, "십지 이전은 실보토(實報土)의 범부이다. 단지 숙세의 선근만 있다가 믿음의 뿌리에서 현재에 성숙한 것이다." 어떤 이는 이르되, "예전에는 만족히 의지하지 않다가 스스로 안주지신의 처소를 인용하나니, 많은 신들이 서로 말하되, '이 사람은 이미 법왕의 종자 중에 태어났다'"고 하였으니, 이 경문은 정할 수가 있지만 그러나 자연히 두 가지 이해가 되나니 (1) 이른바 지혜가 법성과 계합하여 부처님 가문에 태어남을 '법왕의 종자'라 이름하나니 곧 이미 십지에 들어간 것이요, (2) 이른바 다문으로 훈습함에 의거해서 참된 성품을 뛰어나게 알고 부처 종자를 성취함을 이름하여 '법왕의 종자 중에 태어남'이라 하나니 곧 삼현(三賢) 지위 안의 종성위(種性位) 보살이다.

㊂ 예전의 법사를 타파하다[破下古] (然此 12上5)

[疏] 然이나 此師解는 依於前義에 不異初師요 依於後義에 未殊次解니 何足異焉이리요 又以此文으로 爲證者인대 則慈氏가 云, 一生에 淨菩薩行이라하며 見普賢處에 等諸佛等을 復云何通고 無執一文하여 自相矛盾이니라

■ 그러나 이 법사의 해석은 앞의 뜻을 의지하여 첫째 법사와 다르지 않고, 뒤의 뜻을 의지하면 다음 이해와 다르지 않은데 어째서 충분히 다른 것인가? 또한 이런 경문이 증거가 된다면 자씨(慈氏)가 이르되, "일생토록 보살행을 청정히 하여 보현의 처소와 똑같고 모든 부처님과 똑같음을 보나니 다시 어떻게 해명하겠는가?" 한 가지 경문에 집착하지 않음은 자체 모양이 모순되기 때문이다.

㈣ 중간과 예전 지위를 말하다[敍中古] 4.
① 옛적의 이치를 말하다[正敍昔義] (賢首 12上9)
② 예전에 성립한 것을 말하다[敍昔成立] (若爾)
③ 수순함과 거역함을 시원하게 밝히다[疏辨順逆] (此之)

[疏] 賢首가 云, 應是善趣信行中人이라 依圓敎宗인대 有其三位하니 一,
見聞位니 卽是善財가 次前生身에 見聞如是普賢法故로 成解脫分
善根이니 如前歎德中辨이니라 二, 是解行位니 頓修如此五位行法이
니 如善財가 此生에 所成이 至普賢位가 是니라 三, 證入位9)니 卽因
位가 窮終에 沒同果海니 善財來生이 是이니라 若爾인대 定是何位오
謂以在信하면 是信位요 在住하면 是住位니 一身이 歷五位하여 隨在
卽彼收니 以徧一切故라 如普賢位라하니 此之一解가 甚順經宗이라
但更有一理하니 謂歷位而修하여 得見普賢에 一時頓具라

■ 현수(賢首)대사가 이르되, "응당히 선한 갈래의 십신(十信)을 행하는
중의 사람은 원교(圓敎)의 종지에 의지하면 세 지위가 있다. (1) 보고
듣는 지위는 곧 선재요, (2) 알고 행하는 지위는 이러한 다섯 지위의
행법을 몰록 수행함이 선재가 이 생에서 성취한 바와 같이 보현의 지
위에 도달함이 이것이다. (3) 증득하여 들어가는 지위는 인행의 지위
가 끝까지 다함이니 과덕의 바다에 몰록 같나니 선재의 내생(來生)이
이것이다. 만일 그렇다면 무슨 지위로 정하는가? 이른바 믿음에 있
으면 십신(十信)의 지위요, 머무름에 있으면 십주(十住)의 지위이다.
'한 몸으로 다섯 지위를 거쳐서 여기에 떨어짐이 곧 저것을 거둠이 모
두에 두루한 연고로 보현의 지위와 같다'고 말하였다. 이런 한 가지

---

9) 位는 嘉大南纂金本作生, 弘續本及探玄記作位라 하다.

이해는 경의 종지를 잘 따르는 것이므로 단지 다시 한 가지 이치가 있으니, 이른바 지위를 거처서 수행하여 보현(普賢)을 만나면 일시에 몰록 갖춤을 보게 된다.

④ 경문으로 증명하다[文證] 2.
㉮ 바로 증명하다[正證] (地獄 12下7)
㉯ 예전 해석을 비판하다[彈昔] (何以)

[疏] 地獄天子도 尙三重頓圓이어든 何以善財로 剋定初地等가 又定初地言인대 爲是未見文殊前耶아 爲是已見普賢竟耶아 一生에 有增進耶아 始未定耶아 無得管見으로 以害經宗이니라

■ 지옥과 천자가 세 겹으로 돈교와 원교를 숭상할 텐데 어째서 선재가 초지(初地) 등이라 능히 정할 수 있겠는가? 또한 초지라 정한 말이 문수보살을 만나기 전이 되는가? 아니면 이미 보현보살을 만난 끝이 되겠는가? 일생에 증진함이 있겠는가? 시작함을 정하지 못함이겠는가? 좁은 소견[管見]을 가지고는 본경의 종지를 해칠 수 없을 것이다.

[鈔] 今初니 由已發心故下는 疏文有三이니 一, 總出說因也요 二, 此菩提心下는 問이요 三, 故有多釋下는 釋이라 於中에 四니 一, 敍其上古요 二, 有云古不足依下는 敍其下古하여 破昔自立이요 三, 然此師下는 破其下古라 有二意¹⁰⁾하니 一, 縱破니 顯不異昔이요 下古는 卽刊定記也라 二, 又以此爲證下는 奪破니 顯其引證難憑하여 以違餘文故라 四, 賢首云下는 敍其中古하여 以爲正義라 於中에 亦四하니 一,

---

10) 意는 甲續金本作義라 하다.

正敍昔義[11]요 二, 若爾下는 敍昔成立이라 於上三生之中에 楷定이니 今解行生이 爲是何位일새 故先自問이요 後謂以在信下는 自答이라 三, 此之一解下는 疏辨順違라 於中에 先, 正許順理이요 後,[12] 但更有下는 疏正其釋하여 以向古釋이니 復似違前故라 謂前定三生이니 今生은 但是解行이나 而非證入과 及至後釋이니 即言寄地요 即是地位니 豈非證耶[13]라 故今正之라 一時頓具는 即是第三證入生故라 亦成漸頓하여 得交徹故라 四, 地獄天子下는 疏引經文하여 證成正義니 結彈刊定이라 於中에 又二니 一, 正證이요 二, 何以善財下는 彈昔이라 於中에 三이니 一, 正彈其釋이요 二, 又定初地下는 審定其釋이요 三, 無得管見下는 結其有違[14]라

● 今初由已發心故 아래는 소문에 셋이 있으니 (a) 말한 원인을 내보임이요, (b) 此菩提心 아래는 바로 질문함이요, (c) 故有多釋 아래는 (본문을 해석함이다.) 그중에 넷이니 ㊀ 오랜 옛날을 말함이요, ㊁ 有云古不足依 아래는 예전의 안주지신을 말함이니, 예전을 타파하고 자립함이다. ㊂ 然此師 아래는 예전의 법사를 타파함이다. 두 가지 주장이 있으니 ① 놓아서 타파함이니 예전과 다르지 않음을 밝힘이요, 예전의 법사는 곧 간정기이다. ② 又以此爲證 아래는 빼앗아 타파함이니 그 인증이 의거하기 어려움을 밝혀서 나머지 소문을 위배하는 까닭이다. ㊃ 賢首云 아래는 중간의 고덕을 말하여 바른 뜻으로 삼음이다. 그중에 또한 넷이니 ① 예전 뜻을 바로 말함이요, ② 若爾 아래는 예전에 성립함을 말함이다. 위의 세 번 태어난 중에 모범을 정함이니 지금은 이해와 행법이 생긴 것이 어느 지위가 되는 연고로 먼

---

11) 上二十二字는 南金本無라 하다.
12) 上十八字는 南金本無라 하다.
13) 耶는 甲南續金本作也라 하다.
14) 上四十三字는 南金本無라 하다.

저 스스로 질문하고 뒤에 謂以在信 아래는 스스로 답하였다. ③ 此之一解 아래는 소가가 따르고 위배함을 밝힘이다. 그중에 ㉮ 이치가 다름을 바로 허락함이요, ㉯ 但更有 아래는 소가가 그 해석을 바로잡아 예전 해석을 삼았으니 다시 앞과 위배함과 같은 까닭이다. 이른바 앞에서 삼생을 정했으니 금생은 단지 이해와 행함이나 증득해 들어감이 아님과 뒤의 해석까지 이르렀으니 곧 십지를 의탁함이 곧 지위를 말했으니 어찌 증득함이 아니리요, 그러므로 지금 바로잡는다. 일시에 몰록 갖춤은 곧 셋째 증득해 들어감이 생긴 까닭이며, 또한 점법과 돈법을 이루어 서로 철저함을 얻은 까닭이다. ④ 地獄天子 아래는 소가가 경문을 인용하여 바른 뜻을 증거함이니 간정공을 결론적으로 비판함이다. 그중에 또한 둘이니 ㉮ 바로 증득함이요, ㉯ 何以善財 아래는 예전 해석을 비판함이다. 그중에 셋이니 ㉠ 그 해석을 바로 비판함이요, ㉡ 又定初地 아래는 그 해석을 살펴서 정함이요, ㉢ 無得管見 아래는 그 위배됨을 결론함이다.

b) 게송 언사를 바로 말하다[正陳偈辭] 2.

(a) 네 게송은 다치고 나서 물에 빠지다[四頌傷己沉溺] 2.
㈠ 두 게송은 과덕에 의지하여 인행을 시작하다[二頌依果起因]

(二正 13下4)

三有爲城郭하고　　　　　憍慢爲垣牆하며
諸趣爲門戶하고　　　　　愛水爲池塹이로다
삼계의 생사는 성곽이 되고

교만한 마음은 담장이 되며
여러 길은 문이 되고
사랑의 물이 해자 되었네.

愚癡闇所覆로　　　　　貪恚火熾然하여
魔王作君主하고　　　　童蒙依止住로다
어리석은 어둠에 덮이어
탐욕과 성내는 불이 치성하니
마왕은 임금이 되어
어리고 몽매한 사람들이 의지해 있고

[疏] 二, 正陳偈辭라 三十四頌을 分二니 初, 四頌은 傷己沈溺하여 自勉不能이요 後, 三十頌은 仰德依人하여 請垂拔濟라 前中에 亦二니 前二는 明依果起因이니 長迷不出일새 故喩之以城이요 後二는 明依因趣果니 生死無窮일새 故喩乘惡乘이라 又初二는 迷於苦集이요 後二는 失於滅道니 今初文也라 三有悅情은 卽起惑之處요 愚迷三世는 卽起惑之因이요 魔王은 卽起惑之緣이요 童蒙은 乃起惑之者요 餘는 皆所起之惑이라 然三界受生이 皆由著我니 起依我起하여 高而難踰일새 故로 六趣門中에 出入不息이라 餘可思準이니라

■ b) 게송 언사를 바로 말함이다. 34개 게송을 둘로 나누리니 (a) 네 게송은 다치고 나서 물에 빠지면 스스로 근면하기에 능하지 않음이요, (b) 30개 게송은 덕을 우러러 사람에 의지하여 고통을 뽑아 주기를 청하여 드리움이다. (a) 중에 또한 둘이니 ㊀ 두 게송은 과덕에 의지하여 인행을 시작함이다. 오랜 미혹에서 벗어나지 못하는 연고로

성에 비유함이요, ㉡ 뒤의 두 게송은 인행에 의지하여 과덕에 나아가서 생사가 다함이 없는 연고로 좋은 승(乘)과 나쁜 승에 비유하였다. 또한 앞의 두 게송은 고제와 집제에 미혹함이요, 뒤의 두 게송은 멸제와 도제를 잃음이니 지금은 첫 게송 경문이다. 삼계의 생사는 생각을 즐거워하면 곧 미혹을 일으키는 곳이요, 삼세를 어리석고 미하면 곧 미혹을 일으키는 원인이다. 마왕은 곧 미혹을 일으키는 인연이요, 어리고 몽매함은 비로소 미혹을 일으키는 사람이다. 나머지는 모두 일으킬 대상인 미혹이다. 그러나 삼계에 받아 태어남은 모두 나에 집착한 탓이다. 내가 일어남을 의지하여 일어남은 높아서 넘기 어려웠던 연고로 여섯 갈래의 문 속에서 나오고 들어감을 쉬지 못하나니 나머지는 준하여 생각할 수 있다.

[鈔] 餘皆所起之惑者는 上[15])來에 初釋第一句요 愚迷下는 釋第五句요 魔王下는 釋第七句요 童蒙下는 釋第八句요 今餘는 卽二三四六句라 然三界下는 釋第二三[16])句오 略不釋四六二句라 四를 望於五하면 五는 是發業之本이요 四는 是潤業之愛요 六은 通發潤이니 卽六地中에 無明所覆로 愛水爲潤하고 我慢漑灌하여 生名色芽也니라 言苦集者는 初三과 及八은 卽是苦果요 餘五는 皆集이라 略無有業이나 含在魔王과 及後二偈의 行邪之中이니라

● '나머지는 모두 일으킬 대상인 미혹'이라 함은 여기까지는 ㉠ 첫째 구절을 처음 해석함이요, 愚迷 아래는 다섯째 구절을 해석함이다. 魔王 아래는 일곱째 구절을 해석함이요, 童蒙 아래는 여덟째 구절을 해석함이다. 지금 나머지는 곧 둘째와 셋째, 넷째, 여섯째 구절이다. 然

---

15) 上은 甲南續金本作向이라 하다.
16) 三은 甲南續金本作二誤, 原本作三이라 하다.

三界 아래는 둘째, 셋째 구절을 해석함이다. 넷째와 여섯째 구절을 생략하여 해석하지 않고, 넷째는 다섯째를 바라본다. 다섯째는 업을 시작하는 근본이요, 넷째는 업을 적시는 사랑이요, 여섯째는 발업(發業)과 윤업(潤業)에 통함이니 곧 (십지품) 제6. 현전지 중에 이르되, "무명에 덮인 결과이니 사랑의 물로 적시고 아만으로 물을 대어 명색의 싹을 틔운다"라고 하였다. '고제와 집제'라 말한 것은 처음 세 구절과 여덟째 구절[童蒙依止住]은 곧 고제의 결과이다. 나머지 다섯 구절은 모두 집제이니 생략하여 업이 없으며, 마왕과 뒤의 두 게송에서 삿됨을 행하는 중에 포함되어 있다.

㈢ 두 게송은 원인에 의지하여 결과로 나아가다[二頌依因趣果]

(後二 14上10)

貪愛爲徽纆[17]하고　　　　　諂誑爲轡勒하며
疑惑蔽其眼하여　　　　　　趣入諸邪道로다
탐심과 애욕은 묶는 노끈이요
아첨과 속이는 일 고삐가 되며
의혹이 눈을 가리어
삿된 길로 나아가게 하며

慳嫉憍盈故로　　　　　　入於三惡處하며
或墮諸趣中의　　　　　　生老病死苦로다
간탐과 질투와 교만이 많아

---

17) 纆은 卍續弘大昭本作纏誤. 思嘉清合綱杭鼓纂金本作纆. 案慧苑音義云 纆莫北反 珠叢曰 纆繩索也 又案 易坎卦云 係用徽纆이라 하다. 纆 노묵. 徽 아름다울 휘. 묶을 휘.

세 가지 나쁜 길에 들어도 가고
여러 길에 떨어지면
나고 늙고 병들고 죽는 고통이로다.

[疏] 後二中에 初偈는 失正行邪道요 後偈는 入苦無涅槃이라 徽者는 束也요 纆者는 索也라 又三股曰徽요 四股爲纆[18]이니라 盈者는 緩也며 懈也니라

㊀ 두 게송(은 원인에 의지하여 결과로 나아감) 중에 ① 첫 게송은 바름을 잃고 삿된 도를 행함이요, ② 뒤 게송은 고통에 들면 열반이 없음이다. 휘(徽)는 묶음의 뜻이요, 묵(纆)은 노끈의 뜻이다. 또한 네 넓적다리를 묵(纆)이라 하나니 영(盈)은 느림의 뜻, 게으름의 뜻이다.

[鈔] 失正行邪者는 由前無明하여 而起行故니라 又前三句는 卽起業之惑이요 亦業俱之惑이요 第四句는 卽所起之業이요 後偈의 初句는 卽覆業煩惱라 由於前二하여 迷我我所일새 以我로 對所하여 而生三[19]惑하시니 一은 於未得處에 而生諂誑이요 二는 於不可得處에 而生於嫉이요 三은 於已得處에 便生慳憍라 後之三過는 在覆業中이니라 疑惑蔽眼은 卽正能造業이니 疑於有果無果하며 不見未來일새 故造惡業이요 不見現[20]苦일새 故로 造善業이라 故下三惡은 卽惡業果오 諸趣는 卽通善業이니라

'바름을 잃고 삿된 도를 행함'은 앞의 무명으로 말미암아 행법을 일으킨 까닭이다. 또 앞의 세 구절은 업을 일으키는 미혹이요, 또한 업과 함께하는 미혹이다. 넷째 구절[趣入諸邪道]은 일으킬 대상의 업이요,

---

18) 上二纆字는 弘大續本作纏誤나, 嘉南續金本作纆이라 하다.
19) 三은 甲南續金本作四라 하다.
20) 現은 甲南續金本無라 하다.

뒤 게송의 첫 구절[慳嫉憍盈故]은 업을 덮은 번뇌이니 앞의 둘로 말미암아 나와 내 것에 미하고 내가 내 것을 상대하지만 세 가지 미혹을 일으키니 (1) 얻지 못한 곳에서 아첨과 속임이 생겨나고, (2) 얻을 수 없는 곳에서 질투가 생겨나고, (3) 이미 얻은 곳에서 문득 인색함과 교만함이 생겨난다. 뒤의 세 가지 허물은 업을 덮은 중에 의혹으로 눈을 덮었으니 곧 바로 능히 업을 짓는 것이요, 결과가 있고 결과가 없음을 의심하는 것이다. 미래를 보지 못한 연고로 악업(惡業)을 짓게 되나니 현재의 고통이 아닌 연고로 선업(善業)을 짓는다. 그러므로 아래 세 가지 악업은 곧 악한 업의 결과이다. 모든 갈래는 곧 선업과 통한다는 뜻이다.

(b) 30개 게송은 고통을 뽑아 주기를 청하여 드리우다
 [三十頌請垂拔濟] 3.

㉠ 13개 게송은 사람이 법을 구함을 찬탄하다[十三偈讚人求法] 2.
① 여섯 게송은 고통 뽑아 주기를 희망하여 드리우다[六偈希垂拔濟]
(第二 15上6)

妙智淸淨日인　　　　　　　大悲圓滿輪이
能竭煩惱海하나니　　　　　願賜少觀察하소서
묘한 지혜 청정한 해님의
가엾이 여기는 원만한 바퀴
번뇌의 바다 말리시나니
바라건대 나를 살펴 주소서.

妙智淸淨月인　　　　　　大慈無垢輪이
一切悉施安하나니　　　　願垂照察我하소서
묘한 지혜 청정한 달님의
인자하고 때 없는 바퀴
모든 이를 안락하게 하시니
바라건대 나를 비춰 주소서.

一切法界王이　　　　　　法寶爲先導하여
遊空無所礙하나니　　　　願垂敎勅我하소서
온갖 법계의 왕이시여
법보로 길잡이 삼아
걸림이 없이 허공에 다니시니
바라건대 나를 가르쳐 주소서.

福智大商主가　　　　　　勇猛求菩提하여
普利諸群生하나니　　　　願垂守護我하소서
복 많고 지혜 많은 장사 물주
용맹하게 보리 구하여
중생들을 이익하게 하시니
바라건대 나를 보호하소서.

身被忍辱甲하며　　　　　手提智慧劍하고
自在降魔軍하나니　　　　願垂拔濟我하소서
참는 갑옷 입으시고

손에는 지혜의 검을 들어
마군을 자재하게 항복받으시니
바라건대 나를 구제하소서.

住法須彌頂하여　　　　　　定女常恭侍하고
滅惑阿修羅하는　　　　　　帝釋願觀我하소서
불법의 수미산 꼭대기에서
선정의 시녀들이 항상 모시고
번뇌의 아수라 멸하시나니
제석이여, 나를 살피소서.

[疏] 第二, 請拔濟라 中에 分三이니 初, 十三偈는 讚人求法이요 次, 十五偈는 讚法求乘이요 後, 二偈는 雙結人法이라 前中에 二니 初, 六偈는 對前苦集하여 希垂拔濟요 後, 七偈는 對失滅道하여 冀成行果라 皆上의 三句는 讚文殊德이니 偈各一德이요 後, 一句는 正求運濟니라

■ (b) (30개 게송은) 고통을 뽑아내어 구제함을 청하여 드리움 중에 셋으로 나누리니 ㉠ 13개 게송은 사람이 법을 구함을 찬탄함이요, ㉡ 15개 게송은 법과 교법 구함을 찬탄함이요, ㉢ 두 게송은 사람과 법을 함께 결론함이다. ㉠ 중에 둘이니 ① 여섯 게송은 앞의 고제와 집제를 상대하여 뽑아 구제하기를 희망함이요, ② 일곱 게송은 멸제와 도제를 잃기를 상대하여 행법의 결과 이루기를 바람이다. 모두 위의 세 구절은 문수보살의 공덕을 찬탄함이니 게송이 각기 한 가지 덕이다. 뒤의 한 구절은 바로 움직여 구제하기를 구함이다.

② 일곱 게송은 행법의 결과 이루기를 바라다[七偈冀成行果] 4.
㉮ 한 게송은 그 도를 총합하여 구함을 노래하다[一偈總求其道]

(就後 15下7)

三有凡愚宅에　　　　　　　　惑業地趣因을
仁者悉調伏하나니　　　　　　如燈示我道하소서
삼계의 생사는 범부의 집이요,
의혹과 짓는 업 여러 길의 원인
보살께서 모두 조복하시니
등불처럼 나의 길 비춰 주소서.

[疏] 就後七中하여 初一은 總求其道요
　■　② 일곱 게송 중에 ㉮ 한 게송은 그 도를 총합하여 구함이요,

㉯ 두 게송은 열반도를 구함을 노래하다[二偈求涅槃道] (次二 15下7)

捨離諸惡趣하고　　　　　　　清淨諸善道하여
超諸世間者여　　　　　　　　示我解脫門하소서
여러 나쁜 길 여의시고
모든 착한 길 깨끗하게 하여
세간을 초월하신 이시니
해탈의 문을 보여 주소서.

世間顚倒執인　　　　　　　　常樂我淨想을

智眼悉能離하나니　　　　　開我解脫門하소서
세간의 뒤바뀐 고집
항상하고 즐겁고 〈나〉이고 깨끗하다는 생각
지혜의 눈으로 모두 여의시니
해탈의 문을 열어 주소서.

[疏] 次二는 求涅槃道요
■　㉯ 두 게송은 열반의 구함을 노래함이요.

㉰ 두 게송은 보리도 구함을 노래하다[二偈求菩提道] (次二 15下7)

善知邪正道하여　　　　　分別心無怯한
一切決了人이여　　　　　示我菩提路하소서
바른 길·삿된 길 잘 아시고
분별하는 마음 겁이 없으사
온갖 것 다 아시는 이여
보리의 길을 가리켜 주소서.

住佛正見地하며　　　　　長佛功德樹하며
雨佛妙法華하시니　　　　示我菩提道하소서
부처님의 바른 소견에 머물고
부처님의 공덕 나무 기르며
부처님 법의 묘한 꽃 비 내리시니
보리의 길을 보여 주소서.

[疏] 次二는 求菩提道요
- ㉰ 두 게송은 보리도 구함을 노래함이요,

㉱ 두 게송은 도를 발견하는 인연을 구하다[二偈求見道緣] (後二 15下8)

去來現在佛이　　　　　處處悉周徧하사
如日出世間하시니　　　爲我說其道하소서
과거·미래·현재의 부처님
간 데마다 두루하시어
해가 세상에 뜬 듯하시니
그 길을 말씀하소서.

善知一切業하고　　　　深達諸乘行하여
智慧決定人이여　　　　示我摩訶衍하소서
온갖 업 잘 아시고
여러 승의 수행을 통달하시니
결정한 지혜 가지신 이여,
마하연 길을 보여 주소서.

[疏] 後二는 求見道緣이니라
- ㉱ 두 게송은 도를 발견하는 인연을 구함이다.

㈂ 15개 게송은 법과 교법 구함을 찬탄하다[十五偈讚法求乘] 2.
① 총상 해석[總釋] (第二 16上3)

[疏] 第二, 願輪下는 歎法求乘이라 中에 亦對前惡乘하여 以求勝乘이라 尙異二乘이온 況馳驟三界리요

- ㈢ 願輪 아래 15개 게송은 법과 교법 구함을 찬탄함이다. 그중에 또한 앞의 악한 교법을 상대하여 뛰어난 교법을 구함이니 오히려 이승과 다른데 하물며 삼계를 치달림이겠는가?

[鈔] 況馳驟三界者는 書에 云, 堯舜安車오 夏殷은 步驟라하니 言其道가 不及前이라 今以一乘으로 爲安車니 安車는 牛車라 尙異二乘羊鹿이온 豈況三界에 步驟아

- '하물며 삼계를 치달림이겠는가?'라는 것은 『서경(書經)』에 이르되, "요순시대는 수레를 편안히 타고 하은시대에는 걸어서 달린다"고 하였으니 그 도가 앞에 미치지 못함을 말한 것이요, 지금은 일승으로 수레를 편안히 탐을 삼았다. '수레를 편안히 탐'은 소가 끄는 수레이니 오히려 이승의 양이 끄는 수레, 사슴이 끄는 수레보다 다른데, 어찌 삼계(三界)를 치달림과 비교하겠는가?

② 별상 해석[別釋] 4.
㈎ 네 게송은 이타행의 교법[四偈利他乘] (於中 16上7)

願輪大悲轂과 信軸堅忍轄21)과
功德寶莊校여 令我載此乘하소서

서원은 바퀴, 자비는 속바퀴[轂]
신심의 굴대[軸], 참는 건 굴대 빗장[轄]

---

21) 轄은 麗本作錯, 宋元明宮淸合綱杭鼓簒續金本作轄; 案轄錯同이라 하다.

공덕 보배로 잘 꾸미시니
그 수레에 나를 태워 주소서.

總持廣大箱22)과 　　　　　慈愍莊嚴蓋와
辯才鈴震響이여 　　　　　使我載此乘하소서
다 지니신 광대한 수레방
자비로 장엄한 덮개
변재의 풍경 잘 울리나니
그 수레에 나를 태워 주소서.

梵行爲茵蓐23)하며 　　　　三昧爲婇女하며
法鼓震妙音하나니 　　　　願與我此乘하소서
청정한 범행 돗자리 되고
삼매는 모시는 채녀들
법 북의 아름다운 소리
그 수레에 나를 태워 주소서.

四攝無盡藏과 　　　　　　功德莊嚴寶와
慚愧爲羈鞅이여 　　　　　願與我此乘하소서
네 가지 거둬 주는 무진장
공덕은 장엄한 보배
부끄러움은 굴레와 고삐
그 수레에 나를 태워 주소서.

---

22) 箱은 思續金本作廂, 弘昭注云 箱宋作廂이라 하다.
23) 蓐은 思嘉淸合綱杭鼓纂續金本作褥, 弘大昭本及音義作蓐이라 하다.

[疏] 於中에 分四니 初四는 求悲智定하여 攝利他乘이라
- (② 별상 해석) 중에 넷으로 나누리니 ㉮ 네 게송은 이타행의 교법이니 자비와 지혜를 구하여 정함이니 이타행의 교법을 포섭한다는 뜻이다.

[鈔] 初四는 頌求悲智定하여 攝利他乘者는 總相釋也라 初偈는 是悲요 二는 是智요 三은 定이요 四는 卽四攝이라 然下四段이 皆明乘義어니와 今當別配하면 初偈有五하니 一, 願行相扶가 如輪致遠이요 二, 一切佛法은 皆依大悲가 猶如衆輻이 以轅一轂이요 三, 信心不退가 如軸居心이요 四, 堅忍不動이 如轄24)貫定이요 五, 諸功德寶로 而爲莊挍는 卽通五度라 末句는 結求를 可知니라 第二偈는 三義니 一, 總持攝法이 如箱攝物이요 二, 慈愍覆蔭이 如張幰蓋요 三, 四辯演法이 如鳴鑾25)鈴이니라 第三偈는 三義니 一, 梵行嚴潔이 如淨茵蓐이요 二, 三昧適神이 如侍采女요 三, 法音警物이 如擊鼓聲이니라 第四偈는 三義니 一, 四攝盈物이 無盡如藏이요 二, 功德圓淨이 如寶莊嚴이요 三, 牛有羈靮에 離過引車요 人有慚愧에 拒惡崇善이니라

- ㉮ '네 게송은 (이타행의 교법이니) 자비와 지혜를 구하여 정함이니 이타의 교법을 포섭한다'고 한 것은 총상으로 해석함이다. 첫 게송은 자비요, 둘째는 지혜이고, 셋째는 선정이요, 넷째는 곧 사섭법이다. 그러나 아래 네 문단은 모두 교법의 뜻을 설명함이요, 지금은 미래에 개별로 배대함이다. 첫 게송은 다섯 가지가 있으니 (1) 원과 행이 서로 도움이 마치 바퀴가 멀리 도착함과 같고, (2) 온갖 불법은 모두 대비를 의지함이 마치 많은 바퀴통으로 한 바퀴로 폭주함과 같다. (3) 믿는 마음에서 물러나지 않음이 바퀴의 굴대처럼 마음에 있음이요, (4)

---
24) 轄은 嘉弘南金大本作鎋, 續本作轄이라 하다.
25) 鑾은 甲南續金本作鸞이라 하다.

동요하지 않음을 굳게 참는 것이 마치 비녀처럼 꿰뚫어 정함이요, (5) 모든 공덕의 보배로 장엄하여 비교하나니 다섯 바라밀과 통함이다. 마지막 구절[願與我此乘]은 구함을 결론함이니 알 수 있으리라. 둘째 게송[總持廣大箱-]의 세 가지 뜻은 (1) 다라니로 법을 포섭함이 마치 상자로 물건을 섭수함과 같으며, (2) 인자하고 불쌍히 여김으로 덮은 그늘이 마치 수레를 덮은 덮개를 펼침과 같으며, (3) 네 가지 변재로 법을 연설함이 마치 방울을 울림이 셋째 게송[梵行爲茵蓐-]의 세 가지 뜻과 같다. ① 청정한 범행은 깨끗한 돗자리와 같고, ② 삼매의 적절한 정신은 시중드는 채녀와 같고, ③ 법음으로 중생을 경고함은 마치 북 치는 소리와 같다. (4) 넷째 게송[四攝無盡藏-]의 세 가지 뜻이다. ① 사섭법으로 중생에 이익 줌이 그지없음이 창고와 같다. ② 공덕이 원만하고 깨끗함은 보배로 장엄함과 같으며, ③ 소에는 굴레와 가슴으로 비방하여 허물을 여의고 수레를 인용하나니 사람에게 참괴심이 있고, 미움을 막고 선근을 존숭함이요,

㉯ 세 계송은 자분행의 교법 구함[三偈自行乘] (次三 17上3)

常轉布施輪하며　恒塗淨戒香하며
忍辱牢莊嚴이여　令我載此乘하소서

보시하는 바퀴 항상 굴리며
깨끗한 계율의 향을 바르고
인욕으로 굳게 꾸미었으니
그 수레에 나를 타게 하세요.

禪定三昧箱과 　　智慧方便軶으로
調伏不退轉이여 　　令我載此乘하소서
선정과 삼매는 수레방이요,
지혜와 방편은 멍에가 되어
물러나지 않도록 조복하나니
그 수레에 나를 타게 하세요.

大願淸淨輪과 　　總持堅固力이
智慧所成就니 　　令我載此乘하소서
큰 서원은 청정한 바퀴
다 지니는 견고한 힘
지혜로 이루어졌나니
그 수레에 나를 타게 하세요.

[疏] 次三은 求十度自行乘이라

- ⑭ 세 게송은 십바라밀로 자분행의 교법을 구함이다.

[鈔] 次三은 求十度自行乘者는 初偈는 四度니 一, 施爲行首가 如輪爲車本이요 二, 戒能防非하여 諸行皆淨일새 故如塗香이요 三, 內忍貪瞋하고 外忍違順에 則萬行端嚴也요 四, 精進堅牢하여 策萬行故니라 次偈는 三度니 一, 禪能攝散이 如箱持物이며 亦能空心이 如四周箱에 中空爲用이요 二와 三의 二度가 共爲軶者는 般若로 觀空하고 方便으로 涉有하여 有方便慧解하고 有慧方便解하여 此二相資하여 共成一觀이 猶如一軶이 二頭交徹하여 可以引行이라 故로 於餘處에 名爲父

母라 具上三度하여 調伏不退니라 後偈는 三度니 一, 願令行滿일새 故
喩於輪이라 然이나 初施輪은 是行之首요 此之願輪은 以導於行일새
故有二輪이니 慈氏가 云, 如龍布密雲에 必當霪大雨하여 菩薩이 發大
願에 決定修諸行이라하니 行願相扶일새 故有二輪이라 二는 卽力度라
力有二種하니 一, 思擇力이니 故有總持요 二, 修習力이니 故有堅固
라 如車堅固와 能持가 是有力義라 三, 智度가 決斷하여 無行不成이
如有巧智하여 令車成就니 故로 云閉門作車하고 出門合轍이라하니라

- ⑭ 세 게송은 십바라밀로 자분행의 교법을 구함이란 (1) 보시가 행법 의 우두머리가 됨은 마치 바퀴가 수레의 근본이 됨과 같으며, (2) 계 행은 능히 잘못을 막아서 모든 행법이 다 깨끗해지므로 바르는 향과 같고, (3) (인욕은) 탐욕과 성냄을 안으로 참고 위배되고 수순함을 밖 으로 참으면 만 가지 행법이 단정하고 엄숙해진다. (4) 굳건한 정진 은 만 가지 행법을 경책하는 연고로 다음 게송[禪定三昧箱-]은 세 가지 바라밀을 노래함이요, (5) 선정은 능히 산란을 섭수함이 상자가 물 건을 가짐과 같으며, 또한 마음을 잘 비움은 사각 상자와 같이 중간 의 빈 곳을 사용하기 위함이다. (6) (반야는) 둘째[계행]와 셋째[인욕] 두 바라밀은 함께 멍에한 것은 반야로 공을 관찰하고, 방편으로 유를 건너서 방편 지혜로 이해함이 있으며, (7) (방편은) 지혜 방편으로 이해 함이 있는 이런 둘이 서로 도와서 함께 하나의 관법을 성취함이 마치 하나의 멍에와 같다. 두 머리가 서로 사무치나니 가히 행법을 인용하 는 연고로 나머지 처소에서 부모라 이름하나니, 위의 세 가지 바라밀 [정진, 선정, 반야]을 갖추어서 조복하여 물러나지 않음이다. 뒤 게송[大 願淸淨輪-]의 세 가지 바라밀은 (8) 원력은 행법으로 하여금 만족하게 하므로 바퀴에 비유하였다. 자씨(慈氏)에 이르되, "마치 용이 빽빽한

구름을 펼치면 반드시 큰비가 퍼붓는 것과 같아서 보살도 대원을 발하면 결정코 모든 행법을 닦는다"라 하였으니 행법과 원력이 서로 도우므로 두 바퀴와 같다. (9)는 곧 힘바라밀이요, 힘에는 두 종류가 있으니 첫째, 생각으로 선택하는 힘이니 그래서 총지함이 있고, 둘째, 닦고 익히는 힘이니 그래서 견고함이 있고, 마치 수레가 견고해야 능히 지탱하는 것이 '힘이 있음'의 뜻이다. (10) 지혜바라밀로 결단하면 행법을 이루지 못함이 없나니 마치 교묘한 지혜가 있는 것같이 수레로 하여금 성취하게 하는 연고로 말하되, "문을 닫고 수레를 만들고 문 밖을 나와서는 바퀴 자국을 합친다"라고 하였다.

㉤ 네 게송은 장애를 없애는 교법[四偈滅障乘] (次四 18上2)

普行爲周校하고　　　　　悲心作徐轉하여
所向皆無怯하니　　　　　令我載此乘하소서
보현의 행으로 두루 장식 하였고
자비한 마음 천천히 굴려서
어디로 가나 겁이 없나니
그 수레에 나를 타게 하세요.

堅固如金剛하고　　　　　善巧如幻化하여
一切無障礙하니　　　　　令我載此乘하소서
견고하기론 금강과 같고
공교하기는 환술과 같아
모든 것에 장애 없으니

그 수레에 나를 타게 하세요.

廣大極淸淨하여　　　　　普與衆生樂하되
虛空法界等하니　　　　　令我載此乘하소서
광대하고 매우 청정해
중생들에게 낙을 주는 일
허공이나 법계와 평등
그 수레에 나를 타게 하세요.

淨諸業惑輪하고　　　　　斷諸流轉苦하여
摧魔及外道하니　　　　　令我載此乘하소서
업과 번뇌를 깨끗이 하며
헤매는 고통 끊어 버리고
마와 외도를 꺾어 부수니
그 수레에 나를 타게 하세요.

[疏] 次四는 求二利滅障乘이라
- ㉤ 네 게송은 2리행을 구하여 장애를 없애는 교법이다.

[鈔] 次四, 求二利滅障乘者는 初偈는 三義니 一, 普賢之行으로 周帀莊嚴一乘之體요 二, 悲不傷物일새 故云徐轉이요 三, 上二無緣일새 故로 所向無怯하여 不畏衆生難化와 萬行難修故니라 次偈는 三義니 一, 般若로 證理가 如金剛堅이며 斷迷理惑이 如金剛利요 二, 方便善巧가 依根本成이 猶如幻化하며 斷迷事惑이 如車之巧니라 三, 具

斯二道하여 二障皆亡일새 云一切無礙니라 次偈는 卽無緣慈니 與樂이 卽慈요 普被를 稱廣大라 無緣故로 淨이 如車中虛하여 則無不載일새 故如虛空等法界也니라 後偈는 斷三雜染하며 降魔制外가 皆取二輪摧壞之義니라

- ㈢ 네 게송은 2리행을 구하여 장애를 없애는 교법이란 (1) 첫 게송의 세 가지 뜻이다. ① 보현보살의 행으로 일승의 체성을 두루 돌아 장엄함이요, ② 자비는 중생을 상하지 않으므로 '천천히 구른다'고 하였고, ③ 위의 둘이 '인연이 없는 자비[無緣慈悲]'인 연고로 향하는 바에 겁이 없나니 중생이 교화하기 어려움을 두려워하지 않으며 만 가지 행법은 닦기 어려운 까닭이다. (2) 다음 게송의 세 가지 뜻은 ① 반야로 증득한 이치가 마치 금강처럼 굳셈이요, 이치에 미한 의혹을 단절함은 금강의 날카로움과 같으며, ② 교묘한 방편은 근본지에 의지해 성취함은 마치 허깨비로 변화함과 같고, 현상에 미한 의혹을 단절함은 수레의 공교함과 같다. ③ 이런 두 가지 도를 구비하고 두 가지 장애를 모두 없앰을 말하되, "온갖 것이 장애가 없다"고 하였다. (3) 다음 게송은 곧 인연 없는 자비이다. '즐거움을 주는 것'은 곧 인자함이니 널리 입은 명칭이 광대하고, 인연 없는 연고로 청정하나니 마치 수레 중의 빈 공간과 같다면 싣지 못할 것이 없으므로 허공과 같이 평등한 법계와 같다. (4) 뒤 게송은 세 가지 잡염을 끊고 마군을 항복받고 외도를 제압함이 모두 '두 바퀴로 흙을 파낸다'는 뜻을 취한 것이다.

㈣ 네 게송은 광대한 승을 찬탄하다[四偈廣大乘] (後四 18下6)

智慧滿十方하고 莊嚴徧法界하여
普洽衆生願26)하니 令我載此乘하소서
지혜는 시방에 가득하고
장엄은 법계에 두루하여
중생의 소원 만족하게 하나니
그 수레에 나를 타게 하세요.

清淨如虛空하여 愛見悉除滅하고
利益一切衆하니 令我載此乘하소서
청정하기 허공과 같아
애욕과 소견 없애 버리고
모든 중생을 이익하나니
그 수레에 나를 타게 하세요.

願力速疾行하고 定心安隱住하여
普運諸含識하니 令我載此乘하소서
서원의 힘은 빠르게 가고
선정의 마음 편안히 앉아
모든 중생을 옮기시나니
그 수레에 나를 타게 하세요.

如地不傾動하고 如水普饒益하여
如是運衆生하니 令我載此乘하소서

---

26) 願은 麗本作類, 思明淸合綱杭鼓纂續金本作願, 宋元淸弘昭本作類, 準大正作願; 案晉譯云 滿足衆生願 貞元譯云 普滿一切群生欲이라 하다.

땅과 같아서 흔들리지 않고
물과 같아서 모두 이익하게 하네.
이러하게 중생을 옮기시나니
그 수레에 나를 타게 하세요.

[疏] 後四, 求運載廣大乘이라 上四는 卽同三賢十聖하여 皆文義多含하니 可以意得이니라
- ㉑ 네 게송은 광대한 승으로 중생을 실어 옴을 구함이다. 위의 넷은 곧 삼현과 십성과 같이 모두 경문과 뜻을 많이 포함하나니, 생각해 보면 알 수 있으리라.

[鈔] 後四求運載廣大乘者는 初偈는 取車備體莊嚴義요 二, 取中虛普益義요 三, 取安隱速疾義요 四, 取不動普益義라 上四三賢等은 配文에 甚顯이니라
- ㉑ 네 게송은 광대한 승으로 (중생을) 실어 옴을 구함에서 첫 게송은 수레에 전체를 갖추어 장엄한 뜻을 취함이요, 둘째 게송은 중간을 비워서 널리 이익하는 뜻을 취함이요, 셋째 게송은 안온함과 빠름의 뜻을 취함이요, 넷째 게송은 동요하지 않고 널리 이익하는 뜻을 취함의 뜻이다. 위의 네 게송은 삼현 지위와 같나니 경문과 배대하면 더욱 분명하리라.

㊂ 두 게송은 사람과 법을 함께 결론하다[二偈雙結人法] (後二 19上2)

四攝圓滿輪과　　　　　總持淸淨光인

如是智慧日이여　　　　　願示我令見하소서
　　네 가지로 거둬 주는 원만한 바퀴
　　다 지니는 청정한 광명
　　이와 같은 지혜의 해를
　　나로 하여금 보게 하소서.

　　已入法王城27)하고　　　　已着智王冠하고
　　已繫妙法繒이시니　　　　願能慈顧我하소서
　　법왕의 지위에 이미 들었고
　　지혜의 관을 이미 쓰셨고
　　법의 비단을 머리에 매었나니
　　바라건대 나를 돌봐 주세요.

[疏] 後, 二偈는 雙結中에 初偈는 結法願見이요 後偈는 結人請攝이라
■　㈢ 두 게송은 (사람과 법을) 함께 결론함이다. 그중에 첫 게송은 법을 결론하고 보기를 원함이요, 뒤 게송은 사람이 청하고 섭수함을 결론함이다.

d. 대성인이 거듭 가르치다[大聖重敎] 4.

a) 간략히 찬탄하고 간략히 가르치다[略讚略敎] 2.
(a) 찬탄하다[讚] (第四 19上8)
(b) 가르치다[敎] (後善)

---

27) 城은 宋元明宮淸合綱杭鼓纂續金本作位, 準貞元譯應從麗藏作城이라 하다.

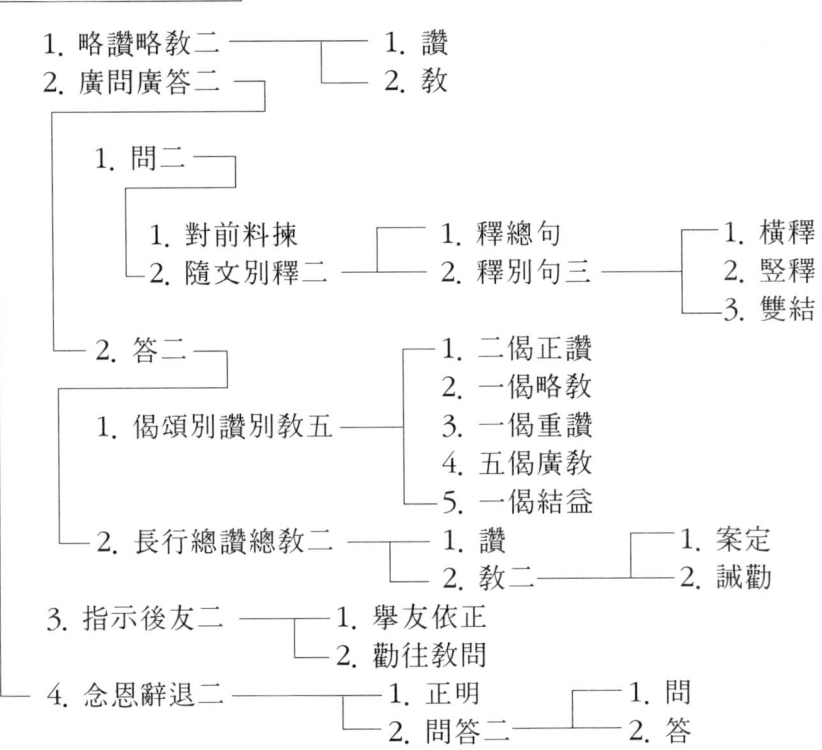

爾時에 文殊師利菩薩이 如象王廻하여 觀善財童子하시고 作如是言하시되 善哉善哉라 善男子여 汝已發阿耨多羅三藐三菩提心하고 復欲親近諸善知識하여 問菩薩行하며 修菩薩道하니 善男子여 親近供養諸善知識이 是具一切智最初因緣이니 是故於此에 勿生疲厭이어다

이때에 문수사리보살은 코끼리가 한 번 돌듯이 선재동자를 보고 이렇게 말하였다. "좋고 좋다. 착한 남자여, 그대는 이미 아뇩다라삼약삼보디심을 내었고, 또 선지식을 가까이하여

보살의 행을 물으며 보살의 도를 닦으려 하는구나. 선남자여, 선지식들을 친근하고 공양함은 온갖 지혜를 구족하는 첫째 인연이니라. 그러므로 이 일에는 고달픈 생각을 내지 말라."

[疏] 第四, 爾時에 文殊師利菩薩如象王下는 大聖重教하사 成其勝進之行이라 文分四別이니 一, 略讚略教요 二, 廣問廣答이요 三, 指示後友요 四, 念恩辭退라 今初에 先은 讚이라 一, 讚發心이니 發心이 在前長行之中이요 二, 讚近友니 問行이 在前偈內라 後, 善男子親近下는 教往近友라 云何近友오 是種智의 初因이니 法無人弘하면 雖慧나 莫了故니라 下德生中에 廣顯其相이니라 涅槃二十에 云, 一切衆生이 得阿耨菩提의 近因緣者는 莫先善友라하여 乃至廣說하사 以爲全分等하니라 靡不有初나 鮮克有終이니 歷事多時하여 故宜勿懈니라

■ d. 爾時文殊師利菩薩如象王 아래는 대성인이 거듭 가르쳐서 그 승진행을 성취함이다. 경문을 넷으로 나누어 구분하리니 a) 간략히 찬탄하고 간략히 가르침이요, b) 자세히 질문하고 자세히 대답함이요, c) 다음 선지식을 지시함이요, d) 은덕을 기억하며 하직하고 물러감이다. 지금은 a)이니 (a) 찬탄함이다. (1) 발심을 찬탄함이니 발심은 장항 가운데 있고, (2) 선지식 가까이함을 찬탄함이니 행법을 질문함은 앞의 게송 안에 있다. (3) 善男子親近 아래는 가서 선지식을 친근하라고 가르침이다. 어떻게 가까이하는가? 종지(種智)를 얻는 첫 인연이니 법은 사람이 넓히지 않으면 지혜롭더라도 알기 어려운 까닭이다. 아래 덕생(德生)동자 중에 그 양상을 자세히 밝히리라. 『열반경』 제20권(범행품)에 이르되, "모든 중생들이 아눗다라삼약삼보디에 가까워지는 인연은 선우가 제일이다"라고 하며 자세히 설하였으니, 이

로써 완전한 부분이 된다. "처음은 누구나 잘하지만 끝을 좋게 여물
게 하는 사람은 드물다."(詩經)라고 하였고, 일을 거치면서 시간이 많
이 나니 그러므로 마땅히 게으르지 말 것이다.

[鈔] 法無人弘이면 雖慧莫了는 卽暗用上經이니 須彌頂上偈讚에 云, 譬
如暗中寶를 無燈不可見하여 佛法無人說하면 雖慧나 莫能了라하니라
涅槃二十者는 此是闍王이 尋路而來어늘 如來遙歎이라하니 經에
云, 爾時에 佛告諸大衆言하사대 一切衆生이 爲阿耨多羅三藐三菩
提의 近因緣者는 莫先善友라 何以故오 阿闍世王이 若不隨順耆婆
語者면 來月七日에 必定命終하여 墮阿鼻獄하리라 是故로 近因이 莫
若善友라하니라 乃至廣說하사 以爲全分者는 卽涅槃二十六에 說第
四功德은 謂親近善友라하사 廣引舍利弗等은 非是衆生의 眞善知識
이요 我是衆生의 眞善知識이라하고 廣引昔事의 見佛成益하시고 最後
에 云, 常修惡業이러니 以見我故로 卽便捨離라 如闡提比丘가 因見
我故로 寧捨身命이언정 不毀禁戒를 如草繫比丘하니 以是義故로 阿
難比丘가 說半梵行하여 名善知識이어니와 我言은 不爾하여 具足梵行
을 乃名善知識이라 是故로 菩薩이 修大涅槃에 具足第四親近善知識
이라하니라 釋曰, 此言은 順於西域이어니와 若順此方하면 應言善知識
이 是半梵行이어니와 我言不爾하여 善知識은 是全梵行故로 疏義引
耳니라

● '법은 사람이 넓히지 않으면 지혜롭더라도 알기 어려운 까닭'이란
곧 가만히 위의 본경을 사용한 내용이다. 제14. 수미정상게찬품
에 이르되, "비유컨대 어두운 데 있는 보배 등불 없이는 볼 수 없듯
이 부처님 법도 말하는 사람 없으면 지혜 있더라도 알 수 없는 일"

이라 하였다. '열반경 제20권'이란 이것은 아사세왕이 길을 찾다가 오니 여래가 멀리서 찬탄한 내용이다. 경문에 이르되, "그때에 부처님이 모든 대중들에게 말씀하시되, '모든 중생들이 아눗다라삼약삼보디에 가까워지는 인연은 선우가 제일이다. 왜냐하면 만일 아사세왕이 기바의 말을 따르지 않았다면 다음달 7일에는 목숨이 끝나고 아비지옥에 떨어졌을 것이다. 그러므로 가까운 인연은 선우가 제일이다'"라 하여 나아가 자세히 설명하였다. '완전한 부분으로 삼는다'는 것은 곧 『열반경』제26권에 설한 내용이다. "넷째 공덕은 이른바 선우를 친근함이다. 사리불 등을 자세하게 인용한 것이 중생의 참된 선지식이 아니라 내가 중생의 참된 선지식이다"라고 한 예전 일에서 부처님 뵙고 이익을 이룸을 자세히 인용하였다. 최후에 이르되, "(천제비구(闡提比丘)는 백정의 자식으로서) 항상 악한 업을 수습(修習)하였으나 나를 보는 것으로써 곧바로 그것을 버렸으며, 마치 천제비구는 나를 보는 것을 인하여 차라리 몸과 목숨을 버릴지언정 금지된 계율을 범하지 않는 것이 초계비구(草繫比丘)와 같나니, 이러한 의미 때문에 아난(阿難)비구는 '반쯤 범행(梵行)을 갖춘 이를 선지식이라고 이름한다'고 말하였으나, 나는 그렇지 않나니 '범행을 구족한 이를 선지식이라고 이름한다'고 말하느니라. 이것을 보살이 대열반을 수행하여 네 번째의 선지식에 친근함을 구족하는 것이라고 이름한다"라고 하였다. 해석하자면 이 말은 서역을 따른 것이다. 만일 중국을 따른다면 응당히 '선지식은 반쯤 범행을 갖춘 이'라 말함이요, 나는 그렇지 않아서 '선지식은 완전한 범행을 갖춘 이'라 말하는 연고로 소에서 뜻으로 인용했을 뿐이다.

b) 자세히 질문하고 자세히 대답하다[廣問廣答] 2.

(a) 질문하다[問] 2.

㊀ 앞과 상대하여 구분하다[對前料揀] (第二 20下2)

[疏] 第二, 善財白言下는 廣問廣答이라 中에 先, 問이요 後, 答이라 今初니 有十一句라 望前²⁸⁾ 偈中에 文有二勢하니 一, 前은 別이요 此는 總이라 謂於前의 悲智等別行을 總修學故오 二, 前橫이요 此豎니 悲智等行을 位位에 同修하여 趣入과 圓滿等을 從始至終故라

■ b) 善財白言 아래는 자세히 질문하고 자세히 대답함이다. 그중에 (a) 질문함이요, (b) 대답함이다. 지금은 (a)에 11구절이 있으니 앞의 게송을 바라보면 게송 중에 경문에 두 세력이 있다. ① 별상 해석이요 ② 총상 해석이다. 이른바 앞의 자비와 지혜 등을 개별 행법을 총합하여 닦고 배운 까닭이니라. 둘이니 앞은 ㉮ 가로로 해석함이요, 여기는 ㉯ 세로로 해석함이다. 자비와 지혜 등의 행은 지위마다 함께 닦음이다. 나아가 들어감이 원만함 등은 시작부터 끝까지인 까닭이다.

㊁ 경문을 따라 개별로 해석하다[隨文別釋] 2.

① 총상 구절 해석[釋總句] (就此 20下8)
② 별상 구절 해석[釋別句] 3.
㉮ 가로로 해석하다[橫釋] (餘九)
㉯ 세로로 해석하다[竪釋] (若竪)
㉰ 함께 결론하다[雙結] (橫竪)

---

28) 前은 甲南續金本作前前이라 하다.

善財가 白言하되 唯願聖者는 廣爲我說하소서 菩薩이 應云何學菩薩行이며 應云何修菩薩行이며 應云何趣菩薩行이며 應云何行菩薩行이며 應云何淨菩薩行이며 應云何入菩薩行이며 應云何成就菩薩行이며 應云何隨順菩薩行이며 應云何憶念菩薩行이며 應云何增廣菩薩行이며 應云何令普賢行으로 速得圓滿이리잇고

선재동자는 여쭈었다. "바라옵건대 거룩하신 이여, 나에게 일러 주소서. (1) 보살은 어떻게 보살의 행을 배우며, (2) 어떻게 보살의 행을 닦으며, (3) 어떻게 보살의 행에 나아가며, (4) 어떻게 보살의 행을 행하며, (5) 어떻게 보살의 행을 깨끗이 하며, (6) 어떻게 보살의 행에 들어가며, (7) 어떻게 보살의 행을 성취하며, (8) 어떻게 보살의 행을 따라가며, (9) 어떻게 보살의 행을 생각하며, (10) 어떻게 보살의 행을 더 넓히며, (11) 어떻게 보현의 행을 빨리 원만하게 하나이까?"

[疏] 就此諸句하여 初二는 爲總이니 故下諸友中에 多但擧此라 謂若學解學行과 始修와 終修를 皆名修學이요 唯因圓에 無學이요 果滿에 無修故니라 又學攝於解하고 修攝於行이니 二句는 已收解行盡故니라 餘九句는 別이니 一, 始趣向이요 二, 卽事造修요 三, 治障離過요 四, 達證分明이요 五, 具足獲得이요 六, 隨順人法이요 七, 長時無間이요 八, 無餘修習이요 九, 究竟圓滿이라

若豎配者인대 謂十住解가 能趣故요 十行이 正行故요 十向은 普賢悲願이 能淨障故요 初地가 始入如故요 二三四地가 世와 出世行을 皆

成就故오 五六七地는 能隨世故요 八地가 無功無念이 無間斷故오 九地는 知諸稠林하여 廣利益故오 十地와 等覺에 方圓滿故라 橫竪 無礙는 是則29)問意니라

■ 이런 모든 구절에 입각하면 처음 두 구절은 총상이 되므로 아래 모든 선우 중에 대부분 이것만 거론한다. 이른바 배워서 알고 배워서 수행하고, 수행을 시작하고 수행을 마침이 모두 '닦고 배움[修學]'이라 이름한다. 오로지 인행이 원만하면 배울 것이 없으며 과덕이 만족하면 닦을 것이 없는 까닭이다. 또 배움은 이해함을 포섭하고 닦음은 실천을 포섭하나니, 두 구절은 이미 이해와 행함이 다함을 거둔 까닭이다. 나머지 아홉 구절은 별상이다. (1) 나아가 향함을 시작함이요, (2) (수행함은) 현상과 합치하여 나아가 수행함이요, (3) (청정함은) 장애를 다스리고 허물을 여읨이요, (4) (들어감은) 통달하고 증명함이 분명함이요, (5) (성취함은) 구족하게 획득함이요, (6) (수순함은) 사람과 법을 수순함이요, (7) (기억함은) 오랜 시간 사이함이 없음이요, (8) (더 넓힘은) 남김없이 닦고 익힘이요, (9) (보현행을 속히 원만함은) 끝까지 원만함이다.

만일 세로로 배대한다면 이른바 십주에 이해하고 능히 나아가는 연고요, 십행은 바로 행하는 연고요, 십회향은 보현의 자비와 원력으로 능히 장애를 깨끗이 하는 연고며, 초지는 진여에 처음 들어가는 연고며, 2지 3지 4지는 세간과 출세간의 행법을 모두 성취하는 연고며, 5지 6지 7지는 능히 세간을 따르는 연고며, 8지는 공용 없음과 생각 없음이 간단함이 없는 연고며, 9지는 모든 조림(稠林)을 알아서 널리 이익하는 연고며, 십지와 등각이라야 비로소 원만한 까닭이다. 가로와 세로로 걸림 없음은 질문한 의미이다.

---

29) 則은 甲南續金本作所라 하다.

(b) 대답하다[答] 2.
㈠ 게송으로 개별로 찬탄하고 개별로 가르치다[偈頌別讚別教] 5.
① 두 게송은 바로 찬탄하다[二偈正讚] (二爾 21下7)

爾時에 文殊師利菩薩이 爲善財童子하사 而說頌言하시되
그때 문수사리보살이 선재동자를 위하여 게송을 말하였다.

善哉功德藏이여 能來至我所하여
發起大悲心하여 勤求無上覺이로다
착하다 공덕 갈무리
나에게 찾아와서
자비한 마음을 내고
위없는 깨달음을 구함이여,

已發廣大願하여 除滅眾生苦하고
普爲諸世間하여 修行菩薩行이로다
광대한 서원을 이미 세웠으며
중생의 괴로움을 없애려고
세상 사람을 위하여
보살의 행을 닦나니

[疏] 二, 爾時文殊下는 答이라 於中에 二니 先, 以偈頌으로 別讚別教요 後, 長行內에 總讚總教라 今初의 十偈를 分五니 初二偈는 讚其發心 이라 於中에 初, 二句는 總讚이요 次, 三句는 指其發心之體라 卽三種

心이니 謂悲以下救하고 智以上求하고 大願爲主라 故로 慈氏가 云, 菩提心燈에 大悲爲油하고 大願爲炷하여 光照法界라하니라 後, 三句는 顯發心意樂이니 謂不求五欲과 及王位等하고 但爲衆生故니라

■ (b) 爾時文殊 아래는 대답함이다. 그중에 둘이니 ㊀ 게송으로 개별로 찬탄하고 개별로 가르침이요, ㊁ 장항으로 총합하여 찬탄하고 총합하여 가르침이다. 지금은 ㊀이니 열 게송을 다섯으로 나누리니 ① 두 게송은 그 발심을 찬탄함이다. 그중에 ㉮ 처음 두 구절[善哉-能來至我所]은 총합하여 찬탄함이요, ㉯ 세 구절[發起大悲心-廣大願]은 그 발심한 체성을 가리킴이니 곧 세 가지 마음이다. 이른바 ① 대비로 아래를 구제하고 ② 지혜로 위를 구함이요, ③ 대원(大願)으로 주를 삼은 연고로 자씨가 이르되, "보리심의 등불은 대비로 기름을 삼고 대원으로 심지를 삼아서 광명으로 법계를 비춘다"라고 하였고, ㉰ 세 구절[除滅-修行菩薩行]은 발심한 의요(意樂)를 밝힘이니 이른바 오욕과 왕위를 구하지 않은 등은 단지 중생만을 위하는 까닭이다.

② 한 게송은 간략하게 가르치다[一偈略教] (二有 22上5)

若有諸菩薩이　　　　　不厭生死苦하면
則具普賢道하여　　　　一切無能壞로다
만일 어떤 보살이
생사의 괴로움을 싫어하지 않으면
보현의 도를 갖추어
아무도 깨뜨릴 수 없으리.

[疏] 二, 有一偈는 略教니 謂若厭苦趣寂하면 則大道不具하고 魔小所壞어니와 若能了生死之實하여 息愛見之疲하면 則攝衆魔爲侍하여 不溺實際之海니 故로 一切莫壞니라

■ ② 한 게송은 간략하게 가르침이다. 이른바 고통을 싫어하고 고요함에 나아가면 대도(大道)를 갖추지 못하였으니 마군과 소승이 무너뜨릴 대상이다. 만일 능히 생사의 실법을 요달하고 애견(愛見)의 고달픔을 쉬면 여러 마군을 섭수하여 시자가 되고, 실제의 바다에 빠지지 않은 연고로 모두를 무너뜨리지 못한다.

[鈔] 則攝衆魔爲侍者는 卽淨名問疾品에 文殊問言하사대 此室은 何以空無侍者오 廣答空竟하시고 云, 又仁所問에 何無侍者오하니 一切衆魔와 及諸外道가 皆吾侍也라 所以者何오 衆魔者는 樂生死나 菩薩은 於生死에 而不捨하며 外道者는 樂諸見이어니와 菩薩은 於諸見에 而不動이라하니라 釋曰, 此中에 但用攝魔耳니라 言不溺實際之海者는 對於小乘이니 已見七地니라

● '여러 마군을 섭수하여 시자가 된다'는 것은 곧 『유마경』 문질품의 내용이다. 문수보살이 질문하여 말하되, "거사여, 이 방이 어째서 텅 비어서 시자가 없습니까?"라 하였으니 텅 빈 것을 자세하게 대답하여 끝내고 말하되, "또 인자께서 나에게는 어찌하여 시자(侍者)가 없는가를 물었는데, 일체 마군과 모든 외도가 다 나의 시자입니다. 왜냐하면 온갖 마군들은 생사를 좋아하지만, 보살은 생사를 버리지 아니하며 외도는 여러 가지 견해를 좋아하지만, 보살은 모든 견해에 움직이지 않습니다"라고 하였다. 해석하자면 이 가운데 단지 마군을 섭수함을 사용했을 뿐이다. '실제의 바다에 빠지지 않는다'고 말한 것

은 소승을 상대함이니 이미 (십지품) 제7.원행지에 보았던 내용이다.

③ 한 게송은 거듭 찬탄하다[一偈重讚] (三有 22下5)

  福光福威力과   福處福淨海로
  汝爲諸衆生하여   願修普賢行이로다
  복의 빛, 복의 위력
  복의 처소, 복의 깨끗한 바다
  그대 중생을 위하여
  보현의 행을 닦으려 하네.

[疏] 三, 有一偈는 重讚其發心之德이니 以爲物하여 發心이 福之勝故라 有智之福이 爲福光이요 凡小不壞之福이 爲威力이요 能生衆福이 爲福處요 離障深廣이 爲淨海니라

■ ③ 한 게송은 그 발심한 공덕을 거듭 찬탄함이다. 중생을 위하여 발심함은 복이 뛰어난 까닭이다. 지혜가 있는 복은 '복덕의 광명'이 되고, 범부나 소승의 무너지지 않는 복은 '복의 위력'이 되고, 중생을 능히 살리는 복은 '복의 처소'가 되고, 장애를 떠남이 깊고 광대함은 '깨끗한 바다'가 된다.

④ 다섯 게송은 넓은 교법을 노래하다[五偈廣敎] (四有 23上3)

  汝見無邊際한   十方一切佛하고
  皆悉聽聞法하여   受持不忘失이어다

그대가 끝닿은 데 없는
시방의 부처님들을 뵈옵고
법을 들으면
받아 지니고 잊지 않으리.

汝於十方界에　　　　　　普見無量佛하고
成就諸願海하여　　　　　具足菩薩行이어다
그대 시방세계에서
한량없는 부처님 뵈옵고
모든 원력 바다를 성취하면
보살의 행을 구족하리라.

若入方便海하면　　　　　安住佛菩提요
能隨導師學하면　　　　　當成一切智리라
방편 바다에 들어가
부처의 보리에 머물면
지도하는 스승을 따라 배워서
온갖 지혜를 이루게 되리.

汝徧一切刹하여　　　　　微塵等諸劫에
修行普賢行하여　　　　　成就菩提道어다
그대 모든 세계에 두루하여
티끌 같은 겁 동안에
보현의 행을 닦아 행하면

보리의 도를 성취하리니

汝於無量刹의　　　　　　無邊諸劫海에
修行普賢行하여　　　　　成滿諸大願이어다
한량없는 세계에서
그지없는 세월에
보현의 행을 닦으면
큰 서원을 이루리니

[疏] 四, 有五偈는 廣教니 具答十一句問이라 初偈는 答二總句니 謂若見多佛聞法하면 則能受學於解하여 持而修行이니라 次偈는 答次三句니 謂若趣向見佛하여 成就大願하면 則能具行이요 具(行)則行淨이니라 次, 二句는 答入與成就니 謂證入眞空이나 而不礙涉有하며 了達妙有나 而不迷於空이 是入方便이라 若如是入하면 卽住菩提니 何行을 不成이리요 次, 二句는 答隨順問이니 若順佛學하면 是眞隨順이라 自然順於一切智法이니라 次, 一偈는 答憶念이니 謂刹塵諸劫에 相續修行이 斯爲憶念이니라 後, 一偈는 答後二句니 謂多時處修하면 則增廣圓滿이니라 大聖이 此中에 總敎諸法은 顯十信中의 總相信故오 下諸善友는 各別敎示니 顯入位後에 別修證故니라

■ ④ 다섯 게송은 넓은 교법을 노래함이다. 구체적으로는 11구절의 질문에 대해 대답함이다. ㉮ 첫 게송[汝見無邊際-]은 대답함이요, 둘째는 총상 구절이다. 이른바 만일 많은 부처님을 뵙고 법을 들으면 능히 이해함을 받아 배우고 지니고 수행함이다. ㉯ 다음 게송[汝於十方界]은 다음 세 구절에 대답함이다. 이른바 만일 나아가 부처님을 뵙고

대원을 성취하면 능히 행법을 갖춤이요, (행법을) 갖추면 행법이 깨끗하다. 다음 두 구절은 들어감과 성취함으로 대답한다. 이른바 진공을 증득해 들어가지만 유를 건넘에 장애하지 않고, 묘한 유를 요달하지만 공에 미혹하지 않나니 방편에 들어감이요, 만일 이렇게 들어감은 곧 보리에 머무름이니 어떤 행법인들 성취하지 못하리오. 다음 두 구절[能隨導師學 當成一切智]은 수순한다는 질문에 대답함이다. 저 부처님을 따라 배움이 참되게 수순함이다. 자연히 온갖 지혜법에 수순함이요, ㉠ 한 게송[汝徧一切刹-]은 억념함에 대해 대답함이다. 이른바 티끌 수 국토와 여러 겁을 상속하여 수행함이니 이것이 억념(憶念)이 된다. ㉡ 한 게송[汝於無量刹-]은 뒤의 두 구절에 대해 대답함이다. 이른바 많은 시간과 처소에서 수행하면 원만함을 더 넓힌다는 뜻이다. 대성인은 이 가운데 총합하여 모든 법을 가르침이니, 십신(十信) 중에 총상으로 믿음을 밝힌 연고며, 아래 모든 선우는 각기 개별로 가르쳐 보이나니 지위에 들어간 뒤에 개별로 수행하여 증득함을 밝힌 까닭이다.

[鈔] 大聖此中下는 總顯文意니라
● 大聖此中 아래는 경문의 의미를 총합하여 밝힘이다.

⑤ 한 게송은 이익을 결론하다[一偈結益] (五有 23下5)

此無量衆生이　　　　　聞汝願歡喜하여
皆發菩提意하여　　　　願學普賢乘하리라
이 한량없는 중생들

그대의 소원을 듣고 기뻐하여
보리심을 내어서
보현의 법을 배우려 하리.

[疏] 五, 有一偈는 結益이니라
- ⑤ 한 게송은 이익을 결론함이다.

㈢ 장항으로 총합하여 찬탄하고 총합하여 가르치다[長行總讚總敎] 2.
① 찬탄하다[讚] (第二 24上3)

爾時에 文殊師利菩薩이 說此頌已하시고 告善財童子言하시되 善哉善哉라 善男子여 汝已發阿耨多羅三藐三菩提心하고 求菩薩行하니 善男子여 若有衆生이 能發阿耨多羅三藐三菩提心이면 是事爲難이며 能發心已하고 求菩薩行은 倍更爲難이니라 善男子여 若欲成就一切智智인댄 應決定求眞善知識이니 善男子여 求善知識에 勿生疲懈하며 見善知識에 勿生厭足하며 於善知識의 所有敎誨를 皆應隨順하며 於善知識의 善巧方便에 勿見過失이어다

그때 문수사리보살이 이 게송을 말하고, 선재동자에게 말하였다. "착하고 착하다. 착한 남자여, 그대가 이미 아뇩다라삼먁삼보리심을 내고 보살의 행을 구하는구나. 착한 남자여, 어떤 중생이 아뇩다라삼먁삼보리심을 내는 것이 매우 어려운 일이거니와, 마음을 내고 또 보살의 행을 구하는 것은 더욱 어려운 일이니라. 착한 남자여, 온갖 지혜의 지혜

를 성취하려거든, 결정코 선지식을 찾아야 하느니라. 착한 남자여, 선지식을 찾는 일에 고달프고 게으른 생각을 내지 말고, 선지식을 보고는 싫어하는 마음을 내지 말고, 선지식의 가르치는 말씀은 그대로 순종하고, 선지식의 교묘한 방편에서 허물을 보지 말라.

[疏] 第二, 長行總讚總教라 中에 先은 讚이니 但言發心已에 含前別義라
- ㈡ 장항으로 총합하여 찬탄하고 총합하여 가르침이다. 그중에 ① 찬탄함이니 단지 발심한다고만 말한 뒤에 이미 앞의 개별 이치를 포함한 것이다.

② 가르치다[敎] 2.
㉮ 참고하여 정하다[案定] (後善 24上4)

[疏] 後, 善男子若欲下는 敎니 謂但能求友離過하면 則前의 諸問皆圓이라 於中에 先은 按定이니 上令求友를 不得猶豫라 言善知識者는 謂能令於未知善法을 令知하며 未識惡法을 令識라 或二字가 並通이라 識은 約明解요 知는 約決了니 眞爲揀似라 然이나 知識有五하니 一, 知識世間善惡因果하여 而令修斷이요 二, 厭世樂하여 而欣涅槃이요 三, 有悲心相心으로 修度요 四, 以無相慧로 令物修行이요 五, 令無障礙修로 滿普賢行이라 此五는 前前은 非眞이요 眞唯第五라 人能行此하면 是人善友어니와 若約法友하면 敎理行果가 皆善友也니라
- ② 善男子若欲 아래는 가르침이다. 이른바 단지 능히 선우를 구할 적에 허물을 여의면 앞의 모든 질문은 모두 원만해진다. 그중에 ㉮ 참

고하여 정함이니 위는 하여금 선우 구하기를 우물쭈물하지 않게 한다. '선지식(善知識)'이라 말한 것은 이른바 능히 알지 못하던 선법으로 하여금 알게 하고 알지 못하던 악한 법을 알게 하며 혹은 두 글자를 함께 통하게 한다. 인식은 분명하게 이해함을 잡았고, 아는 것은 결정코 요달함을 잡아서 참됨으로 비슷함과 구분하였다. 그러나 지식은 다섯 가지가 있으니 (1) 세간의 선악 인과를 알았더라도 하여금 수행하여 단절하게 하고, (2) 세간 즐거움을 싫어하고 열반을 기뻐함이요, (3) 자비의 마음과 상을 내는 마음으로 바라밀 닦음이 있고, (4) 상이 없는 지혜로 중생으로 하여금 수행하게 함이요, (5) 장애 없는 수행으로 하여금 보현의 행을 만족하게 하나니, 이런 다섯 가지는 앞으로 갈수록 진실이 아님이니 진실로 오직 다섯 번째 사람만이 능히 이것을 행할 수 있나니, 이런 사람이 선우이다. 만일 법의 선우를 잡으면 가르침과 이치, 행법, 과덕이 모두 선우인 것이다.

[鈔] 人能行此하면 是人善友者는 然이나 賢首에 有三義하니 一者, 人善知識이요 二者, 法善知識이요 三者, 合辨이라 疏上列五는 即皆是人이니 故로 結云, 人能行此하면 即人善友라하니라 二, 法善友라 彼有六位하니 一은 人天法이요 二는 小乘法이요 後四는 即四教法이니 故로 今疏에 通云, 教理行果가 皆善友也니라 三, 合辨者는 彼亦有六하니 謂於上六法에 各說一門하여 而授機故니라 疏意에 不存第三하니 第三은 不異初門故니라

● '사람이 능히 이것을 행하나니 이런 사람이 선우'는 그런데 현수(賢首) 대사는 세 가지 뜻이 있으니 (1) 사람인 선지식이요, (2) 법인 선지식이요, (3) 합하여 밝힘이다. 소에서 위에 다섯 가지를 나열함은 곧 모

두 사람이므로 결론하되, "사람이 능히 이것을 행함이 곧 사람인 선지식이다"라고 하였고, (2) 법인 선지식은 저기에 여섯 지위가 있으니 ① 인천의 법이요, ② 소승의 법이요, 뒤의 ③ ④ ⑤ ⑥은 네 가지 교법이므로 지금 소에서 해명하여 말하되, "가르침과 이치, 행법, 과덕이 모두 선지식이다"라 하였고, (3) 합하여 밝힘은 저기에도 여섯 가지가 있으니 이른바 위의 여섯 가지 법에서 각기 한 문으로 시기를 주기 때문이다. 소가의 의미는 셋째에 두지 않나니 셋째는 첫째 문과 다르지 않기 때문이다.

㉔ 훈계하여 권하다[誡勸] (後善 24下8)

[疏] 後, 善男子求善知識下는 誡勸이니 隨順은 是勸이요 餘皆爲誡라 設有實過라도 尙取法亡非이온 況權實多端이요 生熟을 難測인가
● ㉔ 善男子求善知識 아래는 훈계하여 권함이다. 수순함은 권유함이요, 나머지는 모두 훈계함이다. 설사 실제의 허물이 있더라도 오히려 법을 취하면 그릇됨이 없으며, 하물며 방편과 실법이 많은 갈래인데 성글고 익은 것을 헤아리기가 어렵지 않겠는가?

[鈔] 設有實過尙取法亡非者는 故什公이 常說偈云, 譬如淤泥中에 而生靑蓮華하면 智者는 取蓮華하고 勿觀於淤泥라하니 卽其事也니라 況權實多端者는 亦涅槃經第六經의 四依品에 云, 如庵羅果를 生熟難知니 謂內懷[30]腐爛하고 外現律儀는 此爲外熟內生이요 內具深法호대 外示毁禁之相은 爲內熟外生이니 是則以貌로 取人이니 失之子羽

---

30) 懷는 甲南續金本作壞라 하다.

니라 又說하사대 有迦羅迦果와 鎭頭迦果하니 二果相似라하시니 迦羅
迦果는 則惡藥人이요 鎭頭迦果는 則好益人이니 喩善友惡友가 外相
相似일새 故難知也니라 其權實多端은 通於諸經하니 此經³¹⁾의 婆須와
勝熱과 無厭等의 逆行은 此爲權示니 豈得爲非리요 故로 難測也니라
詩에 云, 采葑采菲여 無以下體라하니 是以로 大賢이 韜德露疵하고 含
光匿耀를 不可知也니라

- '설사 실제의 허물이 있더라도 오히려 법을 취하면 그릇됨이 없음'은
그러므로 라집(羅什)법사가 항상 게송으로 설하되, "비유하자면 마치
진흙 속에 청련화가 피어나듯 지혜로운 이는 연꽃을 취하고 진흙은
보지 않는다"라 하였으니 바로 그 일이다. '하물며 방편과 실법이 많
은 갈래'란 또한 『열반경』 제6권 사의품(四依品)에 이르되, "마치 암마
라 과일과 같이 생것과 익은 것을 알기 어렵다"라 하였으니 이른바
안으로 부패해 썩은 것을 품고 밖으로 계율과 위의로 나타내나니 여
기서 밖은 익었고 안은 생것이 되었다. 안으로 깊은 법을 갖추지만
밖으로 금계를 훼손한 모양을 보였으니 안은 익었고 밖은 생것이 되
면 이것은 모양으로 사람을 취하지만 씨앗과 깃털을 잃는다. 또한
말하되, "가라가(迦羅迦) 과일과 진두가(鎭頭迦) 과일이 있는데 두 과
일이 비슷하지만 가라가 과일은 사람에게 나쁜 약이요, 진두가 과일
은 사람에게 맛좋고 이익이 된다"³²⁾라고 하였다. 선우와 악우의 겉

---

31) 此經은 甲續金本無, 또 아래의 婆須는 原本作須婆, 甲南續金本作婆須라 하다.
32) 『대반열반경』 제6권 四依品에 云, "진두가(鎭頭迦)라는 과일이 나온다. 달콤한 맛을 지닌 열대성 감나무의 열매를 말한다. 과수원에는 두 가지의 과일나무가 자란다. 하나는 가라가(迦羅迦)이고 다른 한 나무는 진두가이다. 두 가지 나무는 잎과 꽃이 비슷하고 열매까지도 서로 닮았다. 진두가는 맛이 달지만 한 그루밖에 없다. 그러나 쓴 열매가 달리는 가라가 나무는 많다. 농장의 일꾼이 진두가 열매의 맛만 보고 가라가까지 한꺼번에 따서 시장에 내다 팔았다. 많은 사람들이 독이 들어 있는 가라가를 사먹고 복통을 호소했다. 마침 그곳을 지나는 어떤 사람이 가라가와 진두가가 섞여 있는 것을 알고 가라가를 모두 버리게 했다. 진리를 찾는 수행자는 진짜와 가짜를 구분하는 눈을 길러야 한다"고 말하였다.

모양은 비슷하므로 알기 어려운 것이다. 그 방편과 실법이 여러 갈래이니 모든 경전에 통하여 본경의 26번째 바수밀녀와 10번째 승열바라문, 18번째 무염족왕 등은 역행(逆行) 선지식이니 이것은 방편으로 보이기 위함이니 어찌 잘못이겠는가? 그러므로 헤아리기 어려운 것이다.『시경(詩經)』의 패풍(邶風)에 이르되, "순무나 무를 뽑을 때에는 밑부분만으로 판단하지 말지니"라 하니 이런 연고로 대현(大賢)은 덕을 감추고 허물을 드러낼 적에 광명을 감추고 빛남을 숨기는 것을 알 수가 없다.

c) 다음 선지식을 지시하다[指示後友] 2.
(a) 선지식의 의보와 정보를 거론하다[擧友依正] (第三 25下5)
(b) 과거의 교법으로 질문하라고 권하다[勸往敎問] (後汝)

善男子여 於此南方에 有一國土하니 名爲勝樂이요 其國에 有山하니 名曰妙峯이며 於彼山中에 有一比丘하니 名曰德雲이라 汝可往問하되 菩薩이 云何學菩薩行이며 菩薩이 云何修菩薩行이며 乃至菩薩이 云何於普賢行에 疾得圓滿이리잇고하면 德雲比丘가 當爲汝說하리라
착한 남자여, 여기서 남쪽으로 가면 승락이란 나라가 있고, 그 나라에 묘봉이란 산이 있고, 그 산중에 비구가 있으니 이름은 덕운이라 하느니라. 그대는 그이에게 가서 묻기를 '보살이 어떻게 보살의 행을 배우며, 보살이 어떻게 보살의 행을 닦으며, 내지 보살이 어떻게 보현의 행을 빨리 원만하느냐?'라고 하라. 그 덕운비구는 자세히 말하여 주리라."

[疏] 第三, 善男子於此下는 指示後友라 於中에 二니 初, 擧友依正이요 後, 汝可往下는 勸往敎問이라 今初니 國名勝樂者는 次下의 知識을 寄當初住일새 勝過前位니 是信所樂故라 山名妙峯者는 山有二義하니 一, 寂靜不動義요 二, 高出周覽義니 以況初住解心이 創立하여 依定發慧하여 寂然不動하고 智鑒無遺에 徹見果原하여 下觀萬類를 山以表之라 登此心頂에 便成正覺일새 故曰妙峯이니라 友名德雲者는 具德如雲이라 雲有四義하니 一, 普遍이요 二, 潤澤이요 三, 陰覆요 四, 注用이니 以四種德으로 如次配之인대 一, 定이요 二, 福이요 三, 悲요 四, 智라 然此德義를 就事就表하여 通皆具之라 而創出外凡일새 故以比丘로 爲表니라 敎問은 可知니라

■ c) 善男子於此 아래는 다음 선지식을 지시함이다. 그중에 둘이니 (a) 선지식의 의보와 정보를 거론함이요, (b) 汝可往 아래는 과거의 교법으로 질문하라고 권함이다. 지금은 (a)에 나라 이름이 승낙(勝樂)이란 다음 아래 선지식은 애당초 머무름에 의탁함이요, 뛰어남은 앞의 지위를 초과한다는 뜻이며, 믿고 즐거워할 경계임을 뜻하는 까닭이다. 산 이름이 묘한 봉우리[妙峰]인 것에서 산에 두 가지 뜻이 있으니 (1) 고요하고 동요하지 않는다는 뜻이요, (2) 높이 솟아서 두루 본다는 뜻이다. 초발심주로 마음이 처음 건립한 줄 아는 것과 비교함이니, 선정에 의지하여 지혜가 일어나고 고요하여 동요하지 않아서 지혜로 남김없이 비춰 보고 과덕의 언덕을 사무쳐 보는 뜻이다. 아래로 만 가지 부류를 관찰함을 산으로 표한 것이요, 이런 마음의 꼭대기까지 오르면 문득 정각을 성취하므로 묘봉이라 이름하였다. 선우의 이름이 덕운(德雲)인 것은 공덕이 구름처럼 갖추었으니 구름에 네 가지 뜻이 있다. ① 널리 두루함이요, ② 윤택함이요, ③ 그늘로

덮음이요, ④ 물 주는 작용이다. 이런 네 종류의 덕을 순서대로 배대하면 ① 선정 ② 복덕 ③ 자비 ④ 지혜이다. 그러나 이런 공덕의 뜻은 현상에 입각하고 표함에 입각하면 통틀어 모두 갖추더라도 외도와 범부보다 처음 벗어난 연고로 비구로써 표하였으니 '질문하라고 가르침'은 알 수 있으리라.

[鈔] 然此德義者는 就事에 卽約德雲身上이요 就表에 卽約初住法門이라 亦具定等四義니라
● '그러나 이런 공덕'의 뜻이란 현상에 입각하면 덕운의 몸을 잡은 해석이요, 표함에 입각하면 초발심주 법문을 잡음이니 또한 선정 등 네 가지 뜻을 갖춘 것이다.

d) 은덕을 기억하며 하직하고 물러가다[念恩辭退] 2.
(a) 바로 밝히다[正明] (第四 26上9)

爾時에 善財童子가 聞是語已하고 歡喜踊躍하여 頭頂禮足하며 遶無數帀하고 殷勤瞻仰하며 悲泣流淚하고 辭退南行하니라
그때 선재동자는 이 말을 듣고 기뻐 뛰놀면서 문수보살의 발에 엎드려 절하고 수없이 돌고 은근하게 앙모하면서 눈물을 흘리고 하직하고 남쪽으로 떠났다.

[疏] 第四, 爾時善財下는 念恩辭退라 慶聞後友일새 故喜躍이요 悵辭德音일새 故悲淚라 下諸善友에도 倣此하면 可知니라 然後二段이 義雖

屬後나 文屬前會니라

- d) 爾時善財 아래는 은덕을 기억하고 하직하고 물러감이다. 다음 선지식을 경사스럽게 들었으므로 기뻐서 뛰는 것이요, 덕스러운 음성을 하직하는 것을 슬퍼하므로 슬피 우는 것이다. 아래 모든 선우도 이 것과 비슷하면 알 수 있으리라. 그런 뒤의 두 문단은 뜻이 비록 뒤에 속하더라도 경문은 앞의 모임에 속한다.

(b) 질문하고 대답하다[問答] (問大 26下2)

[疏] 問이라 大聖은 有智能演하시고 善財는 有機堪受어늘 何不頓爲宣示하시고 而別指他人하여 歷事諸友아 明此深旨에 略申十義니 一, 總相而明인대 爲於後學하여 作軌範故니 謂善財가 求法不懈며 善友도 說法無吝故니라 二, 顯行緣勝故니 謂眞善友는 是全梵行이니 如闍王之遇耆域이며 猶淨藏之化妙嚴等이니라 三, 破愚執故니 謂令不師愚心으로 虛己徧求故니라 四, 破見慢故니 謂令不觀種姓하고 不恥下問하여 徧敬事故니라 五, 破偏空執故니 謂不唯無求라 無求之中에 吾故求之니라 六, 令卽事卽行이니 寧可少聞하고 便能證入이언정 不在多聞하여 而不證故니라 七, 爲破說法者의 攝屬之心이 我徒我資는 彼此見故니라 八, 爲顯寄位하여 漸修入故니 若不推後하면 則位位中住하여 無勝進故니라 九, 爲顯佛法이 甚深廣故니 善友도 尙皆謙推언마는 凡流가 豈當臆斷이리요 十, 顯善財와 與友가 成緣起故니 謂能入과 所入이 無二相故라 無善友之外善財니 則一卽一切라 明善財歷位也요 無善財之外善友니 故로 一切卽一이요 多位成就가 皆在善財라 由是로 卷舒自在無礙니라 上之十義에 初一은 通於師資요 次五는 多

約資說이요 第七은 約師요 後三은 約敎니 思之면 可知니라

■ ㈠ 질문한다. 대성인은 지혜로 능히 연설함이 있고, 선재는 근기로 감수함이 있다. 어찌 몰록 베풀고 보이지 않지만 개별로 다른 사람을 지시하였으니 모든 선우를 거치면서 섬기는 것이다. 이런 심오한 종지를 밝히려면 간략히 열 가지 뜻을 말하였다. (1) 총상으로 밝힘이니 후학들에게 모범을 짓는 까닭이다. 이른바 선재는 법을 구함에 게으르지 않고, 선우는 법을 설함에 아낌이 없는 까닭이다. (2) 행법 인연이 뛰어남을 밝히기 위함이다. 이른바 진정한 선우는 완전한 범행이 아사세왕이 기바를 만남과 같아서 오히려 깨끗하게 감추고 변화로 묘하게 장엄하는 등이다. (3) 어리석은 고집을 타파하는 까닭이다. 이른바 하여금 어리석은 마음을 스승 삼지 않게 하여 자신을 비우고 두루 구하는 까닭이다. (4) 소견이 교만함을 타파한 까닭이다. 이른바 종성을 관찰하지 못하게 하면 아래로 질문함을 부끄러워하지 않나니 두루 공경하는 일인 까닭이다. (5) 공에 치우친 집착을 타파하는 까닭이다. 이른바 오로지 구함 없을 뿐만 아니라 구함 없는 중의 나인 연고로 구하는 것이다. (6) 하여금 현상에 합치하고 행법에 합치하게 하였으니 차라리 조금만 들었더라도 문득 능히 증득해 들어가나니, 다문함이 있더라도 증득하지 못할 것이 없는 까닭이다. (7) 법문 설함을 타파하기 위함은 포섭하여 속하는 마음을 나의 무리와 나의 물자를 여기저기서 보는 까닭이다. (8) 지위에 의탁함을 밝히기 위하여 점차로 능히 들어가는 연고며, 만일 뒷사람을 추천하지 않으면 지위와 지위 중에 머물러서 승진함이 없는 까닭이다. (9) 불법이 매우 깊고 광대함을 밝히기 위한 연고로 선우는 오히려 모두 겸양하며 추천하나니, 범부의 무리라면 어찌 미래를 생각으로 끊으

리오. (10) 선재와 선우가 연기법을 성취함을 밝힌 까닭이다. 이른바 들어가는 주체와 대상이 두 가지 모양이 없기 때문이다. 선우의 바깥에 선재가 없다면 하나가 곧 모두이니 선재가 지위를 거쳐 감을 밝힌 것이다. 선재의 밖에 선우가 없는 연고로 모두가 곧 하나인 것이니, 많은 지위로 성취함은 모두 선재에게 있다. 이로 말미암아 거두고 펴는 것이 자재하고 무애하나니, 위의 열 가지 뜻에서 처음 하나[(1) 총상으로 밝힘]는 스승과 제자에 통하고, 다음의 다섯 가지[(2) 행법 인연이 뛰어남 (3) 어리석은 고집을 타파함 (4) 소견이 교만함을 타파함 (5) 공에 치우친 집착을 타파함 (6) 하여금 현상에 합치하고 행법에 합치하게 함]는 대부분 물자를 잡아서 말함이요, 일곱째[(7) 법문 설함을 타파하기 위함]는 스승을 잡은 해석이요, 뒤의 셋[(8) 지위에 의탁함을 밝힘 (9) 불법이 매우 깊고 광대함을 밝힘 (10) 선재와 선우가 연기법을 성취함을 밝힘]은 가르침을 잡은 해석이니 생각해 보면 알 수 있으리라.

[鈔] 謂善財求法不懈等者는 卽暗用淨名의 第三菩薩行品에 如來가 爲衆香菩薩說法中에 不盡有爲之義니 經에 云, 何謂不盡有爲오 謂不離大慈하며 不捨大悲하여 深發一切智心하여 而不忽忘하며 教化衆生호대 終不厭倦하며 於四攝法에 常念順行하며 護持正法하여 不惜軀[33]命하며 種諸善根을 無有疲厭하니 志常安住하여 方便廻向하며 求法不懈하고 說法無吝等이라하니 今但要二句耳니라

- '이른바 선재가 법을 구함에 게으르지 않음' 등이란 『유마경』 제3 보살행품을 모르게 인용한 내용이니, 여래가 중향(衆香)보살을 위하여 설법한 중에 유위법을 다하지 못했다는 뜻이다. 경문에 이르되, "무

---

33) 軀는 甲南續金本作身, 經原本作軀라 하다.

엇을 유위법을 다하지 못했다 말하는가? 이른바 대자(大慈)를 여의지 않고 대비(大悲)를 버리지 않고서 일체 지혜의 마음을 깊이 발하더라도 홀연히 잊어버리지 않으며 중생을 교화하지만 마침내 싫어하지 아니하며, 사섭법에 항상 수순하여 행할 것을 생각하며 정법을 보호하여 지키는 데 몸과 목숨을 아끼지 아니하며, 여러 가지 선근을 심어도 고달프고 싫어하지 아니하며 뜻은 항상 방편과 회향에 안주하여 법을 구함에 게으르지 않고 법을 설함에 아낌이 없는" 등이니 지금은 단지 두 구절만 필요할 뿐이다.

闍王之遇耆域者는 已如向引34)이요 淨藏之化妙嚴은 卽法華經妙莊嚴王本事品에 淨藏과 淨眼이 爲王現變한대 王乃發心하여 諸佛得益하고 王이 自述云호대 世尊하 善知識者는 是大因緣이니 所謂化導하여 令得見佛하여 發阿耨多羅三藐三菩提心이라하니라 謂令不觀種姓者는 卽菩薩戒에 不得觀法師種姓이니 經에 云, 若佛子가 初始發心35)하여 未有所解하고 而自恃聰明有智하며 或恃高貴年宿하며 或恃大姓高門과 大解大福과 饒財七寶하여 以自憍慢하여 而不咨受先學法師經律이리요 其解法者는 或小姓年少하며 卑門貧窮이며 諸根不具나 而實有德하여 一切經律을 無不盡解어든 而新學菩薩이 不得觀法師種姓이니 而不來咨受先學法師의 第一義諦者는 犯輕垢罪라하니라
不恥下問은 卽論語에 云, 孔文子를 何以謂之文也오 不恥下問이라하니라 寧可少聞하여 便證入故者는 暗用涅槃高貴德王菩薩品36)이니 彼文에 具云, 寧願少聞하고 多解義理언정 不願多聞하여 而於義에 不了라하니라

---

34) 引下에 甲南續金本有猶字라 하다.
35) 發心은 범망경 원문에 出家라 하다.
36) 案北經卷二十八 南經卷二十六師子吼品云 寧當少聞多解義味 不願多聞 於義不了 又準十住品二治地住鈔引涅槃亦云 高貴德王品 今檢高貴德王品無此文 俟考라 하다.

● '아사세왕이 기바를 만남과 같다'는 것은 이미 앞에서 깨끗이 저장하여 교화함을 인용한 것과 같은가? '묘하게 장엄함'은 곧 『법화경』 묘장엄왕본사품에서 (아들인) 정장(淨藏)과 정안(淨眼)이 부왕을 위하여 신통변화를 나타내니 왕이 드디어 발심하니 모든 부처님이 이익을 얻었다. 왕이 스스로 말하되, "세존이시여, 선지식은 큰 인연이니, 이른바 교화하고 인도하여 부처님을 만나 뵙게 하며, 아뇩다라삼먁삼보디의 마음을 내게 하느니라"라고 하였다. '이른바 종성을 관찰하지 못하게 한다'는 것은 보살계란 법사의 종성을 관하지 않게 한다. (『범망경(梵網經)』) 경문에 이르되, "불자가 처음으로 출가하여 아는 것이 없으면서 스스로 총명하고 지혜 있다고 믿거나 혹 고귀하고 나이가 많다고 믿거나 혹 집안의 문벌이 높고 지식이 많고 복이 많으며 재물 칠보가 많다고 믿어서 이로써 교만하여 선배나 밝은 법사에게 경률을 청해 받지 아니하랴! 밝은 법사가 혹 가문에 볼 것 없거나 나이가 어리거나 천한 출신이거나 빈궁 하천하며 감관을 제대로 갖추지 못했더라도 진실로 덕이 있고 일체의 경률을 다 알거든 새로 배우는 보살은 마땅히 밝은 법사의 출신을 보지 말 것이니, 찾아와서 밝은 법사에게 구경의 진리를 묻고 받지 아니하는 자는 경구죄(輕垢罪)를 범하는 것이니라"라고 하였다.

'아래로 질문함을 부끄러워하지 않는'은 곧 『논어(論語)』에 이르되, "공문자(孔文子)를 무엇 때문에 그의 시호를 문(文)이라고 하였습니까? 아랫사람에게 묻는 것을 부끄럽게 여기지 않는다"라고 하였다.

'차라리 조금 문득 증득하여 들어감'은 『열반경』 고귀덕왕보살품을 가만히 사용한 것이니, 저 문장을 갖추어 말하면, "차라리 조금 듣더라도 뜻과 이치를 많이 알기를 원할지언정 많이 들었더라도 뜻을 요달하지 못함은 원하지 않는다"라고 한 것이다.

(2) 덕운비구 아래 열 분 선지식[德雲比丘下十人] 2.
- 십주 지위에 의탁한 선지식[寄十住位]

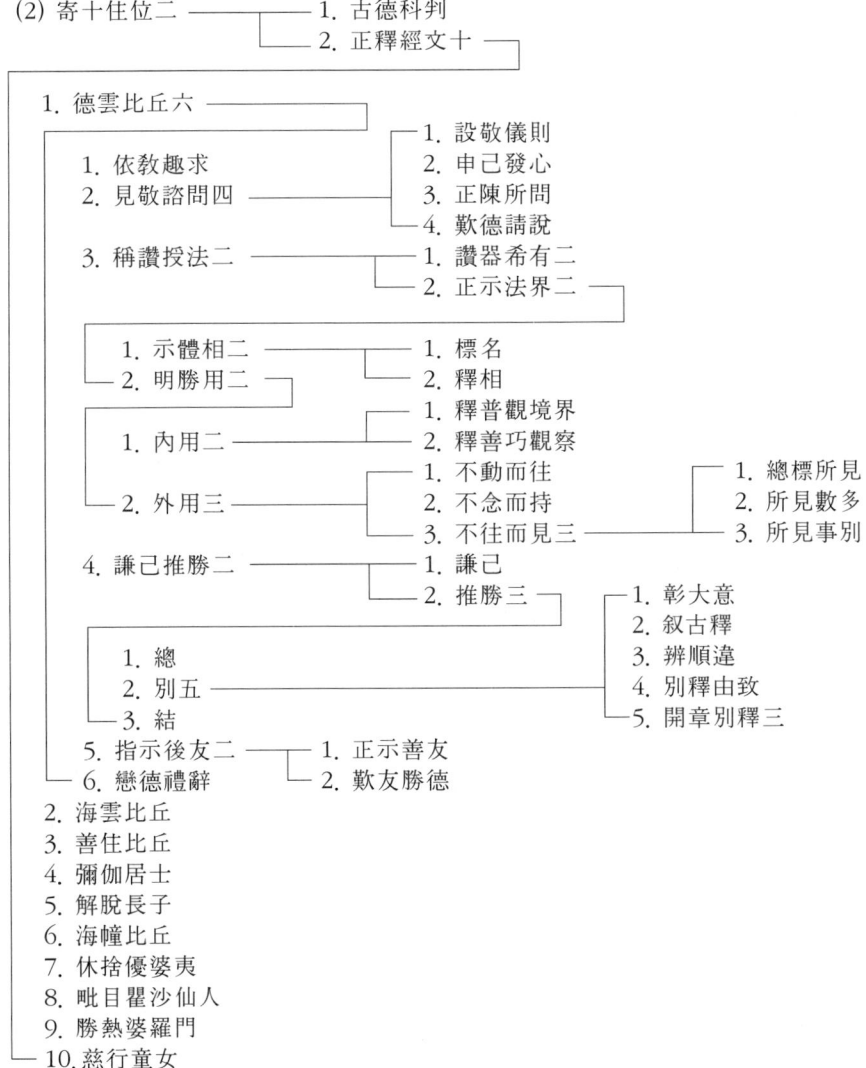

가. 고덕의 과목 나누기[古德科判] (大文 28下3)

[疏] 大文第二, 向勝樂國下는 有十善友는 寄於十住니 卽爲十段이라 然下諸善友를 古德科判호대 從一至十하니 雖皆有理나 今略存一二하노니 謂一, 依辨法師의 科爲三分이니 一, 聞名求覓은 是加行位요 二, 受其所說은 是正證法界요 三, 仰推勝進은 是後得位라하니라 或分爲五分이니 一, 擧法勸修요 二, 依敎趣入이요 三, 見已請敬이요 四, 正示法界요 五, 仰推勝進이라 上二는 並約位科일새 故取前段의 指示後友하여 以屬後段方便하고 以後友名으로 屬後位故로 約義甚善이나 而文小不便하니 今依意公과 及五臺論하여 約會科之하여 分爲六分하니 而名小異라 一, 依敎趣求요 二, 見敬諮問이요 三, 稱讚授法이요 四, 謙己推勝이요 五, 指示後友요 六, 戀德禮辭라 而諸文多具오 其有增減은 至文科判하리라

■ 큰 문단으로 (2) 向勝樂國 아래는 덕운비구 아래 열 분 선지식이 있어서 십주(十住)에 의탁하였으니 곧 열 문단이 된다. 그러나 아래의 모든 선우는 고덕이 과목을 나누었으니, 하나부터 열까지 비록 모두 일리가 있지만 지금은 생략하고 하나 둘만 남겼다. 이른바 (1) 변(辨)법사의 과목에 의지하여 세 부분으로 나누니 ① 이름을 듣고 구하고 찾음은 가행(加行)의 지위요, ② 그 설한 바를 받음은 바로 법계를 증득한 지위요, ③ 승진으로 우러러 추천함은 후득(後得)의 지위이다. (2) 혹은 나누어 다섯 부분으로 되었으니 ㊀ 법을 거론하여 수행하기 권함이요, ㊁ 가르침에 의지하여 나아가 들어감이요, ㊂ 보고 나서 공경하기를 청함이요, ㊃ 바로 법계를 보임이요, ㊄ 승진법을 우러러 추천함이다. 위의 둘은 아울러 지위를 잡아 과목을 나눈 연고로 앞의 문단

을 취하고 다음 선지식을 지시함이다. 뒤 문단은 방편에 속하고 다음 선지식의 이름은 다음 지위에 속하는 까닭이다. 뜻이 더욱 좋음을 잡았지만 경문이 작은 방편이다. (3) 지금은 의(意)법사와 오대산 논사를 의지하여 모임을 잡아 과목 나누면 여섯 부분으로 나누었지만 이름이 조금 다르다. ㊀ 가르침에 의지해 나아가 구함이요, ㊁ 만나서 공경을 표하고 법을 물음이요, ㊂ 칭찬하고 법을 설해 줌이요, ㊃ 자신은 겸양하고 뛰어난 분을 추천함이요, ㊄ 다음 선지식을 지시함이요, ㊅ 덕을 연모하며 예배하고 하직함이다. 그러나 모든 경문에 많이 갖춤은 거기에 늘고 줄어듦이 있나니 경문에 가서 과목을 나누리라.

[鈔] 古德科判從一至十者는 初, 總爲一이니 謂各一位故라 二, 依遠公하여 分之爲二인대 初, 親近善友요 後, 告示下는 聽聞正法이니 其繫念思惟와 及如說修行이 並在文中이니라 就初近善友하여 於中에 有四하니 一, 聞善友요 二, 求善友요 三, 見善友요 四, 請問法要라 就初, 聞善友中하여 亦四니 一, 列國名이니 是通處요 二, 山等은 是別處요 三, 善友名이요 四, 敎往詣라 二, 求善友에 於中有三하니 初, 聞心喜요 二, 禮足辭去요 三, 漸行訪友니라 三, 見善友中에 二니 先, 往見이요 後, 設禮退住니라 四, 請問中[37]에 三이니 一, 白已發心은 明己有機요 二, 而未知等은 正問行法이요 三, 我聞等은 歎德請說이니 近善友는 竟하다

● '고덕이 과목을 나누었으니, 하나부터 열까지'는 가) 총상으로 하나를 삼나니 이른바 각기 한 지위인 까닭이요, 나) 혜원법사에 의지하여 둘로 나눈다. (1) 선우를 친근함이요, (2) 告示 아래는 정법을 청

---

[37] 中은 甲本作法於有, 南續金本作法於中有라 하다.

취하여 들음이다. 그 생각에 얽혀 사유함과 말한 대로 수행함은 아울러 경문 중에 있다. (1) 선우를 친근함에 입각하면 그중에 넷이 있으니, ① 선우를 들음이요, ② 선우를 찾음이요, ③ 선우를 만남이요, ④ 법요를 청하여 물음이다. ① 선우를 들음에 입각하여 그중에도 넷이 있으니, ㊀ 나라 이름을 나열함은 장소를 해명함이요, ㊁ 산 등은 개별 처소요, ㊂ 선우의 이름이요, ㊃ 가서 참예하라고 가르침이다. ② 선우를 찾음은 그중에 셋이 있으니, ㊀ 듣고 마음으로 기뻐함이요, ㊁ 발에 예배하고 하직하고 남이요, ㊂ 점차 수행하고 선우를 만남이다. ③ 선우를 만남 중에 둘이니 ㊀ 가서 만남이요, ㊁ 예배하고 물러나 머무름이다. ④ 법요를 청하여 물음은 그중에 셋이 있으니 ㊀ 말씀하고 나서 발심함이니 자기에게 근기가 있음을 밝힘이요, ㊁ 그러나 알지 못하는 등은 행법에 대해 바로 질문함이요, ㊂ 내가 듣는 등은 덕을 찬탄하고 법문 설하기를 청함이니 (1) 선우를 친근함은 마친다.

二, 聞正法은 於中有二하니 先, 歎發心이요 後, 正爲說法이라 說法中에 二니 初, 說證量法門이요 後, 仰推等은 說教量法門이라 此上[38] 科文은 諸位多同이요 少有不同者는 三, 辨法師는 分爲三分하니 具如疏文이니라 就中하여 有人은 云, 別說有三이니 一, 約人이요 二, 約法이요 三, 合辨이라 初, 約人者는 於中有三하니 初, 聞名等은 爲方便이요 二, 正見人은 爲法界요 三, 問法等은 彰其勝德이니라 二, 就法中[39]하여 三者는 一, 言教가 爲方便이요 二, 智眼所得은 爲法界요 三, 通明業用하여 以顯其德이니라 三, 人法을 合辨者는 亦具三法하

---

38) 上은 甲南續金本作段, 原本及探玄記作上이라 하다.
39) 中은 甲本作於中有, 南續金本作中亦有라 하다.

니 初, 聞名至處는 爲方便이요 次, 見人得法이 爲法界요 後, 說往因과 及推勝等이 以顯其德이라하니라 釋曰, 雖有此三이나 辨公本科는 但是後合耳니라

● (2) 정법을 청취하여 들음은 그중에 둘이 있으니 ① 발심을 찬탄함이요, ② 바로 위하여 법을 설함이다. 법을 설함 중에 둘이니 ㉠ 증득한 분량의 법문을 설함이요, ㉡ 우러러 추천함 등은 교법의 분량인 법문을 설함이다. 이 위의 과목 문장은 '모든 지위가 대부분 같지만 다른 부분이 조금 있다'는 것은 (3) 변(辨)법사가 세 부분으로 나누었으니 갖춘 내용은 소문과 같다. 중간에 있는 사람에 입각하여 말하되, "개별로 설하면 셋이 있으니 ㉠ 사람을 잡았고, ㉡ 법을 잡았고, ㉢ 합하여 밝힘이다. ㉠ 사람을 잡은 해석이니 그중에 셋이 있다. ① 명칭을 듣는 등으로 방편을 삼음이요, ② 바른 소견을 가진 사람으로 법계를 삼음이요, ③ 법을 묻는 등 그 뛰어난 덕을 밝힘이다. ㉡ 법을 잡은 해석 중에 셋은 ① 말씀과 교법으로 방편을 삼음이요, ② 지혜 안목으로 얻은 것을 법계로 삼음이요, ③ 업과 작용을 통틀어 밝혀서 그 덕을 드러내었다. ㉢ 사람과 법을 합하여 밝힘은 또한 세 가지 법을 갖추었다. ① 이름 듣고 도량에 이름으로 방편을 삼음이요, ② 사람을 만나고 법을 얻음으로 법계를 삼음이요, ③ 과거 인행을 설함과 뛰어난 분을 추천하는 등은 그 덕을 밝힌 까닭이다. 해석하자면 비록 이런 셋이 있지만 변(辨)법사의 본래 과목은 단지 뒤의 합함일 뿐이다.

四, 衍法師等은 分爲四量하니 一, 聞名等은 是敎量이요 二, 依敎尋求는 是信量이요 三, 見彼依正은 是比量이요 四, 聞彼所說은 是現量

이라하니 此四는 卽是聞思修證也니라 更有⁴⁰⁾開爲五하여 於上第四現量之中에 開出自分과 勝進二位하고 餘는 同前辨이니라 更有分五하니 亦如疏辨이니라 六, 依意法師等인대 分作六分하니 一, 明求詣心行이요 二, 明見敬諮問이요 三, 讚說已知하여 以授善財요 四, 說已未知요 五, 更示知者하여 勸令往詣요 六, 辭退奉行이니라 若依五臺論인대 亦作此釋하니라 或有一師는 分之爲七하니 於前六中의 第二之內에 先, 致敬이요 後, 咨問法要니라 八, 或分爲八하니 於前七中의 第三之內에 先, 讚發心이요 後, 說己法이니라 九, 或分爲九하니 於上八中의 第五段內에 先, 示已勸往이요 後, 敎問歎德이니라 十, 或分爲十하니 於上九中의 第六段內에 先, 致敬이요 後, 辭去니라

上의 十種科中에 前五는 約位科요 後五는 約會科니 文並通在어니와 今疏는 從其要當하여 存其三釋하고 取六釋文호대 而名小異者는 隨穩便故니 將鈔中六하여 對疏하면 自知니라 就疏六中에 前之四段은 各可爲二니 一中에 二者는 初, 念前友敎요 二, 趣求後友니라 二中에 二者는 先, 見敬이요 後, 咨問이니라 三中에 二者는 先, 稱讚이요 後, 授法이니라 四中에 二者는 先, 謙己知一이요 後, 推勝知多니라 下別科도 多然後二는 不開하여 還成十段하여 以表無盡이니라

- (4) 연(衍)법사도 똑같이 네 부분으로 나누었다. ① 명칭을 들음 등은 교법의 분량[敎量]이요, ② 가르침에 의지해 찾고 구함은 믿음의 분량[信量]이요, ③ 저 의보와 정보를 봄은 비량(比量)이요, ④ 저 설한 내용을 들음은 현량(現量)이다. 이런 넷은 곧 듣고 사유하고 수행하고 증득함이다. 다시 전개하면 다섯 가지가 있어서 위의 ④ 현량 중에 열어서 자분과 승진의 두 지위로 내보였다. 나머지는 앞에서 밝힌

---

40) 更有는 甲續本作或, 南本作有라 하다.

것과 같다. 다시 다섯으로 나눈 것도 소가가 밝힌 내용과 같다.
(6) 의(意)법사에 의지한 등은 여섯 부분으로 나누리니 ① 마음과 행법을 구하고 참예함을 밝힘이요, ② 만나서 공경하게 법을 물음이요, ③ 찬탄하고 이미 아는 것을 말하여 선재에게 줌이요, ④ 말하고 나서 알지 못함이요, ⑤ 아는 이에게 다시 보이고 가서 참예하도록 권함이요, ⑥ 하직하고 물러나 남쪽으로 감이다. (7) 만일 오대산(五臺山)논사에 의지하면 또한 이런 해석을 하기도 하지만, 혹은 어떤 한 법사는 일곱으로 나누었다. 앞의 (6) 중의 ②(依敎尋求)의 안에서 ㉠ 공경함에 이름이요, ㉡ 법요를 물음이 있다. (8) 혹은 여덟으로 나누리니, 앞의 (7)의 가운데 ③(讚說已知)의 안에는 ㉠ 발심을 칭찬함이요, ㉡ 자신의 법을 설함이다. (9) 혹은 아홉으로 나누리니 위의 (8)의 가운데 ⑤(更示知者 勸令住詣) 안에 ㉠ 보여 주고 나서 가기를 권함이요, ㉡ 질문에 대해 가르치고 덕을 찬탄함이 있다. (10) 혹은 열 부분으로 나누리니, 위의 (9) 중의 ⑥ 문단(辭退奉行) 안에 ㉠ 공경함에 이름이요, ㉡ 하직하고 감이 있다.
위의 열 종류 안에 앞의 다섯은 지위를 잡은 과목이요, 뒤의 다섯은 모임을 잡은 과목이다. 경문과 함께하면 지금 소문과 통하나니 그 중요하게 해당함을 따라서 세 가지 해석이 있고 ⑥ 경문 해석을 취하더라도 명칭이 조금 다른 것은 평온한 방편을 따르는 까닭이다. 초문 중의 여섯을 가져서 소문과 상대하면 자연히 알 것이다. 소의 여섯 가지 중에 입각하여 앞의 네 문단은 각기 둘로 나눌 수 있다. (1) 중에 둘이니 ① 앞의 선지식 가르침을 생각함이요, ② 다음 선지식을 나아가 구함이다. ② 중에 둘이란 ㉠ 보고 공경함이요, ㉡ 묻고 질문함이다. (3) 중에 둘은 ① 칭찬함이요, ② 법문을 설해 줌이다. (4) 중에 둘이란 ① 자기는 하나만 안다고 겸양함이요, ② 뛰어난 분은 많이 안다고 추천함이다. 아래의 개별 과목이 모두 그러함이요, 뒤의 둘은 전개하지 않으면 도리어 열 문단이 되어 끝없음을 표하였다.

나. 경문을 바로 해석하다[正釋經文] 10.
가) 제2. 덕운비구 선지식[德雲比丘] 6.
- 초발심주(初發心住)에 의탁하다

(가) 가르침에 의지하여 나아가 구하다[依敎趣求] (今初 31上3)

向勝樂國하여 登妙峯山하여 於其山上에 東西南北과 四維上下로 觀察求覓하여 渴仰欲見德雲比丘러니 經於七日에 見彼比丘가 在別山上하여 徐步經行하니라
승락국을 향하여 가서 묘봉산에 올랐다. 그 산상에서 동서남북과 네 간방과 위와 아래로 살펴보고 찾아다니면서 목마르듯이 덕운비구를 보려 하다가 이레가 지난 뒤에 그 비구가 다른 산 위에서 거니는 것을 보았다.

[疏] 今初發心住에 文具斯六하니 初, 依敎趣求中에 見心陛位일새 故로 曰登山이요 智鑒位行이 爲十方觀察이요 情懷得旨가 爲欲見德雲이요 七覺助道가 爲經七日이요 忘所住位라야 方爲得旨니 故見在別山이요 見則定慧雙遊가 爲經行徐步라 徐卽是止니 不住亂想故요 行卽爲觀이니 不住靜心故라 若約事說인대 卽正修習般舟三昧故니라
■ 지금은 가) (덕운비구)는 발심주 선지식이다. 경문에 이런 여섯 과목을 갖추었다. (가) 선지식 가르침에 의지하여 나아가 구함 중에 마음으

로 지위에 오름을 본 연고로 '산에 오른다'고 하였고, 지혜로 지위의 행법을 비춰 보고 시방을 관찰하려고 생각으로 종지 얻음을 품고서 덕운비구를 보려 하였다. 칠각지(七覺支)의 도를 돕는 법으로 7일을 경과하고 머무는 바 지위를 잊어야만 비로소 종지를 얻게 되는 연고로 다른 산에 있는 것을 보았다. 보면 선정과 지혜에 함께 노닐어서 천천히 경행하게 된다. 천천히는 곧 그침이니 산란한 생각에 머물지 않는 연고며, 행함은 곧 관찰하기 위함이니 고요한 마음에 머물지 않기 때문이다. 만일 현상을 잡아 설하면 바로 반주삼매(般舟三昧)를 닦고 익힌 까닭이다.

[鈔] 今此正明初發心住者는 如入空界하고 慧住空性하여 得位不退일새 故名爲住니라
● 지금 여기서 초발심주를 바로 밝힌 것은 허공계에 들어감과 같다면 지혜로 공성(空性)에 머물러서 얻은 지위에서 물러나지 않으므로 머무름이라 이름한다.

(나) 만나서 공경을 표하고 법문을 묻다[見敬諮問] 4.
ㄱ. 공경함을 베푸는 위의와 법칙[設敬儀則] (二見 31下1)
ㄴ. 이미 발심했다고 밝히다[申己發心] (二作)

見已往詣하여 頂禮其足하며 右遶三帀하고 於前而住하여 作如是言하되 聖者여 我已先發阿耨多羅三藐三菩提心하니
보고는 그 앞에 나아가서 엎드려 발에 절하고 오른쪽으로

세 번 돌고 앞에 서서 말하였다. "거룩하신 이여, 저는 이미 아뇩다라삼먁삼보디심을 내었사오나,

[疏] 二, 見已往詣下는 卽見敬諮問이라 於中에 四니 一, 設敬儀니 重人法故라 二, 作如是下는 申己發心이니 明有法器故라
- (나) 見已往詣 아래는 만나서 공경하고 법문을 물음이다. 그중에 넷이니 ㄱ. 공경한 몸매를 베풀어서 사람과 법을 존중하는 까닭이요, ㄴ. 作如是 아래는 자기가 발심했음을 밝혀서 법의 그릇이 있음을 밝힌 까닭이요,

ㄷ. 질문 내용을 바로 진술하다[正陳所問] (三而 31下7)
ㄹ. 공덕을 찬탄하고 설해 주기를 청하다[歎德請說] (四我)

而未知菩薩이 云何學菩薩行이며 云何修菩薩行이며 乃至應云何於普賢行에 疾得圓滿이리잇고 我聞聖者는 善能誘誨라하니 唯願垂慈하사 爲我宣說하소서 云何菩薩이 而得成就阿耨多羅三藐三菩提니잇고
보살이 어떻게 보살의 행을 배우며, 어떻게 보살의 행을 닦으며, 내지 어떻게 해야 보현의 행을 빨리 원만하는지 알지 못하나이다. 듣자온즉 거룩하신 이께서 잘 가르쳐 주신다 하오니, 바라옵건대 자비하신 마음으로 말씀하여 주소서. 어찌하오면 보살이 아뇩다라삼먁삼보디를 성취하나이까?"

[疏] 三, 而未知下는 正陳所問이니 彰己未知하여 請隨機說故라 問中에

於前十一句에 擧初略後니 是經家略이라 若善財略인대 友云何領이리요 四, 我聞聖者下는 歎德請說이니 有智善能하고 有悲無吝일새 故應爲說이라 誘는 謂誘喩니 卽是敎授하여 以成前解요 誨는 謂誨示니 卽是敎誡하여 以成前行이라 下皆倣此니라 前問은 但問因圓이요 此中에는 結期[41]果滿이니 卽發心所爲니라

- ㄷ. 而未知 아래는 질문 내용을 바로 진술함이다. 자기가 알지 못함을 밝혀서 근기에 따라 설법하기를 청하는 까닭이다. 질문함 중에 앞의 11구절에 처음에는 거론하고 뒤는 생략하나니 경전 편집자가 생략하였으니, 만일 선재를 생략한다면 선우가 어떻게 알겠는가? ㄹ. 我聞聖者 아래는 공덕을 찬탄하고 설해 주기를 청함이다. 지혜가 있으면 능히 잘할 것이요, 자비가 있으면 아낌이 없을 것이므로 응당히 위해 말할 것이다. 깨우침[誘]은 가르쳐 깨닫게 함의 뜻이니 곧 가르쳐 줌[敎授]이니 앞의 이해를 성취함이요, 가르침[誨]은 가르쳐 보임이니 곧 가르치고 훈계함이다. 앞의 행법을 성취함이니 아래는 모두 이것에 준해 보라. 앞의 질문은 단지 인행이 원만함을 질문함이요, 이 가운데는 과덕이 만족함을 결론적으로 기약함이니 발심의 역할이다.

[鈔] 若善財略者는 初謂經家之略이러니 及觀新譯普賢行願品에 梵本에 亦具하니 乃是譯人이 略耳니라

- 만일 선재를 생략한다면 처음은 경전 편집자가 생략한 것과 새로 번역한 보현행원품을 본 때문이니, 범본(梵本)에도 또한 갖추어 있는데 비로소 번역자가 생략했을 뿐이다.

---

41) 期는 甲續纂金本作其, 原南本作期라 하다.

(다) 칭찬하고 법문을 설해 주다[稱讚授法] 2.

ㄱ. 법기가 희유하다고 찬탄하다[讚器希有] 2.
ㄱ) 두 가지 힐난으로 표방하다[標二難] (第三 32上10)

時에 德雲比丘가 告善財言하시되 善哉善哉라 善男子여
汝已能發阿耨多羅三藐三菩提心하고 復能請問諸菩薩
行하니 如是之事는 難中之難이니
덕운비구는 선재동자에게 말하였다. "착하고 착하다. 선남자여, 그대가 이미 아뇩다라삼약삼보디심을 내었고, 또 보살의 행을 물으니, 이것은 어려운 중에 어려운 일이니라.

[疏] 第三, 時德雲下는 稱讚授法이니 卽正入法界라 於中에 二니 先, 讚器希有요 後, 正示法界라 今初에 先, 標二難이라 所以讚者는 令其寶固하여 欣聞法故니라

- (다) 時德雲 아래는 칭찬하고 법문 설해 줌이니 곧 바로 법계에 들어감이다. 그중에 둘이니 ㄱ. 법기(法器)가 희유하다고 찬탄함이요, ㄴ. 법계를 바로 보임이다. 지금은 ㄱ.이니 ㄱ) 두 가지 힐난을 표방함이요, 찬탄한 이유는 그 보배로 하여금 견고하게 해서 기쁘게 법을 듣는 까닭이다.

ㄴ) 앞의 질문을 따오다[牒前問] 2.
(ㄱ) 총상으로 따오다[牒總] (後所 32下8)
(ㄴ) 별상으로 따오다[牒別] (一境)

所謂求菩薩行하며 求菩薩境界하며 求菩薩出離道하며 求菩薩淸淨道하며 求菩薩淸淨廣大心하며 求菩薩成就神通하며 求菩薩示現解脫門하며 求菩薩示現世間所作業하며 求菩薩隨順衆生心하며 求菩薩生死涅槃門하며 求菩薩의 觀察有爲無爲에 心無所着이니라

이른바 (1) 보살의 행을 구하며, (2) 보살의 경계를 구하며, (3) 보살의 벗어나는 도를 구하며, (4) 보살의 청정한 도를 구하며, (5) 보살의 청정하고 광대한 마음을 구하며, (6) 보살의 성취한 신통을 구하며, (7) 보살의 해탈문 보임을 구하며, (8) 보살이 세간에서 짓는 업을 나타내기를 구하며, (9) 보살이 중생의 마음을 따라 줌을 구하며, (10) 보살의 생사하고 열반하는 문을 구하며, (11) 보살이 함이 있고 함이 없음을 관찰하되 마음이 집착이 없음을 구함이니라.

[疏] 後, 所謂下는 別牒前問이라 有十一句하니 初句는 牒總이요 餘十은 牒別이라 文小開合이나 而皆按次라 一, 境界니 卽前의 趣菩薩行이라 趣는 通能所오 境은 約所趣니라 二는 卽前의 行이니 行則出故니라 三은 卽前淨이요 四는 卽前入이니 入卽不帶空有가 廣大心故니라 五는 卽成就요 六七과 及八은 皆前의 隨順이니 其解脫門은 是能隨順이요 示所作業은 卽事業隨順이요 順衆生心은 卽逐機隨順이라 此第八句가 亦是憶念이니 念衆生故니라 九는 卽增廣이니 謂不住涅槃은 是生死門이요 不住生死는 卽涅槃門이니 以不住道로 卽能增廣이니라 十은 卽速滿普賢行이니 若了爲와 無爲가 非一非異하여 而無著者는 則速滿矣니 亦卽爲滿矣

■ ㄴ) 所謂 아래는 앞의 질문을 개별로 따옴이다. (ㄱ) 11구절이 있으니 첫 구절은 총상으로 따옴이요, (ㄴ) 나머지 열 구절은 별상으로 따옴이다. 경문은 조금 열고 합함이 있지만 모두 차례를 안배하였다. (1) 경계는 곧 앞은 보살행에 나아감이요, 주체와 대상은 나아가 통함이다. 경계는 나아갈 대상을 잡은 해석이요, (2) 앞의 행법과 합치함이니 행함은 시작한 연고요, (3) 앞의 깨끗함과 합치함이요, (4) 앞의 들어감과 합치함이다. 들어감은 곧 공과 유에 지체하지 않아서 광대한 마음인 연고요, (5) 성취함과 합치함이니 (6)과 (7), (8)은 모두 앞의 수순함이다. 그 해탈법문은 수순하는 주체요, 보임은 업을 지을 대상이니 곧 사업에 수순함이다. '중생심을 수순함'은 곧 근기를 좇아 수순함이다. 이런 (8) 구절도 또한 생각을 기억함이니 중생을 생각하는 까닭이요, (9)는 곧 더욱 넓어짐이다. (10)은 속히 보현행을 만족함이니, 만일 무위법이 하나도 아니고 다른 것도 아님을 요달하더라도 집착이 없다면 속히 만족함이니 (이것도) 또한 곧 만족함이 된다.

[鈔] 後所謂下는 別牒前問者는 向者에 善財가 若不具問하면 此云何牒고 故로 疏前에 云, 友云何領이리요하니라 亦卽爲滿者는 上에 釋由了爲와 無爲가 非一非異하야사 方能當滿이라하니 今意에 云, 了非一異가 卽已窮究故로 故爲卽滿이니라

● ㄴ) 所謂 아래는 '앞의 질문을 개별로 따옴'이란 예전에 선재가 만일 갖추어 질문하지 않았으니 여기서 어떻게 따왔는가? 그러므로 소에서 앞에 말하되, "선우가 어떻게 알겠는가?" '이것도 또한 곧 만족함이 된다'는 것은 위에서 해석하되, 유위와 무위가 하나도 아니고 다른 것도

아님을 요달함을 인해야만 비로소 능히 만족함에 해당함이요, 본경의 의미는 이르되, "하나나 다른 것도 아님을 요달함은 이미 궁구한 까닭이다"라고 하였으니 그러므로 곧 '만족함이 된다'는 뜻이다.

ㄴ. 법문의 세계를 바로 보이다[正示法界] 2.

ㄱ) 체성과 양상을 보이다[示體相] 2.
(ㄱ) 명칭으로 표방하다[標名] (第二 33下3)

善男子여 我得自在決定解力하여 信眼淸淨하며 智光照耀하며
착한 남자여, 나는 '자유자재하고 결정하게 이해하는 힘'을 얻어서 믿는 눈이 청정하고 지혜 빛이 밝게 비치므로

[疏] 第二, 善男子我得下는 正示法界니 卽念佛三昧라 於中에 二니 先, 示體相이요 後, 普觀下는 明其勝用이라 今初니 先, 標名이요 後, 信眼下는 釋相이라 今初니 自在가 有二義하니 一, 觀境自在요 二, 作用自在라 決定도 亦二義니 一, 智決斷이요 二, 信無猶豫라 解는 卽勝解라 亦有二義하니 一, 約爲信因이니 於境에 忍可요 二, 爲作用因하여 於境印持하여 近處를 爲遠等이라 信智相資하여 他境不動일새 故名爲力이니 卽三昧義라

■ ㄴ. 善男子我得 아래는 법계를 바로 보임이니 곧 염불삼매(念佛三昧)이다. 그중에 둘이니 ㄱ) 체성과 양상을 보임이요, ㄴ) 뛰어난 작용을 밝힘이다. 지금은 ㄱ)이니 (ㄱ) 명칭으로 표방함이요, (ㄴ) 信眼

아래는 양상을 해석함이다. 지금은 (ㄱ)이니 자재함에 두 가지 뜻이 있으니 (1) 경계를 관찰함에 자재함이요, (2) 작용이 자재함이다. 결정함도 또한 두 가지 뜻이니 (1) 지혜로 결단함이요, (2) 믿음에 유예함이 없음이다. 이해는 곧 '뛰어난 이해[勝解]'이니 또한 두 가지 뜻이 있으니 (1) 믿음의 원인을 잡았으니 경계에 대해 인가(忍可)함이요, (2) 작용의 원인이 됨이니 경계를 인지(印持)함이다. 가까운 곳을 먼 곳 등으로 삼는 등은 믿음과 지혜가 서로 돕고 다른 경계에 동요하지 않으므로 힘이라 이름하였으니 곧 삼매의 뜻이다.

(ㄴ) 양상을 해석하다[釋相] (二釋 33下9)

[疏] 二, 釋相이라 中에 信眼淸淨은 釋上解義니 謂欲修念佛三昧인대 先, 當正信하고 次, 以智決了니 今由勝解하여 於境忍可일새 故於實德能에 正信心淨이요 了見分明일새 故稱爲眼이니라 次, 智光照耀는 釋上決定이니 謂決斷을 名智라 智故로 決定이니라 故로 文殊般若에 明一行念佛三昧하사대 先明不動法界하시니 知眞法界하면 不應動搖가 卽是此中의 決定解義라 然約寄位인대 正是發心住體니 以本解性聞熏之力이 今開發일새 故是決定解니라

- (ㄴ) 양상을 해석함이다. 그중에 '믿는 눈이 청정함'은 위의 이해하는 뜻을 해석함이다. 이른바 염불삼매를 닦고자 하면 a. 바른 믿음에 해당함이요, b. 지혜로 결정코 요달함이다. 지금은 뛰어난 이해로 말미암아 경계를 인가함이므로 실법의 덕에 능함이니 바르게 믿는 마음이 청정하여 소견이 분명함을 요달한 연고로 눈이라 칭하였다. c. 지혜 빛으로 밝게 비춤이다. 위의 결정을 해석함은 이른바 결단함을 지

혜라 이름하고, 지혜로운 연고로 결정하는 것이다. 그러므로 『문수반야경』에는, '한결같이 행하는 염불삼매'를 밝혔으니, 먼저 동요하지 않는 법계를 밝혔으니, 진여법계를 알고 응하면 동요하지 않나니 곧 이 가운데 '결정한 이해'란 뜻이다. 그러나 지위에 의탁함을 잡으면 바로 초발심주의 체성이요, 본래 아는 성품으로 듣고 훈습하는 힘은 지금에 개발한 까닭이니 결정한 이해인 것이다.

[鈔] 今由勝解하야 於境忍可者는 謂唯識에 解信云호대 謂於實德能에 深忍樂欲하야 心淨으로 爲性이라하니 前已頻引이라 今에 離用此言耳니라 文殊般若에 明一行三昧等者는 然이나 文殊에 有文殊問과 及文殊說經하니 今[42]之所用은 卽大般若中의 曼殊室利分이라 總收彼二經하야 皆入大部故라 又彼意에 云, 欲入一行三昧인대 先親近解般若者하야 聽聞咨受하고 然後에 能入이라 言一行者는 一, 法界行도 亦無一故라하며 又云하사대 法界一相이니 繫緣法界하야 不動法界라하니라

以本解性聞熏之力者는 淨行品에 已說하니라 十信滿心에 入此初住하나니 由信滿故로 明信이 決定하야 住菩提心이니 三心之中에 解心增故니 卽是住體니라 言開發者는 發心有二하니 一者, 發起니 通於十信이요 二者, 開發이니 在於初住라 亦如前釋이니라 又高齊의 大行和尙이 宗崇念佛하야 云, 四字敎詔하니 謂信憶二字를 不離於心하고 稱敬兩字를 不離於身口라 彼論에 云, 往生淨土에 要須有信이니 信千에 卽千生이요 信萬에 卽萬生이라 信佛名字하고 不離心口하면 諸佛卽救하시며 諸佛卽護라 心常憶佛하고 口常稱名하고 身恒常敬하야사 始名深信이라 任意早晚에 終無再住閻浮之法이 此策初心의 最爲

---

42) 今은 甲南續纂金本作今疏라 하다.

要也라하니라

- '지금은 뛰어난 이해로 말미암아 경계에 인가함'이란 이른바 유식으로 믿음을 이해함이니 이르되, "말하자면 실체의 덕의 능력에 깊이 즐겨 욕구함을 인가[43]하여 마음이 청정함으로 성품을 삼는다"라 하였으니 앞에서 이미 자주 인용하였고, 지금은 작용을 떠나 이렇게 말한 것일 뿐이다. '문수반야경에는, 한결같이 행하는 염불삼매를 밝힌다'는 것은 그런데 『문수반야경』에는 문수보살의 질문과 문수보살이 설한 경문이 있다. 지금 사용한 내용은 곧 『대반야경』의 만수실리분이다. 총합하여 저 두 경전에 거둔 것은 모두 대반야부에 들어간 때문이다. 또한 저 의미로 말하면 "일행삼매에 들어가서 먼저 친근하여 반야를 알려고 한다"는 것은 청취하여 듣고 질문을 받고서 그런 뒤에 능히 들어가는 것이다. '한결같이 행한다'고 말한 것은 한 법계에 행함도 또한 하나도 없기 때문이다. 또 말하되, "법계의 한 모양은 법계에 얽혀 인연한다"라고 하였으니 '동요하지 않는 법계[不動法界]'를 뜻한다.

'본래 아는 성품으로 듣고 훈습하는 힘'은 본경 제17 정행품에 이미 말하되, "십신이 마음을 만족함으로 이런 초발심주에 들어가나니, 믿음이 만족함을 말미암은 연고로 믿음이 결정함을 밝혔다"라고 하였다. 보리심에 머무름은 세 가지 마음 중에 마음이 증가함을 알았기 때문이니 곧 머무름의 체성이다. '열고 시작한다'고 말한 것에서 발심(發心)에 둘이 있으니 (1) 발기(發起)함의 뜻이니 십신에 통하며, (2) 개발함이니 초발심주에 있어도 또한 앞에서 해석한 바와 같다. 또한 고제(高齊) 땅의 대행화상(大行和尚)[44]이 염불을 근본으로 숭상하여 이

---

43) 忍可 : 道理에 安住하여 마음을 不動함이 忍이니, 안인(安忍)의 뜻이다.
44) 大行和尚(-) : 생몰년 미상, 당(唐)나라 때의 스님. 제주(齊州, 山東-歷城)사람으로, 묘행(妙行)으로도 불린다.

르되, "네 글자로 가르치고 고함은 이른바 신억(信憶) 두 글자는 마음을 여의지 않으며, 칭경(稱敬) 두 글자는 몸과 입을 여의지 않는다"라 하였고, 저 논에 이르되, "정토에 왕생함은 모름지기 믿음[信] 있기를 요구하나니 천 번을 믿음은 곧 천 번 태어나고, 믿음이 만 번이면 곧 만 번 태어난다. 부처님 명자를 믿는 것은 마음과 입을 여의지 않는다. 모든 부처님은 곧 구제하고, 모든 부처님은 곧 보호하고, 마음으로 항상 부처님을 기억하나니[憶], 입으로 항상 명호를 부르고[稱], 몸으로 항상 공경함[敬]을 비로소 '깊은 믿음'이라 이름한다. 아침과 저녁으로 마음대로 생각하고 마침내 다시 염부주에 머무는 법은 없나니, 여기서는 초발심을 경책함이 가장 중요하다"라고 하였다.

ㄴ) 뛰어난 작용을 밝히다[明勝用] 2.

(ㄱ) 내적인 작용[內用] 2.
a. 경계를 두루 관찰하다[釋普觀境界] (二明 35上4)
b. 교묘하게 관찰하다[釋善巧觀察] (次善)

普觀境界하며 離一切障하며 善巧觀察하며 普眼明徹하여 具淸淨行하며
(1) 경계를 두루 관찰하여 모든 장애를 여의었으며, (2) 교묘하게 관찰하여 (3) 넓은 눈이 환히 밝아서 청정한 행을 갖추었으며,

[疏] 二, 明勝用이라 中에 亦是展轉釋成이라 於中에 二니 先, 約內用이요

後, 往詣下는 明其外用이라 今初에 普觀境界는 卽信眼用이요 亦釋眼義니 以如로 爲佛에 則無境非佛일새 故云普觀이니라 又若報와 若化를 一時觀故니라 次, 離一切障은 釋淸淨義니 若沈若浮와 諸蓋諸取가 皆三昧障故니라

次, 善巧觀察은 釋智光照耀니 謂於無色相에 而觀色相이 爲善巧觀이니라 後, 普眼下는 結成上義니 謂信眼으로 普觀境界가 名爲普眼이요 窮如法界를 名曰明徹이요 如是離障見如를 是謂具足淸淨一行三昧라 一行者는 一法界行故니라

■ ㄴ) 뛰어난 작용을 밝힘이다. 그중에도 또한 전전이 해석함이다. 그중에 둘이니 (ㄱ) 내적인 작용을 밝힘이요, (ㄴ) 往詣 아래는 외적인 작용을 밝힘이다. 지금은 (ㄱ)이니 '경계를 두루 관찰함'은 곧 믿는 눈의 작용도 또한 눈의 뜻을 해석함이다. 여여로 부처를 삼으면 경계가 없으면 부처가 아닐 것이므로 '두루 관찰한다'고 말하였고, 또한 보신과 화신은 일시에 관찰한 까닭이다. (ㄴ) 온갖 장애를 여읨은 청정함의 뜻을 해석함이다. 잠기고 들뜸은 모든 덮개와 모든 잡음이니 모두 삼매의 장애인 까닭이다.

b. 교묘하게 관찰함은 지혜 빛으로 밝게 비춤을 해석함이다. 이른바 색상이 없는 곳에서 색상을 관찰함이 교묘한 관찰이 됨이요, c. 普眼 아래는 위의 뜻을 결론함이다. 이른바 믿는 눈으로 경계를 두루 관찰함을 '넓은 눈[普眼]'이라 이름하고, 궁극적으로 법계와 같음을 이름하여 '환히 밝음[明徹]'이라 이름한다. 이렇게 장애를 여의고 진여를 보나니 이것을 '청정한 행을 갖춘 일행삼매[具足淸淨一行三昧]'라 말한다. '한결같이 행함'은 한결같이 법계를 행하는 까닭이다.

[鈔] 以如爲佛하면 則無境非佛者는 大品에 法尙[45]이 答常啼云, 諸法如가 卽是佛이라하고 金剛에 云, 如來者는 卽諸法如義라하니라 旣以如爲佛하면 一切法이 皆如也니 何法이 非佛耶아 又若報下는 然이나 修念佛三昧는 多約漸修니 謂先爲化身觀하고 次報하고 後法이나 今則一時耳니라

諸蓋諸取者는 蓋는 卽五蓋요 取는 謂二取라 故로 上經에 云, 不見十力空如幻하면 雖見이나 非見如盲覩라 分別取相에 不見佛이요 究竟離著하야사 乃能見故라하니라

● '여여로 부처를 삼으면 경계가 없으면 부처가 아니다'라는 것은 『대품반야경』에 법상이 상제(常啼)보살에게 대답하여 이르되, "모든 법의 진여는 곧 부처이다"라고 말하고, 『금강경』에 이르되, "여래는 곧 모든 법이 진여라는 뜻이다"라고 하였으니 이미 진여로 부처를 삼으면 온갖 법이 모두 진여이다. 어떤 법이 부처가 아닌 것인가? 又若報 아래는 그러나 염불삼매를 닦음은 대부분 점수(漸修)를 잡은 해석이다. 이른바 (1) 화신으로 관함이요, (2) 보신이요, (3) 법신인데, 지금은 같은 시간[一時]일 뿐이다. '모든 덮개와 모든 잡음'에서 덮개는 곧 다섯 가지 덮개[五蓋]이고, 잡음은 이른바 두 가지 잡음이다. 그러므로 위의 (광명각품) 경문에 이르되, "열 가지 힘이 공하여 환술과 같은 줄 보지 못하면 비록 보나 보지 못하는 맹인과 같으니 분별로 모양을 취하면 부처를 못 보리니 끝까지 집착을 떠나야 비로소 보리라"라고 하였다.

(ㄴ) 외적인 작용[外用] 3.

---

45) 法尙은 甲南續纂金本作中이라 하다.

a. 움직이지 않고 가다[不動而往] (二明 36上1)
b. 생각하지 않고 지니다[不念而持] (二常)

往詣十方一切國土하여 恭敬供養一切諸佛하며 常念一切諸佛如來하여 總持一切諸佛正法하며
(4) 시방의 모든 국토에 가서 여러 부처님을 공경하고 공양하며, (5) 모든 부처님 여래를 항상 생각하며, (6) 모든 부처님의 바른 법을 모두 지니고

[疏] 二, 明外用者는 以前의 卽用之體에 則以無心之覺으로 契唯如之境하여 不動法界하여 窮乎寂照之原일새 故能卽體之用이 用無不窮이라 亦由前勝解於境에 印持하여 隨心去住니라 於中에 三이니 初, 明不動而往이요 二, 常念下는 不念而持요

■ (ㄴ) 외적인 작용을 밝힘에서 앞은 작용과 합치한 체성이니, 마음 없는 깨달음으로 오직 여여뿐인 경계와 계합하였다. 동요 없는 법계로 고요하게 비추는 근원까지 궁구한 연고로 능(能)함은 자체와 합치한 작용이요, 작용하여 궁구하지 못함이 없음도 또한 앞의 뛰어난 이해로 말미암아 경계를 인가하여 지니고 마음을 따라 가고 머문다. 그 중에 셋이니 a. 움직이지 않고 감을 밝힘이요, b. 常念 아래는 생각하지 않고 지님이요,

c. 가지 않고 친견하다[不往而見] 3.
a) 본 세계를 총합하여 표방하다[總標所見] (三常 36下6)
b) 많은 숫자의 세계를 보다[所見數多] (次所)

c) 볼 대상인 일이 모두 다르다[所見事別] (後一)

常見一切十方諸佛하노니 所謂見於東方一佛二佛과 十佛百佛과 千佛百千佛과 億佛百億佛과 千億佛百千億佛과 那由他億佛과 百那由他億佛과 千那由他億佛과 百千那由他億佛하며 乃至見無數無量無邊無等과 不可數不可稱不可思不可量不可說과 不可說不可說佛하며 乃至見閻浮提微塵數佛과 四天下微塵數佛과 千世界微塵數佛과 二千世界微塵數佛과 三千世界微塵數佛과 十佛刹微塵數佛46)과 乃至不可說不可說佛刹微塵數佛이라 如東方하여 南西北方과 四維上下도 亦復如是하며 一一方中의 所有諸佛이 種種色相과 種種形貌와 種種神通과 種種遊戱와 種種衆會의 莊嚴道場과 種種光明의 無邊照耀와 種種國土와 種種壽命으로 隨諸衆生의 種種心樂하여 示現種種成正覺門하사 於大衆中에 而師子吼하시니라
(7) 시방의 모든 부처님을 항상 뵈옵느니라. 이른바 동방에서 한 부처님·두 부처님·열 부처님·백 부처님·천 부처님·백천 부처님·억 부처님·백억 부처님·천억 부처님·백천억 부처님·나유타억 부처님·백 나유타억 부처님·천 나유타억 부처님·백천 나유타억 부처님을 뵈오며, 내지 수없고 한량없고 그지없고 같을 이 없고 셀 수 없고 일컬을 수 없고 생각할 수 없고 헤아릴 수 없고 말할 수 없고 말할 수 없이 말할 수 없는 부처님을 뵈오며, 내지 염부제

---

46) 十은 麗宋元明清合綱鼓續金本無, 杭纂本及貞元譯有; 杭注云 三千世界微塵數佛下 脫十字 依疏鈔應云十佛刹微塵數佛 寧合注云 一本有十字라 하다.

티끌 수 부처님 · 사천하의 티끌 수 부처님 · 천 세계의 티끌 수 부처님 · 이천 세계의 티끌 수 부처님 · 삼천 세계의 티끌 수 부처님 · 부처 세계의 티끌 수 부처님과, 내지 말할 수 없이 말할 수 없는 부처 세계의 티끌 수 부처님을 뵈옵느니라. 동방에서와 같이 남방 · 서방 · 북방과 네 간방과 상방 · 하방에서도 역시 그러하며, 낱낱 방위에 계시는 부처님들의 갖가지 빛깔 · 갖가지 형상 · 갖가지 신통 · 갖가지 유희 · 갖가지 모인 대중과, 장엄한 도량 · 갖가지 광명이 끝없이 비치는 일 · 갖가지 국토 · 갖가지 수명과, 중생들의 갖가지 마음을 따라서 갖가지로 바른 깨달음을 이루는 문을 나타내어서 대중들 가운데서 사자후하느니라.

[疏] 三, 常見下는 明不往而見이라 於中에 三이니 初는 標요 次, 所謂下는 別顯所見數多라 於中에 三千은 卽一佛刹이라 而重言佛刹微塵數者는 準梵本中하면 脫十字故니 應言十佛刹也니라 後, 一一方下는 明所見事別이니라

■ c. 常見 아래는 가지 않고 만남이다. 그중에 셋이니 a) 본 세계를 총합하여 표방함이요, b) 所謂 아래는 많은 숫자의 세계를 개별로 밝힘이다. 그중에 삼천 세계가 곧 한 부처님 국토이니, 거듭하여 '부처 세계의 티끌 수'라 말한 것은 범본에 준한 중에서 십(十) 자가 탈락한 때문이니 응당히 '열 개의 부처 세계'라 말해야 한다. c) 一一方 아래는 볼 대상인 일이 모두 다름이다.

(라) 자신은 겸양하고 뛰어난 분을 추천하다[謙己推勝] 2.

ㄱ. 자신은 하나만 안다고 겸양하다[謙己] (第四 37上6)

善男子여 我唯得此憶念一切諸佛境界智慧光明普見法門이어니와
착한 남자여, 나는 이 <모든 부처님의 경계를 생각하여 지혜 광명으로 두루 보는 법문>을 얻었거니와,

[疏] 第四, 善男子我唯下는 謙己推勝이라 於中에 先, 謙己知一이니 即結其自分이요 後, 豈能了下는 推勝知多니 即增其勝進이라 今初에 一切諸佛境界者는 結其所觀이니 橫通十方이며 竪該三世일새 故云一切니 即上에 普觀境界一行三昧로 觀其法身이요 十方諸佛은 亦通報化라 種種色相은 兼相海故니라 次智慧光明者는 結其能觀이니 即上의 智光照耀니라 次, 普見法門은 即總收前二하여 以結其名이니 即前의 普眼明徹이니라 最初善友가 先明念佛法門者는 以是衆行之先故라 故로 智論에 云, 菩薩이 以般若波羅蜜로 爲母하고 般舟三昧로 爲父故라하니 依佛하야사 方成餘勝行故니라 又初住中에 緣佛發心하여 樂供養故니라

■ (라) 善男子我唯 아래는 자신은 겸양하고 뛰어난 분을 추천함이다. 그중에 ㄱ. 자신은 하나만 안다고 겸양함이니 그 자분(自分)을 결론함이요, ㄴ. 豈能了 아래는 뛰어난 분은 많이 안다고 추천함이니 곧 그 승진(勝進)을 더함이다. 지금은 ㄱ.이니 '모든 부처님의 경계'란 그 볼 대상을 관찰함이니 가로로 시방을 아우르고 세로로 삼세를 감싸는 연고로 말하되, "모두는 곧 위의 경계를 널리 관찰하는 일행삼매(一行三昧)이다"라 하였으니, 그 법신을 관하는 시방의 모든 부처님도

또한 보신과 화신에 통하나니, 갖가지 색상은 형상 바다를 겸하는 까닭이다. 다음에 '지혜 광명으로'에서 보는 주체를 결론함이니 곧 위의 '지혜 빛이 밝게 비침'이다. 다음에 '두루 보는 법문'은 곧 앞의 둘을 총상으로 거둔 것이니, 그 명칭을 결론함은 곧 앞의 '넓은 눈이 환히 밝다'고 한 최초 선우이다. 먼저 부처님 생각하는 법문을 밝힌 것은 '여러 행법의 먼저'인 까닭이다. 그러므로『대지도론』에서 이르되, "보살은 반야바라밀로 어머니가 되고, 반주(般舟)삼매로 아버지가 된다"고 말한 까닭이다. 부처님을 의지해야 비로소 성취하며 나머지가 뛰어난 행법이 되기 때문이다. 또한 초발심주 중에 부처님을 인연한 발심이니 공양하기를 즐겨 하는 까닭이다.

[鈔] 最初善友先明念佛法門下는 此明次第니 上은 問也라 五十五友가 法門不同이어늘 而初說者는 何耶는 從以是下는 答其先說之意니 略有二意하니 在文可知니라 若更進論하면 有其十義하니 一, 如疏引智論이요 二, 依佛方[47]能成勝行故요 三, 功高易進이니 以獎物故요 四, 觀通淺深하니 能徧攝故요 五, 消滅重障이 爲勝緣故요 六, 雙兼人法하여 易加護故요 七, 十地菩薩이 皆念佛故요 八, 三寶吉祥을 經初說故니 初는 此念佛이요 海雲은 聽法이요 善住는 依僧이 爲次第故니라 九, 卽心卽佛이 爲一境故요 十, 爲表初住가 緣佛發心하여 樂供養故라 第十은 卽疏中의 第二意也니라

● 最初善友先明念佛法門 아래는 여기서 순서를 밝힘이다. 위는 질문이니 55분 선지식의 법문이 같지 않은데 '처음 설한 것은 무슨 까닭인가?' 從以是 아래는 먼저 설한 의미를 대답함이다. 간략히 두 가지 의

---

47) 方은 甲南續纂金本作方便이라 하다.

미가 있는데 경문에 있으니 알 수 있으리라. 만일 다시 나아가 논한다면 열 가지 뜻이 있다. (1) 소에서 대지도론을 인용한 부분과 같고, (2) 부처님에 의지해야만 비로소 뛰어난 행법을 잘 이루는 까닭이요, (3) 공은 높고 쉽게 정진하나니 중생을 장려하는 까닭이요, (4) 관법이 얕고 깊음에 통하나니 능히 두루 포섭하는 까닭이요, (5) 무거운 장애를 소멸하여 뛰어난 인연으로 삼은 까닭이요, (6) 사람과 법을 함께 겸하면 쉽게 가피하여 보호하는 까닭이요, (7) 십지보살은 모두 부처님을 생각하는 까닭이요, (8) 삼보가 길상함이니 경문의 첫 부분에 설하는 까닭이요, 처음의 이런 부처님을 생각함은 해운(海雲)비구에게 법문을 듣고, 선주(善住)비구는 승가에 의지하여 순서를 삼은 까닭이요, (9) 마음이 곧 부처이니 한 경계로 삼은 까닭이요, (10) 초발심주에 부처님을 인연하여 발심함을 표하기 위하여 즐겨 공양하는 까닭이다. 열 번째는 곧 소문 중의 둘째 의미[竪該三世]이다.

ㄴ. 뛰어난 분은 많이 안다고 추천하다[推勝] 3.
ㄱ) 총상으로 추천하다[總] (二推 38上7)

豈能了知諸大菩薩의 無邊智慧와 淸淨行門이리오
모든 대보살들의 그지없는 지혜로 청정하게 수행하는 문이
야 어떻게 알겠는가?

[疏] 二, 推勝이라 中에 三이니 先, 總이요 次, 所謂下는 別이요 後, 而我下
는 結이니라 今初에 無邊智慧는 卽下諸門과 及所不說인 能觀之智가
緣無邊境故라 淸淨行者는 卽下諸門의 離障之心이라 而言門者는

隨其一一하여 入佛境故니라

■ ㄴ. 뛰어난 분은 많이 안다고 추천함이다. 그중에 셋이니 ㄱ) 총상으로 추천함이요, ㄴ) 所謂 아래는 별상으로 밝힘이다. ㄷ) 而我 아래는 결론함이다. 지금은 ㄱ)이니 그지없는 지혜는 아래 모든 문과 말하지 않은 바와 합치함이니 관하는 주체의 지혜로 그지없는 경계를 인연하는 까닭이다. '청정하게 수행함'이란 곧 아래 모든 문의 장애를 여의는 마음이지만 문(門)이라 말한 것은 그 하나하나를 따라서 부처님 경계에 들어가는 까닭이다.

[鈔] 今初下는 然其推勝이 略有二意하니 一, 通指諸菩薩行이니 如今總中에 但云, 菩薩의 無邊智慧等이요 二, 就其一門하여 但知少分이니 如下別說二十一門에 我唯得一等이라 下諸善友는 多約後義라 疏釋此總에 乃含二義하니 一, 即下諸門은 是別就一門하여 知少分意요 二, 及所不說은 即有通該諸德之意니라

● 今初 아래는 그러나 그 뛰어난 분을 추천함은 간략히 두 가지 의미가 있다. (1) 모든 보살의 행을 통틀어 지적함이니 지금은 총상 중에 단지 '보살의 그지없는 지혜 등'이라 말함과 같다. (2) 그 한 문에 입각하면 단지 조금만 아는 것이니 아래에 21문을 개별로 말하였다. 나는 오직 한 가지만 얻는 따위이니, 아래 모든 선우가 대부분 (2)의 뜻을 잡았다. 소가가 이런 총상을 해석해야만 두 가지 뜻을 포함한다. ① 아래 모든 문과 합치함이니 한 문에 조금만 안다는 의미에 입각함을 분별하였고, ② 말하지 못한 바에 미침은 곧 모든 공덕을 통틀어 포섭하는 의미가 있다.

ㄴ) 별상으로 추천하다[別] 5.
(ㄱ) 큰 의미를 밝히다[彰大意] (二別 39下9)
(ㄴ) 고덕의 해석을 말하다[敍古釋] (古德)

所謂智光普照念佛門이니 常見一切諸佛國土의 種種宮殿이 悉嚴淨故며 令一切衆生念佛門이니 隨諸衆生心之所樂하여 皆令見佛하고 得淸淨故며 令安住力念佛門이니 令入如來十力中故며 令安住法念佛門이니 見無量佛하고 聽聞法故며 照耀諸方念佛門이니 悉見一切諸世界中等無差別諸佛海故며 入不可見處念佛門이니 悉見一切微細境中諸佛自在神通事故며 住於諸劫念佛門이니 一切劫中에 常見如來諸所施爲하여 無暫捨故며 住一切時念佛門이니 於一切時에 常見如來하고 親近同住하여 不捨離故며 住一切刹念佛門이니 一切國土에 咸見佛身이 超過一切하여 無與等故며 住一切世念佛門이니 隨於自心之所欲樂하여 普見三世諸如來故며 住一切境念佛門이니 普於一切諸境界中에 見諸如來가 次第現故며 住寂滅念佛門이니 於一念中48)에 見一切刹一切諸佛이 示涅槃故며 住遠離念佛門이니 於一日中49)에 見一切佛이 從其所住而出去故며 住廣大念佛門이니 心常觀察一一佛身이 充徧一切諸法界故며 住微細念佛門이니 於一毛端에 有不可說如來出現이어든 悉至其所하여 而承事故며 住莊嚴念佛門이니 於一念中에 見一切刹에 皆有諸佛

---

48) 合注云 一念은 宋南藏作一目, 案麗宋元明淸合綱杭鼓纂續金本及晉譯 皆作一念; 貞元譯作念念이라 하다.
49) 一日은 明宮淸合卍綱杭鼓纂本作一念, 準晉譯及貞元譯應從麗宋元思平綱纂續金本作一日이라 하다.

이 成等正覺하여 現神變故며 住能事念佛門이니 見一切佛이 出現世間하사 放智慧光하여 轉法輪故며 住自在心念佛門이니 知隨自心所有欲樂하여 一切諸佛이 現其像故며 住自業念佛門이니 知隨衆生所積集業하여 現其影像하여 令覺悟故며 住神變念佛門이니 見佛所坐廣大蓮華가 周徧法界하여 而開敷故며 住虛空念佛門이니 觀察如來所有身雲이 莊嚴法界虛空界故니라

이른바 (1) 지혜의 빛으로 두루 비추는 염불문이니, 모든 부처님 국토의 가지가지 궁전을 청정하게 장엄함을 항상 보는 연고라. (2) 일체중생으로 생각하게 하는 염불문이니, 중생들의 마음을 따라서 부처님을 뵈옵고 청정함을 얻게 하는 연고라. (3) 힘에 편안히 머물게 하는 염불문이니, 여래의 열 가지 힘에 들게 하는 연고라. (4) 법에 편안히 머물게 하는 염불문이니, 한량없는 부처님을 보고 법을 듣는 연고라. (5) 여러 방위에 밝게 비치는 염불문이니, 모든 세계에 있는 차별이 없이 평등한 부처님 바다를 다 보는 연고라. (6) 사람이 볼 수 없는 염불문이니, 모든 미세한 경계에 계시는 부처님들의 자유자재한 신통을 다 보는 연고라. (7) 여러 겁에 머무는 염불문이니, 모든 겁 동안에 여래의 하시는 일들을 항상 보고 잠깐도 버리지 않는 연고라. (8) 온갖 때에 머무는 염불문이니, 모든 시절에 여래를 항상 보고 친근하여 함께 있어서 잠깐도 떠나지 않는 연고라. (9) 모든 세계에 머무는 염불문이니 모든 국토에서 부처님 몸이 온갖 것을 초과하여 평등함이 없음을 보는 연고라. (10) 모든 세상에

머무는 염불문이니, 자기 마음이 좋아함을 따라서 세 세상의 모든 여래를 두루 보는 연고라.
(11) 모든 경계에 머무는 염불문이니, 온갖 경계에서 여러 부처님이 차례로 나타나심을 보는 연고라. (12) 고요한 데 머무는 염불문이니, 잠깐 동안에 모든 세계의 모든 부처님이 열반을 보이심을 보는 연고라. (13) 멀리 떠난 데 머무는 염불문이니, 하루 동안에 모든 부처님이 머무시던 데서 떠나가심을 보는 연고라. (14) 광대한 데 머무는 염불문이니, 낱낱 부처님이 모든 법계에 가득하심을 항상 마음으로 관찰하는 연고라. (15) 미세한 데 머무는 염불문이니, 한 털끝에 말할 수 없는 여래가 나타나는 것을 그곳마다 가서 섬기는 연고라. (16) 장엄한 데 머무는 염불문이니, 잠깐 동안에 모든 세계에서 부처님들이 등정각을 이루고 신통변화를 나타내심을 보는 연고라. (17) 능히 하는 일에 머무는 염불문이니, 모든 부처님이 세간에 나타나서 지혜의 광명을 놓으며 법륜을 굴리심을 보는 연고라. (18) 자유자재한 마음에 머무는 염불문이니, 자기 마음에 좋아함을 따라서 모든 부처님이 형상을 나타내시는 줄을 아는 연고라. (19) 자기의 업에 머무는 염불문이니, 중생들의 쌓은 업을 따라 영상을 나타내어 깨닫게 하는 줄을 아는 연고라. (20) 신통변화에 머무는 염불문이니, 부처님의 앉으신 큰 연꽃이 법계에 두루하게 핀 것을 보는 연고라. (21) 허공에 머무는 염불문이니, 여래의 소유하신 몸 구름이 법계와 허공계를 장엄하였음을 관찰하는 연고이니라.

[疏] 二, 別中에 有二十一門하니 各先, 標名이요 後, 釋相이니 並從業用하여 以受其名이라 準晉經하면 一一皆云念佛三昧門이라하시고 今에 略無三昧字나 理實應有니라 古德이 判此호대 前十은 念佛勝德圓備요 後十一은 念佛妙用自在라하니 亦是一理어니와

- ㄴ) 별상으로 추천함 중에 21문이 있으니 각기 문마다 (ㄱ) 명칭을 표방함이요, (ㄴ) 양상을 해석함이다. 아울러 업과 작용에서부터 그 명칭을 받은 것이다. 진경에 준해 보면 하나하나에 모두 염불삼매의 문이라 하였고, 본경에는 삼매란 글자를 생략하였으니 이치로는 실제로 응당히 있어야 한다. 고덕이 이것을 판단해서 앞의 열 개 문은 염불하는 뛰어난 공덕을 원만히 갖춘 것이요, 뒤의 11문은 염불하는 묘한 작용이 자재함도 또한 한 가지 이치이다.

(ㄷ) 수순하고 위배됨을 밝히다[辨順違] (剋實 40上2)
(ㄹ) 그 이유를 개별로 해석하다[別釋由致] (又此)

[疏] 剋實細論하면 一一이 皆念體用無礙之佛이라 又此諸門의 當文標釋은 已自可了하여 細窮其旨니 義乃多含이니라

- 실법을 잡아서 미세하게 논한다면 하나하나에 모두 체성과 작용이 무애한 부처님을 생각함이다. 또 이런 모든 문의 해당 경문에 표방하여 해석함은 이미 자연히 요달할 수 있어서 세밀하게 그 종지를 궁구하고 나서 뜻이 비로소 많이 포함된 것이다.

(ㅁ) 가름을 열고 개별로 해석하다[開章別釋] 3.
a. 생각할 대상을 함께 표방하다[雙標所念] (然其 40上5)

[疏] 然이나 其念佛三昧는 總相則一이요 別卽三身十身이니 修觀이 各別이니라
- 그러나 그 염불삼매는 총상으로는 한 몸이요, 별상으로는 세 가지 몸과 열 가지 몸이니 닦고 관찰함이 각기 다른 것이다.

b. 세 가지 몸을 잡아 밝히다[約三身辨] 3.
a) 생각할 대상으로 차별하다[所念差別] (且寄 40上6)

[疏] 且寄三身釋者는 卽總分爲三이라 謂念法報化하여 爲觀各別이니 於 三身中에 各有依正하여 便成六觀이라 謂念法性身土하여 爲法身依 正이요 念報身은 華藏等刹로 爲依하고 十身相海等으로 爲正이니 念 餘淨土의 水鳥樹林하여 爲化身依라 三十二相等은 爲化身正이라
又後二正中에 各分爲二라 謂念內功德과 及外相好인 十力無畏等 으로 爲化身德함이 如不思議法品하여 爲報身德하고 三十二等은 爲 化相好며 十蓮華藏等은 爲報相好하면 則成八門이로대 而初法身二 門으로 爲後六門之體라 若體相無礙면 成第九門이요 若融前諸門하 면 爲一致故라 於一細處에 見佛無盡이니 如是重重하여 成帝綱之境 이면 則入普賢의 念佛三昧之門이라
- 우선 세 가지 몸에 의탁하여 해석한 것은 곧 총상으로 셋으로 나눈다. 이른바 법신, 보신, 화신을 생각하여 관법이 각기 다름이 되었으니 세 가지 몸 중에 각기 의보와 정보가 있어서 문득 여섯 가지 관법을 이루었다. 말하자면 (1) 법성신의 국토를 생각해서 법신의 의보와 정보로 삼음이요, 보신을 생각함은 화장찰해(華藏刹海) 등으로 의보를 삼고 열 가지 몸의 형상 따위로 정보를 삼았으니 나머지 정토의

물새와 수풀을 생각해서 화신의 의지처가 되고, 32가지 상호 등은 화신의 정보가 된다. (2) 또한 뒤의 두 몸의 정보 중에 각기 둘로 나누리니, 이른바 내적인 공덕과 외적인 상호를 생각하는 열 가지 힘과 무외(無畏) 따위로 화신의 공덕을 삼은 것이 마치 불부사의법품과 같이 보신의 공덕을 삼고, 32가지 등은 화신의 상호로 삼으며 십연화장(十蓮花藏) 등은 보신의 상호가 된다면 여덟 문을 성취하지만 처음 법신의 두 문으로 뒤의 여섯 문의 체성을 삼았다. (3) 만일 체성과 양상이 걸림 없으면 제9문을 성취함이요, 만일 앞의 여러 문과 융섭하여 일치하게 하는 까닭이다. 한 군데 미세한 처소에서 끝없이 부처님을 친견하나니 이렇게 거듭거듭 하여 인드라망의 경계를 성취하면 보현보살의 염불삼매문(念佛三昧門)에 들어간다.

b) 경문을 모아서 해석하다[會釋經文] 3.
(a) 표방하다[標] (今此 40下6)
(b) 해석하다[釋] (一智)

[疏] 今此二十一門은 通是後一이로대 而隨相異일새 故로 有多門과 與前十門하여 互有開合이니라 一, 智光普照門은 卽通法身報化依正하니 以此門爲總故며 一切諸佛은 通於橫竪하고 通諸佛國일새 故로 云, 種種嚴淨이 如無量壽觀經하여 先觀瑩徹琉璃之地라하고 瓊林寶樹과 及作華藏觀者는 一一境界가 無盡莊嚴하여 無土之土라야 方爲眞淨等이요 二, 卽觀色相身은 令見得淨故로대 而標名中에 念佛門三字는 旣是通名이요 令一切衆生之言으로 未知令作何事케하는 故로 準晉經하면 應云, 令一切衆生으로 遠離顚倒念佛門하면 義方圓備요

三, 念內德이요 四, 亦內德이 無倒說授라 菩薩見佛은 本爲得法故요 五, 通三身依正은 內德外相이니 以十方諸如來가 同共一法身故며 一心一智慧하니 力無畏亦然故며 皆能隨本하여 誓願化衆生故니 餘等可思하면 卽此도 亦是一行三昧며 隨念一佛하여 等一切故라 六, 卽第九事理無礙觀은 以理融事故로 隨一細境하여 見多神通은 唯智眼境을 名不可見이라 七八, 皆約時하여 並通諸身土로대 而七은 約所念佛事無斷이요 八은 約能念時分無間이라 九, 雙念依正도 亦通報化라 十, 念은 卽應而眞하여 過去諸佛은 安住不涅槃際하고 未來諸佛도 亦已現成故니라 文殊般若에 云, 今佛住世는 則一切諸佛이 皆住니 以同一不思議故요 又約隨相門하면 卽欲念何佛이니 佛便爲現이요 十一, 亦卽體之用이니 由了無非佛境일새 故로 境境佛現이라 十二, 念應이요 十三, 亦念應이라 然이나 上十一境中에 見佛이라 或謂諸佛이 住於境中하고 今에 明知諸佛無住일새 故로 遠離時處之想이면 則見一日念念而去라 十四, 念報身相好하여 眼耳等이 皆徧法界故라 十五, 中念50)은 卽體之用이요 前은 第六微細라 顯依中有正하니 此는 約正中有正일새 故로 不濫前이요 十六, 念劫圓融일새 故로 上二는 皆卽體之用이라 十七, 念內德이요 十八, 十九, 皆念色相이요 二十, 念依요 二十一, 通內外眞應等하여 一切身雲은 如上出現品과 及上下文이라

■ 지금 여기 21문은 통틀어 뒤의 하나지만 형상을 따라 다르므로 많은 문과 앞의 열 문이 있어서 번갈아 열고 합함이 있다. (1) '지혜 광명으로 널리 비추는 염불문[智光普照念佛門]'은 곧 법신, 보신, 화신의 의보와 정보에 통하나니 이런 문이 총상이 되었으며, 일체의 모든 부처님

---

50) 中念은 甲纂續金本作念中이라 하다.

은 가로 세로로 해명하고 모든 부처님 국토에 통하는 연고로 이르되, "갖가지로 청정하게 장엄함이 『관무량수경』과 같아서 환하게 통하는 유리의 땅을 먼저 본다"고 하였고, '아름다운 숲과 보배 나무와 화장세계관(華藏世界觀)을 짓는다'는 것은 하나하나 경계가 끝없이 장엄하고 국토 없는 국토라야 비로소 참되고 청정함 등이 됨이요, (2) 일체중생으로 하여금 생각하게 하는 염불문[令一切衆生念佛門]은 곧 색상의 몸을 관찰함은 하여금 청정함을 보게 하는 연고로 명칭을 표방한 중에 염불문(念佛門)의 세 글자는 이미 전체 명칭이요, 일체중생의 말로 하여금 알지 못하게 하고, 하여금 어떤 일을 짓게 하는가 하는 연고로 진경에 준하면 응당히 "일체중생으로 하여금 뒤바뀐 염불문을 멀리 여의게 하면 이치가 비로소 원만하게 갖춘다"라 함이요, (3) 힘에 편안히 머물게 하는 염불문[令安住力念佛門]은 내적 공덕을 생각함이요, (4) 법에 편안히 머물게 하는 염불문[令安住法念佛門]은 또한 내적인 공덕이 잘못 없이 설해 줌이다. 보살이 부처님을 뵙는 것은 본래 법을 얻기 위한 까닭이요, (5) 여러 방위에 밝게 비치는 염불문[照耀諸方念佛門]은 세 몸의 의보와 정보는 내적인 공덕과 외적인 형상이니, 시방의 모든 여래가 함께 하나의 법신인 까닭이며, 한 마음에 한 지혜이니 십력과 사무소외도 마찬가지인 연고며, 모두 능히 근본을 따라서 서원코 중생을 교화하는 까닭이다. 나머지 등을 생각할 수 있으면 이것도 역시 일행삼매(一行三昧)이며, 한 부처를 생각함을 따라 일체에도 평등한 까닭이다. (6) 사람이 볼 수 없는 염불문[人不可見處念佛門]은 제9. 현상과 이치가 무애한 관법[事理無礙觀]과 합치함은 이치로 현상을 융섭하는 연고로 하나의 미세한 경계를 따라서 많은 신통을 봄은 오직 지혜 눈의 경계임을 '볼 수 없다'고 이름한다. (7)과 (8)

은 모두 시간을 잡아서 모든 몸과 국토를 함께 통하더라도 (7) 여러 겁에 머무는 염불문[住於諸劫念佛門]은 생각할 대상인 불사가 끊어짐 없음을 잡은 해석이요, (8) 온갖 때에 머무는 염불문[住一切時念佛門] 은 생각하는 주체인 시분이 사이함 없음을 잡은 해석이다. (9) 모든 세계에 머무는 염불문[住一切刹念佛門]은 의보와 정보를 함께 생각함도 또한 보신과 화신에도 통한다. (10) 모든 세상에 머무는 염불문[住一切世念佛門]은 생각은 응신과 합치한 진신[卽應而眞]이어서 과거 모든 부처님은 열반하지 않는 경계[不涅槃際]에 안주하고 미래 모든 부처님 도 또한 이미 현재에 성취한 까닭이다.『문수반야경』에 이르되, "지 금 부처님이 세상에 머무시면 일체의 모든 부처님이 모두 머무시나니 똑같이 부사의한 까닭이요, 또한 형상을 따르는 문[隨相門]을 잡으면 곧 어떤 부처님을 생각하고자 하면 부처님이 문득 나타나게 됨이요," (11) 모든 경계에 머무는 염불문[住一切境念佛門]은 또한 체성과 합치 한 작용[卽體之用]이니 부처님 경계가 아님이 없음을 요달함으로 말미 암아 경계와 경계마다 부처님이 나타난다. (12) 고요한 데 머무는 염 불문[住寂滅念佛門]은 응신을 생각함이요, (13) 멀리 떠난 데 머무는 염불문[住遠離念佛門]은 또한 응신을 생각함이다. 그러나 위의 11가지 경계 중에는 부처님을 친견함이다. 혹은 이른바 모든 부처님이 경계 중에 머무르고 지금은 모든 부처님이 머물지 않음을 분명히 아는 연 고로 시간과 장소라는 생각을 멀리 여의면 하루에 생각 생각으로 가 는 것을 보는 것이다. (14) 광대한 데 머무는 염불문[住廣大念佛門]은 보신의 상호를 생각하며 눈과 귀 따위가 모두 법계에 두루한 까닭이 다. (15) 미세한 데 머무는 염불문[住微細念佛門]은 중간 생각은 체성 과 합치한 작용이요, 앞은 제6의 미세한 식이다. 의보 중에 정보가 있음을 밝혔으니 이것은 정보 중의 정보가 있음을 잡은 연고로 앞이 잘 못되지 않음이요, (16) 장엄한 데 머무는 염불문[住莊嚴念佛門]은 찰나 와 겁이 원융하므로 위의 둘은 모두 체성과 합치한 작용이다. (17) 능히 하는 일에 머무는 염불문[住能事念佛門]은 내적인 공덕을 생각함 이요, (18) 자유자재한 마음에 머무는 염불문[住自在心念佛門]과 (19) 자기의 업에 머무는 염불문[住自業念佛門]은 모두 색상을 생각함이요, (20) 신통변화에 머무는 염불문[住神變念佛門]은 의보를 생각함이요, (21) 허공에 머무는 염불문[住虛空念佛門]은 안과 밖의 진신과 응신 등 과 통하여 온갖 몸 구름은 위의 제37. 여래출현품 내용과 위와 아래 의 경문과 같다.

(c) 결론하다[結] (然上 42上4)

[疏] 然이나 上은 就所念辨異하여 成其十門이라 若與經文과 互開合者인대 爲門非一하고 二十一者는 蓋略說耳니라

■ 그러나 위는 생각할 대상에 입각하여 다름을 밝혀서 열 문을 이루었 다. 만일 경문과 번갈아 열고 합한다면 문이 하나가 아니고 21문이 되는 것은 대개 간략히 말한 것일 뿐이다.

c) 생각하는 주체로 거두어 묶다[能念收束] (然約 42上6)

[疏] 然이나 約能念心은 不出五種이라 一, 緣境念佛門이니 念眞念應은 若 正若依라 設但稱名도 亦是境故라 故로 上諸門은 多是此門이요 二, 攝境唯心念佛門이니 卽十八十九二門이라 十八, 卽總相唯心이니 是

心是佛은 是心作佛故요 十九, 雖隨我心도 心業多種이니 見佛優劣故요 三, 心境俱泯門이니 卽前의 遠離念佛門과 及不可見門之一分과 及如虛空門이라 四, 心境無礙門은 卽如初門하여 雙照事理와 存泯無礙일새 故로 云, 普照라 五, 重重無盡門은 卽稱前第十門하여 而觀察故로 如微細等門도 亦是此中의 總意니라

■ 그런데 생각하는 주체인 마음을 잡으면 다섯 종류를 벗어나지 않는다. (1) 경계를 인연한 염불문이니 진신을 생각하고 응신을 생각함은 정보와 의보이다. 설사 단지 명칭을 부른 것만도 역시 경계인 까닭이다. 그러므로 위의 모든 문은 대부분 이런 문이요, (2) 경계가 오직 마음뿐임을 섭수한 염불문이니 곧 (18)과 (19)의 두 문이요, (18)은 총상으로 오직 마음뿐이니, 이 마음이 곧 부처인 것은 이 마음으로 부처를 짓는 까닭이요, (19) 비록 내 마음을 따름도 마음과 업은 많은 종류이니 부처님의 우열을 보는 연고요, (3) 마음과 경계를 모두 없애는 문[心境俱泯門]이니 곧 앞의 염불을 멀리 여의는 문과 볼 수 없는 문의 일부분임과 허공과 같은 문이다. (4) 마음과 경계가 무애한 문은 곧 첫째 문과 같아서 현상과 이치를 함께 비춤과 두고 없앰에 무애한 연고로 '두루 비춘다'고 말하였다. (5) 거듭거듭 그지없는 문은 곧 앞의 (10) 모든 세상에 머무는 염불문[住一切世念佛門]과 칭합하여 관찰한 연고로 미세한 등의 문과 같음도 또한 이런 가운데 총합한 의미이다.

[鈔] 二, 且寄下는 約三身하여 以辨이요 三, 若約十身下는 約十身釋이니라 二中에 有三하니 一, 明所念差別이요 二, 會釋經文이요 三, 以能念收束이라 今初를 可知니라 今此二十一門下는 第二, 會釋經文이라

中에 三이니 初, 標요 二, 智光下는 別會니 並可知니라 三, 然上就所念下는 結成이니라

然約能念下는 第三, 約能念하여 收束이라 然이나 古人이 已有五門하니 云, 一, 稱名往生하는 念佛門이요 二, 觀像滅罪하는 念佛門이요 三, 攝境唯心하는 念佛門이요 四, 心境無礙한 念佛門이요 五, 緣起圓通하는 念佛門이라 此之五門에 初二는 名局이요 又但稱名이요 亦闕念義라 第五一門은 名則盡善이나 及其釋義는 但事理無礙일새 故今改之니 故初一門은 兼攝前二요 此中의 第五는 方是性起圓通이니 事事無礙義故니라

● b. 且寄 아래는 세 가지 몸을 잡아 밝힘이요, c. 若約十身 아래는 열 가지 몸을 잡아 해석함이다. b. 중에 셋이 있으니 a) 생각할 대상으로 차별함이요, b) 경문을 모아서 해석함이요, c) 생각하는 주체로 거두어 묶음이다. 지금 a)는 알 수 있으리라. b) 今此二十一門 아래는 경문을 모아서 해석함이니 그중에 셋이다. (a) 표방함이요, (b) 智光 아래는 개별로 해석함이니 함께하면 알 수 있으리라. (c) 然上就所念 아래는 결론함이다.

c) 然約能念 아래는 생각하는 주체로 거두어 묶음이다. 그러나 옛사람은 이미 다섯 문이 있었으니 이르되, "(1) 명호를 불러서 왕생하는 염불문이요, (2) 불상을 관찰하고 죄를 소멸하는 염불문이요, (3) 경계가 오직 마음뿐이라고 섭수하는 염불문이요, (4) 마음과 경계가 무애한 염불문이요, (5) 연기법으로 원융하게 통하는 염불문이다. 이런 다섯 문에서 처음의 둘은 이름이 국한된 것이고, 또 단지 명호를 부름도 또한 생각을 빠뜨렸다는 뜻이다. (5) 연기법으로 원융하게 통하는 염불문 한 문에서 이름은 모두 잘함과 그 뜻을 해석함이다.

단지 현상과 이치가 무애하므로 지금 고칠 것이니, 처음 한 문은 앞의 둘을 겸하여 포섭하였다. 이 가운데 (5) 緣起圓通念佛門이라야 비로소 성품에서 생겨서 원융하게 통하여 현상과 현상이 걸림 없는 뜻인 까닭이다.

c. 열 가지 몸을 잡아 해석하다[約十身釋] (若約 43上2)

[疏] 若約十身인대 各以二門으로 而爲一身이요 後一은 總顯이니 謂願과 智와 法과 力持와 意生과 化와 威勢와 菩提와 及福德과 相好莊嚴身이라 以念佛之門은 諸敎에 攸讚이요 理致深遠이요 世多共行일새 故略解釋이니 無厭繁說이어다

■ c. 열 가지 몸을 잡아 해석하면 각기 두 문으로 한 몸을 삼은 것이다. 뒤의 하나는 총합하여 밝힘이니 이른바 원력신과 지혜의 몸, 법신, 역지신(力持身), 의생신, 화신, 위세신, 보리신, 복덕신과 상호로 장엄한 몸이다. 부처님을 생각하는 문으로 모든 가르침을 더욱 칭찬하고, 이치가 깊고 멀어서 세상에서 많이 함께 행하므로 간략히 해석하였으니 번거롭게 설명하기를 싫어하지 않는다.

[鈔] 若約十身下는 卽第三, 別約十身이라 言各二門者는 初二는 卽願身이니 初門은 願生兜率天宮이요 後門은 願周法界니라 三四의 二門은 卽智身이니 前門은 十力智요 後門은 了法智니라 五六의 二門은 卽法身이니 前門은 法普周一切하여 等無差別이요 後門은 體不可見이나 不妨大用이니라 七八의 二門은 卽力持身이니 前門은 持令多劫이요 後門은 持令常見이니라 九十의 二門은 意生身이니 前門은 隨意生刹이요

後門은 隨意生世니라 十一二의 兩門은 化身이니 前門은 化周諸境이요 後門은 化故示滅이니라 十三四의 二門은 卽威勢身이니 前門은 無住요 後門은 普周니 皆威勢故니라 十五六의 二門은 卽菩提身이니 前門은 一毛에 多佛이 成菩提요 後門은 一念에 徧刹하여 成菩提니라 十七八의 二門은 福德身이니 前門은 放光演法이요 後門은 隨樂現形이니라 十九二十의 二門은 卽相好莊嚴身이니 前門은 應化相好요 後門은 華藏刹中의 相好니라 第二十一門은 該於十身이니 故等空法界라 亦與離世間十佛로 相當이니 並如前會니라

● c. 若約十身 아래는 개별로 열 가지 몸을 잡아 해석함이다. 각기 두 문이라 말한 것은 처음 둘[(1) (2)]은 곧 원력신이니 처음 문은 도솔천궁에 태어나기를 원하고, 뒤 문은 원력이 법계에 두루함이다. (3) (4)의 두 문은 곧 지혜의 몸이니, 앞의 문은 십력의 지혜이고, 뒤의 문은 법을 요달한 지혜이다. (5) (6) 두 문은 곧 법신이니 앞의 문은 법이 널리 모두에 두루 평등하여 차별이 없음이요, 뒤의 문은 자체를 볼 수 없어도 큰 작용에 방애롭지 않음이다. (7) (8) 두 문은 곧 역지신이니 앞의 문은 오랜 세월을 지니게 함이요, 뒤의 문은 지녀서 항상 보게 함이다. (9) (10)의 두 문은 의생신이니, 앞 문은 생각을 따라 국토에 태어남이요, 뒤 문은 생각을 따라 세상에 태어난다. (11) (12)의 두 문은 화신이니 앞 문은 교화가 모든 경계에 두루함이요, 뒤 문은 변화신인 연고로 멸함을 보이는 것이요, (13) (14)의 두 문은 곧 위세신이니 앞 문은 머무름 없음이요, 뒤 문은 널리 두루함이니 모두 위력과 세력인 까닭이다. (15) (16)의 두 문은 곧 보리신이니 앞 문은 한 터럭과 많은 부처님으로 보리를 성취함이요, 뒤 문은 한 생각에 국토에 두루하여 보리를 이룬다. (17) (18)의 두 문은 복덕의 몸이니

앞 문은 광명을 놓아서 법을 연설함이요, 뒤 문은 즐거움 따라 형상을 나타냄이다. (19) (20)의 두 문은 곧 상호로 장엄한 몸이니 앞 문은 상호로 응하는 화신이요, 뒤 문은 화장세계 중의 상호이다. 21번째 문은 열 가지 몸을 포섭하는 연고로 공함과 평등한 법계도 또한 세간을 여읜 열 부처님[離世間＋佛]과 서로 맞나니 아울러 앞의 모임과 같다.

ㄷ) 결론하다[結] (三結 44上1)

而我云何能知能說彼功德行이리오
그렇거늘 내가 어떻게 저의 공덕의 행을 능히 알며 능히 말하겠는가?

[疏] 三, 結을 可知니라
■ ㄷ) 결론함이니 알 수 있으리라.

(마) 다음 선지식을 지시하다[指示後友] 2.

ㄱ. 선지식을 바로 보이다[正示善友] (第五 44上4)
ㄴ. 선지식의 뛰어난 공덕을 찬탄하다[歎友勝德] (後海)

善男子여 南方에 有國하니 名曰海門이요 彼有比丘하니 名爲海雲이라 汝往彼問하되 菩薩이 云何學菩薩行이며 修菩薩道리잇고하면 海雲比丘가 能分別說하여 發起廣

大善根因緣하리니

善男子여 海雲比丘가 當令汝로 入廣大助道位하며 當令汝로 生廣大善根力하며 當爲汝하여 說發菩提心因하며 當令汝로 生廣大乘光明하며 當令汝로 修廣大波羅蜜하며 當令汝로 入廣大諸行海하며 當令汝로 滿廣大誓願輪하며 當令汝로 淨廣大莊嚴門하며 當令汝로 生廣大慈悲力하리라

착한 남자여, 남쪽에 한 나라가 있으니 이름이 해문이요, 거기 비구가 있으니 이름을 해운이라 하느니라. 그대는 그에게 가서 묻기를 '보살이 어떻게 보살의 행을 배우며, 보살의 도를 닦느냐?'고 물어라. 해운비구가 광대한 착한 뿌리를 발기하는 인연을 분별하여 말하리라.

착한 남자여, 해운비구가 (1) 그대로 하여금 광대한 도를 도와주는 지위에 들어가게 하며, (2) 그대로 하여금 광대한 착한 뿌리의 힘을 내게 하며, (3) 그대에게 보리심을 내는 원인을 말하며, (4) 그대로 하여금 광대한 승의 광명을 내게 하며, (5) 그대로 하여금 광대한 바라밀다를 닦게 하며, (6) 그대로 하여금 광대한 수행 바다에 들어가게 하며, (7) 그대로 하여금 광대한 서원을 만족하게 하며, (8) 그대로 하여금 광대하게 장엄하는 문을 깨끗하게 하며, (9) 그대로 하여금 광대한 자비의 힘을 내게 하리라."

[疏] 第五, 善男子南方下는 指示後友라 於中에 二니 初, 正示善友요 後, 歎友勝德이라 今初는 卽治地住善友라 海門國者는 彼國이 正當南

海口故니 表觀心海深廣이 爲治心地之門故라 比丘海雲者는 觀海가 爲法門이니 以普眼法雲으로 潤一切故니 表治地中에 觀生起十種心이 深廣悲雲故니라

後, 海雲比丘下는 歎友勝德이라 於中十句에 先一, 總歎이요 後, 善男子下의 九句는 別就益當機歎이라 句各一義니 卽預指後說이라 初一은 卽見竟⁵¹⁾得益이요 二는 卽聞化宿因이요 三은 卽歎發心處요 四는 卽聞彼受持處요 五六과 及七은 皆普眼法門所證이요 八은 聞依正莊嚴이요 九는 卽顯發心之相이니 至文自見이니라

■ (마) 善男子南方 아래는 다음 선지식을 지시함이다. 그중에 둘이니 ㄱ. 선우를 바로 보임이요, ㄴ. 선우의 뛰어난 덕을 찬탄함이다. 지금 ㄱ.은 곧 제2 치지주 선지식이다. '해문(海門)이란 나라'는 저 나라가 바로 남쪽 바다 입구에 해당하는 까닭이다. 마음 바다를 관찰함이 깊고 광대함을 표하였으니 심지(心地)의 문을 다스리기 위한 까닭이다. 비구 해운은 바다를 관찰함으로 법문을 삼았으니 넓은 눈과 법운이 모두를 윤택하게 하는 까닭이며, 치지주 중의 열 종류의 마음이 생겨남을 관찰함이니 깊고 광대한 대비의 구름인 까닭이다.

ㄴ. 海雲比丘 아래는 선지식의 뛰어난 공덕을 찬탄함이다. 그중에 열 구절에서 ㄱ) 한 구절은 총합하여 찬탄함이요, ㄴ) 善男子 아래 아홉 구절은 해당 근기의 대중이 이익됨에 입각하여 개별로 찬탄함이다. 구절이 각기 한 가지 뜻이니 곧 다음 선지식을 미리 지시하여 말함이다. (1) 한 구절[入廣大助道位]은 곧 끝까지 보고 이익을 얻음이요, (2) 곧 듣고서 숙세 인연을 교화함이요, (3) 곧 발심한 처소를 찬탄함이요, (4) 저 수지한 곳을 들음이요, (5) (6)과 (7)은 모두 넓은

---

51) 竟은 甲纂續金本作境이라 하다.

눈의 법문으로 증득할 대상이요, (8) 의보와 정보의 장엄을 들음이요, (9) 발심한 양상을 밝힘이니 경문에 가면 자연히 보리라.

(바) 덕을 연모하여 예배하고 물러가다[戀德禮辭] (第六 45上1)

時에 善財童子가 禮德雲比丘足하며 右遶觀察하고 辭退而去하니라
그때에 선재동자가 덕운비구의 발에 예배하며 오른쪽으로 돌며 관찰하고 물러갔다.

[疏] 第六, 爾時善財下는 戀德禮辭니 生難遭想故로 戀이요 喜見後友故로 辭니라

■ (바) 爾時善財 아래는 덕을 연모하며 예배하고 물러감이다. 만나기 어렵다는 생각을 하는 연고로 연모함이요, 다음 선지식을 기쁘게 만날 것이므로 하직한 것이다.

나) 제3. 해운비구 선지식[海雲比丘] 6.
- 제2 치지주(治地住)에 의탁한 선지식

(가) 선지식의 가르침에 의지하여 나아가 구하다[依敎趣求] 2.

ㄱ. 의미를 밝히다[顯意] 2.
ㄱ) 경문을 상대하여 의미를 밝히다[對文顯意] (第二 45上3)

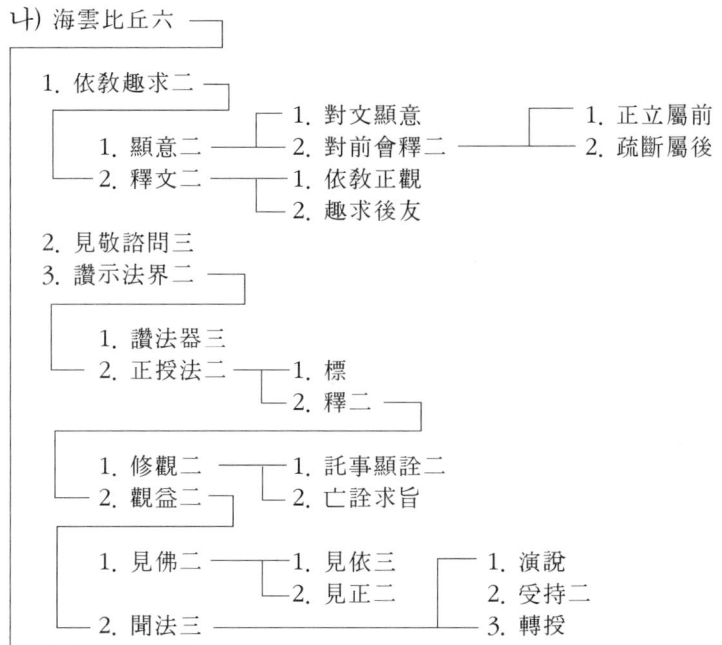

[疏] 第二, 海雲比丘는 寄治地住善友라 文亦有六하니 第一, 依敎趣求라 中에 二니 初, 依敎正觀이니 此明溫故요 後, 漸次下는 趣求後友니 意欲知新이라 又前은 卽學而能思요 後는 卽思而能學이라

■ 나) 해운비구 선지식이니 제2. 치지주(治地住)에 의탁한 선지식이다. 경문도 역시 여섯이 있으니 (가) 선지식의 가르침에 의지하여 나아가 구함이다. 그중에 둘이니 ㄱ) 가르침에 의지하여 바로 관찰함이니 이것은 따뜻함을 설명하는 까닭이요, ㄴ) 다음 선지식을 나아가 구함이다. 생각은 새로움을 알려고 함이다. 또 앞은 곧 배워서 능히 생각함이요, 뒤는 곧 생각하여 능히 배움이다.

[鈔] 第二海雲寄治地住는 謂常隨空心하여 淨治八萬四千法門이니 淸淨潔白하여 治心地故니라

- 나) 해운비구이니 제2. 치지주에 의탁하였다. 이른바 항상 공을 따르는 마음으로 8만4천 법문을 청정하게 다스리나니 청정하고 결백함으로 마음의 땅을 다스리기 때문이다.

ㄴ) 앞과 상대하여 모아서 해석하다[對前會釋] 2.
(ㄱ) 앞에 소속됨을 바로 건립하다[正立屬前] (然思 45上8)
(ㄴ) 소가가 뒤에 소속됨을 단절하다[疏斷屬後] (今以)

[疏] 然이나 思前은 猶屬前文이니 謂上來近友와 次聞正法이어니와 今辨正念思惟와 及如說修行이니 卽涅槃의 四近因緣이라 今以前義로 屬後進趣하고 後義로 屬前指來니 互爲鉤鎖하여 顯主伴交參이나 且從會判하여 屬於後耳라 下皆準此니라

- 그러나 (ㄱ) 앞에서 아직 앞의 경문에 소속됨을 생각하나니, 이른바 여기까지는 선우와 친근함이요, 다음은 바른 법을 들음이다. 지금은 바른 생각으로 사유함과 말한 바와 같이 수행함은 곧 열반의 네 가지 가까운 인연이다. (ㄴ) 지금에 앞의 뜻은 뒤로 소속되어 진취함이요, 뒤의 뜻은 앞에서 지적하여 옴에 속하나니 번갈아 쇠사슬에 얽혀서 주인과 반려가 교차하고 섞임이다. 우선 모임에서 판단함은 뒤에 속할 뿐이니 아래는 모두 여기에 준한다.

[鈔] 初依敎中에 疏文分二52)니 先, 顯意요 後, 釋文이라 前中에 二니 先,

---

52) 上四字는 甲南續金本作其文有二라 하다.

對文釋이요 後, 對前釋이라 前中에 有二하니 皆外典中意라 一, 論語에 云, 溫故而知新하면 可以爲師矣라하니라 二, 又前卽學下도 亦論語에 云, 學而不思則罔하고 思而不學則怠라하니 怠는 謂疲怠요 罔은 謂罔然無所得也니 今並反上이라 故로 學而能思하고 思而能學이니라 然思前下는 第二, 對前釋이니 卽涅槃經意라 於中에 有二하니 先, 正立理니 義合屬前이라 以涅槃四事가 是涅槃近因이니 謂一, 親近善友요 二, 聽聞正法이요 三, 繫念思惟요 四, 如說修行이라 故知後二는 卽屬前二니 此卽遠公이 分爲二意也니라

今以前義下는 第二, 明今疏에 將後二하여 屬後會니 意謂思修二門이 卽前會之義라 今爲後會進趣故로 故依敎趣求라 言後義로 屬前友指來者는 卽是前會에 指示後友니 後友의 依正等이 合屬後會나 由前友指來일새 故屬前會며 名爲鉤鎖라 所指는 是主요 能指는 是伴이라 又思修가 屬前은 此約位判이요 今從會判일새 故屬後也니라

● (가) 선지식의 가르침에 의지하여 나아가 구함 중에 소문을 둘로 나누리니 ㄱ. 의미를 밝힘이요, ㄴ. 경문 해석이다. ㄱ. 중에 둘이니 ㄱ) 경문을 상대하여 의미를 해석함이요, ㄱ) 중에 둘이 있으니 모두 외전(外典) 중의 의미이다. (1)『논어』(爲政篇)에서 "옛 것을 익혀 새 것을 알면 스승으로 삼을 수 있다"라고 하였고, (2) 又前卽學 아래도 또한『논어』이니 이르되, "배우고서 생각하지 않으면 어둡고, 생각하고 배우지 않으면 위태롭다"라 하였으니, 태(怠)는 피로하고 게으름이요, 망(罔)은 어두워서 얻은 바가 없음의 뜻이다. 지금은 아울러 위와 반대이므로 '배우고 능히 생각하고, 생각하고 능히 배움'이다. ㄴ) 앞과 상대하여 모아서 해석함이니 곧『열반경』의 의미이다. 그중에 둘이 있으니 (ㄱ) 앞에 소속됨을 바로 건립하면 뜻이 합하고 앞에 소속

되며, 열반의 네 가지 일이 바로 열반과 가까운 인연이다. 이른바 (1) 선우를 친근함이요, (2) 바른 법을 청취하여 들음이요, (3) 생각에 얽혀 사유함이요, (4) 말한 대로 수행함인 연고로 뒤의 둘을 아는 것은 곧 앞의 둘에 소속됨이요, 여기는 혜원(慧遠)법사가 두 가지 의미로 나누었다.

(ㄴ) 今以前義 아래는 소가가 뒤의 둘을 가져서 뒤 모임의 의미에 소속됨을 밝힘이다. 이른바 듣고 닦음의 두 문은 곧 앞 모임의 뜻이다. 지금은 뒤 모임에 나아감이 되는 까닭이다. 그러므로 가르침에 의지하여 나아가 구함인 것이다. '뒤의 뜻은 앞 선지식이 지시해 오는 것에 속한다'고 말한 것은 곧 앞 모임에는 다음 선지식을 지시함이요, 다음 선우의 의보와 정보 등이니 뒤 모임과 합하여 소속됨이다. 앞 선지식의 지시해 옴으로 말미암아 앞 모임에 속한 것을 '쇠사슬에 얽힘'이라 말한다. 지시할 대상은 주인이요, 지시하는 주체는 반려이다. 또한 생각함과 수행함은 앞에 소속된다. 이것은 지위를 잡아 판단하고 지금은 모임에서부터 판단한 연고로 뒤에 소속된다는 뜻이다.

ㄴ. 경문 해석[釋文] 2.
ㄱ) 가르침에 의지해 바로 관찰하다[依敎正觀] (今念 46下2)
ㄴ) 다음 선지식을 나아가 구하다[趣求後友] (後趣)

爾時에 善財童子가 一心思惟善知識敎하여 正念觀察智慧光明門하며 正念觀察菩薩解脫門하며 正念觀察菩薩三昧門하며 正念觀察菩薩大海門하며 正念觀察諸佛現前門하며 正念觀察諸佛方所門하며 正念觀察諸佛軌則

門하며 正念觀察諸佛等虛空界門하며 正念觀察諸佛出現次第門하며 正念觀察諸佛所入方便門하고 漸次南行하여 至海門國하니라

그때 선재동자는 (1) 한결같은 마음으로 선지식의 가르침을 생각하며, (2) 바른 생각으로 지혜 광명의 문을 관찰하며, (3) 바른 생각으로 보살의 해탈문을 관찰하며, (4) 바른 생각으로 보살의 삼매문을 관찰하며, (5) 바른 생각으로 보살의 큰 바다의 문을 관찰하며, (6) 바른 생각으로 부처님이 앞에 나타나는 문을 관찰하며, (7) 바른 생각으로 부처님의 방위의 문을 관찰하며, (8) 바른 생각으로 부처님의 법칙의 문을 관찰하며, (9) 바른 생각으로 부처님의 허공계와 평등한 문을 관찰하며, (10) 바른 생각으로 부처님의 차례로 나타나시는 문을 관찰하며, (11) 바른 생각으로 부처님의 들어가신 방편의 문을 관찰하면서, 점점 남쪽으로 가서 해문국에 이르렀다.

[疏] 今念前中에 有十一句하니 初, 總이요 餘, 別이라 別中에 皆云, 正念觀察者는 不沈不擧하여 寂照雙流故라 十中에 一은 卽是前觀境自在요 二는 卽前作用解脫이요 三은 卽一行三昧體와 及推勝中의 諸三昧門이요 四는 念前種種衆會요 五는 卽前의 見佛이요 六은 卽前의 十方이요 七은 卽壽命神通等이요 八은 卽通觀佛徧이요 九는 卽種種成正覺이요 十은 卽隨種種衆生心樂이니라 後, 趣求를 可知니라

■ 지금에 앞을 생각함 중에 11구절이 있으니 (ㄱ) 첫 구절[一心思惟善知識敎]은 총상이요, (ㄴ) 나머지 열 구절은 별상이다. (ㄴ) 별상 중에

모두 '바른 생각으로 관찰한다'고 말한 것은 혼침하지 않고 도거하지 않아서 고요하게 비춤이 함께 흐르는 까닭이다. 열 구절 중에 (1) (바른 생각으로 지혜 광명의 문을 관찰함은) 곧 앞의 경계를 관찰함에 자재함이요, (2) (바른 생각으로 보살의 해탈문을 관찰함은) 곧 앞의 작용에서 해탈함이요, (3) (바른 생각으로 보살의 삼매문을 관찰함은) 곧 일행삼매의 체성과 뛰어난 분을 추천함 중에 모든 삼매문이요, (4) (바른 생각으로 보살의 큰 바다의 문을 관찰함은) 앞의 갖가지 여러 모임을 생각함이요, (5) (바른 생각으로 부처님이 앞에 나타나는 문을 관찰함은) 직전에 부처님을 친견함이요, (6) (바른 생각으로 부처님의 방위의 문을 관찰함은) 앞의 시방이요, (7) (바른 생각으로 부처님의 법칙의 문을 관찰함은) 수명과 신통 등이요, (8) (바른 생각으로 부처님의 허공계와 평등한 문을 관찰함은) 부처님이 두루함을 통틀어 관찰함이요, (9) (바른 생각으로 부처님의 차례로 나타나시는 문을 관찰함은) 갖가지로 정각을 이룸이요, (10) (바른 생각으로 부처님의 들어가신 방편의 문을 관찰함은) 갖가지 중생의 마음에 즐거워함을 따름이다. ㄴ) 다음 선지식을 나아가 구함이니 알 수 있으리라.

(나) 만나서 공경을 표하고 법문을 묻다[見敬諮問] 3.

ㄱ. 공경을 설정하다[設敬] (第二 47上9)
ㄴ. 발심을 스스로 진술하다[陳心] (經/作如)
ㄷ. 법요를 묻다[問法] (後而)

向海雲比丘所하여 頂禮其足하며 右遶畢하고 於前合掌하여 作如是言하되 聖者시여 我已先發阿耨多羅三藐三

菩提心하여 欲入一切無上智海하노니 而未知菩薩이 云何能捨世俗家하고 生如來家하며 云何能度生死海하여 入佛智海하며 云何能離凡夫地하고 入如來地하며 云何能斷生死流하고 入菩薩行流하며 云何能破生死輪하고 成菩薩願輪하며 云何能滅魔境界하고 顯佛境界하며 云何能竭愛欲海하고 長大悲海하며 云何能閉衆難惡趣門하고 開諸大涅槃門하며 云何能出三界城하여 入一切智城하며 云何能棄捨一切玩好之物하여 悉以饒益一切衆生이니잇고

해운비구의 처소에 가서 엎드려 발에 절하고 오른쪽으로 돌기를 마치고 합장하고 이렇게 말하였다. "거룩하신 이여, 나는 이미 아뇩다라삼먁삼보디심을 내었고, 위가 없는 온갖 지혜의 바다에 들고자 하오나, (1) 보살이 어떻게 세속 집을 버리고 여래의 집에 태어나며, (2) 어떻게 생사 바다를 건너서 부처 지혜의 바다에 들어가며, (3) 어떻게 범부의 지위를 떠나서 여래의 지위에 들어가며, (4) 어떻게 생사의 흐름을 끊고 보살행의 흐름에 들어가며, (5) 어떻게 생사의 바퀴를 깨뜨리고 보살의 서원 바퀴를 이루며, (6) 어떻게 마의 경계를 없애고 부처의 경계를 나타내며, (7) 어떻게 애욕 바다를 말리고 자비 바다를 자라게 하며, (8) 어떻게 모든 난관과 나쁜 길에 들어가는 문을 닫고 큰 열반의 문을 열며, (9) 어떻게 세 세계의 성에서 벗어나 온갖 지혜의 성에 들어가며, (10) 어떻게 모든 노리개를 버려서 일체중생을 이익하게 할 수 있겠나이까?"

[疏] 第二, 向海雲下는 見敬咨問이라 於中에 三이니 初, 設敬이요 次, 自陳發心이니 可知로다 後, 而未知下는 咨問法要라 於中에 言願輪者는 願窮三際하여 無有終始故라 對生死하여 以立輪名이며 餘文은 自顯이니라

- (나) 向海雲 아래는 만나서 공경하고 법문을 물음이다. 그중에 셋이니 ㄱ. 공경을 설정함이요, ㄴ. 발심을 스스로 진술함이니 알 수 있으리라. ㄷ. 而未知 아래는 법요를 물음이다. 그중에 '서원 바퀴'라 말한 것은 서원이 삼제를 궁구하여 시작과 끝이 없기 때문이다. 생과 사를 상대하여 바퀴라는 명칭을 세웠으며, 나머지 경문은 스스로 드러났다.

(다) 선재를 칭찬하고 법계를 칭찬해 보이다[讚示法界] 2.

ㄱ. 법의 그릇을 칭찬하다[讚法器] 3.
ㄱ) 질문하다[問] (第三 47下6)
ㄴ) 대답하다[答] (次善)

時에 海雲比丘가 告善財言하시되 善男子여 汝已發阿耨多羅三藐三菩提心耶아 善財가 言하되 唯라 我已先發阿耨多羅三藐三菩提心하나이다
해운비구는 선재에게 말했다. "착한 남자여, 그대가 아뇩다라삼먁삼보디심을 내었는가?" 선재동자는 대답하였다. "그러합니다. 저는 아뇩다라삼먁삼보디심을 내었나이다."

[疏] 第三, 時海雲下는 讚示法界라 於中에 二니 先, 讚法器요 後, 正授法이라 前中에 三이니 先, 本問이니 以發心者難故요 若不發心하면 不堪授法이니 非法器故니라 次, 善財下는 答非虛妄故니라
- (다) 時海雲 아래는 선재를 찬탄하고 법계를 칭찬해 보임이다. 그중에 둘이니 ㄱ. 법의 그릇을 칭찬함이요, ㄴ. 법문을 바로 설해 줌이다. ㄱ. 중에 셋이니 ㄱ) 본래의 질문이니 발심한 이가 어렵기 때문이요, 만일 발심하지 않으면 법을 설해 주어도 감당하지 못함이니 법의 그릇이 아닌 까닭이다. ㄴ) 善財 아래는 허망하지 않음을 대답한 까닭이다.

ㄷ) 선근을 칭찬하다[讚] 2.
(ㄱ) 인연을 갖추기 어려움을 칭찬하다[讚因緣難具] (後海 48上5)

海雲이 言하시되 善男子여 若諸衆生이 不種善根이면 則不能發阿耨多羅三藐三菩提心이니 要得普門善根光明하며 具眞實道三昧智光하며 出生種種廣大福海하며 長白淨法에 無有懈息하며 事善知識에 不生疲厭하며 不顧身命하여 無所藏積하며 等心如地하여 無有高下하며 性常慈愍一切衆生하며 於諸有趣에 專念不捨하며 恒樂觀察如來境界하여 如是乃能發菩提心이니라

해운비구가 말하였다. "착한 남자여, (1) 만일 중생들이 착한 뿌리를 심지 않고는 아뇩다라삼먁삼보디심을 내지 못하나니, (2) 보현 법문의 착한 뿌리 광명을 얻어야 하며, (3) 참된 길인 삼매의 지혜 광명을 갖추어야 하며, (4) 가지가지

광대한 복 바다를 내어야 하며, (5) 희고 깨끗한 법을 자라게 하는 데 게으름이 없어야 하며, (6) 선지식을 섬기는 데 고달픈 생각을 내지 말아야 하며, (7) 몸과 목숨을 돌보지 말고 쌓아 두는 일이 없어야 하며, (8) 평등한 마음이 땅과 같아서 높낮이가 없어야 하며, (9) 항상 모든 중생을 사랑해야 하며, (10) 생사하는 길을 늘 생각하고 버리지 말아야 하며, (11) 여래의 경계 관찰하기를 항상 좋아해야 능히 보리심을 내게 되느니라.

[疏] 後, 海雲言善男子若諸下는 正讚이라 於中에 二니 先, 讚因緣難具故로 發者爲希요 後, 發菩提心者下는 顯發心相勝이니 故로 發者難得이라 今初니 先, 反讚이요 後, 要得下는 順讚이라 事友爲緣이요 餘皆是因이니라 通有十句하니 初句爲總이니 卽宿植普賢法門하여 成種性故라 二, 具眞下는 別이니 初得眞如三昧智光을 名具眞實道니 此卽了心寂照하여 生佛德故라 餘는 可知니라

■ ㄷ) 海雲言善男子若諸 아래는 선근을 바로 찬탄함이다. 그중에 둘이니 (ㄱ) 인연을 갖추기 어려움을 칭찬하였으니 발심한 이가 희유함이요, (ㄴ) 發菩提心者 아래는 발심하는 양상이 뛰어남을 밝힌 연고로 발심한 이를 얻기 어려움이다. 지금은 (ㄱ)이니 a. 반대로 칭찬함이요, b. 要得 아래는 순리로 찬탄함이다. 선우를 섬기는 것이 인연이 되면 나머지는 모두 원인일 것이니 통틀어 열 구절이다. a) 첫 구절은 총상이니 곧 숙세에 보현행 법문을 심어서 종성(種性)을 이룬 까닭이다. b) 具眞 아래는 별상이니 처음에 진여삼매(眞如三昧)의 지혜 광명을 얻은 것을 진실한 도를 갖춤이라 이름하였다. 여기는 곧 마

음을 요달하여 고요히 비추고 부처 공덕을 생겨나게 하는 까닭이니, 나머지 구절은 알 수 있으리라.

(ㄴ) 발심하는 양상이 뛰어남을 밝히다[顯發心相勝] (二顯 48下8)

發菩提心者는 所謂發大悲心이니 普救一切衆生故며 發大慈心이니 等祐一切世間故며 發安樂心이니 令一切衆生으로 滅諸苦故며 發饒益心이니 令一切衆生으로 離惡法故며 發哀愍心이니 有怖畏者를 咸守護故며 發無礙心이니 捨離一切諸障礙故며 發廣大心이니 一切法界에 咸徧滿故며 發無邊心이니 等虛空界에 無不往故며 發寬博心이니 悉見一切諸如來故며 發淸淨心이니 於三世法에 智無違故며 發智慧心이니 普入一切智慧海故니라

보리심을 낸다는 것은 ① 크게 가엾이 여기는 마음을 냄이니 일체중생을 널리 구원하는 연고며, ② 크게 인자한 마음을 냄이니 모든 세간을 다 같이 복되게 하는 연고며, ③ 안락하게 하는 마음을 냄이니 일체중생들로 괴로움을 없애게 하는 연고며, ④ 이익하게 하는 마음을 냄이니 모든 중생이 나쁜 법을 떠나게 하는 연고며, ⑤ 슬피 여기는 마음을 냄이니 공포하는 이들을 보호하는 연고며, ⑥ 걸림 없는 마음을 냄이니 모든 장애를 여의는 연고며, ⑦ 광대한 마음을 냄이니 모든 법계에 두루 가득하는 연고며, ⑧ 그지없는 마음을 냄이니 허공 같은 세계에 가지 않는 데가 없는 연고며, ⑨ 너그러운 마음을 냄이니 모든 여래를 다 뵈옵는 연고며, ⑩

청정한 마음을 냄이니 세 세상 법에 지혜가 어기지 않는 연고며, ⑪ 지혜의 마음을 냄이니 온갖 지혜의 바다에 널리 들어가는 연고이니라.

[疏] 二, 顯發心相이라 中에 有十一句하니 前五는 卽大慈悲心이니 初二는 總이요 餘三은 別이라 次四는 深心이니 修行大願이 盡空界故요 後二는 直心이니 不違法性하여 證果智故니라 又此十心이 多同治地의 自分十心이라 恐繁不會하노라

■ (ㄴ) 발심하는 양상이 뛰어남을 밝힘이다. 그중에 11구절이 있으니 a. 앞의 다섯 구절은 곧 크게 자비한 마음이니 a) 첫째와 둘째 구절은 총상이요, b) 나머지 세 구절은 별상이다. b. 네 구절은 깊은 마음이니 큰 서원을 수행하여 허공계를 다하는 까닭이다. c. 두 구절은 정직한 마음이니 법의 성품과 위배하지 않아서 과덕의 지혜를 증득한 까닭이다. 또한 이런 열 가지 마음은 대부분 치지주(治地住)의 자분행의 열 가지 마음과 같나니 번거로워서 알지 못할까 두려운 것이다.

[鈔] 又此十心者는 彼十心者는 所謂利益心과 大悲心과 安樂心과 安住心과 憐愍心과 攝受心과 守護心과 同己心과 師心과 導師心이라 今此에 一, 卽大悲요 二, 卽利益이요 三, 卽安樂이요 四, 安住心이니 離惡法코 住善法故라 五, 卽憐愍이요 六, 卽守護니 令離礙故라 七, 卽同己니 徧法界故라 八, 卽攝受니 法界와 虛空에 皆往攝故라 九, 卽師心이니 見諸佛故요 十, 卽導師心이니 入種智故니라

● 또한 여기의 열 가지 마음에서 저 (치지주의) 열 가지 마음은 이른바 (1) 이익하는 마음 (2) 크게 가엾이 여기는 마음 (3) 안락하게 하는

마음 (4) 편안히 머무는 마음 (5) 슬피 여기는 마음 (6) 포섭하여 받는 마음 (7) 수호하는 마음 (8) 자기와 같은 마음 (9) 스승된 마음 (10) 인도하는 스승의 마음이다. 지금 여기에는 ① 크게 가엾이 여기는 마음 ② 이익하는 마음 ③ 안락한 마음 ④ 편안히 머무는 마음이니 악법을 여의고 선법에 머무는 까닭이다. ⑤ 연민한 마음 ⑥ 수호하는 마음이니 걸림을 여읜 까닭이다. ⑦ 자기와 같은 마음이니 법계에 두루한 까닭이다. ⑧ 포섭하여 받는 마음이니 법계의 허공이 모두 가서 포섭하는 까닭이다. ⑨ 스승의 마음이니 모든 부처님을 뵙기 때문이요, ⑩ 인도하는 스승의 마음이니 일체종지에 들어간 까닭이다.

ㄴ. 법문을 바로 설해 주다[正授法] 2.
ㄱ) 표방하다[標] (第二 49下5)

善男子여 我住此海門國하여 十有二年을 常以大海로 爲其境界하노니 所謂思惟大海의 廣大無量하며 思惟大海의 甚深難測하며 思惟大海의 漸次深廣하며 思惟大海의 無量衆寶가 奇妙莊嚴하며 思惟大海의 積無量水하며 思惟大海의 水色不同이 不可思議하며 思惟大海의 無量衆生之所住處하며 思惟大海의 容受種種大身衆生하며 思惟大海의 能受大雲所雨之雨하며 思惟大海의 無增無減이니라
착한 남자여, 내가 이 해문국에 있은 지가 12년인데 항상 큰 바다로 경계를 삼노라. 이른바 (1) 큰 바다가 광대하여 한량

이 없음을 생각하며, (2) 큰 바다가 매우 깊어서 측량할 수 없음을 생각하며, (3) 큰 바다가 점점 깊고 넓어짐을 생각하며, (4) 큰 바다에 한량없는 보물들이 기묘하게 장엄함을 생각하며, (5) 큰 바다에 한량없는 물이 쌓였음을 생각하며, (6) 큰 바다의 물빛이 같지 않아 헤아릴 수 없음을 생각하며, (7) 큰 바다는 한량없는 중생이 사는 곳인 줄 생각하며, (8) 큰 바다는 갖가지 엄청나게 몸 큰 중생을 있게 함을 생각하며, (9) 큰 바다는 큰 구름에서 내리는 비를 모두 받아 둠을 생각하며, (10) 큰 바다는 늘지도 않고 줄지도 않음을 생각하였느니라.

[疏] 二, 善男子我住下는 正授法要니 謂觀法海하여 覲佛聞法이라 次, 前念佛하여 而明此者는 顯聞法弘傳이 次爲要故라

■ ㄴ. 善男子我住 아래는 법문을 바로 설해 줌이다. 이른바 법의 바다를 관찰하여 부처님 뵙고 법문을 들음이요, ㄱ) 앞은 부처님을 생각하지만 여기서 설명하는 것은 법문을 듣고 널리 전함을 밝힘이요, ㄴ) 법문을 듣기 위함이다.

[鈔] 次前念佛下는 生起次第니라

● ㄱ) 前念佛 아래는 생겨나는 순서이다.

ㄴ) 해석하다[釋] 2.
(ㄱ) 관법을 수행하다[修觀] 2.

a. 일을 의탁하여 말을 밝히다[託事顯詮] 2.
a) 총합하여 표방하다[總] (於中 49下8)
b) 별상을 밝히다[別] (後所)

[疏] 於中에 二니 先, 明修觀이요 後, 善男子我作是下는 觀成利益이라 前中에 二니 先, 託事顯詮이요 二, 善男子我思惟下는 欲忘詮求旨라 今初니 先, 總標라 言十二年者는 一紀已周니 表過十千劫已에 入第二住故며 亦表總觀菩薩의 十二住와 十二入故라 後, 所謂下는 別顯이니 皆託事表法이라 智海十義는 如十地說이니 今是悲海니라

■ 그중에 둘이니 (ㄱ) 관법을 수행함에 대해 밝힘이다. (ㄴ) 善男子我作是 아래는 관법으로 얻은 이익이다. (ㄱ) 중에 둘이니 a. 일을 의탁하여 말함을 밝힘이요, b. 善男子我思惟 아래는 말함을 잊고 종지를 구하려 함이다. 지금은 a.이니 a) 총합하여 표방함이다. 12년이라 말한 것은 한 기(紀)를 이미 두루하고 10천 겁을 지나감을 표한 뒤에 제2. 치지주에 들어가는 때문이며, 또한 보살의 12주(十二住)를 총합하여 관함을 표하였으니 12입(入)인 까닭이다. b) 所謂 아래는 별상을 밝힘이다. 모두 일을 의탁하여 법을 표함이니 지혜 바다의 열 가지 뜻은 십지품에 설한 내용과 같다. 지금은 '가엾이 여김의 바다 [悲海]'이다.

[鈔] 一紀已周者는 十二年이 爲一紀故니 周十二辰故라 過十千劫者는 十信滿十千劫에 入正定故라 十二住者는 已見十住品이니라 智海十義는 如十地說者는 海有十德은 表十地故라 言今是悲海者는 故此十德이 與十地로 小異取稱法故라 卽前十種悲心이니 一, 卽利益心

이니 利益寬廣故요 二, 卽大悲心이니 大悲甚深하여 無能測故니라 三, 卽安樂心이니 始於世樂하여 種種與故니라 四, 卽安住心이니 謂惡行衆生을 令住善行故로 卽是衆寶니라 五, 憐愍心이니 悉包納故요 六, 攝受心이니 種種外道를 攝令正信이 如水多色이 同在海故니라 七, 守護心이니 已發心者를 皆守護故가 是爲無量衆生이 依住니라 八, 同已心이니 謂攝菩提大願衆生호대 如已身有爲大身故니라 九, 卽師心이니 謂於大乘道에 習進趣⁵³⁾者를 推之如師니 師必咨受大法雨故니라 十, 導師心이니 謂具功德者를 敬之如佛이니 故로 湛無增減이라 以斯十悲로 對斯十喩하면 有如符契故니라 上歎十心은 卽是法說이요 今此海喩는 喩前十心이니 彌⁵⁴⁾復相當이니라

● '한 기(紀)를 이미 두루하고'는 12년으로 1기(紀)를 삼은 연고며 12번 별을 두루한 까닭이다. '10천 겁을 지나감'이란 십신(十信)에 10천 겁을 만족하여 정정취(正定聚)에 들어가는 때문이다. 12주(十二住)란 이미 제15. 십주품에서 본 내용이요, '지혜 바다의 열 가지 뜻은 제26. 십지품에 설한 내용과 같다'는 것은 바다에 열 가지 덕이 있어서 십지를 표한 까닭이다. '지금은 가엾이 여기는 바다'라 말한 것은 그런데 이런 열 가지 덕이 십지품과는 조금 다르지만 법과 칭합함을 취한 까닭이니, 곧 앞의 열 가지 가엾이 여기는 마음이다. (1) 이익과 합치한 마음이니 이익이 넓고 너그러운 까닭이요, (2) 대비와 합치하는 마음이니 대비가 매우 깊어서 능히 측량할 수 없는 까닭이요, (3) 안락함과 합치한 마음이니 세간의 즐거움을 시작하여 갖가지로 주는 까닭이요, (4) 안주함과 합치한 마음이니 이른바 악한 행동을 하는 중생을 선한 행에 안주하게 하는 연고로 곧 여러 보배요, (5) 연민하는 마

---

53) 趣는 甲南續金本作道라 하다.
54) 彌는 甲南續纂金本作稱이라 하나 誤植이다.

음이니 모두 포섭하여 거둔 까닭이요, (6) 섭수하는 마음이니 갖가지 외도를 포섭하여 바로 믿게 함이 마치 물에 색깔이 여럿이지만 바다와 같은 까닭이요, (7) 수호하는 마음이니 이미 발심한 이를 모두 수호하려는 연고로 이것으로 한량없는 중생이 의지하여 머무는 것이다. (8) 자기와 같은 마음이니 이른바 보리와 큰 원력을 포섭한 중생이 내 몸과 같이 있어서 큰 몸이 되는 까닭이요, (9) 스승과 합치한 마음이니 이른바 대승도에 익히고 나아가 향하는 이를 추천함이 스승과 같고, 스승이 반드시 큰 법 비를 받는 연고요, (10) 인도하는 스승의 마음이니 이른바 공덕을 갖춘 이를 부처님처럼 공경하는 연고로 담담하여 증감이 없나니 이런 열 가지 자비로 이런 열 가지 비유를 상대하여 진여와 부합하고 계합함이 있는 까닭이다. 위는 열 가지 마음을 찬탄함이 곧 법으로 말함이요, 지금 여기는 바다의 비유로 앞의 열 가지 마음에 비유하여 더욱 다시 서로 맞게 되리라.

b. 말함을 잊고 종지를 구하다[亡詮求旨] (二忘 51上2)

善男子여 我思惟時에 復作是念하되 世間之中에 頗有廣博이 過此海不아 頗有無量이 過此海不아 頗有甚深이 過此海不아 頗有殊特이 過此海不아하라
착한 남자여, 내가 생각할 적에 또 이렇게 생각하였으니, '이 세상에는 이 바다보다 더 넓은 것이 있는가? 이 바다보다 더 한량없는 것이 있는가? 이 바다보다 더 깊은 것이 있는가? 이 바다보다 특수한 것이 있는가?' 하였느니라.

[疏] 二, 忘詮求旨는 爲見佛親因이니 可知니라
- b. 말함을 잊고 종지를 구함은 부처님을 뵙고 친근한 원인 때문이니 알 수 있으리라.

[鈔] 二忘詮求旨니 爲見佛親因者는 此中에 唯有四句하니 一, 廣이요 二, 多요 三, 深이요 四, 勝이라 初二는 卽前第一, 開出이요 三은 卽第二요 四는 卽第六이라 一海衆色일새 故爲殊特이라 餘之六句는 不出深廣이니 故但擧四니라 又餘六句는 餘處에 容有일새 故牒此四하여 顯其奇特이니라 問이라 旣歎奇特인대 何名忘詮고 離前十相하고 更求過此가 卽忘詮求旨意也라 由此忘求일새 故得見佛이니라
- b. '말함을 잊고 종지를 구함은 부처님을 뵙고 친근한 원인'이란 이 가운데 오직 네 구절만 있으니 (1) 넓고 (2) 많고 (3) 깊고 (4) 뛰어남이다. 처음의 둘[(1) 넓음 (2) 많음]은 앞의 첫째[(1) 大海廣大無量]를 열고 내보인 것이다. (3) 깊음은 둘째[(2) 大海甚深難測]요, (4) 뛰어남은 여섯째[(6) 大海水色不同]이다. 하나의 바다가 여러 색깔이므로 특수함이요, 나머지 여섯 구절[(5) 大海積無量水 ~ (10) 大海無增無減]은 깊고 광대함에서 벗어나지 않으므로 단지 넷만 거론하였고, 또한 나머지 여섯 구절은 남은 곳이 있음을 용납하므로 이런 넷째[(4) 大海無量衆寶奇妙莊嚴]를 따와서 그 기특함을 밝혔다. 묻는다. 이미 기특함을 찬탄하면 어찌하여 말을 잊음이라 이름하였는가? 앞의 열 가지 모양을 여의고 다시 이보다 지나침을 구하나니, 곧 말을 잊고 종지를 구한다는 의미이다. 이로 말미암아 구함을 잊은 연고로 부처님을 친견한다는 뜻이다.

(ㄴ) 관법으로 얻은 이익[觀益] 2.
a. 부처님을 친견하다[見佛] 2.
a) 의보를 만나다[見依] 3.
(a) 체성과 양상을 총합하여 표방하다[總標體相] (第二 51下2)

善男子여 我作是念時에 此海之下에 有大蓮華가 忽然 出現하여 以無能勝因陀羅尼羅寶爲莖하고 吠瑠璃寶[55] 爲藏하고 閻浮檀金爲葉하고 沈水爲臺하고 瑪瑙爲鬚하여 芬敷布濩하여 彌覆大海어든

착한 남자여, 내가 이렇게 생각할 적에 이 바다 밑에서 큰 연꽃이 홀연히 솟아나는데, 이길 이 없는 다라니 보배로 줄기가 되고, 패유리 보배로 연밥이 되고, 염부단금으로 잎이 되고, 침수향으로 꽃판이 되고, 마노로 꽃술이 되어 아름답게 피어서 바다 위에 가득하게 덮이었음을 생각하였느니라.

[疏] 第二, 觀成利益이라 中에 二니 先, 明見佛이요 後, 得聞法이라 今初는 卽見法界無礙依正이라 於中에 先, 見依요 後, 見正이라 前中에 三이니 一, 總標體相이니 以深觀心海法海와 卽心華와 行華가 自然敷榮하여 無漏性德이 無不備故라

■ (ㄴ) 관법으로 얻은 이익이다. 그중에 둘이니 a. 부처님을 친견함이요, b. 법문을 들음이다. 지금은 a.이니 곧 법계가 걸림 없어서 의보와 정보를 만남이다. 그중에 a) 의보를 만남이요, b) 정보를 만남이다. a) 중에 셋이니 (a) 체성과 양상을 총합하여 표방함이니, 마음 바

---

55) 吠는 宋宮思本作呋라 하다.

다와 법의 바다를 깊이 관찰함은 마음의 꽃과 행법의 꽃이 자연히 피는 까닭이니 번뇌 없는 성품의 공덕이 갖추지 않음이 없기 때문이다.

[鈔] 以深觀等者에서 法海는 卽是悲海라 而法名通이니 對上自心이요 觀心은 卽56)心華開敷요 觀大悲法은 卽二利行發이니라

● '깊이 관찰함 때문'이란 '법의 바다'는 곧 '자비의 바다'이지만 법으로 통함을 말하여 위의 '자기의 마음'과 상대한다. '마음을 관찰함'은 곧 마음 꽃이 피어남의 뜻이요, '대비의 법을 관찰함'은 곧 2리행이 시작된다는 뜻이다.

(b) 외부 모양으로 장엄하다[外相爲嚴] (二百 52下2)

百萬阿修羅王이 執持其莖하며 百萬摩尼寶莊嚴網으로 彌覆其上하며 百萬龍王이 雨以香水하며 百萬迦樓羅王이 啣諸瓔珞과 及寶繒帶하여 周帀垂下하며 百萬羅刹王이 慈心觀察하며 百萬夜叉王이 恭敬禮拜하며 百萬乾闥婆王이 種種音樂으로 讚歎供養하며 百萬天王이 雨諸天華와 天鬘과 天香과 天燒香과 天塗香과 天末香과 天妙衣服과 天幢幡蓋하며

百萬梵王이 頭頂敬禮하며 百萬淨居天이 合掌作禮하며 百萬轉輪王이 各以七寶로 莊嚴供養하며 百萬海神이 俱時出現하여 恭敬頂禮하며 百萬味光摩尼寶가 光明普照하며 百萬淨福摩尼寶로 以爲莊嚴하며 百萬普光摩尼寶

---

56) 卽은 甲南續金本作則이라 하다.

로 爲淸淨藏하며 百萬殊勝摩尼寶가 其光赫奕하며 百萬妙藏摩尼寶가 光照無邊하며 百萬閻浮幢摩尼寶가 次第行列하며 百萬金剛師子摩尼寶가 不可破壞하여 淸淨莊嚴하며 百萬日藏摩尼寶가 廣大淸淨하며 百萬可樂摩尼寶가 具種種色하며 百萬如意摩尼寶가 莊嚴無盡하여 光明照耀하니라

백만 아수라왕이 연꽃 줄기를 잡았는데, 백만 마니보배로 장엄한 그물이 위에 덮이고, 백만 용왕이 향수를 비 내리고, 백만 가루라왕이 영락과 비단 띠를 들러서 사방으로 드리우고, 백만 나찰왕은 자비한 마음으로 관찰하고, 백만 야차왕은 공경하며 예배하고, 백만 건달바왕은 갖가지 음악으로 찬탄하며 공양하고, 백만 천왕은 여러 가지 하늘 꽃·하늘 화만·하늘 향·사르는 하늘 향·바르는 하늘 향·가루 하늘 향·하늘 의복·하늘의 당기·번기·일산을 비 내리었다.

백만 범천왕은 엎드려 절하고, 백만 정거천은 합장하고 절하며, 백만 전륜왕은 칠보로 장엄하여 공양하고, 백만 바다 맡은 신은 한꺼번에 나와서 공경하고 예배하며, 백만 미광 마니보배에서는 광명이 두루 비치고, 백만 정복 마니보배로 장엄하였으며, 백만 보광 마니보배로는 청정한 갈무리가 되고, 백만 수승 마니보배는 빛이 찬란하며, 백만 묘장 마니보배는 광명이 그지없이 비치고, 백만 염부당 마니보배는 차례로 줄을 지었으며, 백만 금강사자 마니보배는 깨뜨릴 수 없이 청정하게 장엄하고, 백만 일장 마니보배는 넓

고 크게 청정하며, 백만 가락 마니보배는 가지각색 빛을 갖추고, 백만 여의마니보배는 장엄이 끝이 없고 광명이 찬란하게 비치었다.

[疏] 二, 百萬阿修羅下는 外相爲嚴이요
- (b) 百萬阿修羅 아래는 외부 모양으로 장엄함이다.

(c) 원인을 거론하여 뛰어남을 밝히다[擧因顯勝] (三此 52下8)

此大蓮華가 如來出世善根所起라 一切菩薩이 皆生信樂하며 十方世界가 無不現前하니 從如幻法生이며 如夢法生이며 淸淨業生이며 無諍法門之所莊嚴이라 入無爲印하며 住無礙門하며 充滿十方一切國土하며 隨順諸佛甚深境界하니 於無數百千劫에 歎其功德이라도 不可得盡이니라

이렇게 큰 연꽃은 여래가 출세하시는 착한 뿌리로 일어났으므로 모든 보살이 믿고 좋아하며, 시방세계에 모두 나타나는데, 환술과 같은 법에서 났으며, 꿈 같은 법에서 났으며, 청정한 업으로 생겼으며, 다툼이 없는 법문으로 장엄하여 함이 없는 인에 들어갔고, 걸림 없는 문에 머물러 시방의 모든 국토에 가득하였으며, 부처님들의 깊고 깊은 경계를 따르는 것이며, 수없는 백천 겁 동안에 그 공덕을 칭찬하여도 다할 수 없느니라.

[疏] 三, 此大蓮華下는 擧因顯勝이라
■ (c) 此大蓮華 아래는 원인을 거론하여 뛰어남을 밝힘이다.

b) 정보를 만나다[見正] 2.
(a) 덕스러운 상호가 원만하다[德相圓滿] (第二 53上9)
(b) 인행이 원만하고 작용이 광대하다[因圓用廣] (後又)

我時에 見彼蓮華之上에 有一如來가 結跏趺坐하시되 其身이 從此上至有頂하시니 寶蓮華座가 不可思議며 道場衆會가 不可思議며 諸相成就가 不可思議며 隨好圓滿이 不可思議며 神通變化가 不可思議며 色相清淨이 不可思議며 無見頂相이 不可思議며 廣長舌相이 不可思議며 善巧言說이 不可思議며 圓滿音聲이 不可思議며 無邊際力이 不可思議며 清淨無畏가 不可思議며 廣大辯才가 不可思議하고 又念彼佛의 往修諸行이 不可思議며 自在成道가 不可思議며 妙音演法이 不可思議며 普門示現種種莊嚴이 不可思議며 隨其左右하여 見各差別이 不可思議며 一切利益하여 皆令圓滿이 不可思議니라

내가 보니, (1) 그때 연꽃 위에 여래가 가부하고 앉으셨는데, (2) 몸이 여기서부터 형상 세계 꼭대기까지 이르렀고, (3) 보배 연꽃 자리가 헤아릴 수 없고, (4) 도량에 모인 대중도 헤아릴 수 없고, (5) 거룩한 모습을 이루심도 헤아릴 수 없고, (6) 잘생긴 모습이 원만함도 헤아릴 수 없고, (7) 신통과 변화도 헤아릴 수 없고, (8) 빛깔이 청정함도 헤아릴 수

없고, (9) 볼 수 없는 정수리도 헤아릴 수 없고, (10) 넓고 긴 혀도 헤아릴 수 없고, (11) 교묘한 말씀도 헤아릴 수 없고, (12) 원만한 음성도 헤아릴 수 없고, (13) 끝이 없는 힘도 헤아릴 수 없고, (14) 청정한 두려움 없음도 헤아릴 수 없고, (15) 광대한 변재도 헤아릴 수 없으며, (16) 또 생각하건대 그 부처님이 지난 옛날에 여러 가지 행을 닦으심도 헤아릴 수 없고, (17) 자재하게 도를 이룸도 헤아릴 수 없고, (18) 묘한 음성으로 법을 말함도 헤아릴 수 없고, (19) 여러 문으로 나타나시어 가지가지로 장엄함도 헤아릴 수 없고, (20) 좌우로 보는 것이 차별함도 헤아릴 수 없고, (21) 모든 것을 이익하여 다 원만하게 함도 헤아릴 수 없느니라.

[疏] 第二, 我時見彼下는 明見正報니 謂心行旣敷에 則本覺如來가 忽然現故라 於中에 先, 明德相圓備요 後, 又念下는 因圓用廣이니 可知니라

■ b) 我時見彼 아래는 정보를 만남을 밝힘이다. 이른바 마음과 행법이 이미 펼쳐졌으면 본래 깨달은 여래가 홀연히 나타나는 까닭이다. 그중에 (a) 덕스러운 상호가 원만함이요, (b) 又念 아래는 인행이 원만하고 작용이 광대함이니 알 수 있으리라.

b. 법문을 듣다[聞法] 3.
a) 법을 연설하다[演說] (第二 53下8)

時此如來가 卽申右手하사 而摩我頂하시고 爲我演說普眼法門하사 開示一切如來境界하시며 顯發一切菩薩諸

行하시며 闡明一切諸佛妙法하시니 一切法輪이 悉入其
中하며 能淨一切諸佛國土하시며 能摧一切異道邪論하시
며 能滅一切諸魔軍衆하시며 能令衆生으로 皆生歡喜하
시며 能照一切衆生心行하시며 能了一切衆生諸根하시며
隨衆生心하여 悉令開悟하시니라

그때 여래께서 오른손을 펴서 내 정수리를 만지시고 나에
게 넓은 눈 법문을 연설하시니 (1) 모든 여래의 경계를 열어
보이며, (2) 모든 보살의 행을 드러내며, (3) 모든 부처의 묘
한 법을 열어 밝히니, (4) 모든 법륜이 다 그 가운데 들었으
며, (5) 모든 부처님의 국토를 깨끗이 하고 (6) 모든 외도의
삿된 이론을 꺾어 부수고 (7) 모든 마의 군중을 멸하여 중생
들을 기쁘게 하며, (8) 모든 중생의 마음과 행을 비추고 (9)
모든 중생의 근성을 분명히 알아 중생들의 마음을 깨닫게
하였느니라.

[疏] 第二, 時此如來下는 明得聞法이라 所以海中說者는 表從悲智海之
所流故라 於中에 三이니 初, 演說이요 次, 受持요 後, 轉授라 今初에
先, 總標요 普眼者는 詮普法故며 普詮諸法故니 得此法者는 一法之
中에 見一切故니라 後, 開示下는 別顯所詮이니 可知니라

■ b. 時此如來 아래는 법문을 들음을 밝힘이다. 바다 가운데 설한 이
유는 자비와 지혜의 바다로부터 흘러나옴을 표한 까닭이다. 그중에
셋이니 a) 법을 연설함이요, b) 법문을 수지함이요, c) 전전이 전수함
이다. 지금은 a)이니 (a) 총합하여 표방함이요, '넓은 눈'이란 보편적
인 법을 말하는 연고며, 모든 법을 널리 말하는 까닭이다. '이런 법을

얻는다'는 것은 한 법 중에 모두를 보는 까닭이다. (b) 開示 아래는 말할 내용을 개별로 밝힘이니 알 수 있으리라.

[鈔] 詮普法故⁵⁷⁾者는 此有三義하니 此一은 約深이요 二는 普詮諸法은 約廣이니 上二는 直就所詮이요 三은 卽從益立稱이라 旣一法中에 見一切法하니 則其一眼이 見十眼境이라 所見之中에 已有能見하고 能見之中에 有所見矣니 以一法中에 有一切故라 廣如毘盧遮那品이니라

- '보편적인 법을 말하는 까닭'이란 여기에 세 가지 뜻이 있으니 여기의 (1) 깊음을 잡은 해석이요, (2) 모든 법을 널리 말함이다. 넓음을 잡으면 위의 둘은 말할 내용에 바로 입각한 해석이요, (3) 이익으로부터 명칭을 세움이니 이미 한 법 중에 온갖 법을 보면 그 한 가지 눈일 것이다. 열 가지 눈의 경계를 보았으니 볼 대상 중에 이미 보는 주체가 있음이요, 보는 주체 중에 볼 대상이 있는 것이다. 한 가지 법 중에 모두가 있는 까닭이니 자세한 것은 제6. 비로자나품의 내용과 같다.

b) 법문을 수지하다[受持] 2.
(a) 수지한 법이 많다[所持法多] (二我 54下9)
(b) 수지함이 여러 모양이다[持多之相] (後善)

我從於彼如來之所하여 聞此法門하고 受持讀誦하며 憶念觀察하니 假使有人이 以大海量墨과 須彌聚筆로 書寫於此普眼法門의 一品中一門과 一門中一法과 一法中一

---

57) 上四字는 原續本作普詮法故, 南金本作普詮; 玆準疏及下鈔改正 以此牒三義中初句故 鈔云此一約深이라 하다.

義와 一義中 一句라도 不得少分이어든 何況能盡가

善男子여 我於彼佛所에 千二百歲를 受持如是普眼法門하여 於日日中에 以聞持陀羅尼光明으로 領受無數品하며 以寂靜門陀羅尼光明으로 趣入無數品하며 以無邊旋陀羅尼光明으로 普入無數品하며 以隨地觀察陀羅尼光明으로 分別無數品하며 以威力陀羅尼光明으로 普攝無數品하며 以蓮華莊嚴陀羅尼光明으로 引發無數品하며 以淸淨言音陀羅尼光明으로 開演無數品하며 以虛空藏陀羅尼光明으로 顯示無數品하며 以光聚陀羅尼光明으로 增廣無數品하며 以海藏陀羅尼光明으로 辯析無數品하니라

내가 그 여래의 계신 데서 이 법문을 듣고 받아 지니고 읽고 외우고 기억하고 관찰한 것을 어떤 사람이 바닷물로 먹을 삼고 수미산으로 붓을 삼아 이 넓은 눈 법문의 한 품 가운데 한 문이나, 한 문 가운데 한 법이나, 한 법 가운데 한 뜻이나, 한 뜻 가운데 한 구절을 쓴다 하여도 조금도 쓸 수 없거든, 하물며 다할 수 있을까 보냐?

착한 남자여, 내가 그 부처님 계신 데서 1천2백 년 동안에 이 넓은 눈 법문을 받아 가지고, (1) 날마다 들어 지니는 다라니 광명으로 수없는 품을 받아들이고, (2) 고요한 문 다라니 광명으로 수없는 품에 나아가고, (3) 그지없는 도는 다라니 광명으로 수없는 품에 두루 들어가고, (4) 곳을 따라 관찰하는 다라니 광명으로 수없는 품을 분별하고, (5) 위엄과 힘 다라니 광명으로 수없는 품을 널리 거둬 가지고, (6) 연꽃

장엄 다라니 광명으로 수없는 품을 끌어내고, (7) 청정한 음성 다라니 광명으로 수없는 품을 연설하고, (8) 허공장 다라니 광명으로 수없는 품을 드러내 보이고, (9) 광명 무더기 다라니 광명으로 수없는 품을 넓히고, (10) 바다광다라니 광명으로 수없는 품을 해석하였느니라.

[疏] 二, 我從於彼下는 明受持라 於中에 二니 先, 總顯所持法多니 以是一多相卽인 無盡法門故니라 後, 善男子下는 別顯持多之相이라 於中에 先, 標長時니 千二百歲는 表義가 同十二年이니라 後, 於日日下는 別顯能持와 所持라 有十種持하니 初一은 聞持요 餘皆義持니라 二는 契本寂智라야 方能入故요 三, 於一義中에 旋轉無量일새 故能普入이요 四, 地地義殊일새 故能分別이요 五, 威力者는 普攝在懷故라 若約所詮하여 明攝인대 卽以威力으로 攝諸衆生이니 同九地中의 威德陀羅尼說이니라 六, 如華開引果니 今에 開發於敎하여 引於果故라 又華開見實로 以爲莊嚴이니 今開發言敎하여 見其旨故라 七, 可知니라 八, 如空無相이나 而包含一切니 顯明妙理하여 示法相故니라 九, 以多智光으로 聚於一法하여 則義理增廣故니라 十, 若海含十德하여 各辨析故라 諸持經者는 應倣此文이니라

■ b) 我從於彼 아래는 법문을 수지함이다. 그중에 둘이니 (a) 수지한 법이 많아서 하나와 여럿이 서로 합치함을 총합하여 밝힘이니 그지없는 법문인 까닭이다. (b) 善男子 아래는 여럿을 수지하는 모양을 분별함이다. 그중에 ㉠ 오랜 시간을 표방함이니 1천2백 년은 뜻이 12년과 같음을 표하였다. ㉡ 於日日 아래는 수지하는 주체와 대상을 별상으로 밝히면 열 종류의 수지함이 있으니 ① 들어 지님이니 나

머지는 모두 뜻으로 지님이요, ② 본래 고요한 지혜와 계합해야 비로소 능히 들어가는 까닭이다. ③ 한 가지 뜻 가운데 돌고 바뀌는 것이 한량없으므로 능히 널리 들어간다. ④ 지와 지마다 뜻이 다르므로 능히 분별함이다. ⑤ 위엄과 힘이란 마음속을 널리 포섭하는 연고며, 만일 말할 대상을 잡아 밝게 포섭한다면 곧 위엄과 힘으로 모든 중생을 포섭하나니 (십지품) 제9. 선혜지 중에 위덕 다라니를 말함과 같다. ⑥ 꽃이 피어서 과실을 이끄는 것과 같고 지금은 교법을 개발하였으니 과덕을 인용한 까닭이다. 또한 꽃이 피고 열매를 본 것으로 장엄하여 지금은 말씀과 교법을 개발하였으니 그 종지를 보았기 때문이다. ⑦ (청정한 음성 다라니 광명)은 알 수 있을 것이며, ⑧ 공과 모양 없지만 모두를 포함하는 것과 같아서 묘한 이치를 밝게 설명하나니 법의 모양을 보이는 까닭이다. ⑨ 많은 지혜의 빛으로 한 가지 법을 모으면 뜻과 이치가 더욱 넓어지는 까닭이다. ⑩ 저 바다가 열 가지 덕을 포함하듯이 각기 분별한 까닭이니 모든 수지한 경은 이런 경문과 응당히 비슷한 것이다.

[鈔] 先總顯所持法多者는 卽海墨書而不竭이라 然이나 入大乘論에 引此經文하여 云, 是海幢이라하고 下說法門은 全同於此나 喩相小異하여 云, 大海水를 盡以磨墨하고 積大紙聚를 猶如須彌山하고 四天下草木을 持以爲筆하고 三千世界의 水陸衆生이 悉爲法師하여 於一刹那頃에 所受法門도 猶不能盡이라하니 此는 約書文不盡이요 彼는 約領多不盡이니라 施轉者는 如下彌伽니라 然此十句를 文並可知니 亦卽治地中의 勝進十法이니 謂誦習多聞하며 虛閑寂靜等이라 但有開合하니 可以意得이니라

● (a) '수지한 법이 많음을 총합하여 밝힘'이란 곧 바닷물을 먹으로 삼아 글씨를 쓰더라도 고갈되지 않음의 뜻이다. 그러나 『입대승론』에서 이런 경문을 인용하여 이르되, "바닷물을 다하여 먹을 갈아 써서 큰 종이 무더기를 쌓는 것이 마치 수미산과 같이 한다. 사천하의 풀과 나무를 가져서 붓을 삼고 삼천세계의 물과 육지 중생으로 모두 법사를 삼으니 한 찰나 사이에 받은 바 법문도 아직도 능히 다하지 않았으니 여기는 글을 써서 다하지 못함을 잡았고, 저기는 많고 다하지 못함을 아는 것을 잡았다. '돌고 바뀐다'는 것은 아래의 미가(彌伽) 장자와 같다. 그러나 여기의 열 구절은 경문과 함께하면 알 수 있으리라. 또한 곧 (제15. 십주품) 치지주(治地住) 중에 승진하는 열 가지 법이니 이른바 외우고 익히며 많이 듣고 텅 비어 한가하고 고요함 등이니 단지 열고 합함이 있으면 생각으로 얻을 수 있다.

c) 전전이 전수하다[轉授] (第三 56上6)

若有衆生이 從十方來하며 若天若天王과 若龍若龍王과 若夜叉若夜叉王과 若乾闥婆若乾闥婆王과 若阿修羅若阿修羅王과 若迦樓羅若迦樓羅王과 若緊那羅若緊那羅王과 若摩睺羅伽若摩睺羅伽王과 若人若人王과 若梵若梵王인 如是一切가 來至我所라도 我悉爲其開示解釋하며 稱揚讚歎하여 咸令愛樂하여 趣入安住此諸佛菩薩行光明普眼法門이로다
어떤 중생이든지 시방에서 오는 하늘이나 하늘왕이나 용이나 용왕이나 야차나 야차왕이나 건달바나 건달바왕이나 아

수라나 아수라왕이나 가루라나 가루라왕이나 긴나라나 긴
나라왕이나 마후라가나 마후라가왕이나 사람이나 사람왕
이나 범천이나 범천왕이나 이런 이들이 나에게 오면, 내가
그들을 위하여 이 법문을 열어 보이고 해석하고 선양하고
찬탄하여 사랑하고 좋아하게 하며, 이 부처님들의 보살행
광명인 넓은 눈 법문에 들어가 편안히 머물게 하노라.

[疏] 第三, 若有衆生下는 明其轉授니 可知니라
■ c) 若有衆生 아래는 전전이 전수함이니 알 수 있으리라.

(라) 자신은 겸양하고 뛰어난 분을 추천하다[謙己推勝] 2.

ㄱ. 자신은 겸양하고 앞을 결론하다[謙己結前] (第四 56下6)
ㄴ. 뛰어난 분을 추천하고 다음으로 나아가다[推勝進後] (經/如諸)

善男子여 我唯知此普眼法門이어니와 如諸菩薩摩訶薩
은 深入一切菩薩行海니 隨其願力하여 而修行故며 入大
願海니 於無量劫에 住世間故며 入一切衆生海니 隨其
心樂하여 廣利益故며 入一切衆生心海니 出生十力無礙
智光故며 入一切衆生根海니 應時敎化하여 悉令調伏故
며 入一切刹海니 成滿本願하여 嚴淨佛刹故며 入一切佛
海니 願常供養諸如來故며 入一切法海니 能以智慧로
咸悟入故며 入一切功德海니 一一修行하여 令具足故며
入一切衆生言辭海니 於一切刹에 轉正法輪故니 而我云

何能知能說彼功德行이리오

착한 남자여, 나는 다만 이 넓은 눈 법문을 알거니와, 저 보살마하살들은 (1) 모든 보살행의 바다에 깊이 들어가나니, 그 원력을 따라서 수행하는 연고라. (2) 큰 서원 바다에 들어가나니, 한량없는 세월에 세간에 머무는 연고라. (3) 모든 중생 바다에 들어가나니, 그 마음을 따라 널리 이익하게 하는 연고라. (4) 모든 중생의 마음 바다에 들어가나니, 열 가지 힘과 걸림 없는 지혜 광명을 내는 연고라. (5) 모든 중생의 근성 바다에 들어가나니, 때를 맞추어 교화하여 다 조복하는 연고라. (6) 모든 세계 바다에 들어가나니, 본래의 서원을 성취하여 부처 세계를 깨끗이 장엄하는 연고라. (7) 모든 부처님 바다에 들어가나니, 모든 여래께 항상 공양하기를 원하는 연고라. (8) 모든 법 바다에 들어가나니, 지혜로 모두 깨닫는 연고라. (9) 모든 공덕 바다에 들어가나니, 날날이 수행하여 구족하게 하는 연고라. (10) 모든 중생의 말씀 바다에 들어가나니, 모든 세계에서 바른 법륜을 굴리는 연고이니라. 내가 어떻게 저러한 공덕의 행을 능히 알고 능히 말하겠는가?

[疏] 第四, 善男子我唯下는 謙己推勝이니 謙己結前하고 推勝進後라 我唯一海인대 豈得與彼同年者哉아

- (라) 善男子我唯 아래는 자신은 겸양하고 뛰어난 분을 추천함이다. 자기를 겸양하여 앞을 결론하고 뛰어난 분을 추천하여 뒤로 나아감이다. 나는 오직 하나의 바다뿐인데 어찌 저와 같은 나이인 사람을

얻겠는가?

(마) 다음 선지식을 지시하다[指示後友] (第五 57上1)

善男子여 從此南行六十由旬하여 楞伽道邊에 有一聚落하니 名爲海岸이요 彼有比丘하니 名曰善住니 汝詣彼問하되 菩薩이 云何淨菩薩行이리잇고하라
착한 남자여, 여기서 남쪽으로 60유순쯤 가면 능가산으로 가는 길 옆에 한 마을이 있어 이름을 해안이라 하며, 거기 비구가 있으니 이름은 선주라. 그대는 그이에게 가서 '보살이 어떻게 해서 보살의 행을 깨끗하게 하느냐?'라고 물으라."

[疏] 第五, 善男子從此下는 指示後友라 六十由旬者는 修六度行하며 淨六根故라 聚落의 名海岸者는 是往楞伽山之道次에 南海北岸故라 然이나 楞伽는 梵言이니 此云難往이라 又含四義하니 一, 種種寶性으로 所成이라 莊嚴殊妙故요 二, 有大光明이 映日月故요 三, 高顯寬廣故요 四, 伽王等居며 佛이 復於此에 開化羣生하사 作勝益事故라 然이나 體卽是寶요 具斯四義일새 名無上寶오 存以梵音이라 此山이 居海之中하여 四面無門일새 非得通者면 莫往이니 故云難往이라 表修行之住가 是入智海에 絶四句며 離分別之道故라 比丘善住者는 身住虛空故니 表此住中에 觀一切法이 如虛空이며 無處所故라 亦比丘者는 入道未久일새 宜依僧故니라 又初는 念佛하고 次, 聞法하고 今依僧修니 三寶吉祥이 爲所依故니라

■ (마) 善男子從此 아래는 다음 선지식을 지시함이다. 60유순이란 육바라밀행을 닦으며, 여섯 감관을 깨끗하게 하는 까닭이다. '마을 이름이 해안(海岸)인 것'은 능가산으로 가는 길이며, 다음에 남쪽 바다의 북쪽 언덕인 까닭이다. 그러나 능가(楞伽)는 범어 말씀이니, '가기 어려움'이라 번역한다. 또한 네 가지 뜻을 포함하니 (1) 갖가지 보배 성품으로 성취하였으니 장엄이 수승하고 묘한 까닭이요, (2) 대광명은 해와 달의 비침이 있는 연고요, (3) 높이 나타나며 넓고 광대한 연고요, (4) 가왕(伽王) 등이 살면서 부처님이 다시 이곳에서 많은 중생을 열고 변화하나니 수승하고 이익된 일을 짓는 까닭이다. 그러나 체성은 곧 보배이니 (보배에) 이런 네 가지 뜻을 갖추었으므로 '위없는 보배[無上寶]'라 이름하였다. 범어 음성을 두고서 이런 산이 바다 가운데 있는데 사면에 문이 없어서 통하지 못한 것은 가지 못하므로 '가기 어렵다'고 말한 것이다. 수행하고 살면서 지혜 바다에 들어감을 표하여 네 구절을 끊었으니 분별의 도를 여읜 까닭이다. '비구 선주'란 몸이 허공에 머무는 까닭이니, 이 제3. 수행주(修行住)에 머물러 온갖 법을 관찰함이 허공이 처소가 없음과 같은 까닭이다. 또한 비구는 도에 들어간 지 오래지 않아서 마땅히 승가를 의지한 까닭이다. 또한 첫째는 부처님을 생각함이요, 둘째는 법문을 들음이니 지금은 승가에 의지하여 수행한 것이다. 삼보가 길상함은 의지할 대상인 까닭이다.

[鈔] 具斯四義일새 名無上寶오 存以梵音者는 以具梵音經題에 云, 楞伽阿跋多羅寶經이라하니 阿之言은 無요 跋多羅는 云上이요 寶는 卽此方之言이라 又多羅가 亦是寶義니 則譯人雙存이라 楞伽는 正是難往

之義라 上之四義에 前二는 卽⁵⁸⁾無上寶요 後二는 明於難往이니 高顯
伽王之所居故며 不得通者는 難往故니라

表此住中下는 彼에 具云, 此菩薩이 以十種行으로 觀一切法하시니 所
謂觀一切法이 無常이며 二, 一切法苦며 三, 空이며 四, 無我며 五, 無
作이며 六, 無味며 七, 不如名이요 八, 無處所며 九, 離分別이요 十,
無堅實이라하니라 釋曰, 皆有一切法言이나 今에 但擧三八二句는 以
順住空이라 然餘八도 亦是空義니라

● '이런 네 가지 뜻을 갖추었으므로 위없는 보배라 이름하고, 범어 소리
를 둔다'는 것은 범어 소리로 경의 제목을 하였으니 이르되, "『능가아
발다라보경(楞伽阿跋多羅寶經)』에서 아(阿)는 없음을 말하고, 발다라(跋
多羅)는 위라 말한다. 보배는 곧 중국말이요, 또한 다라(多羅)도 또한
보배란 뜻이니 번역한 사람이 함께 둔 것이다. 능가(楞伽)는 가기 어렵
다는 뜻이다"라고 하였다. 위의 네 가지 뜻은 앞의 둘은 위없는 보배
요, 뒤의 둘은 가기 어려움을 밝혔으니, 가왕(伽王)이 사는 곳을 높게
밝힌 까닭이다. '통하지 못한다'는 것은 가기 어렵기 때문이다.
表此住中 아래는 저기에 갖추어 말하되 "이 보살이 열 가지 행법으로
온갖 법을 관찰한다. 이른바 (1) 온갖 법이 무상함을 관찰함이요,
(2) 온갖 법이 고통이요, (3) 공함, (4) 내가 없음, (5) 지음 없음, (6)
맛이 없음, (7) 명칭과 같지 않음, (8) 처소가 없음, (9) 분별을 여읨,
(10) 굳고 실다움 없음이다. 해석하자면 모두 온갖 법의 말이 있나니
지금은 단지 셋째와 여덟째 두 구절만 거론하여 허공에 머무름을 따
른 것이다. 그러나 나머지 여덟 구절도 또한 공함의 뜻이다.

---

58) 卽은 南續金本作則이라 하다.

(바) 덕을 연모하여 예배하고 물러가다[戀德禮辭] (第六 58上3)

時에 善財童子가 禮海雲足하며 右遶瞻仰하고 辭退而去하니라
그때 선재동자는 해운비구의 발에 절하고 오른쪽으로 돌고 우러러보면서 물러갔다.

[疏] 第六, 時善財下는 戀德禮辭라
■ (바) 時善財 아래는 덕을 연모하며 예배하고 물러감이다.

다) 제4. 선주비구 선지식[善住比丘] 2.
- 제3. 수행주(修行住)에 의탁한 선지식

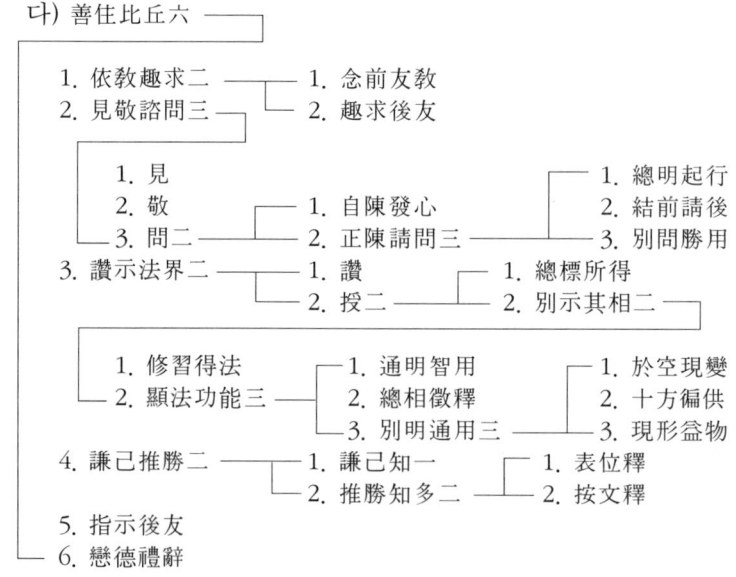

(가) 표방하다[標] (第三 58上8)

[疏] 第三, 善住比丘는 寄修行住라
■ 다) 선주비구 선지식은 제3. 수행주에 의탁한 선지식이다.

[鈔] 寄修行住者는 謂巧觀空⁵⁹⁾有하여 增修正行故니라
● '수행주에 의탁한다'는 것은 이른바 공과 유를 교묘하게 관찰하여 바른 행법을 수행하기를 더하는 까닭이다.

(나) 해석하다[釋] 6.
ㄱ. 선지식의 가르침에 의지하여 나아가 구하다[依敎趣求] 2.

ㄱ) 앞의 선지식의 가르침을 생각하다[念前友敎] (文亦 58上10)
ㄴ) 다음 선지식을 나아가 구하다[趣求後友] (二漸)

爾時에 善財童子가 專念善知識敎하며 專念普眼法門하며 專念佛神力하며 專持法句雲하며 專入法海門하며 專思法差別하며 深入法漩澓하며 普入法虛空하며 淨治法翳障⁶⁰⁾하며 觀察法寶處하고 漸次南行하여 至楞伽道邊海岸聚落하여 觀察十方하고 求覓善住하니라
그때 선재동자가 (1) 선지식의 가르침을 오로지 생각하며, (2) 넓은 눈 법문을 오로지 생각하며, (3) 부처님의 신통한 힘을 오로지 생각하며, (4) 법문의 글귀를 오로지 지니며,

---

59) 觀空은 南金本作便觀이라 하다.
60) 治는 宋元明宮淸綱杭纂續金本作持, 準貞元譯應從麗合本作治라 하다.

(5) 법 바다의 문에 오로지 들어가며, (6) 법의 차별을 오로지 생각하며, (7) 법의 소용돌이에 깊이 들어가며, (8) 법의 허공에 널리 들어가며, (9) 법의 가리움을 깨끗이 하며, (10) 법보의 있는 데를 관찰하면서, 점점 남쪽으로 가다가 능가산으로 가는 길옆에 있는 해안 마을에 이르러 시방을 살피면서 선주비구를 찾았다.

[疏] 文亦具六이니 一, 依敎趣求라 中에 二니 先, 念前友敎라 有十句하니 初一은 通念示敎人法이요 次三은 念前聞佛說法事요 次三은 思入海觀事요 後三은 證理治障하고 攝法觀修니라 二, 漸次下는 趣求後位니 可知니라

■ 경문도 또한 여섯 과목을 갖추었으니, ㄱ. 선지식 가르침에 의지하여 나아가 구함이다. 그중에 둘이니 ㄱ) 앞의 선지식의 가르침을 생각함에 열 구절이 있으니 (ㄱ) 한 구절[(1) 專念善知識敎]은 보이고 가르치는 사람과 법을 통틀어 생각함이요, (ㄴ) 세 구절[(2) 專念普眼法門 (3) 專念佛神力 (4) 專持法句雲]은 앞에서 부처님이 법을 설하는 일을 들은 것을 생각함이요, (ㄷ) 세 구절[(5) 專入法海門 (6) 專思法差別 (7) 深入法漩澓]은 바다에 들어가는 관법의 일을 생각함이요, (ㄹ) 세 구절[(8) 普入法虛空 (9) 淨治法翳障 (10) 觀察法寶處]은 이치를 증득함과 장애를 다스림으로 법을 섭수하여 관법을 수행함의 뜻이다. ㄴ) 漸次 아래는 다음 지위의 선지식을 나아가 구함이니, 알 수 있으리라.

ㄴ. 만나서 공경을 표하고 법문을 묻다[見敬諮問] 3.
ㄱ) 공경하게 만나다[見] (第二 59上10)

ㄴ) 공경함을 표하다[敬] (次時)

見此比丘가 於虛空中來往經行에 無數諸天이 恭敬圍遶하여 散諸天華하며 作天妓樂하며 幡幢繒綺가 悉各無數하여 徧滿虛空하여 以爲供養하며 諸大龍王이 於虛空中에 興不思議沈水香雲하여 震雷激電하여 以爲供養하며 緊那羅王이 奏衆樂音하여 如法讚美하여 以爲供養하며 摩睺羅伽王이 以不思議極微細衣로 於虛空中에 周廻布設하여 心生歡喜하여 以爲供養하며 阿修羅王이 興不思議摩尼寶雲하여 無量光明의 種種莊嚴으로 徧滿虛空하여 以爲供養하며 迦樓羅王이 作童子形하여 無量婇女之所圍遶로 究竟成就無殺害心하여 於虛空中에 合掌供養하며 不思議數諸羅刹王이 無量羅刹之所圍遶로 其形長大하여 甚可怖畏나 見善住比丘하고 慈心自在하여 曲躬合掌하고 瞻仰供養하며 不思議數諸夜叉王이 各各悉有自衆圍遶하여 四面周帀하여 恭敬守護하며 不思議數諸梵天王이 於虛空中에 曲躬合掌하여 以人間法으로 稱揚讚歎하며 不思議數諸淨居天이 於虛空中에 與宮殿俱하여 恭敬合掌하여 發弘誓願하나라 時에 善財童子가 見是事已하고 心生歡喜하여 合掌敬禮하니라

이 비구가 허공에서 거니는데 수없는 하늘들이 공경하고 둘러 있어 (1) 하늘 꽃을 흩으며 하늘 풍류를 지으니, (2) 수없는 번기ㆍ당기와 비단들이 허공에 가득하여 공양하고, (3) 여러 용왕들은 허공에서 부사의한 침수향 구름과 뇌성과 번

개를 일으켜 공양하고, (4) 긴나라왕은 여러 음악을 연주하여 법다이 찬탄하면서 공양하며, (5) 마후라가왕은 부사의한 보드라운 의복을 허공에 가득하게 베풀고 즐거운 마음으로 공양하고, (6) 아수라왕은 부사의한 마니보배 구름을 일으키니, 한량없는 광명과 가지가지 장엄이 허공에 가득하여 공양하며, (7) 가루라왕은 동자가 되었는데 한량없는 아가씨들이 둘러쌌으며, 필경에 살해하는 마음이 없어져서 허공에서 합장하고 공양하며, (8) 부사의한 나찰왕들은 한량없는 나찰에게 둘러싸였는데 형상이 장대하고 매우 무섭게 생긴 것이, 선주비구의 인자한 마음이 자재함을 보고 허리를 굽히고 합장하여 무리에게 둘러싸여 우러러 공양하며, (9) 부사의한 야차왕들은 제각기 자기의 무리에게 둘러싸여 사면에 둘러서서 공경하고 수호하며, (10) 부사의한 범천왕들은 허공중에서 몸을 굽히고 합장하여 인간의 법으로 찬탄하며, (11) 부사의한 정거천들은 허공에서나 궁전에서 함께 공경하며 합장하고 큰 서원을 내는 것을 보았다. 이때 선재동자는 이런 일을 보고는 마음이 환희하여 합장 예경하고

[疏] 第二, 見此比丘下는 明見敬咨問이라 於中에 三이니 初, 見이요 次, 時善財童子下는 敬이요

- ㄴ. 見此比丘 아래는 만나서 공경을 표하고 법문을 물음이다. 그중에 셋이니 ㄱ) 공경하게 만남이요, ㄴ) 時善財童子 아래는 공경함을 표함이요,

ㄷ) 법문을 질문하다[問] 2.
(ㄱ) 발심에 대해 스스로 진술하다[自陳發心] (三作 60上6)

作如是言하되 聖者시여 我已先發阿耨多羅三藐三菩提
心하니 而未知菩薩이 云何修行佛法이며 云何積集佛法
이며 云何備具佛法이며 云何熏習佛法이며 云何增長佛
法이며 云何總攝佛法이며 云何究竟佛法이며 云何淨治
佛法이며 云何深淨佛法이며 云何通達佛法이리잇고 我
聞聖者는 善能誘誨라하니 唯願慈哀하사 爲我宣說하소서
菩薩이 云何不捨見佛하여 常於其所에 精勤修習이며 菩
薩이 云何不捨菩薩하여 與諸菩薩로 同一善根이며 菩薩
이 云何不捨佛法하여 悉以智慧로 而得明證이며 菩薩이
云何不捨大願하여 能普利益一切衆生이며 菩薩이 云何
不捨衆生行하여 住一切劫하되 心無疲厭이며 菩薩이 云
何不捨佛刹하여 普能嚴淨一切世界며 菩薩이 云何不捨
佛力하여 悉能知見如來自在며 菩薩이 云何不捨有爲하
되 亦復不住하여 普於一切諸有趣中에 猶如變化하여 示
受生死하여 修菩薩行이며 菩薩이 云何不捨聞法하여 悉
能領受諸佛正敎며 菩薩이 云何不捨智光하여 普入三世
智所行處니잇고

이렇게 말하였다. "거룩하신 이여, 저는 이미 아뇩다라삼
약삼보디심을 내었사오나, (1) 보살이 어떻게 불법을 수행
하며, (2) 어떻게 불법을 쌓아 모으며, (3) 어떻게 불법을 갖
추며, (4) 어떻게 불법을 익히며, (5) 어떻게 불법을 증장하

며, (6) 어떻게 불법을 모두 거두며, (7) 어떻게 불법을 끝까지 마치며, (8) 어떻게 불법을 깨끗이 다스리며, (9) 어떻게 불법을 매우 깨끗하게 하며, (10) 어떻게 불법을 통달하는지 알지 못하나이다. 제가 듣자온즉 거룩하신 이께서 잘 가르치신다 하오니, 바라옵건대 사랑하시고 어여삐 여기사 나에게 말씀하소서.

① 보살이 어떻게 부처님 뵈옴을 버리지 않고 항상 그곳에서 부지런히 닦나이까? ② 보살이 어떻게 보살을 버리지 않고 여러 보살들과 착한 뿌리가 같나이까? ③ 보살이 어떻게 불법을 버리지 않고 다 지혜로 밝게 증득하나이까? ④ 보살이 어떻게 큰 서원을 버리지 않고 일체중생을 두루 이익하게 하나이까? ⑤ 보살이 어떻게 여러 가지 행을 버리지 않고 온갖 겁에 머무르면서 고달픈 마음이 없나이까? ⑥ 보살이 어떻게 부처 세계를 버리지 않고 모든 세계를 모두 깨끗하게 장엄하나이까? ⑦ 보살이 어떻게 부처님 힘을 버리지 않고 여래의 자유자재하심을 다 보고 아나이까? ⑧ 보살이 어떻게 함이 있음을 버리지도 않고 머물지도 않으면서 모든 생사하는 길에서 변화하는 것처럼 생사를 받으면서 보살의 행을 닦나이까? ⑨ 보살이 어떻게 법문 듣는 일을 버리지 않고 부처님들의 바른 가르침을 다 받나이까? ⑩ 보살이 어떻게 지혜의 광명을 버리지 않고 세 세상에서 지혜로 행할 곳에 두루 들어가나이까?"

[疏] 三, 作如是言下는 咨問이라 於中에 二니 先, 自陳發心이요

■ ㄷ) 作如是言 아래는 법문을 질문함이다. 그중에 둘이니 (ㄱ) 발심에 대해 스스로 진술함이요,

(ㄴ) 청법하여 물음을 바로 말하다[正陳請問] 3.
a. 행법 시작함을 밝히다[總明起行] (後而 60上6)
b. 앞을 결론하고 뒤를 청법하다[結前請後] (二我)
c. 뛰어난 작용을 개별로 질문하다[別問勝用] (三菩)

[疏] 後, 而未知下는 正陳請問이라 於中에 二十句問을 文分爲三이니 初, 十句는 總問於法에 起行이니 故로 佛法言이 通一切行法이라 於中에 淨治者는 對治淨故요 深淨者는 契理徧淨故라 餘는 可知니라 二, 我聞下는 結前請後니 欲顯後問이 異前問故라 三, 菩薩云何不捨見佛下의 十句는 別問行起勝用이라 故로 十句中에 所行各別이니 於中에 初三句는 明不離三寶行이요 次二句는 不捨二利行이요 次二句는 攝佛依正行이요 次一句는 悲智無住行이요 後二句는 攝法證入行이라 皆言不捨者는 無暫捨離故니라

■ (ㄴ) 而未知 아래는 청법하여 물음을 바로 말함이다. 그중에 20구절은 질문함이니 경문을 셋으로 나누리라. a. 열 구절은 법에서 행법 시작함을 총합하여 밝힌 연고로 부처님 법의 말씀으로 온갖 행법을 해명하였다. 그중에 b. 我聞 아래는 앞을 결론하고 뒤를 청법함이니, 뒤의 질문에 대해 설명하려 함은 앞의 질문과 다른 까닭이다. c. 菩薩云何不捨見佛 아래의 열 구절은 행법을 시작하고 뛰어난 작용을 개별로 질문하였으므로 열 구절 중에 행할 대상이 각기 다르다. 그중에 a) 세 구절은 삼보를 여의지 않는 행을 밝힘이요, b) 두 구절은

2리행을 버리지 않음이요, c) 두 구절은 부처님의 의보와 정보를 포섭한 행이요, d) 한 구절은 자비와 지혜에 머물지 않는 행이요, e) 두 구절은 법을 포섭하여 중득해 들어가는 행이니 모두에 '버리지 않는다'고 말한 것은 잠시도 버리고 여읨이 없기 때문이다.

ㄷ. 법계를 찬탄하여 보이다[讚示法界] 2.
ㄱ) 선재를 칭찬하다[讚] (第三 60下8)

時에 善住比丘가 告善財言하시되 善哉善哉라 善男子여 汝已能發阿耨多羅三藐三菩提心하고 今復發心하여 求問佛法과 一切智法과 自然者法이로다

이때 선주비구는 선재에게 말하였다. "착하고 착하다. 착한 남자여, 그대가 이미 아뇩다라삼먁삼보리심을 내었고, 이제 또 마음을 내어 부처의 법과 온갖 지혜의 법과 자연인 법을 묻는구나!

[疏] 第三, 時善住下는 稱讚授法이라 於中에 二니 先, 讚이요 後, 授라 前中에 佛法은 是總이요 一切智法은 約智라 然이나 唯局果니라 自然者法은 約性이니 通果及因이니라

■ ㄷ. 時善住 아래는 칭찬하고 법계를 설해 줌이다. 그중에 둘이니 ㄱ) 선재를 칭찬함이요, ㄴ) 법문을 설해 줌이다. ㄱ) 중에 불법은 총상이요, '온갖 지혜의 법'은 지혜를 잡은 해석인데, 그런데 오직 과덕에만 국한된 해석이다. '자연인 법'이란 성품을 잡은 해석이니 과덕과 인행에 통한다.

ㄴ) 법문을 설해 주다[授] 2.

(ㄱ) 얻은 바를 총합하여 표방하다[總標所得] (後善 61上2)
(ㄴ) 그 양상을 개별로 보이다[別示其相] 2.
a. 닦고 익혀서 법을 얻다[修習得法] (二別 61下3)

善男子여 我已成就菩薩無礙解脫門하여 若來若去와 若行若止에 隨順思惟하며 修習觀察하여 卽時獲得智慧光明하니 名究竟無礙라
착한 남자여, 나는 이미 보살의 걸림 없는 해탈의 행을 성취하였으므로, 오고 가고 다니고 그칠 적에 따라서 생각하고 닦고 관찰하여서, 곧 지혜의 광명을 얻었으니 이름이 필경까지 걸림 없음이니라.

[疏] 後, 善男子我已下는 授法이라 中에 二니 先, 總標所得이요 二, 若來若去下는 別示其相이라 今初에 無礙가 有二義하니 一, 智慧가 於境에 無礙니 以證無障礙法界故요 二, 神通이 於作用에 無礙니 由內證故라 所以次前하여 明此法者는 聞法受持는 意令於境에 無障礙故니 顯此住中에 善觀衆生等의 十種界故니라 二, 別示其相이라 中에 二니 先, 明修習得法이라 由一切威儀에 順法思修일새 故能獲得이라 言究竟無礙者는 若事若理에 無少礙故니라

■ ㄴ) 善男子我已 아래는 법문을 설해 줌이다. 그중에 둘이니 (ㄱ) 얻은 바를 총합하여 표방함이요, (ㄴ) 若來若去 아래는 그 양상을 개별로 보임이다. 지금은 (ㄱ)이니 장애 없음에 두 가지 뜻이 있으니

(1) 지혜는 경계에 무애함이니 무장애법계를 증득한 까닭이다. (2) 신통은 작용에 무애함이니 안으로 증득함을 말미암은 까닭이다. 다음으로 앞에서 이런 법을 밝힌 까닭은 법문을 듣고 수지함이니, 생각하여 하여금 경계에 장애가 없게 하려는 까닭이다. 이 수행주 중에 중생을 잘 관찰하는 등의 열 가지 경계를 밝힌 까닭이다.

(ㄴ) 그 양상을 개별로 보임이다. 그중에 둘이니 a. 닦고 익혀서 법을 얻음이니 온갖 위의에서 법을 따라 생각하고 수행함으로 말미암아 능히 획득한 것이다. '필경까지 걸림 없음'이라 말한 것은 현상과 이치가 조금도 장애함이 없기 때문이다.

[鈔] 顯此住中에 善觀衆生等者는 彼經에 云, 佛子여 此菩薩이 應勸學十法이니 何等爲十고 所謂衆生界와 法界와 世界와 觀察地界와 水界와 火界와 風界와 觀察欲界와 色界와 無色界가 是니라

● '이 수행주 중에 중생을 잘 관찰하는 등의 (열 가지 경계를) 밝힌 까닭'이란 저 (십주품 승진법의) 경문에 이르되, "불자들이여, 이 보살이 마땅히 열 가지 법 배우기를 권할 것이니, 무엇이 열인가? 이른바 중생계와 법계와 세계를 관찰하며, 지계·수계·화계·풍계를 관찰하며, 욕계·색계·무색계를 관찰함이니라"라고 함이 이것이다.

b. 법의 공능을 밝히다[顯法功能] 3.
a) 신통과 삼명과 지혜의 작용[通明智用] (後得 62上5)
b) 총상으로 묻고 해석하다[總相徵釋] (二總)

得此智慧光明故로 知一切衆生心行하여 無所障礙하며

知一切眾生歿生하여 無所障礙하며 知一切眾生宿命하여 無所障礙하며 知一切眾生未來劫事하여 無所障礙하며 知一切眾生現在世事하여 無所障礙하며 知一切眾生言語音聲種種差別하여 無所障礙하며 決一切眾生所有疑問하여 無所障礙하며 知一切眾生諸根하여 無所障礙하며 隨一切眾生應受化時하여 悉能往赴에 無所障礙하며 知一切刹那羅婆牟呼栗多日夜時分하여 無所障礙하며 知三世海流轉次第하여 無所障礙하며 能以其身으로 徧往十方一切佛刹하여 無所障礙하나니 何以故오 得無住無作神通力故니라

이 지혜의 광명을 얻었으므로 (1) 일체중생의 마음과 행을 아는 데 걸림이 없고, (2) 일체중생의 죽고 나는 것을 아는 데 걸림이 없고, (3) 일체중생의 지난 세상 일을 아는 데 걸림이 없고, (4) 일체중생의 오는 세상 일을 아는 데 걸림이 없고, (5) 일체중생의 지금 세상 일을 아는데 걸림이 없고, (6) 일체중생의 말과 음성이 제각기 다름을 아는 데 걸림이 없고, (7) 일체중생의 의문을 결단하는 데 걸림이 없고, (8) 일체중생의 근성을 아는 데 걸림이 없고, (9) 일체중생이 교화를 받을 만한 곳에 모두 나아가는 데 걸림이 없고, (10) 모든 찰나·라바·모호율다·낮·밤 시간을 아는 데 걸림이 없고, (11) 세 세상 바다에서 헤매는 차례를 아는 데 걸림이 없으며, (12) 이 몸으로 시방의 모든 세계를 두루 이르는 데 걸림이 없나니, 왜냐하면 머무름도 없고 짓는 일도 없는 신통한 힘을 얻은 연고이니라.

[疏] 後, 得此智下는 顯法功用이라 於中에 三이니 初, 通明智用이 無礙요 次, 何以下는 總相徵釋이요 三, 善男子我以下는 別明通用이라 今初에 有十二句하니 初一은 他心이요 次四는 兼三明이니 謂現未劫事와 含漏盡故라 次四는 三業化物이요 次二는 知時니 一, 知時分이요 二, 知流轉이라 按俱舍論에 時之極少를 名一刹那요 百二十刹那를 名一怛刹那요 六十怛刹那를 明一臘縛이니 臘縛이 即是羅婆라 三十羅婆는 爲一牟呼栗多요 牟呼栗多는 即是須臾요 三十須臾가 爲一晝夜라 言時分者는 西域記第二에 云, 五牟呼栗多는 爲一時요 六時가 合成一日一夜라하니라 亦有處에 說晝夜初分時等이라하며 又黑分과 白分과 六時와 四時等이니라 又準仁王經에 九百生滅이 爲一刹那요 九十刹那가 爲一念이라하니 此則刹那가 非時極促이라 以刹那之中에 生滅은 唯佛智知일새 故로 小乘中에는 略而不說이라 後一은 即神足通이니라 二, 總相徵釋이니 以不住不作일새 故無礙也니라

■ b. 得此智 아래는 법의 공능을 밝힘이다. 그중에 셋이니 a) 신통과 삼명(三明)과 지혜의 작용이 무애함이요, b) 何以 아래는 총상으로 묻고 해석함이요, c) 善男子我以 아래는 신통한 작용을 개별로 밝힘이다. 지금은 a)에 12구절이 있다. (a) 한 구절은 타심통이요, (b) 네 구절[(2)知一切衆生歿生 無所障礙 (3)知一切衆生宿命 〃 (4)知一切衆生未來劫事 〃 (5)知一切衆生現在世事 〃]은 삼명(三明)을 겸함이다. 이른바 현재와 미래 겁의 일에 누진통(漏盡通)을 포함한 까닭이다. (c) 네 구절[(6)知一切衆生言語音聲種種差別 無所障礙 (7)決一切衆生所有疑問 〃 (8)知一切衆生諸根 〃 (9)隨一切衆生應受化時 悉能往赴 〃]은 삼업으로 중생을 교화함이요, (d) 두 구절[(10)知一切刹那羅婆牟呼栗多日夜時分 無所障礙 (11)知三世海流轉次第 〃]은 때를 아는 것이니 (1) 시간을 앎이요, (2) 유전함을 앎

이다.『구사론』을 참고하면 "시간이 극히 적은 것을 1찰나라 이름하고, 120찰나를 1달찰나(怛刹那)라 하고, 60달찰나는 1납박(臘縛)이라 설명한다. 납박은 곧 나바(羅婆)요, 30나바는 1모호율다(牟呼栗多)라 하고, 모호율다는 곧 수유(須臾)요, 30수유로 하루 밤낮이 된다"라고 하였다. 시간[時分]이라 말한 것은『대당서역기』제2권에 이르되, "5모호율다는 한 시간이 되고 여섯 시간을 합하면 하루 낮 하루 밤이 된다"라 하였고, 또한 어떤 곳에는 '밤낮 첫 부분의 시간 등'이라 말한다. 또한 검은 부분과 흰 부분은 여섯 시간과 네 시간 등이요, 또『인왕반야경』에 준하면 "9백의 나고 멸함으로 1찰나가 되고, 90찰나로 한 생각이 된다"라 하였고, 여기서 찰나는 시간이 극히 짧음이 아니요, 찰나 중에 나고 멸함이니 오직 부처님 지혜라야 아는 연고로 소승(小乘) 중에는 생략하고 말하지 않았고, (e) 한 구절[(12)能以其身 徧住十方一切佛刹 無所障礙]은 곧 신족통이다. b) 총상으로 묻고 해석함이니, 머물지 않고 짓지 않는 연고로 걸림이 없다는 뜻이다.

[鈔] 今初有十二句하니 初一他心等者는 且順文配어니와 若約開合取之하면 卽具十通이니 一은 他心이요 二三은 皆宿住니 以歿生으로 言故로 疏에 云, 兼於三明이니라 十通은 知過去歿生이니 亦宿住故라 四, 卽未來際劫의 智通이요 五는 卽天眼이요 六은 合二通이라 言語는 卽分別一切衆生言音智通이요 音聲은 卽天耳通이니 同一天耳開出일새 故今合之니라 七八九인 三은 皆一切法智通이요 七은 斷疑智요 八은 知根智요 九는 知時智요 十과 及十一은 並一切法滅盡智通이니라 前句는 刹那盡이요 後句는 長時流轉盡이라 十二神足은 卽無體性과 及無量色身通이니 亦俱神境에 開出故라 故此文中에 通十通義니라

● '지금은 a)에 12구절이 있다. (a) 한 구절은 타심통 등'이라 한 것은 우선 경문을 따라 배대하였다. 만일 열고 합함을 잡아 취한다면 곧 열 가지 신통을 갖추었다. (1)은 타심통이요, (2)와 (3)은 모두 숙주통이니 죽고 태어남을 말한 까닭이다. 소에서 이르되, "삼명을 겸하면 열 가지 신통은 과거에 죽고 태어남을 아는 것도 또한 숙주통(宿住通)인 까닭이다. (4)는 미래제겁의 지혜 신통이요, (5)는 천안통이요, (6)은 (앞의) 두 가지 신통을 합한 신통이다. (6) 언어는 곧 모든 중생의 말과 음성을 분별하는 지혜 신통이요, 음성은 곧 천이통이니 천이통에서 열고 나옴과 같으므로 지금 합한 것이다. (7) (8) (9)의 셋은 모두 온갖 법의 지혜 신통이니, (7)은 의심을 끊은 지혜요, (8)은 감관을 아는 지혜요, (9)는 시간을 아는 지혜이다. (10)과 (11)은 아울러 온갖 법이 모두 없어지는[滅盡] 지혜 신통이다. 앞 구절은 찰나 사이에 다함이요, 뒤 구절은 오랜 시간 모두 유전함이다. (12)는 신족통이니 곧 체성이 없음과 한량없는 색신의 신통도 또한 모두 신경통(神境通)에서 열고 나오는 까닭이다. 그러므로 이런 경문 중에 열 가지 신통의 뜻을 해명하였다.

百二十刹那等者는 此廣俱舍頌文이니 頌에 云, 百二十刹那가 爲怛刹那量이요 臘縛는 此의 六十이요 此의 三十이 須臾요 此의 三十이 晝夜 等이라하니라 亦有處에 說晝夜初分時等者는 智論等文이라 彌勒下生經에 亦說하사대 謂釋迦는 修難行苦行하여 得成菩提하시고 彌勒은 修安樂行하여 而得菩提라하나니 謂晝夜三時에 禮拜懺悔等이니 謂日初分時와 日中分時와 日後分時와 夜初分時와 夜中分時와 夜後分時가 合爲六時가 是也니라 黑分과 白分과 六時는 卽西域에 分黑白하

니 黑은 前이요 白은 後故라 正月十六이 爲正朝요 一時는 即二月이니 二月이 爲一時니라 四時도 亦同此方의 春夏秋冬이니라 等者는 等取 三際니 並如偈讚品이라 即西域記第二의 言이니라 仁王九百生滅等 者는 即第二經이니라

● '120찰나 등'이란 여기서 『구사론』게송 문장을 자세히 밝힘이다. (구사론 제12권 分別世品) 게송으로 이르되, "1백20의 찰나가 하나의 달(怛)찰나가 되며, 60의 달찰나가 1납박(臘縛)이고 30납박이 1수유(須臾= 牟呼栗多)이네. 30의 수유가 1주야가 된다"는 등이다. '또한 어떤 곳에는 밤낮 첫 부분의 시간 등'이란 『대지도론』등의 논문이다. 『미륵하생경(彌勒下生經)』에도 또한 설하였으니, 이른바 석가(釋迦)는 난행과 고행을 닦아서 보리를 얻은 것이요, 미륵(彌勒)은 안락행을 닦아서 보리를 얻었으니, 이른바 주야 삼시(三時)로 예배하고 참회하는 등이다. 이른바 (1) 낮의 첫 부분의 시간과 (2) 낮의 중간 시간과 (3) 낮의 뒷 부분 시간이요, (4) 밤의 첫 부분이요, (5) 밤의 중간 부분이요, (6) 밤의 뒷 부분의 시간을 합치면 육시(六時)가 됨이 그것이다. '검은 부분과 흰 부분의 6시'는 곧 서역에서 검고 흰 것으로 나눈다는 뜻이다. 검은 것은 앞이고, 흰 것은 뒤이므로 정월 16일로 바른 아침이 되고, 1시간은 곧 두 달이요, 두 달은 1시간이 된다. 사시(四時)도 또한 중국의 봄과 여름, 가을, 겨울과 같다. 등(等)이란 삼제(三際)를 똑같이 취함이요, 아울러 게송으로 찬탄하는 품과 같음은 곧 『대당서역기』제2권과 같다. '인왕반야경에 준하면 9백의 나고 멸함' 등이라 말한 내용은 곧 『인왕반야경』제2권이다.

c) 전체 작용을 개별로 밝히다[別明通用] 3.

(a) 허공에서 신통변화를 나타내다[於空現變] (三別 64下9)
(b) 시방에서 두루 공양 올리다[十方徧供] (二或)
(c) 형상을 나투고 중생을 이익하다[現形益物] (三如)

善男子여 我以得此神通力故로 於虛空中에 或行或住하며 或坐或臥하며 或隱或顯하며 或現一身하며 或現多身하며 穿度牆壁을 猶如虛空하며 於虛空中에 結跏趺坐하여 往來自在를 猶如飛鳥하며 入地如水하며 履水如地하며 徧身上下에 普出煙焰을 如大火聚하며 或時에 震動一切大地하며 或時에 以手摩觸日月하며 或現其身이 高至梵宮하며 或現燒香雲하며 或現寶焰雲하며 或現變化雲하며 或現光網雲하되 皆悉廣大하여 彌覆十方하며
或一念中에 過於東方一世界二世界와 百世界千世界百千世界와 乃至無量世界와 乃至不可說不可說世界하며 或過閻浮提微塵數世界하며 或過不可說不可說佛刹微塵數世界하여 於彼一切諸佛國土의 佛世尊前에 聽聞說法하되 一一佛所에 現無量佛刹微塵數差別身하며 一一身에 雨無量佛刹微塵數供養雲하노니 所謂一切華雲과 一切香雲과 一切鬘雲과 一切末香雲과 一切塗香雲과 一切蓋雲과 一切衣雲과 一切幢雲과 一切幡雲과 一切帳雲이라 以一切身雲으로 而爲供養하여 一一如來의 所有宣說을 我皆受持하고 一一國土의 所有莊嚴을 我皆憶念하며 如東方하여 南西北方과 四維上下도 亦復如是하니 如是一切諸世界中에 所有衆生이 若見我形하면 皆決定得阿

耨多羅三藐三菩提하며 彼諸世界一切衆生을 我皆明見하고 隨其大小勝劣苦樂하여 示同其形하여 教化成就하며 若有衆生이 親近我者면 悉令安住如是法門이로다

착한 남자여, 나는 이 신통한 힘을 얻었으므로, (1) 허공중에서 다니고 서고 앉고 눕기도 하며, (2) 숨고 나타나기도 하고, (3) 한 몸도 나타내고 여러 몸도 나타내며, (4) 장벽을 뚫고 나가기를 허공처럼 하고, (5) 공중에서 가부좌하고 자유롭게 가고 오는 것이 나는 새와 같이 하며, (6) 땅속에 들어가기를 물과 같이 하고, (7) 물을 밟고 가기를 땅과 같이 하며, (8) 온몸의 아래와 위에서 연기와 불꽃이 나는 것이 불더미 같으며, (9) 어떤 때는 모든 땅을 진동케 하고 (10) 어떤 때는 손으로 해와 달을 만지기도 하고, (11) 키가 커서 범천의 궁전에까지 이르기도 하고 사르는 향 구름도 나타내고 보배 불꽃 구름도 나타내고 변화하는 구름도 나타내고 광명 그물 구름을 나타냄이 모두 넓고 커서 시방세계를 두루 덮기도 하노라.

(12) 한 생각 동안에 동방으로 한 세계도 지나가고, 두 세계·백 세계·천 세계·백천 세계·한량없는 세계와 말할 수 없이 말할 수 없는 세계를 지나기도 하며, (13) 혹은 염부제의 티끌 수 세계도 지나가고, 말할 수 없이 말할 수 없는 세계의 티끌 수 세계를 지나가기도 하면서, (14) 그 모든 세계의 부처님 세존 앞에서 법을 듣기도 하며, (15) 그 여러 부처님 계신 데서 한량없는 세계의 티끌 수같이 차별한 몸을 나타내고, (16) 낱낱 몸마다 한량없는 세계의 티끌 수 공

양 구름을 내리니, 이른바 모든 꽃 구름 · 모든 향 구름 · 모든 화만 구름 · 모든 가루 향 구름 · 모든 바르는 향 구름 · 모든 일산 구름 · 모든 옷 구름 · 모든 당기 구름 · 모든 번기 구름 · 모든 휘장 구름과 모든 몸 구름으로 공양하고, (17) 낱낱 여래께서 말씀하시는 법을 내가 모두 받아 지니고 낱낱 국토에 있는 장엄을 내가 모두 기억하노라.

(18) 동방에서와 같이 남방 · 서방 · 북방과 네 간방과 상방 · 하방도 그러하며, 이러한 모든 세계에 있는 중생들이 내 몸을 보면 결정코 아뇩다라삼먁삼보리를 얻을 것이며, (19) 저 세계의 모든 중생을 내가 다 분명하게 보고 그들의 크고 작고 잘나고 못나고 괴롭고 즐거움을 따라 그 형상과 같은 몸으로 교화하여 성취하며, (20) 만일 나를 친근하는 중생은 모두 이러한 법문에 편안히 머물게 하느니라.

[疏] 三, 別明通用이니 多顯神足通이라 十八變相을 且分爲三이니 初, 於空現變이요 二, 或一念下는 十方徧供이요 三, 如是一切下는 現形益物이니 並可知니라 言十八變者는 一, 於空에 行住等은 即所作自在요 二, 或隱이요 三, 或顯이요 四, 或現一身은 即卷이요 五, 或見多身은 即舒요 六, 穿度下는 往來요 七, 入地下는 轉變이요 八, 徧身下는 熾然이요 九, 或時下는 振動이요 十, 或時以手下는 即衆像入身이니 以高大故요 十一, 或現燒下는 放大光明이라 皆悉廣大하여 彌覆十方은 成上放光이며 起下徧滿이요 十二, 或一念下는 徧滿이요 十三, 一一佛下는 顯示요 十四, 一一如來의 所有宣說下는 施他辯才니 由能受持故라 十五, 如是一切下는 施他安樂이니 菩提가 爲眞樂故라 十

六, 彼諸世界下는 所往同類요 十七, 若有衆生親近下는 施他憶念이요 十八, 由總具無作通力일새 故能伏他神通이니 三段之中에 具矣니라

■ c) 전체 작용을 개별로 밝힘이니 대부분 신족통과 18가지 신변하는 양상을 밝힘이니 우선 셋으로 나눈다. (a) 허공에서 신통변화를 나타냄이요, (b) 或一念 아래는 시방에서 두루 공양 올림이요, (c) 如是一切 아래는 형상을 나투고 중생을 이익함이니, 함께하면 알 수 있으리라. '18가지 신변'이라 말한 것은 (1) 허공에서 가고 머무는 등은 짓는 바가 자재함이요, (2) 혹은 숨고, (3) 혹은 드러냄이요, (4) 혹은 한 몸을 나타냄은 마는 것이요, (5) 혹은 많은 몸을 보는 것은 펼침이요, (6) 穿度 아래는 가고 옴이요, (7) 入地 아래는 구르고 변함이요, (8) 徧身 아래는 치연하게 탐이요, (9) 或時 아래는 진동함이요, (10) 或時以手 아래는 곧 많은 형상으로 몸에 들어감이니 높고 큰 연고요, (11) 或現燒 아래는 큰 광명을 놓음이니 모두가 광대하여 시방을 가득 덮고 위로는 방광을 이루고 아래로 일으켜 두루 가득함이다. (12) 或一念 아래는 두루 가득함이요, (13) 一一佛 아래는 밝혀 보임이요, (14) 一一如來所有宣說 아래는 다른 이에게 변재를 베풂이니 능히 수지함으로 인한 까닭이다. (15) 如是一切 아래는 다른 이에게 안락을 베풀어서 보리로 진실한 즐거움을 삼은 까닭이다. (16) 彼諸世界 아래는 갈 대상이 같은 부류요, (17) 若有衆生親近 아래는 다른 이에게 기억을 베풂이요, (18) 총합하여 갖춤으로 말미암아 지음 없는 신통력인 까닭이니, 남을 잘 조복하는 신통은 세 문단 중에 갖추었다.

[鈔] 言十八變은 即是瑜伽三十七文이니 頌에 云, 振動及熾然과 流布并 示現과 轉變及往來와 卷과 舒와 衆像入이요 十은 同類往趣요 隱顯과 作自在며 制他와 施辯才요 憶念과 及安樂과 放大光明等이니 轉餘 有情物하여 令成餘物故로 名能變神通이니라 謂一, 振動이요 二, 熾 然이요 三, 流布니 亦名徧滿이요 四, 示現이니 亦名顯示요 五, 轉變이 요 六, 往來요 七, 卷이요 八, 舒요 九, 一切色像이 入身이요 十, 所往 同類요 十一, 隱이요 十二, 顯이요 十三, 所作自在요 十四, 伏他神 通이요 十五, 施他辯才요 十六, 施他憶念이요 十七, 施他安樂이요 十八, 放大光明이라 此十八은 名轉變이요 後三句는 明能變이라 今 文의 辨相은 義並可知니라

- '18가지 신변하는 양상'은 곧 『유가사지론』 제37권 논문이니 게송에 이르되, "진동함과 치연하게 탐과 퍼뜨림과 나타내 보임과 바꾸어 변하게 함[轉變]이요, 가고 옴과 마름과 펼침과 여러 모양으로 몸에 들어감[衆像入身]이요, 같은 무리로 나아감[同類往趣]과 나타남과 숨음, 하는 일이 자재함[所作自在]이요, 다른 이의 신통을 제압함[制他神通]과 변재를 잘 베풂[能施辯才]과 기억을 잘 베풂[能施憶念]과 편안하고 즐거움을 잘 베풂[能施安樂]과 큰 광명을 놓음[放大光明]이다"라고 하였으니, 나머지 유정과 사물을 바꾸어서 하여금 나머지 중생을 이루게 하는 연고로 '잘 변하는 신통'이라 말한다. 이른바 (1) 진동함 (2) 치연하게 탐 (3) 퍼뜨림 (4) 나타내 보임 (5) 바꾸어 변하게 함 (6) 가고 옴 (7) 마름 (8) 펼침 (9) 여러 모양으로 몸에 들어감[衆像入身] (10) 같은 무리로 나아감[同類往趣] (11) 나타남 (12) 숨음 (13) 하는 일이 자재함 (14) 다른 이의 신통을 제압함[制他神通] (15) 변재를 잘 베풂 (16) 기억을 잘 베풂 (17) 편안하고 즐거움을 잘 베풂 (18) 큰 광명

을 놓음이다. 이런 18가지를 바꾸어 변화함이라 이름하고, (c) 세 구절은 변화하는 주체를 밝힘이니 지금 본경에는 모양을 밝힘이니 뜻은 (경문과) 함께하면 알 수 있으리라.

ㄹ. 자신은 겸양하고 뛰어난 분을 추천하다[謙己推勝] 2.
ㄱ) 자신은 하나만 안다고 겸양하다[謙己知一] (第四 66上9)

善男子여 我唯知此普速疾供養諸佛成就衆生無礙解脫門이어니와 如諸菩薩은 持大悲戒와 波羅蜜戒와 大乘戒와 菩薩道相應戒와 無障礙戒와 不退墮戒와 不捨菩提心戒와 常以佛法으로 爲所緣戒와 於一切智에 常作意戒와 如虛空戒와 一切世間無所依戒와 無失戒와 無損戒와 無缺戒와 無雜戒와 無濁戒와 無悔戒와 淸淨戒와 離塵戒와 離垢戒하나니 如是功德을 而我云何能知能說이리오
착한 남자여, 나는 다만 이 <빨리 부처님께 공양하고 중생들을 성취시키는 데 걸림 없는 해탈문>만을 알거니와, 저 보살들이 (1) 크게 가엾이 여기는 계행 · (2) 바라밀다 계행 · (3) 대승의 계행 · (4) 보살의 도와 서로 응하는 계행 · (5) 장애가 없는 계행과 (6) 물러나지 않는 계행 · (7) 보리심을 버리지 않는 계행 · (8) 항상 불법으로 상대할 이를 위하는 계행 · (9) 온갖 지혜에 항상 뜻을 두는 계행 · (10) 허공 같은 계행 · (11) 모든 세간에 의지함이 없는 계행 · (12) 허물이 없는 계행 · (13) 손해가 없는 계행 · (14) 모자라지 않는 계행 · (15) 섞이지 않는 계행 · (16) 흐리지 않은 계

행 · (17) 뉘우침이 없는 계행 · (18) 청정한 계행 · (19) 티끌을 여읜 계행 · (20) 때를 여읜 계행을 가지나니, 이러한 공덕이야 내가 어떻게 알며 어떻게 말하겠는가?

[疏] 第四, 善男子下는 謙己推勝이라 於中에 先, 謙己知一이라 一念에 徧往일새 故云速疾이요 現形益物이 爲成就衆生이라

■ ㄹ. 善男子 아래는 자신은 겸양하고 뛰어난 분을 추천함이다. 그중에 ㄱ) 자신은 하나만 안다고 겸양함이요, 한 생각으로 두루 간 연고로 '빠름'이라 말한다. 형상을 나타내어 중생에 이익함으로 중생을 성취함의 뜻이다.

ㄴ) 뛰어난 분은 많이 안다고 추천하다[推勝知多] 2.
(ㄱ) 지위를 표하여 해석하다[表位釋] (後如 66上10)
(ㄴ) 경문을 참고하여 해석하다[按文釋] (有二)

[疏] 後, 如諸菩薩下는 仰推勝進이라 而皆明戒者는 意顯上得無礙解脫이 皆由持別解脫戒하여 爲依地故며 非戒면 不能修治心故라 有二十句하니 初, 十一句는 明具勝德戒니 一, 本爲益生故요 二, 自行勝故요 三, 具二利故니 上三異小니라 四, 道共故요 五, 無能令不持故요 六, 定共故요 七, 不失行本故요 八, 順法不謗故라 毘盧遮那經 第六에 云, 有四根本罪와 乃至活命을 亦不應犯이니 謂一, 謗法이요 二, 捨菩提心이요 三, 慳吝이요 四, 惱害衆生이라하니 今此七八은 不犯初二요 無損無濁은 不犯後二라 九, 緣果智故요 十, 稱法性故요 十一, 般若相應故니 不住三界니라

■ ㄴ) 如諸菩薩 아래는 우러러 뛰어난 분을 추천하여 승진함이다. 모두에 계법을 밝힘은 의미가 위에서 걸림 없는 해탈을 얻음을 밝혔으니 모두가 별해탈계(別解脫戒)를 지킴으로부터 지위에 의지함이 되는 연고로 계행이 아니면 능히 마음을 닦고 다스리지 못하기 때문이다. 20구절이 있으니 (ㄱ) 11구절[(1) 持大悲戒 ~ (11) 一切世間無所依戒]은 뛰어난 공덕을 갖춘 계법을 밝혔으니 (1) 본래 중생을 이익하기 위한 연고요, (2) 자분행이 뛰어난 연고요, (3) 2리행을 갖춘 연고니 위의 셋은 소승과 다르다. (4) 도와 함께하는 연고요, (5) 능히 하여금 지키지 못하게 함이 없는 연고요, (6) 선정과 함께하는 연고요, (7) 행법의 근본을 잃지 않는 연고요, (8) 법에 수순하여 비방하지 않는 연고니,『비로자나경』제6권에 이르되, "네 가지 근본인 죄가 있음으로 나아가 목숨을 살림도 또한 응당히 범하지 않나니, 이른바 ① 법을 비방함이요, ② 보리심을 버림이요, ③ 아끼고 인색함이요, ④ 중생을 뇌그럽게 해침이다"라고 하였다. 지금 여기의 (7)과 (8)은 처음 둘[① ②]을 범하지 않으며, 손해 없고 혼탁함 없음은 뒤의 둘[③ ④]을 범하지 않음이다. (9) 과덕의 지혜를 인연한 연고요, (10) 법의 성품과 칭합한 연고요, (11) 반야가 서로 응하는 연고로 삼계에 머물지 않음이다.

次, 六句는 明離過戒니 一, 無過失이니 謂不自貢高하여 言我能持戒하며 見破戒人하야도 亦不輕毀하여 令愧恥故니라 二, 不損惱니 謂不因於戒하면 學呪術等하여 損衆生故라 三, 無缺犯이니 謂具足受持十善業道와 及威儀故라 四, 無雜穢니 不著邊見故요 五, 無慳貪濁이니 不現異相하여 彰有德故니라 六, 無悔恨이니 謂不作重罪하며 不行諂詐故라 後三은 顯淸淨戒니 一, 忘能所持하여 究竟淨故요 二,

不染六塵故요 三, 無心垢故니라

■ (ㄴ) 여섯 구절[(12) 無失戒 ~ (17) 無悔戒]은 허물을 여읜 계법을 밝힘이다. (1) 과실이 없음이니 이른바 스스로 높이 잘난 척하지 않음이니, 나는 능히 계를 지키지만 파계한 사람을 보아도 또한 가벼이 비방하지 않나니 부끄러워하게 하려는 연고다. (2) 손해나거나 괴롭히지 않음이니 이른바 계법을 인하지 않고 주술을 배우는 등으로 중생을 손해나게 하는 까닭이다. (3) 모자라거나 범하지 않음이니 이른바 십선의 업도[十善業道]와 위의를 갖추어 수지한 까닭이다. (4) 섞이고 더러움 없음이니 변두리 견해에 집착하지 않는 까닭이다. (5) 아끼고 탐내는 혼탁함이 없고 다른 모양을 나타내지 않나니 덕이 있음을 밝힌 까닭이다. (6) 뉘우침 없음이니 이른바 무거운 죄를 짓지 않고 아첨하거나 속임을 행하지 않는 까닭이니, (ㄷ) 뒤의 세 구절[(18) 淸淨戒 ~ (20) 離垢戒]은 청정한 계를 밝힌 내용이다. ① 지키는 주체와 대상을 잊으면 끝까지 청정한 연고요, ② 육진(六塵) 경계에 물들지 않는 연고요, ③ 마음의 때가 없는 까닭이다.

[鈔] 非戒면 不能治心地故者는 上은 約此中의 法門釋이요 此句는 約表位釋이라 然德雲은 是定이요 海雲은 是慧요 此中에는 明戒니 顯三學이 爲初故니라 有二十句下는 按文解釋이니 在相可知니라 此二十戒는 亦卽第十廻向의 二十梵行이라 但彼는 約自能淸淨하야사 方能益他일새 故先護⁶¹⁾重하사 首明不破不缺等行이요 此彰菩薩이 本爲利他일새 故로 先明大悲하고 後顯無垢라 名或小⁶²⁾異를 今當略會⁶³⁾하

---

61) 護는 甲續本作獲이라 하나 誤植이다.
62) 小는 甲南續金本作少라 하다.
63) 會는 甲南續金本作引이라 하다.

리라 一, 大悲戒는 卽彼第二十無恚梵行이니 恚是悲障이나 有悲故로 無⁶⁴⁾니라 二, 波羅蜜戒는 卽第十一, 三世諸佛所行梵行이니 行佛之道故니라 三, 大乘戒는 卽第十七, 無比梵行이니 餘乘에 無對故니라 四, 菩薩道相應戒는 卽第十八, 無動梵行이니 不動二利故니라 五, 無障礙戒는 卽十三, 無著梵行이니 由見眞如하여 成聖道故로 故無障礙니라 六, 不退墮戒는 卽第十五, 無滅梵行이니 順理而持하여 常不退滅故니라 七, 不捨菩提心戒는 卽第十六, 安住梵行이니 心常詣理故니라 八, 常以佛法으로 爲所緣戒는 卽十四, 無諍梵行이니 事理具足하여 無非佛法이어니 何所諍哉아 則常緣佛法性矣니라 九, 於一切智에 常作意戒는 卽第七, 諸佛所讚梵行이니 稱理持戒하여 動契聖心이 是緣佛智니 佛何不讚이리요 十, 如虛空戒는 卽第九, 無所得梵行이니 不得能所코 自在持故니라

● '계행이 아니면 능히 마음을 닦고 다스리지 못한다'는 것은 위는 이 가운데 법문을 잡은 해석이요, 이 구절은 지위 표함을 잡은 해석이다. 그러나 덕운(德雲)비구는 선정이요, 해운(海雲)비구는 지혜이니 계를 밝히고 삼학(三學)을 밝힘으로 처음을 삼은 까닭이다. (ㄴ) 有二十句 아래는 경문을 참고하여 해석함이니 모양이 있으니 알 수 있으리라. 여기의 20가지 계법도 또한 (십회향품) 제10. 회향의 '20가지 범행(梵行)'⁶⁵⁾이다. 단지 저기는 자신이 능히 청정하게 함을 잡아야만 비

---

64) 悲故無는 甲南續金本作彼故無悲라 하다.
65) 제10 회향의 20가지 범행은 (1) 깨지지 아니한 범행, (2) 이지러지지 않는 범행, (3) 잡란하지 아니한 범행, (4) 티 없는 범행, (5) 실수 없는 범행, (6) 가리울 수 없는 범행, (7) 부처님이 칭찬하는 범행, (8) 의지한 데 없는 범행, (9) 얻은 것 없는 범행, (10) 보살의 청정을 더하게 하는 범행, (11) 삼세의 부처님이 행하시던 범행, (12) 걸림이 없는 범행, (13) 집착이 없는 범행, (14) 다툼이 없는 범행, (15) 멸하지 않는 범행, (16) 편안히 머무는 범행, (17) 비길 데 없는 범행, (18) 동하지 않는 범행, (19) 산란하지 않는 범행, (20) 성냄이 없는 범행이다. [(1)不破梵行 (2)不缺梵行 (3)不雜梵行 (4)無玷梵行 (5)無失梵行 (6)無能蔽梵行 (7)佛所讚梵行 (8)無所依梵行 (9)無所得梵行 (10)增益菩薩淸淨梵行 (11)三世諸佛所行梵行 (12)無礙梵行 (13)無著梵行 (14)無諍梵行 (15)無滅梵行 (16)安住梵行 (17)無比梵行 (18)無動梵行 (19)無亂梵行 (20)無恚梵行]

로소 능히 다른 이를 이익할 수 있으므로 먼저 무거운 죄를 막았으니 머리는 파괴하지 않고 모자라지 않는 등의 행법을 밝혔고, 여기는 보살이 본래로 다른 이를 이익함을 밝힌 연고로 먼저 대비를 밝혔고, 뒤에 때 없음을 밝힘이다. 명칭은 혹은 조금 다르지만 지금은 당연히 간략히 회통하리라. (1) 대비의 계는 곧 저기의 20번째 성냄 없는 범행[無恚梵行]이니 성냄[恚]은 가엾음의 장애이니 가엾음이 있는 연고로 (성냄이) 없다. (2) 바라밀 계이니 곧 11번째 삼세 모든 부처님이 행하던 범행[三世諸佛所行梵行]이니 부처의 도를 행하는 까닭이다. (3) 대승 계이니 곧 17번째 비길 데 없는 범행[無比梵行]이니 나머지 승(乘)은 상대가 없는 까닭이다. (4) 보살의 도와 상응하는 계이니 곧 18번째 동하지 않는 범행[無動梵行]이니 동하지 않는 2리행인 까닭이다. (5) 장애 없는 계이니 곧 13번째 집착이 없는 범행[無著梵行]이니 진여를 발견함으로 말미암아 성인의 도를 이루는 연고니, 그래서 장애가 없는 것이다. (6) 물러남 없는 계는 곧 15번째 멸하지 않는 범행[無滅梵行]이니 이치에 수순하여 지녀서 항상 물러나 멸하지 않는 까닭이다. (7) 보리심을 버리지 않는 계는 곧 16번째 편안히 머무는 범행[安住梵行]이니 마음이 항상 이치에 이르는 까닭이다. (8) 항상 불법으로 인연이 되는 계는 곧 14번째 다툼 없는 범행[無諍梵行]이니 현상과 이치를 갖춤이 불법 아님이 없는데 어찌 다툴 일이 있겠는가? 하면 항상 부처님 법의 성품을 인연한다. (9) 온갖 지혜에서 항상 생각을 짓는 계이니 곧 일곱 번째 부처님이 칭찬하는 범행[諸佛所讚梵行]은 이치와 칭합하게 계를 지켜서 움직여 성인의 마음에 계합하여 부처님을 인연한 지혜이니 부처님이 어찌 칭찬하지 않겠는가? (10) 허공과 같은 계는 곧 아홉 번째 얻은 것 없는 범행[無所得梵行]이니 주체와 대상을 얻지 않고 자재하게 지니는 까닭이다.

十一, 一切世間無所依戒는 卽第八, 無所依梵行이니 不依現世名聞利養하며 不求當世의 人天果故니라 十二, 無失戒는 卽第五, 無失梵行이니 定心으로 持戒하여 吉羅不犯故니라 十三, 無損戒는 卽第六, 無能蔽梵行이니 鵝珠와 草繫가 不能蔽之하여 令有損故며 亦不損他니라 十四, 無缺戒는 卽第二, 不缺梵行이니 不犯十三等하여 無殘缺故니라 十五, 無雜戒는 卽第三, 不雜梵行이니 不念破戒種種因緣일새 聞環釧聲하야도 亦不深故니라 十六, 無濁戒니 卽第十九, 無亂梵行이니 定共相應일새 故無濁亂이니라 十七, 無悔戒니 卽第十二, 無礙梵行이니 犯罪追悔가 是障礙故니라 十八, 淸淨戒는 卽第十, 增益菩薩의 淸淨梵行이니 不同小乘의 唯事淨故니라 十九, 離塵戒는 卽第四, 無點梵行이니 不犯墮罪하여 無塵點故니라 二十, 離垢戒는 卽第一, 不破梵行이니 若犯四重과 十重하면 猶如破器를 無所復用하여 最垢重故니라 若依上釋하면 卽爲憑據라 亦同智論의 十戒니 如廻向品會니라

● (11) 온갖 세간의 의지함 없는 계이니 곧 여덟 번째 의지한 데 없는 범행[無所依梵行]은 현재세의 명문과 이양을 의지하지 않나니 미래세의 인천의 과보를 구하지 않는 까닭이다. (12) 과실 없는 계는 곧 다섯 번째 실수 없는 범행[無失梵行]이니 선정의 마음으로 계를 지켜서 돌길라(突吉羅)66)도 범하지 않는 연고다. (13) 손해 없는 계는 곧 여섯 번째 가리울 수 없는 범행[無能蔽梵行]이니 구슬 먹은 거위와 풀에 묶인

---

66) 돌길라(突吉羅) : 惡作, 惡說, 小過, 作罪라고 한역하고, 돌길라(dulkata)라 음역하기도 한다. 犯戒의 죄명으로 몸과 입으로 지은 나쁜 업을 말한다. 곧 250계 가운데 2不定法 100衆學法 7滅諍法의 109가지를 말한다. 이 죄를 범한 이는 等活地獄에 떨어진다고 함. (불교학대사전 321쪽)

비구로 능히 가리울 수 없고 하여금 손해나게 하는 연고로 또한 다른 이를 손해나게 하지 않는다. (14) 모자람 없는 계는 곧 둘째 이지러지지 않는 범행[不缺梵行]이니 13번째를 범하지 않는 등은 남고 모자람이 없는 연고다. (15) 섞임 없는 계는 곧 셋째 잡란하지 아니한 범행[不雜梵行]이니 계를 파하는 갖가지 인연을 생각하지 않나니, 반지나 팔찌도 깊지 않음을 들은 연고다. (16) 혼탁함 없는 계는 곧 19번째 산란하지 않은 범행[無亂梵行]이니 선정과 함께하는 계와 서로 응하는 연고로 산란하고 혼탁함이 없다. (17) 뉘우침 없는 계는 곧 12번째 걸림 없는 범행[無礙梵行]이니 죄를 범하고 후회함이 장애인 연고다. (18) 청정한 계는 곧 열 번째 보살의 청정을 더하게 하는 범행[增益菩薩淸淨梵行]이니 소승과 같지 않으며 오직 일만 깨끗한 까닭이다. (19) 티끌을 여읜 계는 곧 넷째 티 없는 범행[無玷梵行]이니 죄를 범하여 떨어지지 않아서 띠끌과 티가 없는 까닭이다. (20) 때를 여읜 계는 곧 첫째 깨지지 아니한 범행[不破梵行]이니 만일 네 가지 중한 죄와 열 가지 중한 죄를 범함은 마치 깨진 그릇은 다시 사용할 수 없음과 같나니 지은 죄가 가장 무겁기 때문이다. 만일 위의 해석에 의지하면 곧 의거한 것도 또한『대지도론』의 열 가지 계와 같고, 제25. 십회향품에서 회통한 내용과 같다.

ㅁ. 다음 선지식을 지시하다[指示後友] (第五 69上4)
ㅂ. 덕을 연모하여 예배하고 물러가다[戀德禮辭] (第六)

善男子여 從此南方에 有國[67]하니 名達里鼻茶요 城名自

---

67) 國은 續金本作一國이라 하다.

在며 其中有人하니 名曰彌伽니 汝詣彼問하되 菩薩이 云
何學菩薩行이며 修菩薩道리잇고하라 時에 善財童子가
頂禮其足하며 右遶瞻仰하고 辭退而行하니라

착한 남자여, 여기서 남방에 한 나라가 있으니 이름이 달리
비다요, 그 나라에 자재라는 성이 있고, 그 성중에 사람이
있는데 이름은 미가니라. 그대는 그에게 가서 '보살이 어떻
게 보살의 행을 배우며 보살의 도를 닦느냐?'고 물어라."
그때 선재동자는 그의 발에 예배하고 오른쪽으로 돌고 우
러르면서 하직하고 물러갔다.

[疏] 第五, 善男子從此下는 指示後友니 即生貴住善友라 國名達里鼻茶
는 此云消融이니 謂從聖敎生하여 消謬解故라 城名自在는 於三世佛
法을 了知修習하여 得圓滿故라 言有人者는 晉經에 云, 彼有良醫하
니 名彌伽者는 此翻爲雲이니 演輪字門이 含潤雨法故라 以三世聖敎
法雲으로 雨一切故니라 第六, 禮辭니 可知니라

ㅁ. 善男子從此 아래는 다음 선지식을 지시함이니, 곧 생귀주(生貴
住) 선지식이다. 나라 이름이 달리비다(達里鼻茶)인 것은 '녹아서 융섭
함'이라 번역하나니 이른바 성인의 교법에서 생겨나서 녹아서 그릇되
게 아는 까닭이다. 성(城)의 이름이 자재인 것은 삼세의 불법을 요달
해 알고 닦고 익혀서 원만함을 얻는 까닭이다. '사람이 있다'고 말한
것은 진경(晉經)에 이르되, "저곳에 좋은 의사가 있으니 이름이 미가
(彌伽)이다. 이곳에서는 '구름'이라 번역하고, 륜자(輪字)법문을 연설
하나니 비와 법을 머금어 윤택하게 하는 까닭이니 삼세의 성인의 교
법의 구름에서 모두에 비 내리기 때문이다"라고 하였다. ㅂ. 덕을 연

모하여 예배하고 물러감이니 알 수 있으리라.

[鈔] 達里鼻茶는 新譯爲達羅比吒니 唐言持富饒니 亦順生貴之義라 以三世聖教法雲으로 雨一切故者는 約表位說인대 卽彼經에 云, 此菩薩이 應勸學十法이니 所謂了知過去와 未來와 現在의 一切佛法이라 하니라 二, 修習이요 三, 圓滿이니 各三爲九요 十, 了知一切諸佛平等이 是也니라

● 달리비다(達里鼻茶)는 신역으로는 달라비타(達羅比吒)라 한다. 당나라 말로 '부자로 넉넉하게 가짐'이라 번역한 것도 또한 귀하게 태어남의 뜻을 따랐다. '삼세의 성인 교법의 구름으로 모두에 비 내리는 까닭'이란 지위를 표하여 설명함을 잡았으니 곧 저 (십주품) 경문에 이르되, "이 보살이 마땅히 열 가지 법 배우기를 권할 것이니, 이른바 (1) 과거와 미래와 현재의 모든 부처님 법을 분명히 알며, (2) 닦고 모으며, (3) 원만함이니, 각기 셋이므로 아홉이 되었다. (10)은 온갖 부처님들의 평등함을 분명하게 아는 것이 이것이다"라고 하였다.

[羽字卷下 終]

大方廣佛華嚴經 제63권
大方廣佛華嚴經疏鈔 제63권 翔字卷上
제39 入法界品 ④

제39. 법계에 증득해 들어가는 품[入法界品] ④

다섯 번째 미가(彌伽)장자는 의사로 선지식이 사자좌에서 내려와 선재동자를 칭찬하였으니, 발심한 선재가 너무 소중하니까 선지식이 오히려 낮은 자세로 제자를 맞아들인다. 여섯 번째 해탈(解脫)장자는 염불수행으로 얻은 공덕을 베푸는 선지식으로 선재동자는 12년 동안을 다니면서 기어코 선지식을 만났으니, 선지식을 찾는 행위가 곧 수행인 것이다. 일곱 번째 해당(海幢)비구는 발바닥 등 온몸에서 신통을 보이는 선지식으로 經云,

"점점 남방으로 가서 염부제 경계선인 마리 마을에 이르러 해당비구를 두루 찾다가, 문득 보니 그가 거니는 장소 곁에서 가부좌하고 삼매에 들었는데, 숨을 쉬지 아니하고 별로 생각함이 없어서 몸이 편안히 있고 동하지 아니하였다. (1) 그 발바닥에서 수없는 백천억 장자·거사·바라문들이 나오는데, 모두 갖가지 장엄거리로 몸을 장엄하였고, (2) 두 무릎에서는 수없는 백천억 찰제리와 바라문들이 나오니, 모두 총명하고 슬기로우며 가지가지 빛깔, 가지가지 형상, 가지가지 의복으로 훌륭하게 장엄하고, (3) 허리에서는 중생의 수효와 같은 한량없는 신선들이 나오는데, 풀 옷을 입기도 하고 나무껍질 옷을 입기도 하며, 물병을 들고 위의가 조용하여 시방세계로 다니면서 공중에서 부처의 묘한 음성으로 여래를 칭찬하고 법을 연설하며…."

```
大方廣佛華嚴經 제63권
大方廣佛華嚴經疏鈔 제63권 翔字卷上
```

제39. 법계에 증득해 들어가는 품[入法界品] ④

라) 제5. 미가장자 선지식[彌伽長者] 6.
- 제4. 생귀주(生貴住)에 의탁한 선지식

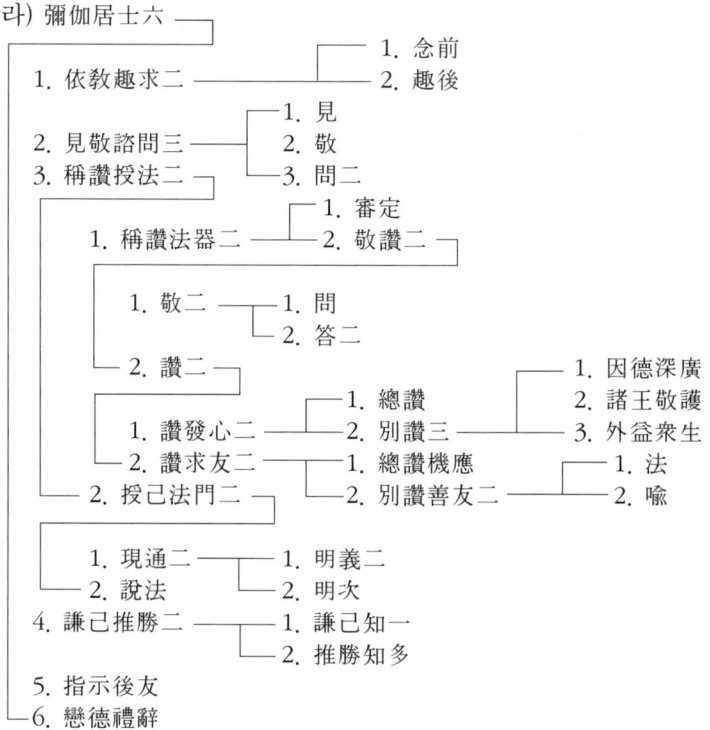

(가) 선지식의 가르침에 의지하여 나아가 구하다[依敎趣求] 2.

ㄱ. 앞의 선지식을 기억하다[念前] (第四 1上9)
ㄴ. 다음 선지식에 나아가다[趣後] (後漸)

爾時에 善財童子가 一心正念法光明法門하고 深信趣入하며 專念於佛하며 不斷三寶하며 歎離欲性하여 念善知識하며 普照三世하여 憶諸大願하며 普救衆生하되 不着有爲하며 究竟思惟諸法自性하며 悉能嚴淨一切世界하며 於一切佛衆會道場에 心無所着하고 漸次南行하여 至自在城하여 求覓彌伽하니라

그때 선재동자는 한결같은 마음으로 법의 광명인 법문을 바로 생각하여, 깊은 믿음으로 나아가 들어가서 부처님을 오로지 생각하여 삼보를 끊이지 않게 하며, 욕심을 여읜 성품을 찬탄하고 선지식을 생각하며, 세 세상을 널리 비추어 큰 서원을 기억하며, 중생들을 두루 구제하되 함이 있는 데 집착하지 않고 필경까지 모든 법의 성품을 생각하며, 모든 세계를 다 깨끗이 장엄하고, 여러 부처님의 도량에 모인 대중에게 마음을 집착하지 아니하면서 점점 남쪽으로 가다가 자재성에 이르러 미가를 찾다가 보니,

[疏] 第四, 彌伽는 寄生貴住라 亦具六分하니 第一, 依敎趣求라 中에 二니 先, 念前友敎가 十句니 初, 總이니 卽前所得法門이요 深信已下는 皆別起觀修니 文顯可知니라 後, 漸次下는 趣求後友니라

■ 라) 미가(彌伽)거사는 제4. 생귀주(生貴住)에 의탁한 선지식이다. 또한 여섯 부분을 갖추었으니 (가) 선지식의 가르침에 의지하여 나아가 구

함이다. 그중에 둘이니 ㄱ. 앞의 선지식의 가르침을 기억함에 열 구절이니 ㄱ) 총상이니 곧 앞에 얻은 법문이요, ㄴ) 深信已 아래는 모두 별상으로 관법 수행을 시작함이니 경문이 밝으니 알 수 있으리라.
ㄴ. 漸次 아래는 다음 선지식에 나아가 구함이다.

[鈔] 寄生貴住者는 生佛法家하여 種性尊貴故니라
● '생귀주(生貴住)에 의탁한다'는 것은 불법의 가문에 태어남이니 종성이 존귀한 까닭이요,

(나) 만나서 공경을 표하고 법문을 묻다[見敬諮問] 3.
ㄱ. 선지식을 뵙다[見] (第二 2上7)

❖ 미가장자, 해탈장자, 해당비구 처소에서 친견하는 모습. 특히 미가장자가 선재에게 법상에서 내려와 인사를 하는 모습 변상도(제63권)

乃見其人이 於市肆中에 坐於說法師子之座하사 十千人
衆의 所共圍遶으로 說輪字莊嚴法門하고
그 사람이 시장 가운데서 법을 말하는 사자좌에 앉았는데,
10천 사람들에게 둘러싸여 바퀴 륜(輪) 자 장엄 법문을 연
설하고 있었다.

[疏] 第二, 乃見其人下는 見敬咨問이라 中에 三이니 初, 見이요 次, 敬이요
■ (나) 乃見其人 아래는 만나서 공경하고 법문을 물음이니 그중에 셋
이니, ㄱ. 선지식을 뵈옴이요, ㄴ. 공경을 표함이다.

ㄴ. 공경을 표하다[敬] (經/時善 1下6)
ㄷ. 법문을 묻다[問] 2.
ㄱ) 발심한 것을 스스로 진술하다[自陳] (後而)
ㄴ) 바로 질문하다[正問] (後而)

時에 善財童子가 頂禮其足하며 遶無量帀하고 於前合掌
하여 而作是言하되 聖者여 我已先發阿耨多羅三藐三菩
提心하니 而我未知菩薩이 云何修菩薩行이며 云何修菩
薩道며 云何流轉於諸有趣하되 常不忘失菩提之心이며
云何得平等意하여 堅固不動이며 云何獲清淨心하여 無
能沮壞며 云何生大悲力하여 恒不勞疲며 云何入陀羅尼
하여 普得清淨이며 云何發生智慧廣大光明하여 於一切
法에 離諸闇障이며 云何具無礙解辯才之力하여 決了一
切甚深義藏이며 云何得正念力하여 憶持一切差別法輪

이며 云何得淨趣力하여 於一切趣에 普演諸法이며 云何
得智慧力하여 於一切法에 悉能決定分別其義리잇고
그때 선재동자가 그의 발 아래 엎드려 절하고 한량없이 돌
고 앞에서 합장하고 말하였다. "거룩하신 이여, 저는 이미
아눗다라삼약삼보디심을 내었나이다. 그러나 보살이 (1)
어떻게 보살의 행을 배우며, (2) 어떻게 보살의 도를 닦으
며, (3) 어떻게 하여 여러 생사의 길에 헤매면서도 보리심을
항상 잊지 아니하며, (4) 어떻게 평등한 뜻을 얻어 견고하여
흔들리지 않으며, (5) 어떻게 청정한 마음을 얻고 능히 파괴
할 이 없으며, (6) 어떻게 크게 가엾이 여기는 힘을 내어 항
상 고달프지 않으며, (7) 어떻게 다라니에 들어가서 두루 청
정함을 얻으며, (8) 어떻게 지혜의 광대한 광명을 내어 모든
법에 어두움을 여의며, (9) 어떻게 걸림 없는 이해와 변재의
힘을 얻어 모든 깊은 이치의 광을 결정하며, (10) 어떻게 바
로 기억하는 힘을 얻어 모든 차별한 법륜을 기억하여 가지
며, (11) 어떻게 길을 깨끗하게 하는 힘을 얻어 모든 길에서
법을 두루 연설하며, (12) 어떻게 지혜의 힘을 얻어 모든 법
을 능히 결정하고 이치를 분별하는지를 알지 못하나이다."

[疏] 後, 而作下는 咨問이라 於中에 二니 先, 自陳發心이요 後, 而我下는
正問이라 有十二句하니 初二句는 總이요 餘十句는 別이라 釋通橫豎하
니 橫釋은 可知요 豎配十地니 一, 證發心故로 不退요 二, 不誤犯故
요 三, 得禪定故요 四, 精進故요 五, 入俗故須總持요 六, 般若現故
요 七, 權實雙行이 爲甚深義니 得觀察智慧地故로 具足辯才요 八,

無功用이 方爲正念이요 九, 力增上故요 十, 智增上故니라

- ㄷ. 而作 아래는 법문을 물음이다. 그중에 둘이니 ㄱ) 발심한 것을 스스로 진술함이요, ㄴ) 바로 질문함이니, 12구절이 있다. (ㄱ) 두 구절은 총상이요, (ㄴ) 나머지 열 구절은 별상이다. 가로와 세로를 통틀어 해석함이니, 가로로 해석함은 알 수 있으리라. 세로로 십지에 배대하였으니 (1) (云何流轉於諸有趣 常不忘失菩提之心)은 증발심(證發心)인 연고로 물러나지 않음이요, (2) (云何得平等意 堅固不動)은 잘못 범하지 않은 연고요, (3) (云何獲淸淨心 無能沮壞)은 선정을 얻은 연고요, (4) (云何生大悲力 恒不勞疲)는 정진하는 연고요, (5) (云何入陀羅尼 普得淸淨)은 세속에 들어가므로 총지를 구함이요, (6) (云何發生智慧廣大光明 於一切法離諸闇障)은 반야가 나타나는 연고요, (7) (云何具無礙解辯才之力 決了一切甚深義藏)은 권교와 실교를 함께 수행함이니 매우 깊은 뜻으로 지혜의 지위를 관찰하기 위한 연고로 변재를 갖춤이다. (8) (云何得正念力 憶持一切差別法輪)은 무공용행(無功用行)이라야 비로소 바른 생각을 함이요, (9) (云何得淨趣力 於一切趣普演諸法)은 십력이 더욱 뛰어난 연고요, (10) (云何得智慧力 於一切法悉能決定分別其義)는 지혜가 더욱 뛰어난 까닭이다.

(다) 칭찬하고 법문을 설해 주다[稱讚授法] 2.

ㄱ. 법의 그릇을 칭찬하다[稱讚法器] 2.
ㄱ) 심사하여 정하다[審定] (第三 2下7)

爾時에 彌伽가 告善財言하시되 善男子여 汝已發阿耨多

羅三藐三菩提心耶아 善財가 言하되 唯라 我已先發阿耨
多羅三藐三菩提心하이다
그때 미가는 선재에게 말하였다. "착한 남자여, 그대는 아
뇩다라삼먁삼보리심을 이미 내었는가?" "그러하나이다.
저는 아뇩다라삼먁삼보리심을 이미 내었나이다."

[疏] 第三, 爾時彌伽下는 稱讚授法이라 中에 二니 先, 稱讚法器요 後, 授
己法門이라 前中에 二니 初, 審定이요

- (다) 爾時彌伽 아래는 칭찬하고 법문을 설해 줌 중에 둘이니 ㄱ. 법
의 그릇을 칭찬함이요, ㄴ. 자신의 법문을 설해 줌이다. ㄱ. 중에 둘
이니 ㄱ) 살펴서 정함이요,

ㄴ) 공경하고 칭찬하다[敬讚] 2.
(ㄱ) 공경을 표하다[敬] 2.

a. 법문을 묻다[問] (二彌 3上2)
b. 대답하다[答] 2.
a) 바로 해석하다[正釋] (以菩)

彌伽가 遽卽下師子座하사 於善財所에 五體投地하사 散
金銀華와 無價寶珠와 及以上妙碎末栴檀과 無量種衣하
여 以覆其上하며 復散無量種種香華와 種種供具하여 以
爲供養하고
미가는 문득 사자좌에서 내려와 선재가 있는 데서 오체를

땅에 엎드리고, 금 꽃·은 꽃과 값 있는 보배와 훌륭한 가루 전단향을 흩으며, 한량없는 여러 가지 옷을 그 위에 덮고, 또 한량없는 가지가지 향과 꽃과 갖가지 공양거리를 흩어서 공양하고

[疏] 二, 彌伽遽卽下는 敬讚이라 於中에 二니 先, 敬이요 後, 然後起立下는 讚이라 今初라 所以師禮資者는 以菩提心이 是佛因故며 能廣出生諸功德故라

■ ㄴ) 彌伽遽卽 아래는 공경하고 칭찬함이다. 그중에 둘이니 (ㄱ) 공경을 표함이요, (ㄴ) 然後起立 아래는 법의 그릇을 칭찬함이다. 지금은 (ㄱ)이니 스승이 제자에게 예배한 이유는 보리심이 부처 되는 원인인 까닭이며, 능히 모든 공덕을 널리 출생시키는 까닭이다.

b) 인용하여 증명하다[引證] 2.
(a) 논문을 인용하다[引論] (故法 3上4)
(b) 경문을 인용하다[引經] (又發)

[疏] 故로 法界無差別論에 云, 敬禮菩提心者라하니라 如人禮白分初月하고 不禮滿月은 以希現故며 滿月이 由此故니라 又發心과 畢竟이 二不別이나 如是二心에 先心難이라 是故로 我禮初發心人이온 況未說法하니 未定爲師아 後授己法하고 方升本座하니 不乖重法이니라 前諸知識이 而不爾者는 爲僧敬俗이 事不便故니라

■ 그러므로 『법계무차별론』에 이르되, "보리심에 공경히 예배함이란 마치 사람이 흰 부분인 초생달에 예배함과 같나니, 보름달에 예배하지

않고 나타남을 희망하는 연고며, 보름달은 이로 말미암은 때문이다"라고 하였다. 또한 (열반경에) "발심과 필경의 둘이 다르지 않나니 이러한 두 마음 중에 앞의 마음이 어려웁나니, 이런 연고로 내가 처음 발심한 분께 예배함"은 설법하지 않음과 스승으로 정하지 못함과 견주었다. 뒤에 자신의 법문을 받아야만 비로소 본래 자리에 오르는 것이요, 법을 존중하는 앞의 모든 선지식에 어긋나지 않지만 그렇지 않은 것은 승가가 세속을 공경하기 위함이니 일이 편하지 않은 까닭이다.

[鈔] 今初所以師禮資下는 徵釋所以라 上, 徵問이요 後, 以菩提下는 答이라 先, 正釋이니 以敬法重人故요 二, 故法界下는 引證이니 一, 引論이요 二, 又發心畢竟下는 引經이니 卽涅槃三十七에 至迦葉讚佛이라 前來에 已引이어니와 今當更引하리라 具云하면 發心畢竟二不別이나 如是二心先心難이라 自未得度先度他하니 是故我禮初發心이라하니라 初發에 已爲天人師하니 勝出聲聞과 及緣覺이라 如是發心이 過三界니 是故로 得名最無上이니라 今에 略引三句耳라 上引他經이어니와 若當經中인대 其文繁博하니 下의 慈氏中과 發心功德品이며 上下善友도 亦廣稱讚하니라

● (ㄱ) 今初所以師禮資 아래는 (공경을 표함)은 묻고 해석한 이유이니 a. 법을 물음이요, b. 以菩提 아래는 대답함이다. a) 바로 해석함이니 법을 공경하고 사람을 존중하는 연고요, b) 故法界 아래는 인용하여 증명함이니 (a) 논문을 인용함이요, (b) 又發心畢竟 아래는 경문을 인용함이니 곧 『열반경』 제37권에 가섭보살이 부처님을 찬탄하는 부분에 이르러 앞에까지 이미 인용하였으니 지금 마땅히 다시 인용하

겠다. 갖추어 말하면, "처음 발심과 필경의 둘이 다르지 않지만 이 두 가지 마음 가운데 처음 발심이 더 어려워라. 자신을 제도하지 못해도 먼저 타인을 제도하시니 그러므로 저는 처음 발심한 이에게 예배합니다. / 처음 발심으로 사람과 하늘의 스승이 되시니 성문이나 연각보다 수승하도다. 이러한 발심은 삼계(三界)를 넘어서니 그러므로 가장 위없다 이름합니다"라고 하였으니, 지금은 세 구절로 간략히 인용했을 뿐이다. 위는 다른 경문을 인용함이니 만일 해당 경문 중에 其文繁博 아래는 『자씨론』중과 제17. 초발심공덕품은 위와 아래의 선지식도 또한 널리 칭찬한 부분이다.

況未說下는 別立禮之所以라 言不乖重法者는 以師禮資가 義似自輕이나 昇座라야 方說하니 不乖重法이라 言重法者는 涅槃第六에 云, 有知法者어든 若老若少를 故應供養하며 恭敬禮拜를 猶如事火婆羅門等하며 如第二天이 奉事帝釋이라하고 佛言, 我於經中에 覆相說이 是니 不爲學聲聞人이요 但爲菩薩이라하니라 釋曰, 由後義故로 故下에 通難云호대 爲僧敬俗이 事不便故는 即約聲聞이 不輕佛法이요 若是菩薩인대 常不輕이 是니 四衆皆禮하니 故爲重法이니라

● 況未說 아래는 예배한 이유를 별도로 건립함이다. '법을 존중함에 어긋나지 않지만'이라 말한 것은 스승이 제자에게 예배함의 뜻은 스스로 경솔함과 같고, 자리에 올라야 비로소 말함은 법을 존중함에 어긋나지 않는다. '법을 존중한다'고 말한 것은 『열반경』제6권에 이르되, "법을 아는 자가 있으면 늙은 사람이든 젊은 사람이든 마땅히 공양하고 공경하고 예배해야 한다. 비유하면 불을 섬기는 바라문 등과 같이 하여라. 비유하면 여러 천신이 제석천을 받들어 섬기듯 하여라"

라고 하였으니, 부처님이 말씀하되, "내가 경문 중에 형상을 뒤집어 말하나니 유학(有學)의 성문인을 위하여 설한 것이 아니고 단지 보살들만을 위한 것이다"라고 하였다. 해석하자면 뒤의 뜻으로 말미암았으니, 그러므로 아래 힐난함을 해명함에 이르되, "승가가 세속을 공경하기 위함이니 일이 편하지 않은 까닭이니 곧 성문을 잡아서 불법을 가벼이 여기지 않는다. 만일 보살이라면 상불경(常不輕)이 이것이요, 사부대중이 모두 예배한 연고로 법을 존중하기 위함이다"라고 하였다.

(ㄴ) 법의 그릇을 칭찬하다[讚] 2.

a. 발심을 칭찬하다[讚發心] 2.
a) 총합하여 찬탄하다[總讚] (後讚 4上7)

然後에 起立하여 而稱歎言하시되 善哉善哉라 善男子여
乃能發阿耨多羅三藐三菩提心이로다
일어서서 칭찬하였다. "착하고 착하다. 착한 남자여, 그대가 아뇩다라삼약삼보디심을 능히 내었도다.

[疏] 後, 讚이라 中에 二니 先, 讚發心이요 後, 善男子應知菩薩下는 讚其求友라 前中에 二니 初, 總讚이요
■ (ㄴ) 법의 그릇을 칭찬함이다. 그중에 둘이니 a. 발심을 칭찬함이요, b. 善男子應知菩薩 아래는 선지식 구함을 칭찬함이다. a. 중에 둘이니 a) 총합하여 찬탄함이요,

b) 개별로 찬탄하다[別讚] 3.
(a) 인행의 덕이 깊고 광대하다[因德深廣] (二善 4下4)

善男子여 若有能發阿耨多羅三藐三菩提心이면 則爲不斷一切佛種이며 則爲嚴淨一切佛刹이며 則爲成熟一切衆生이며 則爲了達一切法性이며 則爲悟解一切業種이며 則爲圓滿一切諸行이며 則爲不斷一切大願이며 則如實解離貪種性이며 則能明見三世差別이며 則令信解로 永得堅固니라

착한 남자여, 만일 아눗다라삼약삼보디심을 내는 이는 (1) 모든 부처의 종자를 끊지 않게 함이며, (2) 모든 부처의 세계를 깨끗이 함이며, (3) 모든 중생을 성숙하게 함이며, (4) 모든 법의 성품을 통달함이며, (5) 모든 업의 종자를 깨달음이며, (6) 모든 행을 원만함이며, (7) 모든 서원을 끊지 않음이며, (8) 탐욕을 여윈 성품을 사실대로 이해함이며, (9) 능히 세 세상에 차별한 것을 분명히 보고, (10) 믿는 지혜를 영원히 견고하게 함이니라.

[疏] 二, 善男子若有下는 別讚이라 於中에 三이니 初, 有十句는 因德深廣이니 斯德終成이 功歸初發커늘 而汝能發하니 是謂希奇라 其相이 多同初發心品이어니와 此中에 亦具深直悲心하니 可以意得이니라

- b) 善男子若有 아래는 개별로 찬탄함이다. 그중에 셋이니 (a) 열 구절이 있음은 인행의 덕이 깊고 광대함이니, 이런 덕을 마침내 성취하였다. 공덕은 초발심으로 돌아가지만 너는 능히 발심하니 이것이 희

유하고 기특함이요, 그 양상은 대부분 제17. 초발심공덕품과 같다. 이 가운데는 또한 깊고 정직하며 가없은 마음을 갖추었으니 생각으로 얻을 수 있다.

(b) 여러 왕들이 공경히 호위하다[諸王敬護] (次則 5上6)
(c) 밖으로 중생에 이익 주다[外益衆生] (後則)

則爲一切如來所持며 則爲一切諸佛憶念이며 則與一切菩薩平等이며 則爲一切賢聖讚喜며 則爲一切梵王禮覲이며 則爲一切天主供養이며 則爲一切夜叉守護며 則爲一切羅刹侍衛며 則爲一切龍王迎接이며 則爲一切緊那羅王의 歌詠讚歎이며 則爲一切諸世間主의 稱揚慶悅이며 則令一切諸衆生界로 悉得安隱이니 所謂令捨惡趣故며 令出難處故며 斷一切貧窮根本故며 生一切天人快樂故며 遇善知識親近故며 聞廣大法受持故며 生菩提心故며 淨菩提心故며 照菩薩道故며 入菩薩智故며 住菩薩地故니라

곧 (1) 모든 여래의 거두어 주심이 되며, (2) 모든 부처님의 생각함이 되며, (3) 모든 보살과 평등하며, (4) 모든 성현의 찬탄함이 되며, (5) 모든 범천왕이 절하여 뵈옴이 되며, (6) 모든 천왕이 공양함이 되며, (7) 모든 야차의 수호함이 되며, (8) 모든 나찰의 호위함이 되며, (9) 모든 용왕의 영접함이 되며, (10) 모든 긴나라왕의 노래하여 찬탄함이 되며, (11) 모든 세상 임금의 칭찬하고 경축함이 되느니라. (12)

모든 중생 세계를 편안하게 하나니, 이른바 ① 나쁜 길을 버리게 하는 연고며, ② 어려운 데서 벗어나게 하는 연고며, ③ 모든 가난의 근본을 끊는 연고며, ④ 모든 하늘들이 쾌락하는 연고며, ⑤ 선지식을 만나 친근하는 연고며, ⑥ 광대한 법을 듣고 받아 지니는 연고며, ⑦ 보리심을 내는 연고며, ⑧ 보리심을 청정케 하는 연고며, ⑨ 보살의 길을 비추는 연고며, ⑩ 보살의 지혜에 들어가는 연고며, ⑪ 보살의 지위에 머무는 연고이니라.

[疏] 次, 則爲一切下는 十王敬護요 後, 則令一切衆生界下는 外益衆生이니라

- (b) 則爲一切 아래는 여러 왕들이 공경히 호위함이요, (c) 則令一切 衆生界 아래는 밖으로 중생에 이익 줌이다.

b. 선지식 구함을 칭찬하다[讚求友] 2.
a) 근기에 응함을 총합하여 칭찬하다[總讚機應] (第二 5上10)

善男子여 應知菩薩의 所作이 甚難하여 難出難値요 見菩薩者는 倍更難有라
착한 남자여, 그대는 알아라. 보살의 하는 일이 매우 어려우니, 나기도 어렵고 만나기도 어려우며, 보살을 보기는 곱이나 더 어려우니라.

[疏] 第二, 讚求友라 中에 以菩薩은 難遇어늘 而能求能遇하니 故知善財

는 是深法器니라 亦預誡求友之心이니 故로 解脫處에 歷十二年호대 不生疲厭이라 於中에 二니 初, 總讚機應難得이요

■ b. 선지식 구함을 칭찬함이니 그중에 보살은 만나기 어렵지만 구할 수 있고 만날 수 있다. 그러므로 선재가 깊은 법의 그릇인 것을 아는 것도 또한 미리 경계하고 선우를 구하는 마음이므로 해탈한 곳에서 12년 거쳤지만 싫어하는 마음이 일어나지 않는다. 그중에 둘이니 a) 근기에 응함을 총합하여 찬탄함이요,

b) 선지식을 개별로 찬탄하다[別讚善友] 2.
(a) 법으로 설하다[法] (二菩 6上3)
(b) 비유로 밝히다[喩] (後喩)

菩薩이 爲一切衆生恃怙니 生長成就故며 爲一切衆生拯濟니 拔諸苦難故며 爲一切衆生依處니 守護世間故며 爲一切衆生救護니 令免怖畏故며
菩薩이 如風輪이니 持諸世間하여 不令墮落惡趣故며 如大地니 增長衆生善根故며 如大海니 福德充滿無盡故며 如淨日이니 智慧光明普照故며 如須彌니 善根高出故며 如明月이니 智光出現故며 如猛將이니 摧伏魔軍故며 如君主니 佛法城中에 得自在故며 如猛火니 燒盡衆生我愛心故며 如大雲이니 降霪無量妙法雨故며 如時雨니 增長一切信根芽故며 如船師니 示導法海津濟處故며 如橋梁이니 令其得度渡生死海故니라

보살은 (1) 모든 중생의 믿을 데가 되나니, 낳고 기르고 성

취하는 연고라. (2) 모든 중생을 건집이 되나니, 여러 괴로움에서 빼어내는 연고라. (3) 모든 중생의 의지할 곳이 되나니, 세간을 수호하는 연고라. (4) 모든 중생을 구호함이 되나니, 공포에서 면하게 하는 연고라.

(1) 보살은 바람 둘레와 같으니, 세간을 유지하여 나쁜 길에 떨어지지 않게 하는 연고라. (2) 땅과 같으니, 중생들의 착한 뿌리를 증장케 하는 연고라. (3) 큰 바다와 같으니, 복덕이 충만하여 다하지 않는 연고라. (4) 밝은 해와 같으니, 지혜의 광명이 널리 비추는 연고라. (5) 수미산과 같으니, 착한 뿌리가 높이 솟아 난 연고라. (6) 밝은 달과 같으니, 지혜의 빛이 나타나는 연고라. (7) 용맹한 장수와 같으니, 마의 군중을 굴복하는 연고라. (8) 임금과 같으니, 불법의 성중에서 마음대로 하는 연고라. (9) 맹렬한 불과 같으니, 중생들의 애착하는 마음을 태우는 연고라. (10) 큰 구름과 같으니, 한량없는 법 비를 내리는 연고라. (11) 때 맞춰 오는 비와 같으니, 모든 믿음의 싹을 자라게 하는 연고라. (12) 뱃사공과 같으니, 법 바다의 나루를 보여 인도하는 연고라. (13) 다리와 같나니, 생사의 흐름을 건너게 하는 연고이니라."

[疏] 二, 菩薩爲下는 別讚善友라 於中에 二니 先, 法이요 後, 喩라 有十三喩하니 初二는 喩恃怙요 次四는 喩拯濟요 次君은 喩依處요 餘는 喩救護니라

■ b) 菩薩爲 아래는 선지식을 개별로 찬탄함이다. 그중에 둘이니 (a) 법으로 설함이요, (b) 비유로 밝힘이다. 13가지 비유가 있으니 ㊀ 두

구절은 믿고 의지함에 비유함이요, ㈂ 네 구절은 건져 줌을 비유함이요, ㈃ 임금은 의지처에 비유함이요, ㈄ 나머지 (다섯 구절)은 구제하고 보호함에 비유함이다.

ㄴ. 자신의 법문을 설해 주다[授己法門] 2.

ㄱ) 신통을 나타내다[現通] 2.
(ㄱ) 이치를 밝히다[明義] 2.
a. 예전 해석[敍昔] (第二 6下2)

彌伽가 如是讚歎善財하사 令諸菩薩로 皆歡喜已하고 從其面門하여 出種種光하사 普照三千大千世界한대 其中衆生이 遇斯光已에 諸龍神等과 乃至梵天이 悉皆來至彌伽之所어늘 彌伽大士가 卽以方便으로 爲開示演說分別解釋輪字品莊嚴法門하시니 彼諸衆生이 聞此法已하고 皆於阿耨多羅三藐三菩提에 得不退轉하니라

미가는 이렇게 선재동자를 찬탄하여 여러 보살을 기쁘게 하고, 얼굴로써 갖가지 광명을 놓아 삼천대천세계를 비추니, 그 가운데 있는 중생들이 이 광명을 만나고는, 용과 귀신과 내지 범천들이 모두 미가가 있는 데로 모여 왔다. 미가대사는 곧 방편으로 바퀴 륜 자 품의 장엄 법문을 보여서 연설하고 분별하여 해석하니, 저 중생들이 그 법문을 듣고는 모두 아뇩다라삼먁삼보디에서 물러나지 않게 되었다.

[疏] 第二, 彌伽如是讚歎下는 授己法門이라 中에 二니 先, 現通益物하여 令其目覩요 後, 彌伽於是還升下는 升座說授하여 令其聽聞이니라 今初에 言輪字品莊嚴法門者는 賢首가 引日照三藏解云호대 輪有多義하니 一, 約字相이니 楞伽中에 云, 字輪圓滿이 猶如象迹等이니라 二, 約所詮이니 盡理圓備가 如輪滿足이니라 三, 約用이니 謂妙音陀羅尼는 有轉授義와 滅惑義하며 如法輪等은 卽輪字敎法이니 詮示莊嚴이라하니 此釋已佳어니와

■ ㄴ. 彌伽如是讚歎 아래는 자신의 법문을 설해 줌이다. 그중에 둘이니 ㄱ) 신통을 나타내어 중생을 이익함이니 그 눈으로 보게 함이요, ㄴ) 彌伽於是還升 아래는 자리에 올라 법문을 설해 줌이니, 그로 하여금 청취하고 듣게 함이요, 지금은 ㄱ)에 '륜자(輪字)품의 장엄법문'이라 말한 것은 현수(賢首)대사가 일조삼장(日照三藏)의 해석을 인용하여 말하되, "바퀴에 많은 뜻이 있으니, (1) 글자 모양을 잡으면 『능가경』 중에 이르되, '글자의 바퀴가 원만함이 마치 코끼리 발자국 같다는 등이다'라 하였고, (2) 말할 대상을 잡으면, 모든 이치가 원만하게 갖춤이 바퀴처럼 만족함이요, (3) 작용을 잡으면 이른바 묘음(妙音) 다라니에 바꾸어 준다는 뜻과 번뇌를 멸하는 뜻이 있는 것이 법의 바퀴 같다"는 등이니 곧 바퀴 륜 자(輪字) 교법은 말로 보여 주는 장엄이니 여기서는 '이미 아름다웠다'고 해석함이다.

b. 현재의 해석을 밝히다[申今] 3.
a) 큰 의미를 말하다[敍大意] (今更 6下8)
b) 글자의 모양을 밝히다[辨字相] (如最)
c) 글자의 뜻을 밝히다[辨字義] (其字)

[疏] 今에 更依毘盧遮那經第五컨대 別有字輪品하니 彼經에 云, 是徧一切處法門이니 謂菩薩이 若住此字輪法門하면 始從初發妙菩提心으로 乃至成佛히 於是中間에 所有一切自利利他의 種種事業을 皆得成就니라 如最初阿上字는 卽是菩提之心이니 若觀此字하여 而與相應하면 卽同毘盧遮那法身之體니 謂此阿上字輪이 猶如孔雀尾輪이며 光明이 圍繞라 行者가 而住其中하면 卽是住於佛位니라 又阿平聲長呼 娑嚩三字가 總攝三部하니 阿字는 如來部요 娑字는 蓮華部요 嚩字는 金剛部라 隨一部中하여 皆有五字니 所謂字輪者는 從此輪轉하여 而生諸字라 輪은 是生義니 如從阿菩提字하여 卽轉生四字니 謂一, 阿字는 上聲長呼 是修行輪이니 旣已發心에 必修諸行이요 二, 暗字는 是成菩提輪이니 旣修行已에 必證菩提요 三, 噁字는 是大寂滅涅槃輪이니 卽菩提所至요 四, 惡字는 長呼 是方便輪이니 而阿字가 當中하여 四字繞之호대 從下次第右旋이 亦如輪相이라 擧一爲例하여 餘字도 準之니라 若行者가 如是了達하면 則能入陀羅尼門하여 旋轉無礙일새 故名字輪品이요 種種布列圓位일새 故名莊嚴이라하며 餘如彼釋하니라 其字下의 深義는 至衆藝中하여 當廣分別하리라

■ b. 현재에 다시 『비로자나경』 제5권을 의지하면 별도로 자륜품(字輪品)이 있다. 저 경문에 이르되, "온갖 곳에 두루한 법문이니 이른바 보살이 만일 이런 바퀴 륜 자 법문에 머무르면 처음 묘한 보리심을 발함으로부터 나아가 부처를 이룸에까지 그 중간에 있는 온갖 자리행과 이타행의 갖가지 사업을 모두 성취한다. 마치 최초의 아(阿, 上聲) 자는 곧 보리심인 것과 같나니, 만일 이 글자를 관하여서 함께 상응함은 곧 비로자나 법신의 체성이다. 이른바 이런 아(阿, 上聲) 자 륜(輪)은 마치 공작 꼬리 륜[孔雀尾輪] 광명과 같으며, '둘러싸서 행함'이

란 그 가운데 머무르나니 곧 부처님 지위에 머무른다. 또한 아(阿, 平聲) 자를 길게 부름과 사(娑), 박(嚩) 세 글자는 총합하여 세 부를 섭수하나니 아 자(阿字)는 여래부(如來部)요, 사 자(娑字)는 연화부(蓮華部)요, 박 자(嚩字)는 금강부(金剛部)이다"라고 하였다. 한 부를 따른 중에 모두 다섯 글자가 있다. 이른바 바퀴 륜(輪) 자는 이 바퀴를 굴림으로부터 모든 글자가 생겼으며, 륜(輪)은 생겨남의 뜻이 마치 아보리(阿菩提) 자부터는 네 글자에서 바뀌어 생겼다. 이른바 (1) 아 자(阿字)는 상성을 길게 부르면 '수행의 륜(修行輪)'이므로 이미 발심하여 반드시 모든 행법을 닦음이요, (2) 암 자(暗字)는 보리를 이루는 륜(成菩提輪)이니 이미 수행하고 나서는 반드시 보리를 증득함이요, (3) 오 자(噁字)는 대적멸의 열반륜(涅槃輪)이니 곧 보리로 이르는 곳이요, (4) 악 자(惡字)는 길게 부르면 방편의 륜(方便輪)이지만 아 자(阿字)가 중간에 들어가면[當] 네 글자가 둘러쌌다. 아래로부터 순서대로 오른쪽으로 도는 것도 역시 바퀴 륜 자 모양이니, 하나를 거론하여 유례하고 나머지 글자는 준하여 알 것이다. 저 행하는 이가 이렇게 요달하면 능히 다라니문에 들어가서 돌아서 바뀜이 무애하므로 자륜품(字輪品)이라 이름할 적에 갖가지로 원만한 지위에 분포하여 나열[布列]하는 연고로 장엄이라 이름하나니, 나머지는 저기에서 해석한 내용과 같다. 其字 아래는 깊다는 뜻이니, 중예각(衆藝覺)동자 선지식 중에 마땅히 널리 분별하겠다.

(ㄴ) 순서를 밝히다[明次] (所以 7下5)

[疏] 所以次前而辨斯者는 前無礙解脫이 卽無相智光이니 今將入俗에 兼

存有無하고 寄字表義라 又爲總持하여 令不失故니라 旣爲醫人일새 亦以字輪으로 消伏障故라 聖敎中生에 宜持字故니라

■ 그런 까닭에 다음에 앞에서 이렇게 밝힌 이유는 앞은 무애해탈(無礙解脫)이니 곧 모양 없는 지혜 광명이요, 지금은 장차 세속에 들어가므로 유(有)와 무(無)를 겸하여 두었으니 글자에 의탁하여 뜻을 표하였다. 또한 총지하여 하여금 잃지 않게 하는 까닭이다. 이미 의사가 된 사람도 또한 자륜품(字輪品)으로 숨은 장애를 해소한 까닭이며, 성인의 교법 중에서 생겨서 마땅히 글자를 가진 까닭이다.

[鈔] 所以次前而辨斯者下는 二, 明次第라 上, 問이요 下, 答이니 卽密用毘盧遮那經意라 彼에 有偈云, 甚深相과 無相[68]은 劣慧의 所不堪이니 爲化是等故로 兼存有無說이라하니라 釋曰, 寄字는 卽存有[69]오 無相智는 卽存無[70]라 如有偈에 云, 八葉白蓮이 一時開하니 炳現阿字素[71]光色은 卽存有也요 阿表無生義는 卽存無也오 會之不二는 卽是中道니라

又爲總持令不失者는 入俗化導에 總持差別故라 從旣爲醫人下는 卽直就有說이요 從聖敎中生은 約表位說이니라

● (ㄴ) 所以次前而辨斯者 아래는 순서를 밝힘이다. a. 위는 질문함이요, b. 아래는 대답함이니 곧 비로자나경의 의미를 가만히 사용하였다. 저기에 게송이 있어서 이르되, "매우 깊은 모양과 모양 없음은 하열한 지혜로는 감당하지 못할 바이니, 변화가 평등함이 되는 연고로 유와 무라 말함을 겸하여 두었다"라고 하였다. 해석하자면 기(寄) 자

---

68) 上三字는 經作無相法이라 하다.
69) 存은 甲南續金本作學이라 하다.
70) 上四字는 甲南續金本作知라 하다.
71) 素는 甲南續金本作集이라 하나 誤植이다.

는 있는 모양과 없는 모양을 둔 것이요, 지혜는 곧 무(無)를 둔 것이다. 마치 어떤 게송[제76권 지중예동자조 疏文]에 이르되, "여덟 잎사귀 흰 연꽃이 일시에 피어나니 환하게 아 자(阿字)인 하얀 색깔로 나타났네"라고 하였으니 곧 유를 남긴다는 뜻이다. 아(阿)는 무생(無生)의 뜻을 표하므로 곧 무(無)를 남겨 둔 것이다. 둘이 아닌 것은 곧 중도(中道)로 회통한다는 뜻이다. '또한 총지하여 하여금 잃지 않게 하는 까닭'이란 세속에 들어가 교화하고 인도하나니 총지로 차별한 까닭이다. 既爲醫人 아래는 곧 바로 유(有)에 입각하여 설하였으니 성인의 교법으로부터 태어났으니 표한 지위를 잡아 설명한 내용이다.

ㄴ) 법문을 설하다[說法] (第二 8下2)

彌伽가 於是에 還昇本座하사 告善財言하시되 善男子여 我已獲得妙音陀羅尼하여 能分別知三千大千世界中諸天語言과 諸龍夜叉와 乾闥婆와 阿修羅와 迦樓羅와 緊那羅와 摩睺羅伽와 人與非人과 及諸梵天의 所有語言하며 如此三千大千世界하여 十方無數와 乃至不可說不可說世界도 悉亦如是니라

그러고는 미가가 다시 자리에 올라 앉아 선재에게 말하였다. "착한 남자여, 나는 이미 묘한 음성 다라니를 얻었으므로, 삼천대천세계에 있는 모든 하늘들의 말과 용·야차·건달바·아수라·가루라·긴나라·마후라가·사람·사람 아닌 이와 범천들의 말을 모두 분별하여 아노라. 이 삼천대천세계와 같이 시방의 수가 없는 세계와, 내지 말할 수 없

이 말할 수 없는 세계들도 역시 그러하니라.

[疏] 第二, 升座하여 說授라 妙音陀羅尼者는 標名이요 能分別下는 顯用이라 此妙音持는 卽前輪字法門이라 然이나 字는 卽四十二字요 音은 卽十四音이니 謂柯[72)阿億伊等이라 以十四音으로 徧入諸字일새 故로 出字無盡이니 若於音에 窮妙하면 則善萬類之言하여 究聲明之論耳니라 二處互擧나 理實相成이니라

- ㄴ) 자리에 올라 법문을 설해 줌이다. '묘한 음성 다라니'는 (ㄱ) 명칭을 표방함이요, (ㄴ) 能分別 아래는 작용에 대해 밝힘이다. 이런 묘음총지가 곧 앞의 륜 자(輪字)법문이다. 그러나 글자[字]는 곧 42자이고, 음성은 곧 14가지 음성이다. 이른바 하(柯), 아(阿), 억(億), 이(伊) 자 등이니 14가지 음성으로 모든 글자에 두루 들어가는 연고로 끝없이 글자가 나오는 것이다. 만일 음성에서 묘함을 궁구하면 만 가지 부류에 좋은 말이니 성명(聲明)73)을 궁구한 논리일 뿐이다. 두 곳에서 번갈아 거론하면 이치가 실제로 서로 성취함이다.

[鈔] 然이나 字는 卽四十二字는 如衆藝處說이요 十四音은 初地에 已明74)하니라

- 그러나 글자는 곧 42자인 것은 중예각(衆藝覺) 선지식 처소에 설함과 같나니 14가지 소리는 십지품 초지(初地)에 이미 밝힌 내용이다.

---

72) 柯는 原本作哀, 續金本作衰誤; 茲從南藏作柯 案柯 烏可切 涅槃卷八 明十四音有噁阿億伊等 噁는 宮本作柯, 又大般若卷四百九十 明四十二字門 首字亦作柯라 하다.
73) 聲明 : 범어 śaboda-vidyā의 번역, 五明의 하나, 言語 文學 文法을 분명하게 밝힌 학문이다. 여기서 五明은 內五明(聲明, 因明, 內明, 醫方明, 工巧明)과 外五明(聲明, 醫方明, 工巧明, 呪術明, 符印明)이 있다.
74) 案十四音見十地品請分 雙歎人法請疏鈔라 하다.

(라) 자신은 겸양하고 뛰어난 분을 추천하다[謙己推勝] 2.

ㄱ. 자신은 하나만 안다고 겸양하다[謙己知一] (第四 9上6)
ㄴ. 뛰어난 분은 많이 안다고 추천하다[推勝知多] (後如)

善男子여 我唯知此菩薩妙音陀羅尼光明法門이어니와 如諸菩薩摩訶薩은 能普入一切衆生의 種種想海와 種種施設海와 種種名號海와 種種語言海하며 能普入說一切深密法句海와 說一切究竟法句海와 說一所緣中有一切三世所緣法句海와 說上法句海와 說上上法句海와 說差別法句海와 說一切差別法句海하며 能普入一切世間呪術海와 一切音聲莊嚴輪과 一切差別字輪際하나니 如是功德을 我今云何能知能說이리오

착한 남자여, 나는 다만 (1) 이 보살들의 묘한 음성다라니 광명 법문만을 알거니와 저 여러 보살마하살은 (2) 모든 중생의 여러 가지 생각 바다와 (3) 여러 가지 시설 바다와 (4) 여러 가지 이름 바다와 (5) 여러 가지 말씀 바다에 들어가고, (6) 모든 비밀을 말하는 법구 바다와 (7) 모든 끝까지를 말하는 법구 바다와 (8) 모든 반연할 것 가운데 온갖 세 세상에서 반연할 것을 말하는 법구 바다와 (9) 상품을 말하는 법구 바다와 (10) 상상품을 말하는 법구 바다와 (11) 차별을 말하는 법구 바다와 (12) 온갖 차별을 말하는 법구 바다에 두루 들어가며, (13) 모든 세간의 주문 바다와 (14) 모든 음성의 장엄한 바퀴와 (15) 모든 차별한 글자 바퀴의 경

계에 두루 들어가나니, 이러한 공덕이야 내가 어떻게 알고 말하겠는가?

[疏] 第四, 善男子我唯下는 謙已推勝이라 中에 二니 先, 謙已結前이라 言光明者는 智鑑妙音故라 後, 如諸下는 仰推勝進이라 別有十四句하니 前四는 可知요 五, 詮深密故요 六, 無餘說故요 七, 法融時法故요 八, 勝故요 九, 勝中勝故라 次三은 可知요 十三과 十四는 卽前所得이라 而言際者는 窮理盡性故니라

■ (라) 善男子我唯 아래는 자신은 겸양하고 뛰어난 분을 추천함이다. 그중에 둘이니 ㄱ. 자신은 겸양하며 앞을 결론함이다. '광명'이라 말한 것은 지혜로 묘한 음성을 비춰 보는 까닭이다. ㄴ. 如諸 아래는 (뛰어난 분은 많이 안다고 추천함이니) 우러러 추천하여 승진함이다. 별상으로 14구절이 있으니 ㄱ) 앞의 네 구절은 알 수 있으리라. ㄴ) 다섯째는 깊고 비밀함을 말하는 연고요, ㄷ) 여섯째는 남은 설명이 없는 연고요, ㄹ) 일곱째는 법이 융섭할 때의 법인 연고요, ㅁ) 여덟째는 뛰어난 연고요, ㅂ) 아홉째는 뛰어난 중에 뛰어난 연고요, ㅅ) 다음 세 구절[(10) (11) (12)]은 알 수 있으리라. ㅇ) (13) (14)는 곧 앞에 얻은 것이지만 말할 경계란 이치가 다한 성품을 궁구한 까닭이다.

[鈔] 五詮深密者는 略有三義하니 一, 詮於理智니 卽事而眞이라 如三德涅槃을 名祕密藏等이니라 二, 密意故오 三, 具三密故니라

● ㄴ) '다섯째는 깊고 비밀함을 말한다'는 것은 간략히 세 가지 뜻이 있으니 (1) 이치와 지혜를 말하나니 현상과 합치한 진여인 것은 마치 세 가지 덕의 열반과 같아서 비밀한 창고라 말한 등이다. (2) 비밀한

의미인 연고며, (3) 세 가지 비밀을 갖춘 까닭이다.

(마) 다음 선지식을 지시하다[指示後友] (第五 9下6)
(바) 덕을 연모하여 예배하고 물러가다[戀德禮辭] (第六)

善男子여 從此南行에 有一聚落하니 名曰住林이요 彼有
長者하니 名曰解脫이니 汝詣彼問하되 菩薩이 云何修菩
薩行이며 菩薩이 云何成菩薩行이며 菩薩이 云何集菩薩
行이며 菩薩이 云何思菩薩行이리잇고하라
爾時에 善財童子가 以善知識故로 於一切智法에 深生
尊重하며 深植淨信하며 深自增益하여 禮彌伽足하고 涕
泗悲泣하며 遶無量帀하며 戀慕瞻仰하고 辭退而行하니라
착한 남자여, 여기서 남방으로 가면 한 마을이 있으니 이름이 주림이요, 거기 장자가 있으니 이름이 해탈이니라. 그대는 그에게 가서 '보살이 어떻게 보살의 행을 닦으며, 보살이 어떻게 보살의 행을 이루며, 보살이 어떻게 보살의 행을 모으며, 보살이 어떻게 보살의 행을 생각하는가?'라고 물어라."
그때 선재동자는 선지식으로 말미암아 온갖 지혜의 법에 존중한 마음을 내고 깨끗한 신심을 심고 매우 더 이익하여 미가의 발에 예배하고 눈물을 흘리며 수없이 돌고 사모하고 앙모하면서 하직하고 물러갔다.

[疏] 第五, 善男子從此下는 指示後友라 住林者는 方便具足住에 衆德建
立故라 年耆德艾하여 事長於人일새 故稱長者요 於其身內에 現無邊

佛境하여 定用自在일새 故名解脫이니 表此住位의 所修善根이 皆爲度脫一切衆生하며 乃至令證大涅槃故니라 第六, 戀德禮辭라

■ (마) 善男子從此 아래는 다음 선지식을 지시함이다. 주림(住林)이란 제5. 방편구족주에 많은 덕을 건립한 연고며, 나이가 늙고 덕이 쑥빛이고 사람을 어른으로 섬기는 연고로 장자(長者)라 칭한다. 그 몸 안에 그지없는 부처님 경계를 나타내어 선정의 작용이 자재한 연고로 해탈(解脫)이라 이름하였다. 이 구족방편주의 지위를 표할 적에 닦을 바 선근은 모두 일체중생을 제도하여 해탈하기 위함이며, 나아가 대열반을 증득하게 한 까닭이다. (바) 덕을 연모하여 예배하고 물러감이다.

[鈔] 年耆德艾者는 耆는 卽長也요 艾者⁷⁵⁾는 老也며 長也니 色白이 如艾라 云事長於人者는 年德俱高也라

皆爲度脫等者는 具足은 經에 云, 云何爲菩薩具足方便住오 此菩薩의 所修善根이 皆爲救護一切衆生하며 二, 饒益이요 三, 安樂이요 四, 哀愍이요 五, 度脫이니 上四에 皆同初句하여 有一切衆生이라 六, 令一切衆生으로 離諸災難이요 七, 出生死苦요 八, 發生淨信이요 九, 悉得調伏이요 十, 咸證涅槃이라 皆如第六句하여 有令一切衆生이라 今疏에는 隨便하여 引於二句니라

● '나이가 늙었고 덕이 쑥빛'에서 기(耆)는 곧 어른이란 뜻이고, 애(艾)는 늙음이며, 어른의 뜻이다. 색깔이 쑥처럼 백색이어서 이르되, "사람을 어른으로 섬기듯 함이란 나이와 덕이 모두 높다는 뜻이다"라고 하였다. '모두 제도해서 해탈하기 위함'이란 경문을 갖추어 이르되, "어떤 것을 보살의 구족방편주라 하는가? 이 보살이 (1) 닦는 선근은 모두

---

75) 耆는 甲南續金本作亦이라 하다.

온갖 중생을 구호하고, (2) 이익하게 하고, (3) 안락하게 하고, (4) 가엾이 여기고, (5) 제도하여 해탈하게 하며, (6) 모든 재난을 여의게 하며, (7) 생사하는 고통에서 벗어나게 하며, (8) 깨끗한 신심을 내게 하며, (9) 조복함을 얻게 하며, (10) 열반을 증득하게 한다"라고 하였다. 모두 여섯째 구절과 같이 '일체중생으로 하여금'이 있다. 지금 소문에는 편함을 따랐으니 두 구절을 인용한 것이다.

마) 제6. 해탈장자 선지식[解脫長者] 6.
- 제5. 방편구족주(方便具足住)에 의탁한 선지식

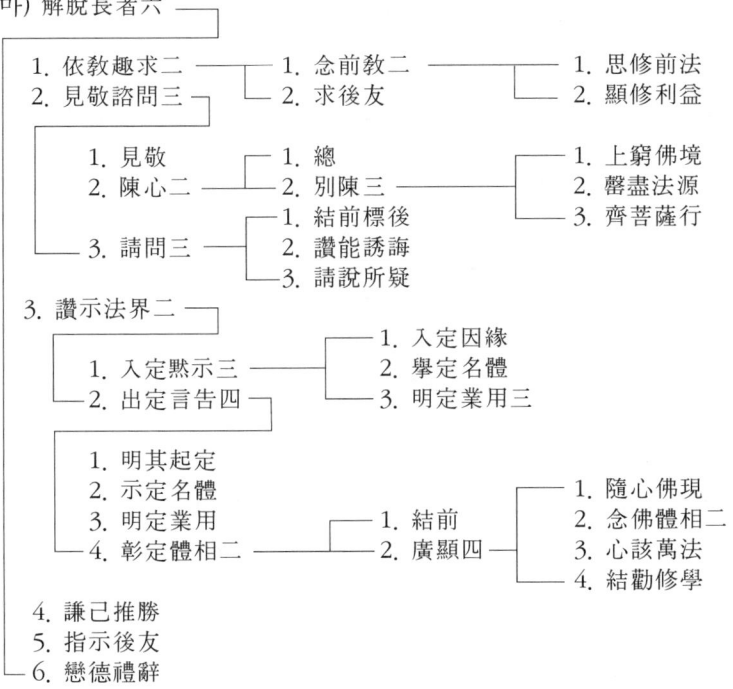

(가) 선지식의 가르침에 의지하여 나아가 구하다[依敎趣求] 2.

ㄱ. 앞의 선지식의 가르침을 기억하다[念前敎] 2.
ㄱ) 앞의 법문 닦은 것을 생각하다[思修前法] (第五 11下1)

爾時에 善財童子가 思惟諸菩薩無礙解陀羅尼光明莊嚴門하며 深入諸菩薩語言海門하며 憶念諸菩薩知一切衆生微細方便門하며 觀察諸菩薩淸淨心門하며 成就諸菩薩善根光明門하며 淨治諸菩薩敎化衆生門하며 明利諸菩薩攝衆生智門하며 堅固諸菩薩廣大志樂門하며 住持諸菩薩殊勝志樂門76)하며 淨治諸菩薩種種信解門하며 思惟諸菩薩無量善心門하니라

이때 선재동자는 (1) 보살의 걸림 없는 지혜 다라니의 광명으로 장엄한 문을 생각하며, (2) 보살들의 말씀 바다문에 깊이 들어갔고, (3) 보살들이 모든 중생을 아는 미세한 방편문을 기억하고, (4) 보살들의 청정한 마음의 문을 관찰하고, (5) 보살들의 착한 뿌리의 광명문을 성취하고, (6) 보살들의 중생을 교화하는 문을 깨끗이 다스리고, (7) 보살들이 중생을 거둬 주는 지혜의 문을 밝히고, (8) 보살들의 광대하게 좋아하는 문을 견고히 하고, (9) 보살들의 훌륭하게 좋아하는 문에 머물러 지니고, (10) 보살들이 가지가지로 믿고 이해하는 문을 깨끗이 다스리고, (11) 보살들의 한량없는 착한 마음의 문을 생각하였다.

---

76) 住는 明淸合綱杭鼓纂本作任, 麗宋思續金本作住; 準大正作任이라 하다.

ㄴ) 수행으로 얻은 이익을 밝히다[顯修利益] (後誓 11下3)

誓願堅固하여 心無疲厭하며 以諸甲冑로 而自莊嚴하며 精進深心이 不可退轉하며 具不壞信하여 其心堅固가 猶如金剛과 及那羅延하여 無能壞者하며 守持一切善知識教하여 於諸境界에 得不壞智하며 普門淸淨하여 所行無礙하며 智光圓滿하여 普照一切하며 具足諸地의 總持光明하며 了知法界의 種種差別하며 無依無住하여 平等無二하며 自性淸淨하여 而普莊嚴하며 於諸所行에 皆得究竟하며 智慧淸淨하여 離諸執着하며 知十方差別法하여 智無障礙하며 往十方差別處하되 身不疲懈하며 於十方差別業에 皆得明了하며 於十方差別佛에 無不現見하며 於十方差別時에 悉得深入하며 淸淨妙法이 充滿其心하며 普智三昧로 明照其心하며 心恒普入平等境界하며 如來智慧之所照觸하며 一切智流가 相續不斷하며 若身若心이 不離佛法하며 一切諸佛의 神力所加며 一切如來의 光明所照며 成就大願하여 願身이 周徧一切剎網하며 一切法界가 普入其身하나니라

그래서 (1) 서원이 견고하여 고달픈 생각이 없고, (2) 여러 갑주로 스스로 장엄하며, (3) 정진하는 깊은 마음을 물리칠 수 없으며 (4) 깨뜨릴 수 없는 신심을 갖추고 (5) 마음이 견고하기가 금강이나 나라연과 같아서 파괴할 이 없으며, (6) 여러 선지식의 가르침을 지니어 모든 경계에서 깨뜨릴 수 없는 지혜를 얻었으며, (7) 넓은 문이 청정하여 행하는 데

걸림이 없으며, (8) 지혜의 광명이 원만하여 모든 것을 두루 비추며, (9) 모든 지위의 모두 지니는 광명을 구족하여 법계의 가지가지 차별을 알며, (10) 의지함도 없고 머무름도 없어 평등하여 둘이 없으며, (11) 자기의 성품이 청정하여 두루 장엄하고 여러 행하는 것이 끝까지 이르렀으며, (12) 지혜가 청정하여 집착을 여의었다. (13) 시방의 차별한 법을 알매 지혜가 걸림 없으며, (14) 시방의 차별한 곳에 가되 몸이 고달프지 않으며, (15) 시방의 차별한 업을 다 분명히 알며, (16) 시방의 차별한 부처님을 모두 보며, (17) 시방의 차별한 시간에 깊이 들어갔으며, (18) 청정한 묘한 법이 마음에 가득 차고 넓은 지혜의 삼매가 마음을 밝게 비추며, (19) 마음이 평등한 경계에 항상 들어가 여래의 지혜를 비추어 알며, (20) 온갖 지혜의 흐름이 계속하여 끊어지지 않으며, (21) 몸과 마음이 불법을 떠나지 않았으며, (22) 모든 부처님의 신통으로 가피하고, (23) 모든 여래의 광명으로 비추어서 큰 서원을 성취하고, (24) 서원의 몸이 모든 세계에 두루하며, (25) 온갖 법계가 다 그 몸에 들어가는 것이다.

[疏] 第五, 解脫長者는 寄具足方便住라 分六이니 初, 依敎趣求라 中에 二니 先, 思念前敎라 於中에 亦二니 初, 十一句는 思修前法이니 初, 總이요 餘, 別이라 後, 誓願堅固下는 顯修之益이라

■ 마) 해탈장자 선지식은 제5. 구족방편주에 의탁하니 여섯으로 나누리니, (가) 선지식의 가르침에 의지하여 나아가 구함이다. 그중에 둘이니 ㄱ. 앞의 선지식의 가르침을 기억함이다. 그중에 또한 둘이니

ㄱ) 11구절은 앞의 법문 닦은 것을 생각함이니 (ㄱ) 첫 구절은 총상이요, (ㄴ) 나머지 열 구절은 별상이요, ㄴ) 誓願堅固 아래는 수행으로 얻은 이익을 밝힘이다.

[鈔] 寄具足方便住者는 帶眞隨俗하여 習無量善巧하여 化無住故니라
● '제5. 구족방편주에 의탁함'이란 진여를 띠고 세속을 따르며 한량없는 선교방편을 익혀서 교화함이 머무름 없는 까닭이다.

ㄴ. 다음 선지식에 나아가 구하다[趣求後友] (二漸 11下6)

漸次遊行十有二年에 至住林城하여 周徧推求解脫長者라가
점점 걸어서 12년 동안을 다니다가 주림성에 이르러 해탈장자를 두루 찾다가

[疏] 二, 漸次下는 趣求後友라 十二年者는 昔에 云, 自分과 勝進에 各修六度故며 亦顯徧觀十二住故며 亦表不住十二緣故니 故云遊行이라 하니라 若不住緣하면 則得解脫이니 故로 下에 云得見이라하니라
■ ㄴ. 漸次 아래는 다음 선지식에 나아가 구함이다. 12년이란 예전에 이르되, "자분행과 승진법에 각기 육바라밀을 닦는 연고요, 또한 12주(住)를 두루 관찰함을 밝힌 연고며, 또한 12인연에 머물지 않음을 표한 까닭이니, 그러므로 '유희로 행한다'고 말한다. 만일 인연에 머물지 않으면 해탈을 얻을 것이므로 아래에 '본다'고 하였다.

(나) 만나서 공경을 표하고 법문을 묻다[見敬諮問] 3.
ㄱ. 만나서 공경을 표하다[見敬] (第二 12上4)

旣得見已에 五體投地하며 起立合掌하고 白言하되, 聖者여 我今得與善知識會가 是我獲得廣大善利니 何以故오 善知識者는 難可得見이며 難可得聞이며 難可出現이며 難得奉事며 難得親近이며 難得承接이며 難可逢値며 難得共居며 難令喜悅이며 難得隨逐이어늘 我今會遇하니 爲得善利로소이다

장자를 보고는 오체를 땅에 엎드려 절하고 일어서서 합장하고 말하였다. "거룩하신 이여, 제가 이제 선지식과 한데 모였으니, 이는 제가 광대한 좋은 이익을 얻음입니다. 왜냐하면 선지식은 보기도 어렵고 듣기도 어렵고 나타나기도 어려우며, 받들어 섬기기도 어렵고 가까이 모시기도 어렵고, 대하여 뵈옵기도 어렵고 만나기도 어렵고, 함께 있기도 어려우며 기쁘게 하기도 어렵고 따라 다니기도 어렵사온데, 저는 이제 만났사오니 이것이 좋은 이익을 얻은 것이니다.

[疏] 第二, 旣得見已下는 見敬咨問이라 中에 三이니 初, 明見敬이니 而自慶者는 希望多年故니라
- (나) 旣得見已 아래는 만나서 공경을 표하고 법문을 물음이다. 그 중에 셋이니 ㄱ. 만나서 공경을 표함이다. 그런데 스스로 경축하는 것은 오랜 세월을 희망했기 때문이다.

ㄴ. 자신의 발심을 진술하다[陳心] 2.

ㄱ) 총상으로 밝히다[總] (二聖 13上4)

ㄴ) 별상으로 진술하다[別陳] 3.

(ㄱ) 위로 부처님 경계를 궁구하다[上窮佛境] (後爲)

(ㄴ) 법의 근원을 다하다[罄盡法源] (二爲)

(ㄷ) 보살행과 똑같다[齊菩薩行] (三爲)

聖者여 我已先發阿耨多羅三藐三菩提心하니 爲欲事一切佛故며 爲欲値一切佛故며 爲欲見一切佛故며 爲欲觀一切佛故며 爲欲知一切佛故며 爲欲證一切佛平等故며 爲欲發一切佛大願故며 爲欲滿一切佛大願故며 爲欲具一切佛智光故며 爲欲成一切佛衆行故며 爲欲得一切佛神通故며 爲欲具一切佛諸力故며 爲欲獲一切佛無畏故며 爲欲聞一切佛法故며 爲欲受一切佛法故며 爲欲持一切佛法故며 爲欲解一切佛法故며 爲欲護一切佛法故며 爲欲與一切諸菩薩衆으로 同一體故며 爲欲與一切菩薩善根으로 等無異故며 爲欲圓滿一切菩薩波羅蜜故며 爲欲成就一切菩薩所修行故며 爲欲出生一切菩薩淸淨願故며 爲欲得一切諸佛菩薩威神藏故며 爲欲得一切菩薩法藏無盡智慧大光明故며 爲欲得一切菩薩三昧廣大藏故며 爲欲成就一切菩薩無量無數神通藏故며 爲欲以大悲藏으로 敎化調伏一切衆生하여 皆令究竟到邊際故며 爲欲顯現神變藏故며 爲於一切自在藏中에 悉以自心으

로 得自在故며 爲欲入於淸淨藏中하여 以一切相으로 而
莊嚴故니라

거룩하신 이여, 저는 이미 아뇩다라삼먁삼보리심을 내었사
오니, (1) 모든 부처님을 섬기기 위함이며, (2) 모든 부처님
을 만나기 위함이며, (3) 모든 부처님을 뵈옵기 위함이며,
(4) 모든 부처님을 관찰하기 위함이며, (5) 모든 부처님을
알기 위함이며, (6) 모든 부처의 평등함을 증득하기 위함이
며, (7) 모든 부처의 큰 서원을 내기 위함이며, (8) 모든 부
처의 큰 서원을 채우기 위함이며, (9) 모든 부처의 지혜 빛
을 갖추기 위함이며, (10) 모든 부처의 여러 가지 행을 이루
기 위함이며, (11) 모든 부처의 신통을 얻기 위함이며, (12)
모든 부처의 여러 힘을 갖추기 위함이며, (13) 모든 부처의
두려움 없음을 얻기 위함입니다. (14) 또 모든 부처의 법을
듣기 위함이며, (15) 모든 부처의 법을 받기 위함이며, (16)
모든 부처의 법을 지니기 위함이며, (17) 모든 부처의 법을
이해하기 위함이며, (18) 모든 부처의 법을 보호하기 위함
이며, (19) 모든 보살 대중과 같은 몸이 되기 위함이며, (20)
모든 보살의 착한 뿌리와 평등하여 다름이 없기 위함이며,
(21) 모든 보살의 바라밀다를 원만하기 위함이며, (22) 모
든 보살의 수행을 성취하기 위함이며, (23) 모든 보살의 청
정한 서원을 내기 위함이며, (24) 모든 보살의 위신의 장을
얻기 위함입니다. (25) 모든 보살의 법장의 끝이 없는 지혜
와 큰 광명을 얻기 위함이며, (26) 모든 보살의 삼매인 광대
한 장을 얻기 위함이며, (27) 모든 보살의 한량없고 수가 없

는 신통의 장을 성취하기 위함이며, (28) 크게 가엾이 여기는 장으로 모든 중생을 교화하고 조복하여 모두 필경에 저 경지에 이르게 하기 위함이며, (29) 신통변화의 장을 나타내기 위함이며, (30) 모든 자유자재한 장에서 자기의 마음으로 자재함을 얻기 위함이며, (31) 청정한 장 속에 들어가서 온갖 모습으로 장엄하기 위함입니다.

[疏] 二, 聖者我已下는 自陳發心이라 中에 先, 總이요 後, 爲欲下는 別陳發心之相이라 於中에 三이니 初, 欲上窮佛境이요 二, 爲欲聞一切下는 欲罄盡法源이요 三, 爲欲與一切下는 欲齊菩薩行이니 亦僧寶境이라 文並可知니라

- ㄴ. 聖者我已 아래는 자신의 발심을 진술함이다. 그중에 ㄱ) 총상으로 밝힘이요, ㄴ) 爲欲 아래는 별상으로 진술함이니 발심하는 양상을 진술함이다. 그중에 셋이니 (ㄱ) 위로 부처님 경계를 궁구하려 함이요, (ㄴ) 爲欲聞一切 아래는 법의 근원을 다하려 함이요, (ㄷ) 爲欲與一切 아래는 보살행과 똑같으려 함도 또한 승보의 경계이니, 경문과 함께하면 알 수 있으리라.

ㄷ. 방편으로 청하여 질문하다[請問] 3.
ㄱ) 앞을 결론하고 뒤를 표방하다[結前標後] (三聖 13下10)

聖者여 我今以如是心과 如是意와 如是樂과 如是欲과 如是希求와 如是思惟와 如是尊重과 如是方便과 如是究竟과 如是謙下로 至聖者所하나이다

거룩하신 이여, 저는 이제 이런 마음·이런 뜻·이런 낙·
이런 욕망·이런 희망·이런 사상·이런 존경·이런 방
편·이런 끝닿은 데·이런 겸양으로 거룩하신 이의 계신 데
왔나이다.

[疏] 三, 聖者我今下는 方陳請問이라 於中에 亦三이니 初, 結前生後니 謂
結前發心之相하고 便爲請問之端이니 故로 云, 以如是心으로 至聖
者所라

- ㄷ. 聖者我今 아래는 방편으로 청하여 질문함이다. 그중에 또한 셋
이다. ㄱ) 앞을 결론하고 뒤를 시작함이니 이른바 앞의 발심하는 양
상을 결론함은 문득 청하여 질문하는 단서이므로 말하되, "이런 마
음으로 성인의 처소에 도착한다"라고 하였다.

ㄴ) 잘 가르치심을 찬탄하다[讚能誘誨] (二我 14上2)
ㄷ) 의심되는 바를 설해 주기 청하다[請說所疑] (三唯)

我聞聖者는 善能誘誨諸菩薩衆하사 能以方便으로 闡明
所得하사 示其道路와 與其津梁하며 授其法門하사 令除
迷倒障하며 拔猶豫箭하고 截疑惑網하며 照心稠林하고
浣心垢濁하며 令心潔白하고 使心淸凉[77]하며 正心諂曲하
고 絶心生死하며 止心不善하고 解心執着하며 於執着處
에 令心解脫하고 於染愛處에 使心動轉하며 令其速入一
切智境하고 使其疾到無上法城하며 令住大悲하고 令住

---

77) 凉는 宋元明淸合綱杭鼓纂續金本作淨, 準晉譯及貞元譯應從麗藏作凉이라 하다.

大慈하며 令入菩薩行하고 令修三昧門하며 令入證位하고 令觀法性하며 令增長力하고 令修習行하여 普於一切에 其心平等이라하니라

唯願聖者는 爲我宣說하소서 菩薩이 云何學菩薩行하며 修菩薩道하여 隨所修習하여 疾得淸淨하며 疾得明了리잇고 제가 듣자온즉 거룩하신 이께서는 (1) 보살들을 잘 가르치사, 방편으로써 얻은 바를 열어 밝히며, 길을 보이며, 나루터를 일러 주며, 법문을 주시오며, (6) 아득한 장애를 제거하고 남아 있는 화살을 뽑고 의혹의 그물을 찢고 마음의 숲을 비추고 마음의 때를 씻어서, (11) 마음을 결백하게 하고 마음을 청정케 하고 마음의 아첨을 바로 하고 마음의 생사를 끊고 마음의 착하지 못함을 멈추고 (16) 마음의 집착을 풀고, 집착한 데서 마음을 해탈하게 하고 물든 애욕에서 마음을 돌리게 하며, 온갖 지혜의 경계에 빨리 들어가게 하고, 위없는 법성에 빨리 이르게 하고, (21) 크게 가엾이 여김에 머물게 하고, 크게 인자함에 머물게 하고, 보살의 행에 들어가게 하고, 삼매의 문을 닦게 하고, 증득하는 지위에 들게 하고, (26) 법의 성품을 보게 하고, 힘을 증장케 하고 행을 익히게 하여 (29) 온갖 것에 마음을 평등케 하신다 하더이다. 오직 원하옵건대 거룩하신 이여, 보살이 어떻게 보살의 행을 배우며, 보살의 도를 닦으며, 닦아 익힌 것이 빨리 청정하여지며, 빨리 분명하여지는 것을 저에게 말씀하여 주소서."

[疏] 二, 我聞聖者下는 讚能誘誨요 三, 唯願聖者下는 請說所疑니라

■ ㄴ) 我聞聖者 아래는 잘 가르치심을 찬탄함이다. ㄷ) 唯願聖者 아래는 의심되는 바를 설해 주기 청함이다.

[鈔] 謂結前發心之相者는 如經前에 言爲欲入於淸淨藏中하여 以一切相으로 而莊嚴故는 卽爲請問云何得入於淸淨藏中等이라 餘皆倣此니라

● '이른바 앞의 발심하는 양상을 결론한다'는 것은 경문에 앞서서 말하되, "청정한 광 속에 들어가서 온갖 모습으로 장엄하기 위한다"라고 하였으니 곧 '청하여 질문하기 위하여 무엇이 청정한 광 속에 들어감인가?' 등이니 나머지는 모두 이와 비슷하다.

(다) 칭찬하며 법계를 보이다[讚示法界] 2.

ㄱ. 선정에 들어 묵연히 보이다[入定黙示] 3.
ㄱ) 선정에 들게 된 인연[入定因緣] (第三 14上9)
ㄴ) 선정의 명칭과 체성을 거론하다[擧定名體] (二卽)

時에 解脫長者가 以過去善根力과 佛威神力과 文殊師利童子憶念力故로 卽入菩薩三昧門하시니 名普攝一切佛刹無邊旋陀羅尼라

그때 해탈장자는 과거의 착한 뿌리의 힘과 부처님 위신의 힘과 문수사리동자의 생각하는 힘으로써 보살의 삼매의 문에 들어갔으니, 삼매의 이름은 '모든 부처의 세계를 두루 거두어 그지없이 도는 다라니'이다.

[疏] 第三, 時解脫下는 正示法界라 分二니 初, 入定黙示요 後, 出定言答이라 前中에 所以此中에 入定示者는 亦顯此位가 定增上故라 文中에 三이니 初, 彰入定因緣이니 宿善爲因이며 表自修故라 後二, 爲緣이라 主佛威力은 表本覺故요 文殊念力은 顯信智故며 已彰善財가 因文殊故라 二, 卽入下는 擧定名體니 謂普攝諸刹하여 在於身中이니 由唯心之智가 稱性總持하여 令如體用으로 旋轉無礙일새 故以爲名이니라

- (다) 時解脫 아래는 칭찬하며 법계를 보임이다. 둘로 나누리니 ㄱ. 선정에 들어 묵연히 보임이요, ㄴ. 선정에서 나와서 말로 대답함이다. ㄱ. 중에 이 가운데 선정에 들어가 보이는 이유는 또한 이 지위에서 선정이 늘어나고 뛰어난 연고다. 경문 중에 셋이니 ㄱ) 선정에 들게 된 인연을 밝힘이요, 숙세의 선근이 원인이 되나니 자신의 수행을 표하는 까닭이다. ㄴ)과 ㄷ)은 인연이 됨이다. 부처님 위력을 주재하여 본각(本覺)을 표하는 연고로 문수보살을 기억하는 힘은 믿음과 지혜를 밝히려는 까닭이며, 이미 선재는 문수보살로 인한 것임을 밝힌 까닭이다. ㄴ) 卽入 아래는 선정의 명칭과 체성을 거론함이다. 이른바 모든 국토를 두루 포섭함은 몸 가운데 있다. 오직 마음뿐인 지혜로 성품과 칭합한 총지로 말미암았으며, 하여금 체성과 작용과 같고 돌고 바뀜이 무애한 연고로 명칭을 삼았다.

ㄷ) 선정의 업과 작용을 밝히다[明定業用] 3.
(ㄱ) 널리 섭수함을 총합하여 밝히다[總明普攝] (三入 15下8)
(ㄴ) 넓고 많음을 개별로 밝히다[別彰廣多] (次種)
(ㄷ) 선재가 보고 듣다[善財見聞] (三彼)

入此三昧已하여는 得淸淨身하사 於其身中에 顯現十方
各十佛刹微塵數佛과 及佛國土衆會道場과 種種光明諸
莊嚴事하며 亦現彼佛往昔所行神通變化와 一切大願助
道之法과 諸出離行淸淨莊嚴하며 亦見諸佛의 成等正覺
과 轉妙法輪과 敎化衆生하사 如是一切를 於其身中에 悉
皆顯現하여 無所障礙하며 種種形相과 種種次第가 如本
而住하여 不相雜亂하니 所謂種種國土와 種種衆會와 種
種道場과 種種嚴飾이니 其中諸佛이 現種種神力하며 立
種種乘道하며 示種種願門하며 或於一世界에 處兜率宮
하여 而作佛事하며 或於一世界에 歿兜率宮하여 而作佛
事하며 如是或有住胎하며 或復誕生하며 或處宮中하며
或復出家하며 或詣道場하며 或破魔軍하며 或諸天龍이
恭敬圍遶하며 或諸世主가 勸請說法하며 或轉法輪하며
或般涅槃하며 或分舍利하며 或起塔廟하며 彼諸如來가
於種種衆會와 種種世間과 種種趣生과 種種家族과 種
種欲樂과 種種業行과 種種語言과 種種根性과 種種煩
惱의 隨眠習氣인 諸衆生中에 或處微細道場하며 或處廣
大道場하며 或處一由旬量道場하며 或處十由旬量道場
하며 或處不可說不可說佛刹微塵數由旬量道場하사 以
種種神通과 種種言辭와 種種音聲과 種種法門과 種種
總持門과 種種辯才門하며 以種種聖諦海와 種種無畏大
師子吼로 說諸衆生의 種種善根과 種種憶念하며 授種種
菩薩記하며 說種種諸佛法이어시든 彼諸如來의 所有言
說을 善財童子가 悉能聽受하며 亦見諸佛과 及諸菩薩의

不可思議三昧神變하나니라

이 삼매에 들어가서는 청정한 몸을 얻었다. (1) 그 몸에서는 시방으로 각각 열 세계 불국토의 티끌 수 부처님과, 부처님의 국토와 여럿이 모인 도량과 가지가지 광명으로 장엄한 것을 나타내고, (2) 또 저 부처님들이 옛적에 행하시던 신통변화와 모든 서원과 도를 돕는 법과 벗어나는 행과 청정한 장엄을 나타내며, (3) 또 부처님들이 등정각을 이루고 묘한 법륜을 굴리어 중생을 교화함을 보겠으며, (4) 이런 일들이 그 몸 가운데 다 나타나지마는 조금도 장애되지 아니하였다. (5) 가지가지 형상과 가지가지 차례로 본래와 같이 머물면서도 섞이거나 혼란하지 아니하니, 이른바 갖가지 국토 · 갖가지 모인 대중 · 갖가지 도량 · 갖가지 장엄들이며, (6) 그 가운데 계시는 부처님이 갖가지 신통한 힘을 나타내고, 갖가지 법의 길을 세우고, 갖가지 서원의 문을 보이었다. (7) 한 세계에서 도솔천궁에 계시어 불사를 짓기도 하고, 한 세계의 도솔천궁에서 죽어서 불사를 짓기도 하는데, 태중에 있기도 하고, 탄생도 하고, 궁중에 계시기도 하고, 출가도 하고, 도량에 나아가기도 하고, 마의 군중을 깨뜨리기도 하고, 하늘과 용들이 공경하여 둘러 모시기도 하고, 세상 임금들이 법 말씀하기를 청하기도 하고, 법륜을 굴리기도 하고, 열반에 들기도 하고, 사리를 나누기도 하고, 탑을 쌓기도 하였다. (8) 저 여래께서 가지가지 대중의 모임과 가지가지 세간과 가지가지 태어나는 길과 가지가지 가족과 가지가지 욕망과 가지가지 업과 가지가지 말과 가지가지 근성과 가지가지 번뇌와 습기를 가진 중생들 가운데서, 작은 도량에 있기도 하고, 넓은 도량에 있기도 하고, 1유순 되는 도량에 있기도 하고 10유순 되는 도량에 있기도 하고, 말할 수 없이 말할 수 없는 세계의 티끌 수 유순 되는 도량에 있기도 하면서, (9) 갖가지 신통과 갖가지 말과 갖가지 음성과 갖가지 법문과 갖가지 총지문과 갖가지 변재의 문으로써, 여러 가지 성인의 참 이치 바다에서 여러 가지 두려움 없는 대사자후로 중생의 가지가지 착한 뿌리와 가지가지 생각을 말하며, 여러 가지 보살의 수기를 주며, 여러 가지 부처의 법을 말하였다. (10) 저 모든 여래의 말씀을 선재동자가 다 들었으며, 부처님들과 보살들이 부사의한 삼매와 신통변화를 보기도 하였다.

[疏] 三, 入此三昧下는 明定業用이니 卽普攝等義라 於中에 三이니 初, 總明普攝이요 次, 種種形下는 別彰廣多요 三, 彼諸如來所有言下는 令善財聞見이라

- ㄷ) 入此三昧 아래는 선정의 업과 작용을 밝힘이니 널리 포섭하는 등의 뜻이다. 그중에 셋이니 (ㄱ) 널리 섭수함을 총합하여 밝힘이요, (ㄴ) 種種形 아래는 넓고 많음을 개별로 밝힘이요, (ㄷ) 彼諸如來所有言 아래는 선재가 보고 듣게 함이다.

ㄴ. 선정에서 나와 말로 알리다[出定言告] 4.
ㄱ) 선정에서 일어남을 밝히다[明其起定] (第二 17上4)
ㄴ) 선정의 명칭과 체성을 보이다[示定名體] (二告)

爾時에 解脫長者가 從三昧起하사 告善財童子言하시되
善男子여 我已入出如來無礙莊嚴解脫門하니라
이때 해탈장자가 삼매에서 일어나 선재동자에게 말하였다.
"착한 남자여, 나는 이미 여래의 걸림 없는 장엄 해탈문에
들어갔다 나왔노라.

[疏] 第二, 爾時解脫下는 出定言告라 中에 四니 一, 明起定이라 二, 告善
財下는 示定名體라 名如來無礙莊嚴者는 總有五義하니 一, 一切如
來가 各具一切無礙莊嚴이요 二, 一一如來가 互徧無礙요 三, 一切
如來의 莊嚴이 悉入長者之身이요 四, 長者가 徹見十方佛海요 五,
長者가 智持하여 不以爲礙라 故로 無礙言이 兼得旋持니 不違上文의
經家所序니라

■ ㄴ. 爾時解脫 아래는 선정에서 나와 말로 알림이다. 그중에 넷이니
ㄱ) 선정에서 일어남을 밝힘이요, ㄴ) 告善財 아래는 선정의 명칭과
체성을 보임이다. '여래의 걸림 없는 장엄 해탈문'이라 이름한 것은 총
합하여 다섯 가지 뜻이 있으니 (1) 모든 여래가 각기 일체의 걸림 없
는 장엄을 갖춤이요, (2) 낱낱 여래가 걸림 없음을 번갈아 두루함이
요, (3) 일체 여래의 장엄으로 장자의 몸에 모두 들어감이요, (4) 장
자가 시방의 부처님 바다를 사무쳐 봄이요, (5) 장자가 지혜 가지면
서도 장애가 되지 않는 연고로 '걸림 없으므로 돌고 바뀌는 다라니[旋
轉多羅尼]를 겸하여 얻는다'고 말함은 위의 경문에 있는 경전 편집자가
세운 순서와 위배되지 않는다.

[鈔] 名如來無礙莊嚴이 總有五義者는 而文中에 皆含이니 如一에 云, 如

來가 各具無礙莊嚴者는 卽上經에 云, 種種光明諸莊嚴事와 若因若果와 若依若正이 卽無礙莊嚴也라 二, 一一如來가 互徧無礙者는 以身中에 現十方各十佛刹微塵數佛이 無雜亂故라 三, 與長者身으로 無礙者는 以身不大而刹不小며 亦無來去하여 互徧無礙니 謂以含刹之身으로 入身中之刹하여 無不充徧이니 是內外一多가 無礙라 故로 新譯經에 云, 身與佛刹로 互相涉入하여 不相障礙라하니 卽此가 便有重重之義라 謂含刹之身이 入身中之刹하고 身中刹內之身도 亦能容刹하며 所容之刹도 亦能有身일새 故로 身身無窮하고 刹刹無盡이니라 四, 長者徹見等者는 經에 云, 亦見諸佛이 成正覺等[78]이라 尙令善財로 見聞이온 況長者耶아 故下에 出定告云, 我入出此定하여 卽見東方閻浮檀金光明世界의 龍自在王如來하여 如是等十方諸佛을 欲見卽見이라하니라 五, 長者智持無礙者는 以是唯心三昧力故로 所以出定하여 能持能說이니라 故無礙言兼得旋持等者는 卽第[79]五義니 不違前[80]普攝一切佛刹無邊旋陀羅尼라 普攝佛刹之義는 定中에 相顯이나 而其智持는 不違總持니라

● '여래의 걸림 없는 장엄 해탈문이라 이름한 것은 총합하여 다섯 가지 뜻이 있다'는 것은 경문 중에 모두 포함되었다. 마치 (1)에 이르되, '여래가 각기 걸림 없는 장엄을 갖춘다'는 것은 곧 위의 경문에, '가지가지 광명으로 장엄한 일'에서 원인과 결과, 의보와 정보가 곧 걸림 없는 장엄인 것이다. (2) '낱낱 여래가 번갈아 두루 걸림 없음'은 몸 가운데 시방에서 나타나서 각기 열 개의 불찰의 티끌 수 부처님이 섞이거나 혼란하지 않은 등이요, (3) '장자의 몸과 걸림 없다'는 것은

---

78) 覺等은 金本作等覺이라 하다.
79) 第는 甲南續金本作等이라 하나 誤植이다.
80) 前은 南續金本作前來라 하다.

몸이 크지 않고 국토가 작지 않음도 또한 오고 감이 없고 번갈아 두루 걸림 없다는 뜻이다. 이른바 국토에 포섭된 몸이 몸속의 국토에 들어가서 충만하여 두루하지 않음이 없음은 안과 밖, 하나와 여럿이 걸림 없기 때문이다. 새로 번역한 경문에 이르되, "몸과 불국토가 번갈아 서로 건너서 들어가되 서로 장애되지 않는다"라고 함은 곧 여기에 문득 거듭거듭 한 뜻이 있으리라. 말하자면 국토를 포섭한 몸은 몸속의 국토에 들어가고 몸속의 국토 안의 몸도 또한 능히 국토를 용납한 것이요, 용납한 국토에도 또한 능히 몸이 있으므로 몸과 몸이 다함이 없고 국토와 국토가 끝이 없는 것이다. (4) '장자가 사무쳐 본다'는 등은 경문에 이르되, "또한 모든 부처가 정각을 이루는 등을 본다"고 하였으니 오히려 선재로 하여금 보고 듣게 하였는데 하물며 장자이겠는가? 그러므로 아래에 선정에서 나와서 고하여 말하되, "내가 이 해탈문에 들어갔다 나올 적에 동방의 염부단금광명(閻浮檀金光明)세계의 용자재왕(龍自在王)여래를 보았다"고 하였으니 이런 등의 시방 모든 부처님이 보려 하면 보는 것이요, (5) '장자가 지혜를 가지면서도 장애되지 않음'은 곧 오직 마음의 삼매의 힘 때문이니, 그러므로 선정에서 나와서 능히 가지고 능히 설할 수 있는 것이다. '그러므로 걸림 없으므로 돌고 바뀌는 다라니[旋轉多羅尼]를 겸하여 얻는다'고 말하는 등은 곧 다섯째 뜻이다. 앞에서 '모든 부처의 세계를 두루 거두어 그지없이 도는 다라니'라 한 것과 위배되지 않나니 모든 부처 세계를 두루 거둔다는 뜻이 선정 속에 모양이 나타나되 그 지혜로 가짐이 총지다라니와 위배되지 않는다는 뜻이다.

ㄷ) 선정의 업과 작용을 밝히다[明定業用] (三善 17上9)

善男子여 我入出此解脫門時에 卽見東方閻浮檀金光明世界에 龍自在王如來應正等覺의 道場衆會之所圍遶에 毘盧遮那藏菩薩이 而爲上首하며 又見南方速疾力世界에 普香如來應正等覺의 道場衆會之所圍遶에 心王菩薩이 而爲上首하며 又見西方香光世界에 須彌燈王如來應正等覺의 道場衆會之所圍遶에 無礙心菩薩이 而爲上首하며 又見北方袈裟幢世界에 不可壞金剛如來應正等覺의 道場衆會之所圍遶에 金剛步勇猛菩薩이 而爲上首하며 又見東北方一切上妙寶世界에 無所得境界眼如來應正等覺의 道場衆會之所圍遶에 無所得善變化菩薩이 而爲上首하며 又見東南方香焰光音世界에 香燈如來應正等覺의 道場衆會之所圍遶에 金剛焰慧菩薩이 而爲上首하며 又見西南方智慧日普光明世界에 法界輪幢如來應正等覺의 道場衆會之所圍遶에 現一切變化幢菩薩이 而爲上首하며 又見西北方普淸淨世界에 一切佛寶高勝幢如來應正等覺의 道場衆會之所圍遶에 法幢王菩薩이 而爲上首하며 又見上方佛次第出現無盡世界에 無邊智慧光圓滿幢如來應正等覺의 道場衆會之所圍遶에 法界門幢王菩薩이 而爲上首하며 又見下方佛光明世界에 無礙智幢如來應正等覺의 道場衆會之所圍遶에 一切世間刹幢王菩薩이 而爲上首하니라

착한 남자여, 내가 이 해탈문에 들어갔다 나올 적에 (1) 동방의 염부단금광명세계의 용자재왕여래·응공·정등각을 도량에 모인 대중이 둘러쌌는데 비로자나장보살이 우두머

리가 되었음을 보았다. (2) 또 남방의 속질력세계의 보향여래·응공·정등각을 도량에 모인 대중이 둘러쌌는데 심왕보살이 우두머리가 되었음을 보았노라. (3) 또 서방의 향광세계의 수미등왕여래·응공·정등각을 도량에 모인 대중이 둘러쌌는데 무애십보살이 우두머리가 되었음을 보았노라. (4) 또 북방의 가사당세계의 불가괴금강여래·응공·정등각을 도량에 모인 대중이 둘러쌌는데 금강보용맹보살이 우두머리가 되었음을 보았노라. (5) 또 동북방의 일체상묘보세계의 무소득경계안여래·응공·정등각을 도량에 모인 대중이 둘러쌌는데 무소득선변화보살이 우두머리가 되었음을 보았노라. (6) 또 동남방의 향염광음세계의 향등여래·응공·정등각을 도량에 모인 대중이 둘러쌌는데 금강염혜보살이 우두머리가 되었음을 보았노라. (7) 또 서남방의 지혜일보광명세계의 법계윤당여래·응공·정등각을 도량에 모인 대중이 둘러쌌는데 현일체변화당보살이 우두머리가 되었음을 보았노라. (8) 또 서북방의 보청정세계의 일체불보고승당여래·응공·정등각을 도량에 모인 대중이 둘러쌌는데 법당왕보살이 우두머리가 되었음을 보았노라. (9) 또 상방의 불차제출현무진세계의 무변지혜광원만당여래·응공·정등각을 도량에 모인 대중이 둘러쌌는데 법계문당왕보살이 우두머리가 되었음을 보았노라. (10) 또 하방의 불광명세계의 무애지당여래·응공·정등각을 도량에 모인 대중이 둘러쌌는데 일체세간찰당왕보살이 우두머리가 되었음을 보았노라.

[疏] 三, 善男子我入出下는 明定業用이라
- ㄷ) 善男子我入出 아래는 선정의 업과 작용을 밝힘이요,

ㄹ) 선정의 체성과 양상을 밝히다[彰定體相] 2.
(ㄱ) 앞을 결론하다[結前] (四善 18上10)

善男子여 我見如是等十方各十佛刹微塵數如來나 彼諸如來가 不來至此며 我不往彼로라
착한 남자여, 내가 이렇게 시방으로 각각 열 세계의 티끌 수 여래를 보지마는, 저 여래들이 여기 오시지도 아니하고 내가 저기 가지도 아니하느니라.

[疏] 四, 善男子我見如是下는 彰定體相이라 卽無來去는 唯心觀故라 所以次前하여 顯此定者는 唯心之觀이 亦其要故며 亦顯此位에 知衆生界無量無邊이 皆心現故라 於中에 二니 一, 結前所見體無來往이라
- ㄹ) 善男子我見如是 아래는 선정의 체성과 양상을 밝힘이니, 곧 오고 감이 없지만 오직 마음으로만 관찰하는 까닭이다. 그러므로 다음의 앞에 이런 선정을 밝힌 것은 유심의 관법도 또한 그 중요한 까닭이며, 또한 이런 지위에 중생계가 한량없고 그지없음이 모두 마음에서 나타남인 줄 아는 까닭이다. 그중에 둘이니 (ㄱ) 앞에서 보았어도 체성은 오고 감이 없음을 결론한 내용이다.

(ㄴ) 자세하게 밝히다[廣顯] 4.
a. 마음을 따라 부처님이 출현하시다[隨心佛現] (二我 18下10)

我若欲見安樂世界阿彌陀如來하면 隨意卽見하며 我若
欲見栴檀世界金剛光明如來와 妙香世界寶光明如來와
蓮華世界寶蓮華光明如來와 妙金世界寂靜光如來와 妙
喜世界不動如來와 善住世界師子如來와 鏡光明世界月
覺如來와 寶師子莊嚴世界毘盧遮那如來하면 如是一切
를 悉皆卽見이니라

내가 안락 세계의 아미타여래를 뵈오려 하면 마음대로 보
고, 내가 전단 세계의 금강광명여래나, 묘향 세계의 보광명
여래나, 연화 세계의 보련화광명여래나, 묘금 세계의 적정
광여래나, 묘희 세계의 부동여래나, 선주 세계의 사자여래
나, 경광명 세계의 월각여래나, 보사자장엄 세계의 비로자
나여래를 뵈오려 하면 이런 부처님을 다 보게 되느니라.

[疏] 二, 我若欲見下는 廣顯隨心하여 見佛體相이라 於中에 四니 一, 明隨
心念佛하여 諸佛現前이요 二, 然彼如來下는 正顯唯心이 念佛觀體
요 三, 善男子當知下는 以唯心觀이 徧該萬法이요 四, 是故善男子
下는 結勸修學하여 令證唯心이라 初中에 旣了境唯心하며 了心卽佛
일새 故隨所念하여 無非佛矣라 何難見哉아

■ (ㄴ) 我若欲見 아래는 마음을 따라서 부처님의 체성과 양상을 자세
하게 밝힌다. 그중에 넷이니 a. 마음으로 부처님을 생각함을 따라서
모든 부처님이 앞에 나타남을 밝힘이요, b. 然彼如來 아래는 오직
마음으로 부처님을 생각하는 관법의 체성을 바로 밝힘이요, c. 善男
子當知 아래는 유심관(唯心觀)으로 만법을 두루 포섭함이요, d. 是故
善男子 아래는 닦고 배우기를 권하여 하여금 오직 마음뿐임을 증득

하게 함으로 결론함이다. a. 중에 이미 경계가 오직 마음인 것을 요달하고, 마음이 곧 부처임을 요달한 연고로 생각한 바를 따라 부처 아님이 없나니 어찌 보기 어렵겠는가?

[鈔] 旣了境唯心等者는 上經에 云, 若人이 欲了知三世一切佛이면 應觀法界性이니 一切唯心造니라하고 言了心卽佛者는 經에 云, 如心佛亦爾하고 如佛衆生然하여 應知佛與心은 體性皆無盡이라함은 旣境卽是心이요 心卽是佛이면 則無境非佛이니 況心心耶아 加以志一不撓하고 精詣造微하면 佛應克誠[81]이니 於何不見고

● '이미 경계가 오직 마음인 것을 요달함'이란 위의 (제20. 야마궁중게찬품) 경문에 이르되, "만일 어떤 사람이 삼세(三世)의 일체 부처님을 알려면 마땅히 법계의 성품에 모든 것이 마음으로 된 줄을 보아라"라 하였고, '마음이 곧 부처임을 요달한다'고 말한 것은 경문에 이르되, "마음과 같아 부처도 그러하고 부처와 같아 중생도 그러하니 부처나 마음이나 그 성품 모두 다함없네"라 한 것은 이미 경계가 곧 마음이요, 마음이 곧 부처이면 경계가 부처 아님이 없으니 하물며 마음과 마음이겠는가? 더욱이 의지가 한결같이 흔들리지 않고 정미롭게 참예하여 미세함에 나아가면 부처님은 지극한 정성에 응하실 것이니 어찌 보지 못하겠는가?

b. 부처님을 생각하는 체성과 양상[念佛體相] 2.
a) 형상은 오고 감이 없다[相無來往] (二觀 19下6)

---

81) 克誠은 金本作剋成, 原南續本作剋誠, 玆從行願品疏作克誠; 案玄談敎起因緣依能加中 疏云 聖無常應 應於克誠이라 하다.

然이나 彼如來가 不來至此며 我身도 亦不往詣於彼라 知
一切佛과 及與我心이 悉皆如夢하며 知一切佛이 猶如影
像하고 自心如水하며 知一切佛의 所有色相과 及以自心
이 悉皆如幻하며 知一切佛과 及以己心이 悉皆如響하노니
我如是知하며 如是憶念의 所見諸佛이 皆由自心이니라
그러나 (1) 저 여래께서 여기 오시지도 않고 내 몸이 거기
가지도 않나니, (2) 모든 부처님이나 내 마음이 모두 꿈과
같음을 알며, (3) 모든 부처님은 그림자 같고 내 마음은 물
같은 줄을 알며, (4) 모든 부처님의 모습과 내 마음이 환상
과 같음을 알며, (5) 모든 부처님과 내 마음이 메아리 같음
을 아나니, (6) 나는 이렇게 알고 이렇게 뵈옵는 부처님이
모두 제 마음으로 말미암은 줄을 생각하노라.

[疏] 二, 觀體中에 初, 總明相無來往이요
- b. 부처님의 체성을 관찰함 중에 a) 형상은 오고 감이 없음을 총합하여 밝힘이요,

[鈔] 初總明無來往者는 體性寂滅故니라
- a) 형상은 오고 감이 없음을 총합하여 밝힘이란 체성이 고요한 까닭이다.

b) 그 이유를 해석하다[釋其所由] 2.
(a) 표방하다[標] (知一 19下8)

[疏] 知一切下는 釋其所由라 所以로 上에 言普見諸佛이며 又無來去하니 其故何耶아 了彼相虛하여 唯心現故라
- b) 知一切 아래는 그 이유를 해석함이다. 그러므로 위에서 '널리 모든 부처님을 본다'고 말하였다. 또 오고 감이 없음은 그 이유가 무엇인가? 저 형상이 헛되어서 오직 마음으로만 나타냄을 요달한 까닭이다.

[鈔] 了彼相虛하여 唯心現故者는 以我即寂之唯心으로 叩彼即體之妙用이어니와 能念과 所念이 何動寂之相干이리요
- '저 형상이 헛되어서 오직 마음으로만 나타냄을 요달한 까닭'에서 나는 고요와 합치한 오직 마음뿐이요, 저는 체성과 합치한 묘한 작용임을 물었고, 생각하는 주체와 대상이니 어찌 움직이고 고요함이 서로 간섭하겠는가?

(b) 해석하다[釋] 2.
㈠ 별상으로 밝히다[別顯] 4.
① 꿈과 같이 상대하다[如夢對] (於中 20上2)

[疏] 於中에 前, 別顯이요 後, 結成이라 別中에 文有四對하니 意含通別하니 謂通顯唯心하여 喩無來往이요 別喩唯心은 兼明不出入等이라 一, 如夢對니 般舟三昧經에 云, 如夢見七寶에 親屬歡樂이라가 覺已追念에 不知在何處라 如是念佛이라하니 此喩唯心所作이요 即有而空이니 故無來去니라 又云, 如舍衛國에 有女하니 名曰須門이니 聞之心喜하여 夜夢從事러니 覺已念之하니 彼不來며 我不往이로대 而樂事는 宛然이라 當如是念佛이라하니 此正喩體無來往이요 但隨心變이니라

■ 그중에 ㉠ 별상으로 밝힘이요, ㉡ 결론함이다. ㉠ 별상으로 밝힘 중에 경문에 네 가지 상대함이 있으니, 의미는 전체와 개별을 포함하였다. 이른바 오직 마음뿐임이 오고 감이 없음에 전체로 밝혔으니, 개별로 유심(唯心)에 비유함은 나오고 들어가지 않는 등을 겸하여 밝혔다. ① 꿈과 같이 상대함이니 『반주삼매경』에 이르되, "마치 꿈에 칠보를 보는 것과 같나니 친함은 기쁘고 즐거움에 속하고 깨달음은 생각을 다 미루었으니 알지 못한 이유가 어느 곳에 있는가?"라 하였으니, 이렇게 부처님을 생각하면 이것은 오직 마음으로만 지은 것에 비유하였으니, 유와 합치한 공이므로 오고 감이 없다. 또 말하되, "저 사위국에 여인이 있으니 이름은 수문(須門)이요, 듣고 마음이 기뻐하고 밤에 꿈꾸는 일을 따라서 깨고 나서 생각하되, '저것은 오지 않고 나도 가지 않았지만 즐거운 일이 완연하구나! 하나니, 마땅히 이렇게 부처님을 생각하라"고 하였다. 이것은 바로 체성은 오고 감이 없음에 비유하였으니 단지 마음 따라 변한 것이다.

[鈔] 一如夢對下는 此之四喩에 唯影은 別喩요 餘三은 皆通이나 若準新譯하면 夢響二喩에는 具通與別하고 影幻二喩에는 唯別無通이라 今初夢喩는 彼經別喩에 云, 如夢所見이 從分別生이요 見一切佛도 從自心起라하니 上二句는 喩요 下二句는 合이라 則夢境은 喩佛이요 分別은 夢因이니 喩能念心이라 故로 觀無量壽佛經에 云, 是心作佛이요 是心是佛이라 諸佛正徧知海가 從心想生이라하니 緣生은 非實故로 能所見空하여 無往來也니라

● 一如夢對 아래는 여기의 네 가지 비유로 오직 영상뿐임을 별상으로 비유함이니 나머지 셋은 모두 통한다. 만일 신역(新譯)을 준하면 ①

꿈의 비유와 ④ 메아리의 비유는 전체와 개별을 갖춘 것이요, ② 물그림자의 비유와 ③ 허깨비의 비유는 오직 개별뿐이고 전체는 없다. 지금은 ① 꿈의 비유이니 저 경문에 개별로 비유하여 말하되, "꿈에 본 것과 같음은 분별에서 생김이요, 모든 부처를 뵈옴은 자기 마음에서 일어난다"라 하였으니, 위의 두 구절은 비유로 밝힘이요, 아래 두 구절은 법과 비유를 합함이니 꿈의 경계는 부처에 비유함이요, 꿈의 원인을 분별함은 생각하는 주체의 마음에 비유하였으므로 『관무량수불경』에 이르되, "이 마음으로 부처를 짓고 이 마음이 곧 부처이니 모든 부처이며 정변지의 바다는 마음과 생각에서 생긴다"고 하였으니 인연으로 생겨서 실다움 아닌 연고로 보는 주체와 소견이 공하여 오고 감이 없다는 뜻이다.

般舟下는 引證이라 此經有三卷하니 題云般舟三昧經이요 一名十方現在佛이 悉在前立定經이라 後魏沙門支婁迦讖譯이라 在羅閱祇迦隣竹園說하나니 跋陀和菩薩이 問하는 第一問事品이라 今引도 亦第一卷行品第二니 佛이 先令遠惡近善하고 修此念佛三昧일새 故擧諸喩하사 示念佛相하시니 經文浩博일새 今疏略引이니 今當具引一喩하리라 經에 云, 何因82)으로 致現在諸佛이 悉在前立三昧아 如是跋陀和여 其有比丘와 比丘尼와 優婆塞와 優婆夷가 持戒完具하고 獨83)一處止하여 心念西方阿彌陀佛이 今現在하며 隨所聞하여 當念彼國이 去此千億萬佛刹이요 其國名은 須摩提니 佛在衆菩薩中央하사 說經이라하며 一切時에 常念阿彌陀佛이니라 佛告跋陀和하사대 譬如人臥하여 卽於夢中에 見有種種金銀珍寶하며 或復夢84)父母兄弟와 妻

---

82) 因은 甲南續金本作因緣, 經原本作因이라 하다.
83) 獨은 甲南續金本作獨於, 經原本作獨이라 하다.

子親屬과 知識이 相與娛樂하여 喜樂無比라가 及其覺已에 爲人說之
러니 復自淚出하며 念夢中所見[85]이니라 如是跋陀和여 菩薩이 若沙門
과 白衣所에 聞西方阿彌陀佛이어든 當念彼佛호대 不得缺戒하고 一
心專念호대 若一晝夜커나 若七日七夜하며 過七日已後에는 見阿彌
陀佛호대 於覺不見하고 於夢中見之니 譬如夢中에 所見은 不知晝며
不知夜며 亦不知內하며 亦不見外며 不用在冥中故며 不見이며 不用
有所蔽礙故로 不見이니라 如是跋陀和여 菩薩이 心[86]當如是念時에
諸佛國界는 名大須彌山이라 其有幽冥之處가 悉爲開闢이요 目亦不
蔽하며 心亦不礙라 是菩薩摩訶薩이 不持天眼코 徹視하며 不持天耳
코 徹聽하며 不持神足코 到其佛刹이요 不於是間에 終이요 不生彼間
佛刹하여 爾[87]乃見이요 便於此間坐하여 見阿彌陀佛하며 聞所說法하
며 悉受持得하고 從三昧起하여 悉能具足爲人說之라하니라 釋曰, 次
下에 卽有須門女喩하니라 從七日已下는 卽示合相하사대 取如夢見
이 無定實義라 彼經에 有多夢喩나 今에 但引二니 前七寶喩는 喩卽
有而空이니 覺無所得故요

● 般舟 아래는 인용하여 증명함이니 이 경은 세 권이 있다. 제목을 『반
주삼매경』이라 한 것이요, 다른 이름은 『시방현재불실재전립정경(十
方現在佛悉在前立定經)』이니 후위(後魏)의 사문 지루가참(支婁迦讖)[88]이

---

84) 上三字는 經無, 此下에 甲南續金本有見字라 하다.
85) 上九字는 甲南續金本無, 經原本有라 하다.
86) 心은 甲南續金本無, 經原本有라 하다.
87) 爾는 原南續金本作耳, 經麗宋元明本無, 玆從經知恩院本作爾; 案經問事品第一亦云 不於是間終 生彼間佛刹爾乃見이라 하다.
88) 지루가참(支婁迦讖, -) : 후한시대에 중국에 온 역경승의 한 사람. 지루가참은 로칵세마(Lokaksema)의 음역이다. 147년 후한의 洛陽으로 와서 183년(中平 3년)에 이르기까지 반주삼매경(般舟三昧經)・무량청정평등각경(無量淸淨平等覺經)・도행반야경(道行般若經)・수능엄삼매경(首楞嚴三昧經)・아축불국경 등 14부(일설에 23부)의 경전을 번역하였다. 그가 사용한 원전은 거의 대승경전이었으므로, 그는 중국에 대승경전을 전한 최초의 인물이라 말한다. 그의 제자로는 지량(支亮)이 있으며, 지루가참・지량・지겸(支謙 : 삼국시대의 역경자)의 셋을 삼지(三支)라고 칭한다.

번역하였다. 나열지(羅閱祇)국 가란타죽원(迦蘭陀竹園, 곧 죽림정사)에서 설한 내용이니 발타화보살이 질문하는 제1. 문사품(問事品)이니 지금 인용문도 또한 제1권 행품(行品) 제2이다. 부처님은 먼저 악업은 멀리 하고 선업은 가까이하게 함이니, 이런 염불삼매(念佛三昧)를 수행한 연고로 모든 비유를 거론하여 염불하는 모양을 보여 준 것이다. 경문은 넓고 크며 지금 소문에는 간략히 인용하였는데 지금은 한 가지 비유를 마땅히 갖추어 인용하겠다. 경문에 이르되, "무슨 인연으로 현재 모든 부처님이 모두 앞에서 삼매를 건립함에 이르렀고, 이와 같이 발타화(跋陀和)는 그 비구와 비구니, 우바새 우바이가 지계를 완전히 갖추었으니 유독 한 곳에만 머물러서 마음으로 서방의 아미타부처님이 지금 계심을 생각하고 들은 바를 따라 당래에 저 나라를 생각하니 이곳에서 떨어진 거리가 천만 억의 불국토라 그 나라는 이름이 수마제(須摩提)요, 부처님이 여러 보살의 중간에 계시면서 경을 말씀하셨다. 모든 시간에 항상 아미타불을 생각하였으니 부처님이 발타화에게 고하되, 비유컨대 사람이 누웠고 곧 꿈속에 갖가지 금은진보가 있음을 보고, 혹은 다시 꿈에 부모 형제 처자 권속과 선지식이 서로 함께 오락하되 기뻐하고 즐거움이 비할 바 없고, 꿈에서 깨고 나서 사람을 위해 설하더니 다시 눈물이 저절로 흘렀다. 꿈속에 본 것을 생각하니 이렇게 발타화보살은 저 사문과 (세속의) 흰 옷이 서방 아미타불께 들은 바이다. 마땅히 저 부처님을 생각하고 계(戒)가 모자람을 얻지 못해서 일심으로 전념하되 하루 밤낮처럼 칠일 밤낮과 같이 하고 칠일이 지난 이후에 아미타불을 뵈었으니 깨고 나서는 보지 못하지만 꿈속에는 보게 된다. 비유컨대 꿈속에 본 것은 낮도 모르고 밤도 모르고 또한 안도 모르고 또한 밖도 보지 못하나니, 어두운

속이므로 보지 못함을 사용하지 않음이요, 덮고 장애되는 바가 있는 연고로 보지 못함을 사용하지 않았다. 이렇게 발타화보살의 마음이 마땅히 이렇게 생각할 때에 모든 부처님 국토의 경계를 이름하여 대수미산(大須彌山)이요, 그 그윽하고 어두운 곳은 모두 개벽하여 눈도 덮지 못하고 마음도 거리끼지 않는다. 이런 보살마하살이 천안통을 가지고 철저히 보지 못하고, 천이통을 가지고 철저히 듣지 못하며, 신족통을 가지지 않아서 그 부처님 국토에 이르렀고 그 사이에 마치지 못한다. 저 사이의 불국토에 태어나지 않고서야 비로소 보고 문득 이 사이에 앉아서 아미타불을 친견하고 말한 법을 듣고 모두 수지하여 얻었더니 삼매에서 일어나서 모두 능히 갖추고 사람을 위해 말한 것이다.

後, 如夢喩는 喩空不礙有니 有卽事故라 然이나 合二不二가 爲中道義일새 故但取意하여 略引其二니라 又約義別說컨대 心性如境이요 觀如緣想이요 觀成如夢이라 此는 唯就於能行人合이니라 又法身如境이요 報身如想이요 應身如夢이니 此는 唯約佛境合이니라 又彼佛如境이요 行人如想이요 見佛은 如夢所見이니 雙約感應이니라 此之三釋이 釋經通喩니 一切諸佛과 及以我心이 皆如夢故니라
言有女名須門者는 經有三人이 以念三女하니 經에 云, 譬如有人이 聞墮舍利國中에 有婬女하니 名須門이요 若復有人이 聞淫女人名하니 卽阿凡和利요 若復有人이 聞優婆須라하니라 然이나 經言小隱이요 若賢護經인대 緣事는 全同하고 而文分明이라 經에 云, 復次賢護여 如此摩伽陀國에 有三丈夫하니 其第一者는 聞毘耶離城에 有一[89]淫女하니

---

89) 一은 甲續金本無, 經原南本有라 하다.

名須摩那요 彼第二人은 聞有婬女하니 名庵羅波離요 彼第三人은 聞有淫女하니 名蓮花色이라 彼旣聞已에 各設方便하여 繫念勤求하여 無時暫廢라 然이나 彼三人이 實未曾覩如是諸女하고 直以遙聞하고 卽興欲心하여 專念不息이러니 後時에 因夢하여 謂在王舍城하여 與彼女人으로 共行欲事라 欲事旣成에 求心亦息하고 希望旣滿에 遂便覺寤하여 寤已에 追念夢中所行하니 如所聞見이며 如所證知하니라 如是憶念하여 來詣汝所하여 具爲汝說者[90]인대 汝應爲彼하여 方便[91]說法하여 隨順敎化하여 令其로 得住不退轉地하여 究竟에 成就阿耨多羅三藐三菩提하라 彼於當來에 必得成佛하리니 名曰善覺이라하리라

● ① 꿈과 같이 상대한 비유로 공(空)이 유(有)에 걸림 없음을 비유하였으니 일과 합치함이 있는 까닭이다. 그러나 둘과 둘 아님과 합하여 중도의 뜻을 삼은 연고로 단지 의미만 취하여 간략히 그 둘을 인용하였다. 또한 뜻을 잡아 개별로 말한다면 마음 성품은 경계와 같아서 관하기를 인연과 같이 생각하고 관법을 이룸이 꿈과 같다. 여기서 오직 행하는 주체인 사람에만 입각하여 합하였다. 또한 법신은 경계와 같고 보신은 생각과 같으며 응신은 꿈과 같나니, 이것은 오직 부처님 경계를 잡아서 합한 내용이다. 또한 저 부처님은 경계와 같고 행하는 사람은 생각과 같으며 부처님 친견함은 꿈에서 본 바와 같나니, 감응함을 함께 잡으면 이런 세 가지 해석은 경에서 일체의 모든 부처님과 내 마음이 모두 꿈과 같다는 비유를 해석한 까닭이다.

'여인이 있으니 이름은 수문(須門)'이라 말한 것은 경문에 있는 세 사람을 세 여자로 생각하였다. (반주삼매경) 경문에 이르되, "비유컨대 어떤

---

90) 者는 甲南續金本無, 經原本有라 하다.
91) 方便은 甲南續金本無, 經原本有라 하다.

사람이 듣건대 타사리(墮舍利) 나라 중에 음녀가 있으니 이름이 수문이었다. 만일 다시 어떤 사람이 음녀 이름이 곧 아범화리(阿凡和利)라 들었고, 만일 다시 어떤 사람이 우바새라고 들었다"라 하였으니, 그러나 경에서 작은 숨김을 말하고 저『현호경(賢護經)』은 사연이 완전히 같고 경문이 분명하다. 경문에 이르되, "또 다시 현호(賢護)여, 마치 마갈타(摩伽陀)국에 세 장부가 있음과 같다. 그 제일은 비야리성에 한 음녀(婬女)가 있다고 들었으니 이름이 수마나(須摩那)이다. 저 둘째 사람은 듣건대 음녀가 있으니 이름이 암나파리(庵羅波離)라 한다. 저 셋째 사람은 음녀가 있다고 들었으니 이름이 연화색(蓮花色)이다. 저가 이미 듣고 나서 각기 방편을 베풀고 생각을 얽어 부지런히 구하면서 잠시도 그만두지 않았다. 그러나 저 세 사람은 실로 일찍이 이런 여러 여인을 보지 못하고 바로 멀리서 듣고는 곧 욕심을 일으켜 전념하여 쉬지 않았다. 뒤의 시간에는 꿈으로 인하였으니, 말하자면 왕사성에 저 여인이 일어나서 욕심의 일[欲事]을 함께 행하고 욕심의 일이 이미 성취되었으면 구하는 마음도 또한 쉬게 되나니 희망이 이미 만족하면 드디어 문득 깨어났다. 깨고 나서 생각을 따라서 꿈속에 행하는 바가 보고 들음과 같고 증득하여 앎과 같았다. 이렇게 기억하고는 너의 장소에 와서 참예하여 갖추어 너를 위해 설하였으니, 너는 응당히 저를 위하여 방편으로 법을 설하고 수순하여 교화하라. (그래서) 그 물러나지 않는 지위에 머물게 하고 구경에 아뇩다라삼약삼보디를 성취하였다. 저가 미래에 반드시 성불하면 이름을 선각(善覺)이라 하리라"고 하였다.

又云, 如舍衛國等者는 卽智論第六에 似引此緣이나 而有小異하니

論에 云, 如佛在世에 三人爲伴이러니 聞毘舍離에 有婬女하니 名庵羅婆和요 舍衛國에 有婬女하니 名須曼那요 王舍城에 有婬女하니 名優鉢羅槃那라 並端正無比라 三人各聞하고 長念心著일새 便於夢中에 與彼從事하고 覺已心念호대 彼人不來요 我又不往이어늘 而婬事得辦이로다 因是하여 卽悟諸法亦爾하고 於是에 共至跋陀婆羅菩薩所하여 而問其事한대 菩薩答言호대 諸法實爾라 皆從念生이라하여 菩薩이 乃爲其하여 方便說法하니 皆得不退轉地라하니라 釋曰, 大意는 同經이나 但闕授記耳니라 然이나 經論大意는 卻顯念見佛竟에 方悟性空하여 有無無礙니 與疏로 意同也니라

● '또 말하되 저 사위국' 등이란 곧 『대지도론』 제6권에 이런 인연을 인용하였지만 조금 다름이 있음과 같다. 논에 이르되, "부처님이 생존하셨을 때 세 사람이 있었는데 한편 들으니 비야리국에 암마바리(菴羅婆利), 사바제에는 수만나(須曼那), 왕사성에는 우발라반나(優鉢羅槃那, 蓮華色)라는 음녀들이 있어 이 세 여인은 단정하기 견줄 이 없다고 칭찬이 자자하였다. 삼형제는 밤낮으로 세 여인을 전일하게 생각하여 잠시도 멈추지 못하다가 마침내는 꿈속에 그들을 만나 정사(情事)를 했다. 꿈을 깬 뒤에 생각하기를 '저 여자가 오지도 않았고 내가 가지도 않았는데도 음사(婬事)를 이룰 수 있었구나!' 하고, 이 일로 인하여 모든 법이 다 이렇다는 것을 깨닫게 되었다. 이에 발타바라(颰陀婆羅)보살에게 가서 이 일을 물으니, 발타바라보살이 대답하되, '모든 법이 실로 그러하여서 모두가 마음에서 생긴다'고 하였다. 이와 같이 갖가지 방편으로 세 사람에게 모든 법의 공함을 말해 주니, 이때 세 사람은 즉석에서 아비발치(阿鞞跋致)를 얻었다"라고 하였다. 해석하자면 큰 의미는 경문과 같지만 단지 수기(授記)한 부분이 빠졌을 뿐

이다. 그러나 경과 논의 큰 의미는 부처님을 생각하고 뵈옴이 끝나야 비로소 성품이 공함을 깨닫고 유와 무에 걸림 없나니 소문과 의미가 같다.

② 물과 그림자처럼 상대하다[水影對] (二水 23下2)

[疏] 二, 水影對中에 若月滿秋空하면 隨水而現호대 澄潭皎淨하면 則月影圓明하고 水濁波騰하면 則光昏影散이라 有水月現이나 曾何入來며 無水影空이나 未曾出去며 雖水中見月이나 誰能執持리요 心之定散도 準喩思擇이니라

■ ② 물과 그림자처럼 상대함 중에 저 보름달이 가을 하늘에 물을 따라 나타난다. 맑은 못이 밝고 깨끗하면 달그림자가 두렷이 밝은 것이다. 물이 흐리면 파도가 쳐 오르고 빛이 흐려지면 그림자가 흩어지고 물이 있는 곳에 달이 나타나는 것이니, 일찍이 무엇으로 들어갔다가 나오겠는가? 물이 없으면 그림자가 사라져서 아직 일찍이 떠나가지 않나니, 비록 물속에서 달을 보면 누가 능히 가져와서 마음이 정하고 흩어짐이니 비유에 준하여 생각하고 선택하라.

[鈔] 二水影對中等者는 乃是別喩라 心但喩水니 爲影緣故요 若取通意인대 則心佛皆影이라 然이나 新譯經에도 亦是別喩로대 而加於器하니 可喩淨身이라 然水在器나 依江河等物은 皆可爲器니라 而般舟經에도 亦有影喩호대 具水月[92]鏡像하여 以喩自見이요 非從外入이며 非從內出은 正與疏同하여 明非入出이며 兼唯心義니라

---

92) 月은 甲南續金本作面이라 하다.

● ② 물과 그림자처럼 상대함 등은 바야흐로 개별 비유이다. 마음은 단지 물에 비유하여 그림자 인연이 되는 까닭이니 만일 전체 의미를 취하면 마음과 부처가 모두 그림자인 것이다. 그러나 새로 번역한 경문도 역시 개별 비유이지만 그릇을 더하여 깨끗한 몸에 비유할 수 있다. 그러나 물은 그릇에 있고 강물 등을 의지함은 모두 그릇으로 만들 수 있지만 『반주삼매경』에도 또한 그림자의 비유가 있으니 물에 비친 달과 거울 영상을 갖춤으로 스스로 보는 것에 비유하나니 밖에서 들어온 것도 아니고, 안에서 나온 것도 아님이니 바로 소문과 같다. 들고 나옴이 아니고 오직 마음뿐인 뜻을 겸하는 것을 밝혔다.

心之定散도 準喩思擇者는 然이나 水有四類하니 謂[93] 一, 淸이요 二, 濁이요 三, 動이요 四, 靜이라 合中에 水濁은 對前皎淨이요 波騰은 對於澄潭이라 以法就喩에 通有二義하니 一, 有惑無信이 爲濁이요 二, 有信無惑이 爲淸이며 散亂爲動이요 有定爲靜이라 四事交絡하여 成多句數니 一, 水濁而動은 若黃河汩流니 此喩有惑無信이요 又多亂想이니라 二, 濁而不動은 如稀泥無波니 喩如有惑無信이요 幷無攀緣이라 然[94] 此一句는 曲有多義하니 一, 有惑而靜이요 二, 無信而靜이니 愚癡之定也니라 三, 淸淨而動은 喩無惑有信이나 而多覺觀라 對上第二에 亦有三義하니 一, 無惑而亂이요 二, 有信而亂이요 三, 明了而亂也니라

四, 淸而且靜은 喩無惑有信而定이니 略擧定散이나 實含淸濁이니라 而第一人은 設有念佛而見佛者나 如黑象脚하고 加睒[95] 爍不定이요

---

93) 謂는 南續金本無라 하다.
94) 然은 南續金本作而라 하다.

第二人은 見同灰炭色하고 安住不動이요 第三人見은 或覩相好나 忽有忽無하고 乍離乍合이요 第四人見은 則色相端嚴하여 凝停不亂이라 唯見唯靜하고 逾觀逾明이니 今同第四而念見也라 故로 法華에 云, 深入禪定하여 見十方佛이라하니라 故疏에 云, 心之定散도 準喩思擇이라하니라 然이나 其大意는 佛旣如影이어니 安有有無와 一多와 勝劣과 去來와 入出等相이요 非空非有며 中道觀成이니라 若水喩心性하면 則佛之月影이 皆是衆生의 眞心中物이라 心佛交徹이 眞唯心也니라

- '마음이 정하고 흩어짐은 비유에 준하여 생각하고 선택한다'는 것은 그러나 물에 네 부류가 있으니 (1) 깨끗함 (2) 혼탁함 (3) 동요함 (4) 고요함이다. 비유와 합함 중에는 물이 혼탁하여 앞의 밝고 깨끗함에 상대하나니 파도가 쳐 오른 것은 맑은 연못과 상대함이다. 법으로 비유에 나아가면 통틀어 두 가지 뜻이 있으니 ① 번뇌는 있는데 믿음이 없음을 혼탁함이라 하고, ② 믿음은 있는데 번뇌가 없음을 깨끗함이라 한다. ③ 산란함을 동요함이라 하고, ④ 선정에 있음을 고요함이라 한다. 네 가지 일로 서로 연결하여 여러 구절의 숫자를 이루었으니 ① 물이 혼탁하면서 동요함은 황하강에 빠짐과 같나니, 이것은 번뇌는 있는데 믿음이 없음에 비유하며, 또한 산란한 생각이 많다. ② 혼탁하면서 동요하지 않음은 마치 진흙은 드문데 파도가 없음과 같나니 비유컨대 번뇌는 있는데 믿음이 없음과 더불어 반연이 없음과 같다. 그러나 이런 한 구절은 자세히는 여러 뜻이 있으니 (1) 번뇌가 있으면서 고요함이요, (2) 믿음이 없으면서 고요함이니 어리석은 선정이다. (3) 청정하면서 동요함이니 번뇌는 없는데 믿음이 있음에 비유하였지만 각관(覺觀)이 많아서 위의 (2) (혼탁함)과 상대함도

---

95) 睒은 南金本作月炎誤, 原續本作睒; 案睒 音閃 睒爍 猶言閃鑠이라 하다.

또한 세 가지 뜻이 있으니 ① 번뇌가 있으면서 산란함이요, ② 믿음이 없으면서 산란함이요, ③ 밝게 요달하면서 산란함이다.

(4) 청정하면서 또한 고요함은 번뇌가 없는데 믿음이 있으면서 선정에 비유함이니, 선정과 산란함을 간략히 거론하면 진실로 깨끗하고 혼탁함을 포함하지만 첫째 사람은 설사 부처님을 생각함이 있으면서 부처님을 본다 하더라도 검은 것이 코끼리 다리와 같아서 언뜻 빛나면서 선정에 들지 않음을 더하다가, 둘째 사람이 보았지만 잿빛과 같이 편안히 머물러 동요하지 않는다. 셋째 사람이 보되 혹은 상호를 보나니, 홀연히 있다가 홀연히 없어지고 조금 여의었다가 조금 합한다. 넷째 사람이 보면 색깔과 형상이 단정하고 응결하여 머무름도 산란하지 않나니 오로지 보거나 오로지 고요하기만 하면 더욱 관찰할수록 더욱 밝아진다. 본경은 넷째 사람과 같아서 생각하고 보는 것이다. 그러므로 『법화경』(안락행품)에 이르되, "선정에 깊이 들어 시방에 계신 부처님을 친견한다"라 하므로 소에서 이르되, "마음이 정하고 흩어짐이니 비유에 준하여 생각하고 선택하라"고 하였다. 그러나 그 큰 의미는 부처님이 이미 그림자와 같은데, 어찌 있고 없음, 하나와 여럿, 뛰어남과 하열함, 오고 감, 들고 나는 등의 형상이 있겠는가? 공이 아니고 유도 아님으로 중도관(中道觀)을 성취하였다. 만일 물로 마음 성품에 비유하면 부처님이 달그림자인 것이 모두 중생의 참된 마음속의 중생이요, 마음과 부처가 번갈아 철저함이 참된 유심(唯心)인 것이다.

③ 허깨비와 같이 상대하다[如幻對] (三如 24下9)

[疏] 三, 如幻對니 如幻非實則心佛兩亡이나 而不無幻相則不壞心佛이니 正喩空有가 無礙故로 卽無來去나 不妨普見이요 見卽無見하여 常契中道니라

- ③ 허깨비와 같이 상대함이다. 허깨비와 같이 실답지 않으면 마음과 부처 둘이 없지만 허깨비의 형상이 없지 않으면 마음과 부처를 무너뜨리지 않나니, 바로 공과 유가 무애함에 비유한 까닭이니 곧 오고 감이 없고 널리 보는 데 방애롭지 않으면 봄이 봄이 없음과 합치하지만 항상 중도에 계합한 것이다.

[鈔] 三如幻對者는 但有通喩라 新經別喩라 云, 又知自心이 猶如幻術하며 知一切佛이 如幻所作이라하니 謂有能幻法하야사 方有幻事요 無能念心하면 無所見佛이니라 疏中에 具顯三觀하니 初, 空觀이요 次, 而不無幻相下는 卽假觀이요 後, 正喩下는 中道觀也니라

- ③ 허깨비와 같이 상대함이란 단지 통틀어 비유함이다. 새로 번역한 경문에 개별로 비유하여 이르되, "또한 자기 마음을 아는 것이 마치 환술과 같아서 온갖 부처가 허깨비가 지은 것과 같다"고 하였으니 말하자면 허깨비 같은 주체의 법이 있어야만 비로소 허깨비 같은 일이 있음이요, 생각하는 주체의 마음이 없으면 볼 대상인 부처가 없다. 소문 중에는 삼관(三觀)을 구비하여 밝혔다. (1) 공관(空觀)이요, (2) 而不無幻相 아래는 곧 가관(假觀)이요, (3) 正喩 아래는 중도관(中道觀)이다.

④ 메아리와 같이 상대하다[如響對] (四如 25上6)

[疏] 四, 如響對니 以心爲緣에 而佛響應이나 佛無分別이요 以佛爲緣에 而心見佛이나 心何去來리요 此但總喩緣成之義니라

- ④ 메아리와 같이 상대함이다. 마음으로 인연을 삼는 연고로 부처님은 메아리처럼 응하는데 부처님은 분별함이 없으며, 부처님으로 인연을 삼아서 마음이 부처를 보는 것이니, 마음이 어떻게 오고 가겠는가? 이것은 단지 인연만으로 성취하는 뜻을 총합하여 비유한 것이다.

[鈔] 四如響對는 亦唯通喩라 新經別喩에 云, 譬如空谷이 隨聲發響하여 悟解自心하면 隨念見佛이라하니라 釋曰, 此唯一義니 則法身은 如空谷이요 自心은 如發聲이요 見佛은 如響應이라 而疏는 釋經의 通相之喩니 心佛皆響일새 故로 兩句釋之라 初, 喩佛如響이니 則谷等도 同上이요 後, 以佛爲緣下는 喩心如響이니 則以自性淸淨心이 爲空谷이요 佛應爲聲이요 起見佛心은 卽如響也라 故로 疏에 結云, 此但總喩緣成之義라하니라 然이나 亦聲谷을 皆喩緣成之義니 聲谷皆緣이라 喩二心爲緣하여 而有佛響이요 二佛爲緣하여 而心得見이라 故로 上二皆響이니라 而上四喩를 皆言對者는 雖喩有三이나 法本但喩於心佛二故라

- ④ 메아리와 같이 상대함도 또한 오로지 통틀어 비유함이다. 신역 경전에 개별로 비유하였으니 이르되, "비유컨대 빈 골짜기와 같아서 음성을 따라 메아리가 생기나니 자기 마음을 깨달으면 생각을 따라 부처님을 보게 된다"라고 하였다. 해석하자면 이것은 유일한 뜻이니 "법신은 빈 골짜기와 같고 자기 마음은 음성을 발함과 같다. 부처님을 본 것은 메아리가 응함과 같다"라고 하였으니, 소에서 경문의 전

체 모양으로 비유함을 해석한 부분이다. 마음과 부처가 모두 메아리와 같은 연고로 두 구절을 해석한 것이다. (1) 부처님은 메아리와 같음을 비유하면 골짜기 따위는 위와 같고, (2) 以佛爲緣 아래는 마음은 메아리와 같음을 비유하면 자성이 청정한 마음으로 빈 골짜기가 되고 부처님이 응함은 음성이 되나니, 부처와 마음을 보기 시작하면 곧 메아리와 같다는 뜻이다. 그러므로 소에서 결론하되, 이것은 단지 인연만으로 성립하는 뜻을 총합하여 비유하였다. 그러나 또한 소리와 골짜기가 모두 인연으로 성취한 뜻에 비유하였으니, 소리와 골짜기는 모두 인연이고 두 마음이 인연이 되지만 부처님과 메아리가 있음에 비유하였다. '부처님으로 인연을 삼아서 마음이 부처를 보는 것'이므로 위의 둘은 모두 메아리이다. '위의 네 가지 비유에 모두 상대한다'고 말한 것은 비록 비유가 셋이 있지만 법은 본래 다만 마음과 부처의 둘에만 비유한 까닭이다.

上之四喩에 皆具四觀하니 一, 正喩唯心이요 二, 唯心故空이요 三, 唯心故로 假요 四, 唯心故로 中이라 融而無礙가 卽華嚴意니라 若皆具四인대 何用四喩리요 兼別義故라 一, 欲廣唯心無性等故요 二, 從增勝說이니 四義不同이라 謂夢은 喩不來不去오 影은 喩不出不入이요 幻은 喩非有非無요 響은 喩非合非散이니라 又夢喩散心이니 意言分別故요 水喩定心이니 同靜水故요 幻喩起用心이니 如幻術故요 響은 喩勝劣心이니 隨[96]念見故니라 又前三喩는 喩見佛身이요 後一은 兼喩聞法이라 三中에 夢喩法身이니 但有想見코 竟無見故오 影喩報身이니 相明淨故요 幻喩化身이니 隨意成故니라 又幻은 喩是心作佛

---

96) 心隨는 甲南金本作隨心이라 하다.

이요 影은 喩是心是佛이요 夢은 喩諸佛正徧知海가 從心想生이요 響은 喩隨心勝劣이며 見佛有異라 具上諸意하여 四喩不同이라 故로 上疏에 云, 別喩唯心하여 兼明不出入等이니라

● 위의 네 가지 비유는 모두 네 가지 관법을 갖추었다. (1) 바로 유심관(唯心觀)에 비유함이요, (2) 유심이므로 공관(空觀)이요, (3) 유심이므로 가관(假觀)이요, (4) 유심이므로 중도관(中道觀)이니, 융섭하여 걸림 없음은 곧 화엄종(華嚴宗)의 주장이다. 만일 넷을 모두 갖춘다면 어찌 네 가지 비유를 사용하겠는가? 개별 뜻을 겸한 까닭이다. ① 자세히 오직 마음뿐이라 함은 무성(無性)과 같은 연고며, ② 더욱 뛰어남에서부터 설함은 네 가지 뜻이 같지 않다. 이른바 꿈은 오지 않고 가지 않음에 비유하고, 그림자는 나오지 않고 들어가지 않음에 비유하고, 허깨비는 유도 아니고 무도 아님에 비유하고, 메아리는 합한 것도 아니요 흩어진 것도 아님에 비유하였다. 또한 꿈은 산란심에 비유하나니 의미는 분별을 말하는 때문이며, 물은 삼매의 마음에 비유하니 고요한 물과 같은 연고요, 허깨비는 작용 일으키는 마음에 비유하나니 환술과 같은 때문이요, 메아리는 뛰어나고 하열한 마음에 비유하나니 생각을 따라 보는 연고요, 또한 앞의 세 가지 비유로 부처님 몸을 봄에 비유하였다. 뒤의 한 구절은 법을 들음에 겸하여 비유하였다. 세 가지 중에 꿈은 법신에 비유하나니 단지 유(有)라는 생각으로 보다가 마침내 봄이 없어진 까닭이다. 그림자는 보신에 비유하나니 모양이 밝고 깨끗한 연고요, 허깨비는 화신에 비유하나니 생각을 따라 이루는 연고다. 또한 허깨비는 '이 마음이 부처를 지음[是心作佛]'에 비유하고, 그림자는 '이 마음이 곧 부처[是心卽佛]'임에 비유하고 꿈은 '모든 부처님 정변지의 바다[諸佛正徧知海]'에 비유하나니,

마음과 생각에서부터 생기는 까닭이다. 메아리는 마음이 뛰어나고 하열함을 따라 부처를 봄에 다름이 있음에 비유하였다. 위의 모든 의미를 갖추면 네 가지 비유가 같지 않으므로 위의 소문에 이르되, "개별로 유심(唯心)에 비유함은 나오고 들어가지 않는 등을 겸하여 밝힌다" 등으로 말하였다.

㈢ 유심(唯心)으로 결론하다[結成] (後結 26上9)

[疏] 後, 結成唯心이라 故로 無量壽觀經에 云, 是心是佛이요 是心作佛이라 諸佛正徧知海가 從心想生이라하며 般舟三昧經에 結云, 自念호대 佛從何所來오 我亦無所至라 我所念이 卽見이요 心作佛이요 心自見이요 心[97]是佛心이요 是我心見佛이라하여 上에 方攝境歸心하고 下에 又拂云하사대 心不自知心이요 心不自見心이라 心有想에 爲癡요 無想에 卽泥洹이라 是法無可示[98]者오 皆念所爲니라 設有念이라도 亦了無所有요 空耳라하니 此卽喩中에 意已具矣니라

■ ㈢ 유심으로 결론함이니 그러므로 『관무량수경(觀無量壽經)』에 이르되, "이 마음이 바로 부처요, 이 마음이 부처를 짓는다. 모든 부처님 정변지의 바다는 마음과 생각에서 생긴다"라고 하였고, 『반주삼매경』에 결론하여 말하되, "스스로 생각하되 부처님은 어느 곳에서 왔으며, 나도 또한 온 곳이 없으며 내가 생각한 것은 곧 마음이 부처를 짓는다는 것이다. 마음이 스스로 마음을 보는 것이 곧 부처 마음이니 바로 내 마음으로 부처를 본다"라 하였으니 상방에 경계를 포섭하여 마음으로 돌아가고, 아래에 또한 떨어내어 말하되, "마음은 스

---

97) 心下에 摩訶止觀有見佛心三字라 하다.
98) 示는 原本에 樂이라 하다. (역자 주)

스로 마음인 줄 알지 못하고, 마음은 스스로 마음을 보지 못한다. 마음에 생각이 있으면 어리석음이요, (마음에) 생각이 없으면 곧 열반이니 이 법은 즐거워할 것도 없다"라고 하였으니, 모두 생각으로 행위함이 설사 생각 있음도 또한 마침내 있지 않고 공할 뿐이다. 여기서 비유함 중에 의미를 이미 갖춘 것이다.

[鈔] 後結成唯心者는 卽釋經의 我如是憶念所見諸佛이 皆由自心하여 疏家가 便引經證호대 先, 引觀經하니 略如向說이요 後, 引般舟하고 依止觀中에 引文이 稍闕略하니 今에 當次第具引經文[99]하리라 經에 云, 作是念호대 佛從何所來며 去到何所오 自念호대 佛無所從來오 我亦無所至라 自念호대 三處인 欲處와 色處와 無想處인 是三處는 意所爲耳라 我所念이 卽見이요 心作佛이요 心自見이요 心是佛이요 心是怛薩阿竭이요 心此云如來[100] 是我身이요 心見佛이니라 心不自知心이며 心不自見心이라 心有想에 爲癡요 心無想에 是泥洹이라 是法은 無可樂[101]者오 皆念所爲라 設使念爲라도 空耳요 設有念者라도 亦了無所有니라 如是跋陀和여 菩薩이 在三昧中에 立者를 所見如是니라 佛이 於爾時에 頌偈言하사대 心者는 不知心이요 有心不見心이라 心起想則癡요 無想是泥洹[102]이니라 是法無堅固하여 常立在於念이라 以解見空者는 一切無想念이라하니라 釋曰, 對疏하면 廣略을 可知니라

● ㈢ 유심(唯心)으로 결론함은 곧 경문의 '내가 이렇게 기억함'을 해석함

---

99) 經文은 南續金本無라 하다.
100) 上四字는 原續本係正文, 經無; 玆從南本作注라 하다.
101) 樂은 原本作示, 經甲南續本作樂, 金本作示云이라 하다.
102) 上四句偈는 原與疏所引文全同, 玆從甲南續金本與經合; 案疏據摩訶止觀引文故文小異라 하다.

이니, 볼 대상인 모든 부처님이 모두 자기 마음으로 말미암은 것이다. 소가가 문득 경문을 인용하여 증명함이다. ①『관무량수경』을 인용함이니 대략 앞에서 설한 내용과 같다. ②『반주삼매경』을 인용함이니 중도관법을 의지하여 인용함이다. 경문이 조금 빠지고 생략하였으니 지금은 마땅히 순서대로 갖추어 인용하리라. (관무량수경) 경문에 이르되, "이런 생각을 하되, 부처님은 어느 곳에서 왔으며 어느 곳으로 가는가? 스스로 생각하되, 부처님은 온 곳이 없으니 나도 또한 갈 곳이 없다. 스스로 세 곳을 생각하나니 욕계의 처소, 색계의 처소, 무상(無想)계의 처소가 세 곳이니 생각으로 행위할 뿐이다. 내가 생각하면 곧 보나니 마음이 부처를 짓고, 마음이 스스로 마음을 보는 것이 부처 마음이요, 달살아갈(怛薩阿竭)심은 번역하여 여래라 한다. 바로 내 몸과 마음으로 부처를 보고 마음이 스스로 마음인 줄 알지 못하며 마음이 스스로 마음을 보지 못한다. 마음에 생각이 있으면 어리석음이요, 마음에 생각이 없으면 곧 열반이니, 이 법은 즐거워할 것도 없으니 모두가 생각으로 지은 바이다. 설사 생각으로 행위하게 함도 공할 뿐이다. 설사 생각이 있다고 한다면 또한 마침내 있는 것이 아니다. 이렇게 발타화(跋陀和)보살이 삼매 중에 건립한 소견이 이와 같다. 부처님께서 그때에 게송으로 말씀하시되, "마음이란 마음을 알지 못하고 유(有)의 마음으로는 마음을 보지 못한다. 마음에 생각이 일어나면 어리석음이요, 생각이 없으면 곧 열반이니 이 법은 견고하지 않아서 항상 생각 속에 건립해 있고, 이런 견해로 공(空)을 아는 이는 모든 것에 생각이 없다네"라고 하였다. 해석하자면 소문과 상대하여 자세하고 생략함은 알 수 있으리라.

次釋疏文호리라 初는 明佛無去來라 隨念即見佛이요 二, 心作佛下는 明唯心念佛觀成이니 初知是我心이 作佛이요 心外에 無佛일새 故로 所見佛이 即見自心이라 言是佛心者는 我心과 佛心이 心無二故라 若見自心하면 即見佛心이요 如如即佛이니 故略不出이라 言是我心見佛者는 結成唯心이니 決定是我心見이요 心外에 無別佛也라 故로 疏에 結云, 上에 方攝境歸心이라하니라 下에 又拂者[103]는 先拂上의 心自見心이라 夫心爲能見에 佛爲所見이나 如刀不自割이며 指不自觸이어니 云何自心이 還見自心이리요 能所不分에 見相斯絶이니라 下句는 拂上知是我心이라 既能所知가 二皆是心이면 則亦絶能所니 故로 無知耳라 故로 結云, 有想則癡라하니라 然이나 般舟別譯은 隋朝沙門闍那崛多니 即大集賢護分이라 有文五卷하니 初品은 名思惟요 第二品은 名三昧行이니 此中義는 在初品이라 餘는 可知니라

● ③ 소문을 해석함이니 ㉮ 부처님은 오고 감이 없지만 생각을 따라 부처를 본다고 밝힘이요, ㉯ 心作佛 아래는 오직 마음으로 부처를 생각하는 관법을 이룸이요, 첫째 앎은 내 마음이 부처를 짓는 것이다. 마음 밖에 부처가 없으므로 볼 대상인 부처는 곧 자기 마음을 본다. (마음이 스스로 마음을 보는 것이) '곧 부처 마음'이라 말한 것은 내 마음과 부처 마음이 마음에 둘이 없기 때문이다. 만일 자기 마음을 보면 곧 부처 마음을 보는 것이니 여여함이 곧 부처이므로 생략하고 내보이지 않았다. '바로 내 마음으로 부처를 본다'고 말한 것은 유심(唯心)으로 결론함이다. 결정코 내 마음을 보나니 마음 밖에 따로 부처가 없기 때문이다. 그러므로 소에서 결론해 말하되, "상방에 경계를 포섭하여 마음으로 돌아감이니, 아래에 또한 떨어낸 것이리오!"라 하였으니, 먼저 위에서 마음이 스스로 마음을 봄을 떨어냄이다.

---

103) 者는 甲續本作云, 南金作去라 하다.

대저 마음은 보는 주체가 되고 부처님은 볼 대상이 되나니, 마치 칼은 스스로 베지 못함과 같아서 스스로 접촉하지 않음을 지적함이다. 어떻게 자기 마음이 도리어 자기 마음을 보겠는가? 주체와 대상을 구분하지 않아서 보는 양상이 여기서 끊어진 것이다. 아래 구절은 위를 떨어냄이니, 내 마음이 이미 능히 알 대상인 줄 아나니 둘이 모두 마음이라면 또한 주체와 대상을 끊은 연고로 앎이 없을 뿐이다. 그러므로 결론하여 말하되, "생각이 있으면 어리석음이다"라고 하였다. 그러나 『반주삼매경』에는 다르게 해석하였으니 수(隋)나라 사문 사나굴다(闍那崛多)는 곧 『대집경(大集經)』 현호분(賢護分)에 경이 다섯 권이 있으니 첫 품 이름은 사유품(思惟品)이요, 둘째는 이름이 삼매행품(三昧行品)이다. 이 가운데 뜻은 첫 사유품에 있으니 나머지는 알 수 있으리라.

c. 마음은 만 가지 법을 포함하다[心該萬法] (第三 28上10)
d. 결론하여 닦고 배우기를 권하다[結勸修學] (第四)

善男子여 當知菩薩이 修諸佛法하여 淨諸佛刹하며 積集妙行하여 調伏衆生하며 發大誓願하여 入一切智하며 自在遊戲不可思議解脫之門하며 得佛菩提하여 現大神通하며 徧往一切十方法界하며 以微細智로 普入諸劫하나니 如是一切가 悉由自心이라 是故로 善男子여 應以善法으로 扶助自心하며 應以法水로 潤澤自心하며 應於境界에 淨治自心하며 應以精進으로 堅固自心하며 應以忍辱으로 坦蕩自心하며 應以智證으로 潔白自心하며 應以智慧

로 明利自心하며 應以佛自在로 開發自心하며 應以佛平
等으로 廣大自心하며 應以佛十力으로 照察自心이니라
착한 남자여, 그렇게 알아라. 보살들이 (1) 부처의 법을 닦
아 부처의 세계를 청정케 하며, (2) 묘한 행을 쌓아 중생을
조복하며, (3) 큰 서원을 내고 온갖 지혜에 들어가 자재하
게 유희하며, (4) 부사의한 해탈문으로 부처의 보리를 얻으
며, (5) 큰 신통을 나타내고 모든 시방세계에 두루 가며, (6)
미세한 지혜로 여러 겁에 널리 들어가는 이런 것들이 모두
자기의 마음으로 말미암음이니라. 그러기에 착한 남자여,
마땅히 착한 법으로 제 마음을 붙들며, 법의 물로 제 마음
을 윤택하게 하며, 모든 경계에서 제 마음을 깨끗이 다스리
며, 꾸준히 노력하므로 제 마음을 굳게 하며, 참으므로 제
마음을 평탄하게 하며, 지혜로 증득하여 제 마음을 결백하
게 하며, 지혜로써 제 마음을 명랑하게 하며, 부처의 자재
함으로 제 마음을 개발하며, 부처의 평등으로 제 마음을 너
그럽게 하며, 부처의 열 가지 힘으로 제 마음을 비추어 살
필 것이니라.

[疏] 第三, 心該萬法이니 謂非但一念佛觀이 由於自心이라 菩薩萬行과
佛果體用이 亦不離心이라 如有偈에 云, 諸佛이 從心得解脫하나니 心
者는 無漏名淸淨[104]이라 五道鮮潔不受色하나니 有解此者는 成大道
라하니라
第四, 結勸修學中에 旣萬法이 不離自心인대 但修自心하면 萬法行

---

104) 心者無漏名淸淨은 或本에는 心者淸淨名無垢라 하다.

備라할새 亦遣愚人妄解之失이니 謂有計云호대 萬法皆心이라 任之是 佛이어니 驅馳萬法이 豈不唐勞아할새 故今에 廣明心雖卽佛이나 久翳 塵勞하니 故以萬行으로 增修하여 令其瑩徹이니라 又但說萬行이 由心 하고 不說不修가 爲是니라 又萬法卽心이어니 修何礙心이리요 文有十 句하니 一, 如彼病人이 非杖不起하여 煩惱病重하니 假善相資니라 二, 若無法水하면 法芽不生이니라 三, 對境忘心하면 卽六塵不染이니라 四, 舊善不雜하고 新善進修면 可謂堅固니라 五, 違順不干하면 則坦 然寬廓이니라 六, 寂照內證하면 皎然無瑕니라 七, 觸境了如하면 無 不鑒達이니라 八, 六自在王이 性同於佛이니 開塵發用하면 知見分明 이니라 九, 與佛同如體周法界니라 十, 以調生十力으로 察獲疎遺하여 如是修心하면 則圓前佛法이니라

■ c. 마음은 만 가지 법을 포함함이다. 이른바 단지 일념으로 부처님을 관찰할 뿐 아니라 자기 마음을 말미암았으니 보살의 만 가지 행으로 부처님 과덕의 체성과 작용도 또한 마음을 여의지 않은 것이니, 마치 (반주삼매경) 게송에 이르되, "모든 부처님께서는 마음으로부터 해탈을 얻으셨으니 마음에 번뇌가 없음을 청정(清淨)이라 이름하고 오도(五 道)는 맑고 깨끗하여 색을 받지 않으니 이렇게 아는 이는 대도(大道) 를 이룬다"라고 하였다.

d. 결론하여 닦고 배우기를 권함 중에 이미 만 가지 법이 자기 마음 을 여의지 않나니, 단지 자기 마음만 닦으면 만 가지 법으로 행함을 갖추고, 또한 어리석은 사람이 망령되게 이해하는 허물을 보낸다. 말 하자면 어떤 이가 계탁하여 이르되, "만 가지 법은 모두 마음이요, 마 음대로 부처가 되고 만 가지 법을 달려 구하면 어찌 헛된 수고가 아 니겠는가?"라고 하였으니, 그러므로 지금 자세하게 밝힌 것이다. 마

음이 비록 곧 부처이지만 오랫동안 번뇌에 가린 연고로 만 가지 행법을 더욱 닦고, 그로 하여금 밝게 통하게 하리라. 또한 단지 만 가지 행법은 마음에서 말미암는다 말하면서 말하지 않고 수행하지 않음으로 옳음을 삼는다면 또한 만법이 마음과 합치하면 어떤 장애된 마음을 닦으리오. 경문에 열 구절이 있으니 (1) 저 병든 사람과 같아서 지팡이를 일으키지 않음이 없고, 번뇌와 병이 무거우면 좋은 모양을 빌려서 도우리라. (2) 만일 법의 물이 없으면 법의 싹이 생기지 않는다. (3) 경계를 상대하여 마음을 잊으면 곧 육진 경계에 물들지 않는다. (4) 오래된 선(善)은 섞이지 않고 새로운 선(善)은 나아가 수행하여야 가히 견고하다고 말할 수 있다. (5) 위배되고 수순함을 간섭하지 않으면 탄연(坦然)히 너그럽고 크다. (6) 고요하게 비추고 안으로 증득하면 밝아서 잘못이 없다. (7) 경계와 맞닿아 진여를 요달하면 비추어 통달하지 못함이 없다. (8) 육자재천왕은 성품이 부처님과 같나니 육진(六塵)을 열어서 작용을 시작하면 지견이 분명해진다. (9) 부처님과 진여가 같아서 체성이 법계에 두루하다. (10) 중생을 조복하는 십력(十力)으로 살펴서 얻은 것이 성글게 남았으니, 이렇게 마음을 닦으면 앞의 불법을 원만하게 된다.

(라) 자신은 겸양하고 뛰어난 분을 추천하다[謙己推勝] (第四 29下2)

善男子여 我唯於此如來無礙莊嚴解脫門에 而得入出이어니와 如諸菩薩摩訶薩은 得無礙智하며 住無礙行하며 得常見一切佛三昧하며 得不住涅槃際三昧하며 了達三昧普門境界하며 於三世法에 悉皆平等하며 能善分身하

여 徧一切刹하며 住於諸佛平等境界하며 十方境界가 皆
悉現前하며 智慧觀察하여 無不明了하며 於其身中에 悉
現一切世界成壞하되 而於己身과 及諸世界에 不生二想
하나니 如是妙行을 而我云何能知能見이리오
착한 남자여, 나는 다만 이 여래의 걸림 없는 장엄 해탈문
에서 드나들거니와 여러 보살마하살들이 (1) 걸림 없는 지
혜를 얻고 걸림 없는 행에 머물며, 모든 부처를 항상 보는
삼매를 얻으며, (2) 열반의 경계에 머물지 않는 삼매를 얻
으며, (3) 삼매의 넓은 문 경계를 통달하며, (4) 세 세상 법
이 다 평등하며, (5) 능히 몸을 나누어 여러 세계에 두루 이
르며, (6) 부처님의 평등한 경계에 머물러 (7) 시방의 경계
가 앞에 나타나거든 지혜로 관찰하여 분명히 알며, (8) 몸
가운데 모든 세계가 이루어지고 무너짐을 다 나타내어도
(9) 자기의 몸과 여러 세계가 둘이란 생각을 내지 아니하나
니, 이렇게 미묘한 행이야 내가 어떻게 알며 어떻게 말하겠
는가?

[疏] 第四, 善男子我唯下는 謙己推勝이라 不住涅槃際는 生下當知라 餘
文은 相顯이니라

■ (라) 善男子我唯 아래는 자신은 겸양하고 뛰어난 분을 추천함이다.
열반의 경계에 머물지 않고 아래에 태어났으니 마땅히 알라. 나머지
경문은 모양이 밝은 것을.

(마) 다음 선지식을 지시하다[指示後友] (第五 29下7)

(바) 덕을 연모하여 예배하고 물러가다[戀德禮辭] (六戀)

善男子여 從此南行하여 至閻浮提畔하면 有一國土하니 名摩利伽羅요 彼有比丘하니 名曰海幢이니 汝詣彼問하되 菩薩이 云何學菩薩行이며 修菩薩道리잇고하라
時에 善財童子가 頂禮解脫長者足하고 右遶觀察하며 稱揚讚歎하고 思惟戀仰하며 悲泣流淚하고 一心憶念하여 依善知識하며 事善知識하며 敬善知識하며 由善知識하여 見一切智하며 於善知識에 不生違逆하며 於善知識에 心無諂誑하며 於善知識에 心常隨順하며 於善知識에 起慈母想하여 捨離一切無益法故며 於善知識에 起慈父想하여 出生一切諸善法故로 辭退而去하니라

착한 남자여, 여기서 남방으로 가서 염부제의 경계선에 이르면 한 나라가 있으니 이름이 마리가라요, 그 나라에 비구가 있으니 이름은 해당이니라. 그대는 그에게 가서 '보살이 어떻게 보살의 행을 배우며 보살의 도를 닦느냐?'고 물어라."

이때 선재동자는 해탈장자의 발에 예배하고 오른쪽으로 돌며 관찰하고, 일컬어 찬탄하며 생각하여 앙모하고 슬프게 울어 눈물을 흘리면서 일심으로 생각하기를 '선지식을 의지하며 선지식을 섬기고 선지식을 공경하며, 선지식을 말미암아 온갖 지혜를 보았으니, 선지식에게 거스르는 생각을 내지 아니하며, 선지식에 아첨하거나 속이는 마음이 없으며, 마음으로 선지식을 항상 순종하며, 선지식에게 어

머니란 생각을 일으킬 것이니 모든 무익한 법을 버리는 연고며, 선지식에게 아버지란 생각을 일으킬 것이니, 모든 선한 법을 내게 하는 연고이니라'라고 하면서 하직하고 물러갔다.

[疏] 第五, 從此下는 指示後友라 閻浮提畔者는 此洲南際니 表將隣不退故라 亦云所得般若는 六度의 後邊故라 摩利伽羅는 晉經에 譯爲莊嚴이라 比丘海幢者는 業用이 深廣而高出故요 正心不動이 如海하여 最高勝故니라

■ (마) 從此 아래는 다음 선지식을 지시함이다. '염부제의 경계선'이란 이 남섬부주의 끝을 뜻한다. 장차 물러나지 않음과 이웃함을 표한 연고며, 또한 '얻은 반야가 육바라밀의 뒤끝이다'라고 말한 까닭이다. 마리가라(摩利伽羅)는 진경(晋經)에 '장엄함'이라 번역하였고, 비구해당(海幢)이란 업과 작용이 깊고 광대하며 높이 뛰어난 까닭이며, 바른 마음이 동하지 않는 것이 마치 바다가 가장 높고 뛰어남과 같은 까닭이다. (바) 덕을 연모하여 예배하고 물러감이다.

바) 제7. 해당비구 선지식[海幢比丘] 5.
- 제6. 정심주(正心住)에 의탁한 선지식

(가) 선지식의 가르침에 의지하여 나아가 구하다[依敎趣求] 2.

ㄱ. 앞의 가르치고 주심을 기억하다[念前敎誨] (第六 30下6)
ㄴ. 다음 선지식에 나아가 구하다[趣求後友] (二趣)

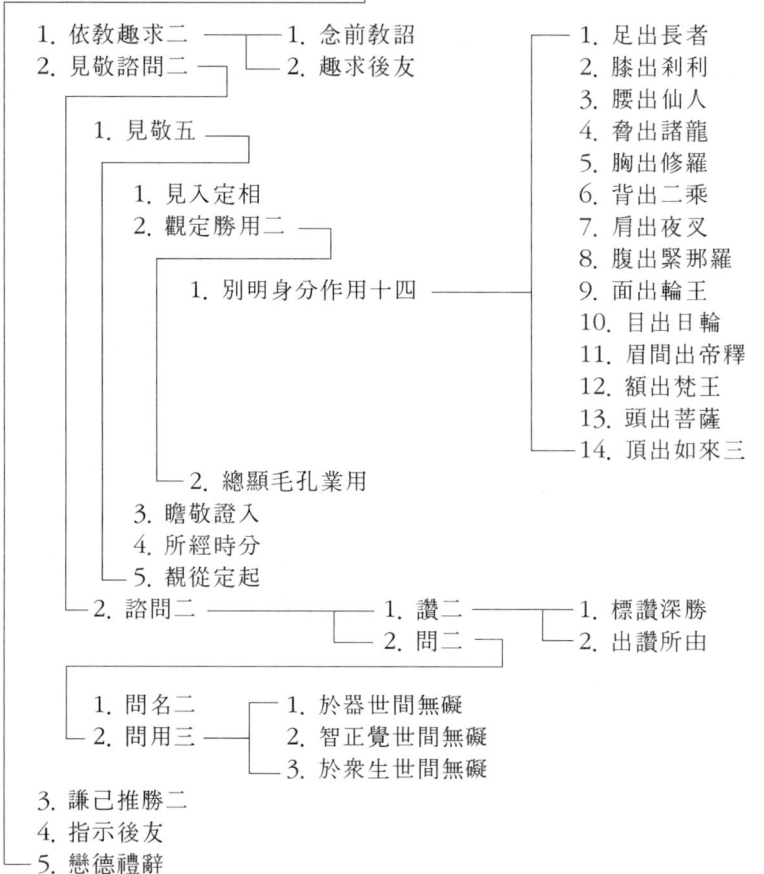

爾時에 善財童子가 一心正念彼長者教하며 觀察彼長者 教하여 憶念彼不思議菩薩解脫門하며 思惟彼不思議菩 薩智光明하며 深入彼不思議法界門하며 趣向彼不思議 菩薩普入門하며 明見彼不思議如來神變하며 解了彼不 思議普入佛刹하며 分別彼不思議佛力莊嚴하며 思惟彼

不思議菩薩三昧解脫境界分位하며 了達彼不思議差別
世界究竟無礙하며 修行彼不思議菩薩堅固深心하며 發
起彼不思議菩薩大願淨業하니라 漸次南行하여 至閻浮提
畔摩利聚落하여 周徧求覓海幢比丘라가

그때 선재동자는 일심으로 (1) 저 장자의 가르침을 바로 생각하며, (2) 장자의 가르침을 관찰하며, (3) 저 부사의한 보살의 해탈문을 기억하며, (4) 저 부사의한 보살의 지혜 광명을 생각하며, (5) 저 부사의한 법계문에 깊이 들어갔고, (6) 저 부사의한 보살의 널리 들어가는 문에 향하여 나아가며, (7) 저 부사의한 여래의 신통변화를 밝게 보고, (8) 저 부사의하게 부처님의 세계에 널리 들어가는 문을 이해하며, (9) 저 부사의한 부처의 힘으로 장엄함을 분별하며, (10) 저 부사의한 보살의 삼매 해탈 경계의 나뉘는 자리를 생각하며, (11) 저 부사의한 차별한 세계가 필경에 걸림이 없음을 통달하며, (12) 저 부사의한 보살의 견고하고 깊은 마음을 닦아 행하며, (13) 저 부사의한 보살의 큰 서원과 깨끗한 업을 발기하였다. 점점 남방으로 가서 염부제 경계선인 마리 마을에 이르러 해당비구를 두루 찾다가,

[疏] 第六, 海幢은 寄正心住라 文但有五하니 初, 念敎趣求[105]라 文顯이니 可知니라

- 바) 해당비구 선지식은 제6. 정심주(正心住)에 의탁하였다. 경문에 단지 다섯만 있으니 ㄱ. 가르침을 기억하고 나아가 구함이다. 경문이

---

105) 此下에 續金本有有二, 初念前敎詔 二趣求後友라 하다.

분명하니 알 수 있으리라.

[鈔] 海幢比丘는 寄正心住는 成就般若하여 了法性空하여 無住無依하며 無邪無正일새 故聞讚毀하야도 眞正其心하면 念不動故니라
- 해당 비구는 제6. 정심주에 의탁함이니 반야를 성취하고 법의 체성이 공함을 요달하여 머무름도 없고 의지함도 없으며 삿됨도 없고 올바름도 없으므로 칭찬함과 헐뜯음을 듣고도 그 마음을 참되고 바르게 하면 생각에 동요함이 없는 까닭이다.

(나) 만나서 공경을 표하고 법문을 묻다[見敬咨問] 2.

ㄱ. 만나서 공경을 표하다[見敬] 5.
ㄱ) 선정에 들어간 모습을 보다[見入定相] (第二 31上4)

乃見其在經行地側하여 結跏趺坐하고 入於三昧하여 離出入息하고 無別思覺하여 身安不動하니라
문득 보니, 그가 거니는 장소 곁에서 가부좌하고 삼매에 들었는데, 숨을 쉬지 아니하고 별로 생각함이 없어서 몸이 편안히 있고 동하지 아니하였다.

[疏] 第二, 乃見其在下는 見敬咨問이라 中에 二니 先, 見敬이요 後, 善財童子讚言下는 咨問이라 今初니 小異前來는 謂便見其入定體用이요 卽同前文은 正示法界라 下諸夜神도 類多如是니라 文中에 有五하니 一, 見入定相이요 二, 覩定勝用이요 三, 瞻敬證入이요 四, 所經時分

이요 五, 覩從定起라 今初니 此通二定이 一, 卽滅受想定이니 謂無別思覺은 七轉已息하고 唯第八識持身이니 定前에 加行誓願力故로 令於定身에 起諸業用이라 若圓教中인댄 融攝法界하여 自在無礙일새 故로 業用無方이나 未曾起念이라 是以로 六地에 能入滅定하여 而起通用이니 住似地故라 淨名에 云, 不起滅定하고 而現諸威儀가 正當此也니라 二者는 卽第四禪이니 以起用은 多依彼故라 四禪은 無出入息하고 亦無覺觀과 內淨과 喜樂인 諸思覺故라 通表此位에 心定不動故니라 又經行地側은 是動之所요 而滅思覺者는 表卽動而寂故라 而言側者는 不住行故니라

■ (나) 乃見其在 아래는 만나서 공경을 표하고 법문을 물음이다. 그 중에 둘이니 ㄱ. 만나서 공경을 표함이요, ㄴ. 善財童子讚言 아래는 법문을 물음이다. 지금은 ㄱ.이니 앞에서 오는 것과 조금 다름은 이른바 그 선정에 들어간 체성과 작용을 문득 본 것이 곧 앞의 경문과 같아서 바로 법계를 보이며, 아래 모든 야신(夜神)의 부류가 대부분 이와 같다. 경문 중에 다섯이 있으니 ㄱ) 선정에 들어간 모습을 봄이요, ㄴ) 선정의 뛰어난 작용을 관함이요, ㄷ) 만나서 공경하고 증득하여 들어감이요, ㄹ) 걸린 시간이요, ㅁ) 선정에서 일어남을 봄이다. 지금은 ㄱ)이니 여기서 두 가지 선정과 통하나니, (1) 느낌과 생각을 멸한 선정[滅受想定]은 이른바 사유하고 생각함과 다름없나니 제7. 전식(轉識)이 이미 쉰 것이요, 오직 제8. 아뢰야식에서 몸을 지님도 선정에 들기 전에 가행(加行)하나니 서원의 힘 때문이다. 선정의 몸으로 하여금 모든 업과 작용을 일으키게 함이니, 만일 원교(圓敎) 중에 법계를 융섭함이 자재하고 걸림 없으므로 업과 작용이 방소가 없어서 일찍이 생각을 일으키지 않는다. 이런 까닭으로 제6. 현전지에서 능히 멸

진정에 들어가서 신통한 작용을 일으키나니 주(住)가 지(地)와 비슷한 까닭이다. 『유마경』(제자품)에 이르되, "(대저 좌선이란) '모든 것이 다 소멸해 버린 선정[滅盡定]'에서 일어나지 않고 온갖 위의(威儀)를 다 나타낸다"는 것이 바로 여기에 해당한다. (2) 곧 제4선천(禪天)의 선정이니 작용을 일으킴은 대부분 저기에 의지하는 까닭이다. 제4선천에는 숨을 내쉬고 들이쉼도 없고 또한 각관(覺觀)이 없는 것이다. 안으로 기쁨과 즐거움이 청정해지나니 모든 사유와 생각함 때문이다. 이런 지위를 통틀어 표함은 마음이 정하여 동요함이 없기 때문이다. 또한 경행하는 지위에 기울임은 동하는 처소이지만 사유함과 생각을 없앤 것이니 동요함과 합치한 고요함을 표한 연고며, 그러나 '기울인다'고 말한 것은 행법에 머무르지 않는 까닭이다.

[鈔] 一滅受想定은 如此品初와 及七地說이요 引淨名經도 亦如前說이니라

- (1) '느낌과 생각을 멸한 선정[滅受想定]'은 마치 이 품의 처음과 제7. 원행지에 설한 내용과 같나니, 유마경을 인용함도 또한 앞에서 설한 내용과 같다.

ㄴ) 선정의 뛰어난 작용을 관하다[觀定勝用] 2.

(ㄱ) 몸의 부분적인 작용을 개별로 밝히다[別明身分作用] 14.
a. 발에서 장자가 나오다[足出長者] (二從 32上7)

從其足下하여 出無數百千億長者居士婆羅門衆하니 皆

以種種諸莊嚴具로 莊嚴其身하여 悉着寶冠하되 頂繫明珠하고 普往十方一切世界하여 雨一切寶와 一切瓔珞과 一切衣服과 一切飮食如法上味와 一切華와 一切鬘과 一切香과 一切塗香과 一切欲樂資生之具하여 於一切處에 救攝一切貧窮衆生하고 安慰一切苦惱衆生하여 皆令歡喜하여 心意淸淨하여 成就無上菩提之道하니라

(1) 그 발바닥에서 수없는 백천억 장자·거사·바라문들이 나오는데, 모두 갖가지 장엄거리로 몸을 장엄하였고, 보배관을 쓰고 정수리에 밝은 구슬을 매었으며, 시방의 모든 세계로 가서 모든 보배·모든 영락·모든 의복·법답게 맛있는 모든 음식·모든 꽃·모든 화만·모든 향·모든 바르는 향과, 여러 가지 좋아하고 필요한 물건들을 비 내리며, 여러 곳에서 여러 빈궁한 중생을 구제하여 거둬 주고, 모든 고통받는 중생을 위로하여 환희케 하며 마음이 청정하여 위없는 보리의 도를 성취케 하였다.

[疏] 二, 從其足下는 見定業用이라 中에 二니 先, 別明身分作用處別이요 後, 海幢比丘又於其身下는 總顯毛孔光明의 業用이라 今初니 總十四處에 作用不同이니 總相而明하면 從下至上하여 漸漸增勝이요 別則各表不同이라 一, 足出長者等者는 足有二義하니 一, 最初故니 多顯施行이 萬行首故요 二, 行住義라 長者는 行之長故요 居士는 得安處故요 婆羅門은 淨行故요 成就菩提가 是利行故니라

- ㄴ) 從其足 아래는 선정의 뛰어난 작용을 관함이다. 그중에 둘이니 (ㄱ) 몸의 부분적인 작용을 개별로 밝힘이요, (ㄴ) 海幢比丘又於其

身 아래는 털구멍 광명의 업과 작용을 밝힘이다. 지금은 (ㄱ)이니 총합하여 14곳에 작용함이 같지 않다. 총상으로 밝힌 것은 아래로부터 위에 이르기까지 점점 더욱 뛰어나며, 별상은 각기 표함이 같지 않다. a. 발에서 장자, 거사 등이 나온 것은 발에 두 가지 뜻이 있다. (1) 가장 처음인 연고로 대부분 보시행을 밝혔으니 만 가지 행의 우두머리인 연고다. (2) 행에 머무르는 뜻이니 장자는 실천함이 어른인 연고며, 거사는 편안한 처소를 얻은 연고며, 바라문은 깨끗한 행법인 연고니, 보리를 성취함은 이행섭(利行攝)인 까닭이다.

b. 무릎에서 찰제리가 나오다[膝出刹利] (二膝 32下9)

從其兩膝하여 出無數百千億刹帝利婆羅門衆하니 皆悉聰慧하여 種種色相과 種種形貌와 種種衣服上妙莊嚴으로 普徧十方一切世界하여 愛語同事로 攝諸衆生하니 所謂貧者令足하고 病者令愈하고 危者令安하고 怖者令止하고 有憂苦者로 咸使快樂하며 復以方便으로 而勸導之하여 皆令捨惡하고 安住善法하나니라

(2) 두 무릎에서는 수없는 백천억 찰제리 바라문들이 나오니, 모두 총명하고 슬기로우며, 가지가지 빛깔, 가지가지 형상, 가지가지 의복으로 훌륭하게 장엄하고, 시방의 모든 세계에 두루 퍼져 사랑스러운 말과 일을 같이 함으로 중생들을 거두어 주니, 이른바 가난한 이는 넉넉하게 하고 병든 이는 낫게 하고 위태한 이는 편안하게 하고 공포하는 이는 무섭지 않게 하고, 근심하는 이는 쾌락하게 하며, 또 방편으로

권장하고 인도하여 나쁜 짓을 버리고 선한 법에 머물게 하
였다.

[疏] 二, 膝出刹帝利等者는 土田[106]帝主가 屈申自在故라 行由於膝일새
故出淨行이니라 次前二攝일새 故說愛語와 同事니라
- b. '무릎에서 찰제리 등이 나온다'는 것은 토전(土田)을 마음대로 주
재함이니 구부리고 폄이 자재한 연고며, 행함이 무릎에서 말미암은
연고로 깨끗한 행이 나오며, 다음으로 앞의 두 가지를 섭수한 연고로
애어섭(愛語攝)과 동사섭(同事攝)을 말한 것이다.

c. 허리에서 신선이 나오다[腰出仙人] (三腰 33上7)

從其腰間하여 出等衆生數無量仙人하니 或服草衣하며
或樹皮衣하고 皆執澡瓶하여 威儀寂靜하며 周旋往返十
方世界하여 於虛空中에 以佛妙音으로 稱讚如來하고 演
說諸法하며 或說清淨梵行之道하여 令其修習하여 調伏
諸根하며 或說諸法이 皆無自性하여 使其觀察하여 發生
智慧하며 或說世間言輪軌則하며 或復開示一切智智出
要方便하여 令隨次第하여 各修其業하니라
(3) 허리에서는 중생의 수효와 같은 한량없는 신선들이 나
오는데, (1) 풀 옷을 입기도 하고 (2) 나무껍질 옷을 입기도
하며, (3) 물병을 들고 위의가 조용하여 시방세계로 다니면
서 공중에서 부처의 묘한 음성으로 여래를 칭찬하고 법을

---

106) 田은 纂金本作由, 原南續本作田; 案探玄記云 刹此云土田 帝利此云主라 하다.

연설하며, (4) 청정한 범행도 말하며 닦아 익히고 (5) 여러 감관을 조복하게 하며, (6) 모든 법이 제 성품이 없다고 말하여 (7) 자세히 살피고 지혜를 내게 하며, (8) 세간의 논란 하는 법을 말하기도 하고 (9) 온갖 지혜와 벗어나는 방편을 말하여 (10) 차례대로 업을 닦게 하기도 하였다.

[疏] 三, 腰出仙人者는 腰는 謂臍輪之下와 氣海之間이니 是吐故納新하 야는 出仙之所라 故梵本에 云, 那髀曼陀羅라하니 此云臍輪이니라

- c. '허리에서 신선이 나옴'이란 허리는 이른바 배꼽 바퀴 아래이니 '기운 나는 바다[氣海]'¹⁰⁷⁾의 사이다. 여기서 토하는 연고로 새것을 받아들임이요, 신선이 나온 장소인 연고로 범본(梵本)에 이르되, "나비만다라(那髀曼陀羅)는 '배꼽 바퀴[臍輪]'"라고 번역한다.

d. 옆구리에서 용왕이 나오다[脅出諸龍] (四脅 33下8)

從其兩脇하여 出不思議龍과 不思議龍女하여 示現不思議諸龍神變하니 所謂雨不思議香雲과 不思議華雲과 不思議鬘雲과 不思議寶蓋雲과 不思議寶旛雲과 不思議妙寶莊嚴具雲과 不思議大摩尼寶雲과 不思議寶瓔珞雲과 不思議寶座雲과 不思議寶宮殿雲과 不思議寶蓮華雲과 不思議寶冠雲과 不思議天身雲과 不思議婇女雲하여 悉徧虛空하여 而爲莊嚴하고 充滿一切十方世界諸佛道場하여 而爲供養하여 令諸衆生으로 皆生歡喜하니라

---

107) 氣海 : 이 穴은 배꼽 아래 1寸半 부위이며 남자의 生氣之海가 되므로 氣海라 하였다.

(4) 두 옆구리로 부사의한 용과 부사의한 용의 여자를 내며, 부사의한 용의 신통변화를 보이니, 이른바 (1) 부사의한 향 구름·부사의한 꽃 구름·부사의한 화만 구름·부사의한 보배 일산 구름·부사의한 보배 번기 구름·(6) 부사의한 보배 장엄거리 구름·부사의한 큰 마니보배 구름·부사의한 보배 영락 구름·부사의한 보배 자리 구름·부사의한 보배 궁전 구름·(11) 부사의한 보배 연꽃 구름·부사의한 보배 관 구름·부사의한 하늘 몸 구름·(14) 부사의한 채녀 구름을 비 내리어, 허공에 두루 장엄하고 모든 시방세계의 부처님 도량에 가득하여 공양하며, 중생들로 하여금 기쁜 마음을 내게 하였다.

[疏] 四, 脇出龍者는 是旁生故니라
■ d. '옆구리에서 용왕이 나옴'이란 방생(旁生, 축생의 뜻)인 까닭이다.

e. 가슴에서 아수라가 나오다[胸出修羅] (五於 34上9)

從胸前卍字中하여 出無數百千億阿修羅王하니 皆悉示現不可思議自在幻力하여 令百世界로 皆大震動하여 一切海水가 自然涌沸하고 一切山王이 互相衝擊하고 諸天宮殿이 無不動搖하고 諸魔光明이 無不隱蔽하고 諸魔兵衆이 無不摧伏하며 普令衆生으로 捨憍慢心하고 除怒害心하고 破煩惱山하고 息衆惡法하고 長無鬪諍하여 永共和善하며 復以幻力으로 開悟衆生하여 令滅罪惡하고 令

怖生死하고 令出諸趣하고 令離染着하고 令住無上菩提
之心하고 令修一切諸菩薩行하고 令住一切諸波羅蜜하
고 令入一切諸菩薩地하고 令觀一切微妙法門하고 令知
一切諸佛方便하여 如是所作이 周徧法界하니라

(5) 가슴의 卍 자에서는 수없는 백천억 아수라왕을 내니, (1) 모두 헤아릴 수 없이 자유자재한 환술의 힘을 보여서 백천 세계를 진동케 하며, (2) 모든 바닷물은 저절로 치솟고, (3) 모든 산들은 서로 부딪치며, (4) 하늘의 궁전은 모두 흔들리고, (5) 마의 광명은 모두 가리워지고 (6) 마의 군중들은 모두 부서지며, (7) 중생들로 하여금 교만한 마음을 버리고 성내는 마음을 없애고 번뇌의 산을 파괴하고 나쁜 법들을 쉬게 하여 투쟁은 없어지고, 영원히 화평하게 하였다. (8) 또 환술의 힘으로 중생들을 깨우쳐서 죄악은 소멸하고, 생사를 무서워하며, (9) 여러 길에서 벗어나고 물드는 고집을 여의어 위가 없는 보리심에 머물게 하며, (10) 모든 보살의 행을 닦아 모든 바라밀다에 머물게 하며, (11) 모든 보살의 지위에 들어가서 (12) 모든 미묘한 법문을 관찰하고 (13) 모든 부처님의 방편을 알게 하니, 이렇게 하는 일이 법계에 두루하였다.

[疏] 五, 於胸德相에 出修羅者는 胸是能生能滅憍慢幻術之所故라 又明德相이 能降魔故니라

■ e. '가슴의 덕상에서 아수라가 나옴'에서 가슴은 교만을 능히 생겨나게도 멸하게도 하는 환술의 의지처인 연고며, 또한 덕상으로 능히 마

군을 항복받기도 함을 밝힌 까닭이다.

f. 등에서 이승이 나오다[背出二乘] (六背 34下7)

從其背上하여 爲應以二乘으로 而得度者하여 出無數百千億聲聞獨覺하니 爲着我者하여 說無有我하며 爲執常者하여 說一切行이 皆悉無常하며 爲貪行者하여 說不淨觀하며 爲瞋行者하여 說慈心觀하며 爲癡行者하여 說緣起觀하며 爲等分行者하여 說與智慧相應境界法하며 爲樂着境界者하여 說無所有法하며 爲樂着寂靜處者하여 說發大誓願普饒益一切衆生法하니 如是所作이 周徧法界하니라

(6) 등으로부터는 이승으로 제도할 이를 위하여 수없는 백천억 성문과 독각을 내나니, <나>에 집착한 이에게는 <내>가 없다고 말하며, 항상하다고 집착하는 이에게는 모든 변천하는 법이 다 무상하다고 말하며, 탐심이 많은 이에게는 부정한 관(觀)을 하라 말하며, 성내는 일이 많은 이에게는 인자한 관을 하라 말하며, 어리석은 이에게는 인연으로 일어남을 관하라 말하며, 셋이 균등한 이에게는 지혜와 서로 응하는 경계의 법을 말하며, 경계에 애착한 이에게는 아무 것도 없는 법을 말하며, 고요한 처소에 집착한 이에게는 큰 서원을 내어 모든 중생을 두루 이익하게 하는 법을 말하나니, 이런 일들이 법계에 두루하였다.

[疏] 六, 背出二乘者는 背大乘故니라
- f. '등에서 이승이 나옴'은 대승을 등졌기 때문이요,

g. 어깨에서 야차가 나오다[肩出夜叉] (七肩 35上6)

從其兩肩하여 出無數百千億諸夜叉羅刹王하니 種種形貌와 種種色相이 或長或短하여 皆可怖畏어든 無量眷屬이 而自圍遶하여 守護一切行善衆生과 幷諸賢聖菩薩衆會와 若向正住와 及正住者하며 或時現作執金剛神하여 守護諸佛과 及佛住處하며 或徧守護一切世間하여 有怖畏者는 令得安隱하고 有疾病者는 令得除差하고 有苦惱者[108]는 令得免離하고 有過惡者는 令其厭悔하고 有灾橫者는 令其息滅하여 如是利益一切衆生하여 皆悉令其捨生死輪하고 轉正法輪하니라

(7) 두 어깨에서는 수없는 백천억 야차왕과 나찰왕들이 나오는데, (1) 갖가지 빛깔로서 크기도 하고 짧기도 하여 한량없이 무서운 권속에게 둘러싸여서, (2) 착한 일을 하는 모든 중생과 여러 성현과 보살 대중으로서 바르게 머무는 데로 향하는 이나 바르게 머무는 이를 수호하며, (3) 어떤 때는 집금강신으로 나타나서 부처님과 부처님 계신 데를 수호하며, (4) 어떤 때는 모든 세간을 두루 수호하되, (5) 무서워하는 이는 편안하게 하고, (6) 병난 이는 쾌차하게 하고, (7) 번뇌가 있는 이는 여의게 하고, (8) 허물이 있는 이는 뉘우치게

---

108) 苦는 金本作煩誤, 麗宋元明淸合綱杭鼓纂續本作苦라 하다. 稽 조아릴 계. 顙 이마 상.

하고, (9) 횡액이 있는 이는 없어지게 하나니, (10) 이렇게 모든 중생을 이익하게 하여 그들로 하여금 생사의 윤회를 버리고 바른 법륜을 굴리게 하였다.

[疏] 七, 肩出夜叉等者는 肩是可畏勇力之所故라 又是荷負之所니 故爲守護業이니라

- g. '어깨에서 야차가 나옴'에서 어깨는 두려워함과 용기와 힘의 의지처인 연고며, 또한 짐을 지는 처소인 연고로 수호하는 업이 된 것이다.

h. 배에서 긴나라가 나오다[腹出緊那羅] (八腹 35下9)

從其腹하여 出無數百千億緊那羅王하니 各有無數緊那羅女하여 前後圍遶하며 又出無數百千億乾闥婆王하니 各有無數乾闥婆女가 前後圍遶하며 各奏無數百千天樂하여 歌詠讚歎諸法實性하며 歌詠讚歎一切諸佛하며 歌詠讚歎發菩提心하며 歌詠讚歎修菩薩行하며 歌詠讚歎一切諸佛成正覺門하며 歌詠讚歎一切諸佛轉法輪門하며 歌詠讚歎一切諸佛現神變門하며 開示演說一切諸佛般涅槃門하며 開示演說守護一切諸佛敎門하며 開示演說令一切衆生皆歡喜門하며 開示演說嚴淨一切諸佛刹門하며 開示演說顯示一切微妙法門하며 開示演說捨離一切諸障礙門하며 開示演說發生一切諸善根門하여 如是周徧十方法界하니라

(8) 배에서는 (1) 수없는 백천억 긴나라왕이 나오는데, (2) 각각 무수한 긴나라 여인들이 앞뒤로 둘러싸며, (3) 또 수없는 백천억 건달바왕이 나오는데, (4) 각각 무수한 건달바 여인들이 앞뒤로 둘러싸고 있으면서, (5) 각각 수없는 백천의 하늘 음악을 연주하여 법의 참 성품을 노래하며 찬탄하고, (6) 모든 부처님을 노래하며 찬탄하고, (7) 보리심 내는 것을 노래하며 찬탄하고, (8) 보살의 행을 닦음을 노래하며 찬탄하고, (9) 모든 부처님이 바른 깨달음 이루는 문을 노래하며 찬탄하고, (10) 모든 부처님이 법륜 굴리는 문을 노래하며 찬탄하고, (11) 모든 부처님이 신통변화 나투는 문을 노래하며 찬탄하였다. (12) 모든 부처님이 열반에 드시는 문을 열어 보이며 연설하고, (13) 모든 부처의 가르침을 수호하는 문을 열어 보이며 연설하고, (14) 모든 중생을 기쁘게 하는 문을 열어 보이며 찬탄하고, (15) 모든 부처 세계를 깨끗이 하는 문을 열어 보이며 연설하고, (16) 모든 미묘한 법을 드러내는 것을 열어 보이며 연설하고, (17) 모든 장애를 여의는 문을 열어 보이며 연설하고, (18) 모든 착한 뿌리를 나게 하는 문을 열어 보이며 연설하여, 이렇게 시방 법계에 두루하였다.

[疏] 八, 腹出緊那羅等者는 鼓腹絃歌가 音樂之所故니라

■ h. '배에서 긴나라가 나옴'이란 배를 두드리고 비파 타며 노래하는 것이니 음악하는 처소인 까닭이다.

i. 얼굴에서 전륜왕이 나오다[面出輪王] (九面 36上10)

從其面門하여 出無數百千億轉輪聖王하니 七寶具足하고 四兵圍遶하며 放大捨光하고 雨無量寶하여 諸貧乏者로 悉使充足하여 令其永斷不與取行하며 端正婇女無數百千을 悉以捨施하되 心無所着하여 令其永斷邪淫之行하며 令生慈心하여 不斷生命하며 令其究竟常眞實語하여 不作虛誑無益談說하며 令攝他語하여 不行離間하며 令柔軟語하여 無有麤惡하며 令常演說甚深決定明了之義하여 不作無義綺飾言辭하며 爲說少欲하여 令除貪愛하여 心無瑕垢하며 爲說大悲하여 令除忿怒하여 意得清淨하며 爲說實義하여 令其觀察一切諸法하되 深入因緣하여 善明諦理하여 拔邪見刺하고 破疑惑山하여 一切障礙를 悉皆除滅하여 如是所作이 充滿法界하니라

(9) 얼굴로는 수없는 백천억 전륜성왕이 나오는데, 칠보가 구족하고 네 가지 군대가 둘러싸며, 크게 버리는 광명을 놓으며, 한량없는 보배를 비 내려 가난한 이를 만족하게 하여 영원히 훔치는 행을 끊게 하며, 단정한 백천 아가씨들에게 모두 보시하면서 마음에 집착함이 없어 영원히 음란한 행을 끊게 하며, 인자한 마음을 내어 생명을 죽이지 않게 하며, 진실한 말을 끝까지 하여 허황하고 쓸데없는 말을 하지 않게 하며, 남을 거두어 주는 말을 하고 이간질하지 않게 하며, 부드러운 말을 하게 하고 추악한 말이 없게 하며, 항상 깊고 결정하여 분명한 뜻을 연설하고 소용없고 꾸미는 말

을 하지 않게 하며, 욕심이 없을 것을 말하여 탐욕을 제하고 때 낀 마음이 없게 하며, 크게 가엾이 여김을 말하여 분함을 덜고 뜻이 청정케 하며, 진실한 이치를 말하여 모든 법을 관찰하고 인연을 깊이 알게 하며, 참된 이치를 밝게 알고 삿된 소견을 없애며, 의혹을 깨뜨리고 모든 장애를 다 제멸하게 하여 이렇게 하는 일이 법계에 가득하였다.

[疏] 九, 面門에 出輪王者는 布十善하여 令向佛法故니라
- i. '얼굴에서 전륜왕이 나옴'은 십선(十善)을 퍼뜨려 불법으로 향하게 하는 까닭이다.

[鈔] 布十善下는 經文에 自具하니 細尋이면 可知니라
- 布十善 아래는 경문에 자연히 갖추었으니 자세하게 살펴보면 알 수 있으리라.

j. 눈에서 태양이 나오다[目出日輪] (十目 37上5)

從其兩目하여 出無數百千億日輪하니 普照一切諸大地獄과 及諸惡趣하여 皆令離苦하며 又照一切世界中間하여 令除黑暗하며 又照一切十方衆生하여 皆令捨離愚癡翳障하고 於垢濁國土에 放淸淨光하며 白銀國土에 放黃金色光하고 黃金國土에 放白銀色光하며 瑠璃國土에 放玻瓈色光하고 玻瓈國土에 放瑠璃色光하며 硨磲國土에 放瑪瑙色光하고 瑪瑙國土에 放硨磲色光하며 帝靑國土

에 放日藏摩尼王色光하고 日藏摩尼王國土에 放帝靑色光하며 赤眞珠國土에 放月光網藏摩尼王色光하고 月光網藏摩尼王國土에 放赤眞珠色光하며 一寶所成國土에 放種種寶色光하고 種種寶所成國土에 放一寶色光하여 照諸衆生心之稠林하며 辨諸衆生의 無量事業하며 嚴飾一切世間境界하여 令諸衆生으로 心得淸凉하여 生大歡喜하니 如是所作이 充滿法界하니라

(10) 두 눈에서는 (1) 수없는 백천억 해가 나오는데, (2) 모든 지옥과 나쁜 길을 널리 비추어 괴로움을 여의게 하며, (3) 모든 세계의 중간을 비추어 어두움을 덜게 하며, (4) 모든 시방의 중생에게 비추어 어리석은 장애를 여의게 하였다. (5) 더러운 국토에는 청정한 광명을 놓고, (6) 은빛 국토에는 황금빛 광명을 놓고, (7) 황금빛 국토에는 은빛 광명을 놓으며, (8) 유리 국토에는 파리 빛 광명을 놓고, (9) 파리 국토에는 유리 빛 광명을 놓으며, (10) 자거 국토에는 마노 빛 광명을 놓고, (11) 마노 국토에는 자거 빛 광명을 놓으며, (12) 제청보배 국토에는 일장마니왕 빛 광명을 놓고, (13) 일장마니왕 국토에는 제청보배 빛 광명을 놓으며, (14) 적진주 국토에는 월광망장마니왕 빛 광명을 놓고, (15) 월광망장마니왕 국토에는 적진주 빛 광명을 놓았다. (16) 한 보배로 된 국토에는 가지가지 보배 빛 광명을 놓고, (17) 가지가지 보배로 된 국토에는 한 보배 빛 광명을 놓아서, (18) 모든 중생의 마음 숲을 비추어 중생들의 한량없는 사업을 짓게 하며, (19) 온갖 세간의 경계를 장엄하여 중생들의 마

음이 맑아서 기쁨을 내게 하였으니, 이렇게 하는 일이 법계에 가득히 찼다.

[疏] 十, 目出日輪은 目等日照故니라
■ j. '눈에서 태양이 나옴'에서 눈은 태양처럼 비추는 까닭이다.

k. 미간에서 제석천이 나오다[眉間出帝釋] (十一 37下4)
l. 이마에서 범천왕이 나오다[額出梵王] (十二)

從其眉間白毫相中하여 出無數百千億帝釋하니 皆於境界에 而得自在하며 摩尼寶珠로 繫其頂上하며 光照一切諸天宮殿하며 震動一切須彌山王하며 覺悟一切諸天大衆하며 歎福德力하며 說智慧力하며 生其樂力하며 持其志力하며 淨其念力하며 堅其所發菩提心力하며 讚樂見佛하여 令除世欲하며 讚樂聞法하여 令厭世境하며 讚樂觀智하여 令絶世染하며 止修羅戰하고 斷煩惱諍하며 滅怖死心하고 發降魔願하며 興立正法須彌山王하고 成辦衆生一切事業하여 如是所作이 周徧法界하니라 從其額上하여 出無數百千億梵天하니 色相端嚴하여 世間無比하며 威儀寂靜하고 言音美妙하며 勸佛說法하고 歎佛功德하여 令諸菩薩로 悉皆歡喜하며 能辦衆生의 無量事業하여 普徧一切十方世界하니라

(11) 미간의 흰 털에서는 (1) 수없는 백천억 제석이 나오는데, (2) 모두 경계에 대하여 자유자재하게 되었고, (3) 마니

구슬을 정수리에 매었으니 광명이 모든 하늘 궁전에 비치며 모든 수미산왕들을 진동하고, (4) 모든 하늘 대중들을 깨우치며, (5) 복덕의 힘을 찬탄하고 지혜의 힘을 말하며, (6) 좋아하는 힘을 내고 뜻 두는 힘을 지니고 생각하는 힘을 깨끗이 하고 보리심을 내는 힘을 굳게 하며, (7) 부처님 보기를 좋아한다고 찬탄하여 세상의 탐욕을 덜게 하며, (8) 법문 듣기를 좋아한다고 찬탄하여 세상의 경계를 싫어하게 하며, (9) 관찰하는 지혜를 좋아한다고 찬탄하여 세상의 물듦을 끊게 하며, (10) 아수라의 전쟁을 그치고 번뇌의 다툼을 끊으며, (11) 죽기를 두려워하는 마음을 없애고 마군을 항복받을 원을 내며, (12) 바른 법의 수미산왕을 세우고 중생의 모든 사업을 마련하나니, 이렇게 하는 일이 법계에 두루하였다.

(12) 이마에서는 수없는 백천억 범천이 나오는데, 모습이 단정하여 세간에 비길 데 없고, 위의가 조용하고 음성이 아름다워 부처님께 권하여 법을 연설하며, 부처님의 공덕을 찬탄하여 보살들을 기쁘게 하며, 중생들의 한량없는 사업을 마련하여 모든 시방세계에 두루하였다.

[疏] 十一, 眉間에 出帝釋者는 於地居中에 最尊勝故며 中道般若로 化衆生故하며 令離五欲하여 得淨法故니라 十二, 額出梵王者는 梵王超欲故로 次於眉上이라 又是稽顙請法之所故니라

- k. '미간에서 제석천이 나옴'은 땅에 사는 중에 가장 높고 뛰어난 연고로 중도의 반야로 중생을 교화하는 까닭이니 하여금 오욕(五欲)을 여의게 하고 깨끗한 법을 얻게 하기 때문이다.

l. '이마에서 범천왕이 나옴'에서 범천왕은 욕망을 초월하는 까닭이다. 다음은 어깨 위는 또한 이마를 조아리고 법문을 청하는 처소인 까닭이다.

m. 머리에서 보살이 나오다[頭出菩薩] (十三 38下7)

從其頭上하여 出無量佛刹微塵數諸菩薩衆하니 悉以相好로 莊嚴其身하며 放無邊光하여 說種種行하니 所謂讚歎布施하여 令捨慳貪하고 得衆妙寶하여 莊嚴世界하며 稱揚讚歎持戒功德하여 令諸衆生으로 永斷諸惡하고 住於菩薩大慈悲戒하며 說一切有가 悉皆如夢하고 說諸欲樂이 無有滋味하여 令諸衆生으로 離煩惱縛하며 說忍辱力하여 令於諸法에 心得自在하며 讚金色身하여 令諸衆生으로 離瞋恚垢하고 起對治行하여 絶畜生道하며 歎精進行하여 令其遠離世間放逸하고 皆悉勤修無量妙法하며 又爲讚歎禪波羅蜜하여 令其一切로 心得自在하며 又爲演說般若波羅蜜하여 開示正見하여 令諸衆生으로 樂自在智하여 拔諸見毒하며 又爲演說隨順世間種種所作하여 令諸衆生으로 雖離生死나 而於諸趣에 自在受生하며 又爲示現神通變化하여 說壽命自在하여 令諸衆生으로 發大誓願하며 又爲演說成就總持力과 出生大願力과 淨治三昧力과 自在受生力하며 又爲演說種種諸智하니 所謂普知衆生諸根智와 普知一切心行智와 普知如來十力智와 普知諸佛自在智니 如是所作이 周徧法界하니라

(13) 머리 위에서는 한량없는 부처 세계의 티끌 수 보살 대중이 나오는데, 모두 훌륭한 모습으로 몸을 장엄하고 그지없는 광명을 놓으며, 가지가지 행을 말하였다. 이른바 (1) 보시를 찬탄하여 간탐을 버리고 묘한 보배들을 얻어 세계를 장엄하게 하였다. (2) 계율을 지니는 공덕을 찬탄하여 중생들로 하여금 나쁜 짓을 영원히 끊고 보살들이 크게 자비한 계율에 머물게 하였다. (3) 모든 것이 꿈과 같다고 말하며, 모든 욕락이 재미가 없다고 말하여 중생들로 하여금 번뇌의 속박을 여의게 하였다. 참는 힘을 말하여 모든 법에 마음이 자재하게 하였다. 금빛 몸을 칭찬하여 중생들로 하여금 성내는 때를 떠나고 다스리는 행을 일으켜 축생의 길을 끊게 하였다. (4) 꾸준히 노력하는 행을 찬탄하여 세간에서 방일한 일을 여의고 한량없는 묘한 법을 부지런히 닦게 하였다. (5) 또 선나바라밀다를 찬탄하여 모든 사람들로 하여금 마음에 자유자재함을 얻게 하였다. (6) 또 반야바라밀다를 연설하여 바른 소견을 열어 보이어 중생들로 하여금 자유자재한 지혜를 좋아하고 나쁜 소견의 독한 화살을 뽑게 하였다. (7) 또 세간을 따라서 가지가지 짓는 일을 말하여 중생들로 하여금 생사를 여의었으나 여러 길에서 뜻대로 태어나게 하였다. (8) 또 신통변화를 보이며 목숨에서 자재함을 말하여 중생들로 하여금 큰 서원을 내게 하였다. (9) 또 총지를 성취하는 힘과 큰 서원을 내는 힘과 삼매를 깨끗이 다스리는 힘과 뜻대로 태어나는 힘을 말하며, (10) 또 갖가지 지혜를 연설하니 중생들의 근성을 두루 아는 지혜 · 모

든 이의 마음과 행을 두루 아는 지혜 · 여래의 열 가지 힘을 아는 지혜 · 부처님들의 자재함을 아는 지혜들이라, 이렇게 하는 일이 법계에 두루하였다.

[疏] 十三, 頭出菩薩者는 最上首故로 說十度行은 並顯이면 可知니라
- m. '머리에서 보살이 나옴'은 가장 우두머리인 연고로 십바라밀행을 설하시니 함께 밝히면 알 수 있으리라.

n. 정수리에서 여래가 나오다[頂出如來] 3.
a) 몸과 말을 총합하여 밝히다[總顯身語] (十四 39上3)

從其頂上하여 出無數百千億如來身하니 其身無等하여 諸相隨好가 淸淨莊嚴하며 威光赫奕이 如眞金山하며 無量光明이 普照十方하며 出妙音聲하여 充滿法界하며 示現無量大神通力하며 爲一切世間하여 普雨法雨하니라
(14) 정수리로부터는 수없는 백천억 여래의 몸이 나오는데, (1) 그 몸은 같을 이가 없어 거룩한 모습과 잘생긴 모양으로 청정하게 장엄하였고, (2) 위엄과 빛이 엄숙하고 찬란하여 금산과 같으며, (3) 한량없는 광명이 시방에 두루 비치고 묘한 음성이 법계에 가득하며, (4) 한량없는 큰 신통을 나타내며, (5) 모든 세간을 위하여 널리 법 비를 내렸다.

[疏] 十四, 頂出佛者는 尊極無上故라 文中에 三이니 初, 總顯所出身語之相이요 次, 所謂下는 別彰法雨不同이요 後, 如是下의 一句는 總結이라

■ n. '정수리에서 여래가 나옴'은 지극히 존귀하여 위가 없기 때문이다. 경문 중에 셋이니 a) 신업과 구업이 나오는 모양을 총합하여 밝힘이요, b) 所謂 아래는 법 비가 같지 않음을 별도로 밝힘이요, c) 如是 아래 한 구절은 (법계에 두루함을) 총합 결론이다.

b) 법 비가 같지 않음을 별도로 밝히다[別彰法雨] 2.
(a) 보살을 위한 법문[爲菩薩] (就別 39下5)

所謂爲坐菩提道場諸菩薩하여 雨普知平等法雨하며 爲灌頂位諸菩薩하여 雨入普門法雨하며 爲法王子位諸菩薩하여 雨普莊嚴法雨하며 爲童子位諸菩薩하여 雨堅固山法雨하며 爲不退位諸菩薩하여 雨海藏法雨하며 爲成就正心位諸菩薩하여 雨普境界法雨하며 爲方便具足位諸菩薩하여 雨自性門法雨하며 爲生貴位諸菩薩하여 雨隨順世間法雨하며 爲修行位諸菩薩하여 雨普悲愍法雨하며 爲新學諸菩薩하여 雨積集藏法雨하며 爲初發心諸菩薩하여 雨攝衆生法雨하며 爲信解諸菩薩하여 雨無盡境界普現前法雨하니라

이른바 (1) 보리도량에 앉은 보살을 위해서는 평등을 두루 아는 법 비를 내리고, (2) 정수리에 물 붓는 지위의 보살을 위해서는 넓은 문에 들어가는 법 비를 내리고, (3) 법왕자 지위의 보살을 위해서는 두루 장엄하는 법 비를 내리고, (4) 동자의 지위에 있는 보살을 위해서는 견고한 산의 법 비를 내리고, (5) 물러나지 않는 지위의 보살을 위해서는 바다광

법 비를 내리고, (6) 바른 마음을 성취한 지위의 보살을 위해서는 넓은 경계의 법 비를 내리고, (7) 방편이 구족한 지위의 보살을 위해서는 제 성품 문의 법 비를 내리고, (8) 귀한 집에 태어나는 지위의 보살을 위해서는 세간을 따라 주는 법 비를 내리고, (9) 수행하는 지위의 보살을 위해서는 두루 가엾이 여기는 법 비를 내리고, (10) 새로 배우는 보살에게는 모아 쌓은 창고의 법 비를 내리고, (11) 처음 마음을 낸 보살에게는 중생을 거둬 주는 법 비를 내리고, (12) 믿고 이해하는 보살에게는 그지없는 경계가 앞에 나타나는 법 비를 내렸다.

[疏] 就別彰法雨中하여 總有三十二種하니 前十二法雨는 爲菩薩이요 餘爲雜類라 今初一에 普知平等法雨者는 略有三等하니 一, 始覺同本하여 無始本之異故요 二, 等諸佛故요 三, 生佛一性故니 得此三等하여 則轉成妙覺이니라 二, 普門法雨者下의 十法雨는 卽十住者니 圓敎位中에 十住位滿에 便成佛故라 此前에는 更無別位니 此約以位攝位라 非一乘宗이면 餘無此說이라 然此十法이 皆是勸學十法이니 已住自分하여 勸勝進故라 普門은 卽三世等十種智慧니 勸彼灌頂하여 令其進修라 下皆倣此니라 三, 令普學法王善巧等하여 爲莊嚴故오 四, 令學知刹動刹等이 皆無能壞하여 最高出故요 五, 令學說一卽多와 說多卽一等의 十種廣大深法이니 故名海藏이니라 六, 令學一切法의 無相無體等이니 旣一切皆然일새 名普境界니라 七, 知衆生無邊하며 乃至知衆生無自性은 皆是自性門이니 以無邊等으로 亦入[109] 自

---

109) 入은 甲續金本作如라 하다.

性故니라 八, 了知圓滿三世佛法이 皆是隨順世間故오 九, 徧觀察衆生界等이 爲悲愍故니라 十, 誦習多聞하여 虛閑寂靜하며 近善知識等이 皆爲積集包藏於法行故니 創治心地일새 故名新學이니라 十一, 令其로 勤供養佛하고 主導世間이 爲攝衆生이라 若作十地等釋하면 類可思準니라 十二, 卽十信菩薩이니 令普緣如來와 及普賢無盡境界하여 而生信心하여 分明現前하여 進入位故니라

■ b) 법 비에 입각하여 별도로 밝힘이다. 그중에 총합하여 32가지 종류이니 앞의 12가지 법 비는 (a) 보살을 위한 법문이요, (b) 나머지는 잡류의 여러 신중을 위한 법문이다. 지금은 (a)이니 (1) '평등을 두루 아는 법 비'는 간략히 세 가지 평등함이 있으니 ① 시각이 본각(本覺)과 같나니 시각과 본각의 차이가 없는 연고요, ② 모든 부처님과 평등한 연고요, ③ 중생과 부처가 동일한 성품인 연고로 이런 세 가지 평등을 얻음으로 인해 바뀌어 묘각(妙覺)이 된 것이다. (2) '넓은 문에 들어가는 법 비'는 아래의 열 가지 법 비는 곧 십주(十住)이니 원교(圓敎)의 지위 중에서 십주의 지위가 만족하면 문득 성불하는 연고다. 이 앞에는 다시 개별 지위가 없고 여기는 지위로 지위를 포섭함을 잡았으니 일승(一乘)의 종지가 아니고 나머지는 이런 설명이 없다. 그러나 여기의 '열 가지 법'은 모두 배우기를 권하는 열 가지 법이니 자분행(自分行)에 머물고 나서 승진행(勝進行)을 권유한 까닭이다. '넓은 문'은 곧 삼세에 평등한 열 가지 지혜이니, 저 관정위(灌頂位)에서 권하여 그로 하여금 나아가 수행케 하나니 아래는 모두 이와 비슷하다. (3) 하여금 법왕의 선교 등을 널리 배우게 하는 등이니 장엄이 된 까닭이다. (4) 국토를 아는 것과 국토가 움직이게 하는 등이 모두 능히 무너뜨릴 수 없나니 가장 높게 출현한 까닭이다. (5) 하여금 배우게

하여 하나가 곧 여럿이라 말하고, 여럿이 곧 하나라 말하는 등의 열 가지의 광대하고 깊은 법이므로 바다광[海藏]이라 이름한다. (6) 온갖 법을 배우게 함이 형상 없고 체성 없는 등은 이미 모두가 다 그러함을 '넓은 경계의 법 비'라 하였다. (7) 중생이 그지없음을 아는 것으로 나아가 중생이 자성이 없음을 아는 것은 모두 자성문이니 그지없는 등도 또한 자성에 들어간 까닭이다. (8) 삼세에 원만한 불법이 모두 세간을 수순함을 깨달아 아는 까닭이다. (9) 중생계를 두루 관찰하는 등이니 대비로 가엾이 여기는 까닭이다. (10) 외우고 익히며 많이 들음과 텅 비어 한가함과 고요함으로 선지식을 가까이하는 등이 모두 쌓고 모아서 포섭하여 저장함이 되었으니 법을 행하는 연고요, 마음 지위를 처음 다스리는 연고로 '새로 배운다[新學]'고 이름하였다. (11) 그로 하여금 부처님을 부지런히 공양하게 하여 세간을 주도하고 중생을 포섭하기 위함이요, 만일 십지 등으로 해석함을 지었으니 유례하여 가히 생각함에 준한다. (12) 십신(十信)과 합치한 보살로 하여금 여래와 보현보살의 그지없는 경계를 널리 인연하게 하여 믿는 마음이 생겼으니 분명하게 현전하여 나아가 지위에 들어가는 까닭이다.

[鈔] 十法雨卽十住者는 尋經하면 易了니라
- '열 가지 법 비는 곧 십주'란 것은 경문을 찾아보면 쉽게 알 수 있다.

(b) 잡류의 여러 신중을 위한 법문[爲雜類] (後爲 41上8)

爲色界諸衆生하여 雨普門法雨하며 爲諸梵天하여 雨普

藏法雨하며 爲諸自在天하여 雨生力法雨하며 爲諸魔衆하여 雨心幢法雨하며 爲諸化樂天하여 雨淨念法雨하며 爲諸兜率天하여 雨生意法雨하며 爲諸夜摩天하여 雨歡喜法雨하며 爲諸忉利天하여 雨疾莊嚴虛空界法雨하며 爲諸夜叉王하여 雨歡喜法雨하며 爲諸乾闥婆王하여 雨金剛輪法雨하며 爲諸阿修羅王하여 雨大境界法雨하며 爲諸迦樓羅王하여 雨無邊光明法雨하며 爲諸緊那羅王하여 雨一切世間殊勝智法雨하며 爲諸人王하여 雨無樂着法雨하며 爲諸龍王하여 雨歡喜幢法雨하며 爲諸摩睺羅伽王하여 雨大休息法雨하며 爲諸地獄衆生하여 雨正念莊嚴法雨하며 爲諸畜生하여 雨智慧藏法雨하며 爲閻羅王界衆生하여 雨無畏法雨하며 爲諸厄難處衆生하여 雨普安慰法雨하여 悉令得入賢聖衆會니

항상 (1) 색계의 중생들에게는 넓은 문 법 비를 내리고, (2) 범천들에게는 넓은 창고 법 비를 내리고, (3) 자재천에게는 힘을 내는 법 비를 내리고, (4) 마군중에게는 마음의 깃발 법 비를 내리고, (5) 화락천에는 깨끗한 생각 법 비를 내리고, (6) 도솔천에는 뜻을 내는 법 비를 내리고, (7) 야마천에는 환희한 법 비를 내리고, (8) 도리천에는 허공계를 빨리 장엄하는 법 비를 내리고, (9) 야차왕에게는 즐거운 법 비를 내리고, (10) 건달바왕에게는 금강 바퀴 법 비를 내리고, (11) 아수라왕에게는 큰 경계 법 비를 내리고, (12) 가루라왕에게는 그지없는 광명 법 비를 내리고, (13) 긴나라왕에게는 모든 세간의 훌륭한 지혜 법 비를 내리고, (14) 사람의

왕에게는 즐거운 데 집착하지 않는 법 비를 내리고, (15) 용왕들에게는 환희한 깃발 법 비를 내리고, (16) 마후라가왕에게는 크게 쉬는 법 비를 내리고, (17) 지옥 중생들에게는 바른 생각으로 장엄하는 법 비를 내리고, (18) 축생들에게는 지혜 갈무리 법 비를 내리고, (19) 염라왕 세계의 중생들에게는 두려움 없는 법 비를 내리고, (20) 액난이 있는 곳 중생에게는 널리 위로하는 법 비를 내리어서, 모두 성현의 무리에 들게 하여,

[疏] 後, 爲色界下의 二十法雨는 普爲人天雜類니 一, 總爲色界衆生하여 捨外住內하여 令得心境無礙일새 故曰普門이니라 二, 偏語初禪은 以宿習多慈호대 而偏己眷屬일새 今令慈普하여 含福無窮이니라 三, 卽他化自在天이니 轉世自在하여 生十力自在요 四, 就他化中하여 分出魔衆이라 魔는 好摧他自高일새 今令得慈心法幢하여 摧其邪慢이니라 五, 隨念化樂이 但汚自心故로 轉令淨念이니라 六, 雖於世樂에 知足이나 宜生出世之意니라 七, 世樂時分을 稱快나 不及法喜之歡이니라 八, 地居之極으로 羨空居爲勝이나 不及福智로 嚴法性空이니라 九, 夜叉는 性多暴害일새 故令歡喜於含生이니 此約對治하여 明喜라 前夜摩天은 約隨便宜니라 十, 以彼善奏樂音일새 上德聲聞도 亦爲摧壞하니 今에 令得金剛智하여 無所不摧며 無不圓滿이니라 十一, 彼恃大身하여 而生憍慢일새 令見法身하여 稱法界境이니라 十二, 彼以淨眼으로 觀海하고 意欲吞龍일새 令以慈眼智光으로 徧照機感이니라 十三, 隨彼善歌하여 令得卽空涉有하야는 殊勝世智니라 十四, 人王著樂일새 故偏對治니라 十五, 龍多恚毒일새 故爲說喜하고 有熱沙等

怖일새 說法幢하여 能摧니라 十六, 蟒多毒害하고 又爲蟲唼食無休일새 故說內休毒心에 外苦休息이니라 十七, 地獄衆生은 身受無邊苦하고 心念無邊惡하니 若以正念三寶로 爲嚴하면 則頓脫衆苦니라 十八, 畜生多癡故요 十九, 餤魔鬼卒互相怖畏하며 乃至王身도 亦有熱鐵鎔銅等怖故니라 二十, 諸難者는 所謂八難과 及在人間에 獄囚繫閉等이 而多不安하니 故普安慰하여 悉令得入賢聖衆會하여 翻彼難處니라

■ (b) 爲色界 아래의 '20종류 법 비'는 인간과 천상의 잡류의 여러 신중을 위한 법문이다. (1) 총합하여 색계의 중생은 외부는 버리고 내부에 머물기 위함이다. 마음과 경계에 걸림 없게 하는 연고로 넓은 문이라 하였다. (2) 초선에 치우쳐 말한 것은 숙세에 많은 자비를 익혔지만 자기 권속에만 치우친 것이다. 지금은 자비가 넓게 함으로 복을 포함한 것이 끝이 없었고, (3) 곧 타화자재천은 세간을 바꿈에 자재하여 십력이 자재함이 생기고, (4) 타화자재천에 입각한 중에 부분적으로 마군중을 내보였으니 마군은 저것을 꺾고 스스로 잘난 체하기를 좋아한다. 지금은 하여금 자비로운 마음과 법의 깃대를 얻게 하여 그 삿된 교만을 꺾을 것이요, (5) 화락천(化樂天)의 생각을 따름이니 단지 자기 마음을 오염하는 연고로 바꾸어 하여금 생각을 깨끗하게 함이다. (6) 비록 세간의 즐거움에 만족할 줄 알지만 마땅히 세간에 나오려는 생각을 내는 것이다. (7) 세간의 즐거움은 시분에 쾌재를 부름이니 법문 듣고 기뻐서 찬탄함에 미치지 못함이요, (8) 땅에 사는 끝은 하늘에 사는 곳이 뛰어남을 부러워하고, 복과 지혜가 미치지 못함은 법성이 공함으로 장엄한다. (9) 야차의 성품이 난폭하고 해침이 많으므로 함생(含生, 곧 중생)을 환희케 함이요, 여기는 상대

하여 다스림을 잡아서 기쁨을 밝혔고, 앞의 야마천궁은 편의에 따름을 잡은 해석이다. (10) 저기서는 음악을 잘 연주하나니 덕이 뛰어난 성문도 또한 물리치고 무너뜨림의 뜻이다. 지금은 금강 같은 지혜를 얻게 하여 꺾지 못하는 바가 없고 원만하지 못함이 없는 것이다. (11) 저기는 큰 몸을 믿고서 교만함이 생기나니 하여금 법신이 법계의 경계와 칭합함을 보게 한다. (12) 저기는 깨끗한 눈으로 바다를 관찰하고 생각은 용을 삼키려고 하여 자비한 눈과 지혜 광명으로 근기에 감응함을 두루 비추게 한다. (13) 저 좋은 노래를 따라 하여금 공과 합치하며 유를 건너므로 세간의 지혜보다 수승하게 한다. (14) 인간의 왕이 음악에 집착하는 연고로 치우쳐 다스린다. (15) 용은 성냄과 독이 많으므로 (용을) 위하여 기쁨을 말하고 뜨거운 모래 등의 공포가 있어서 법의 깃대로 능히 꺾도록 말한다. (16) 이무기는 독으로 해침이 많고 또한 벌레가 빨아먹음이 쉬지 않음이 되는 연고로 안으로 독한 마음을 쉬고 밖으로 쉬는 것을 괴로워한다고 말한다. (17) 지옥의 중생은 몸으로 끝없는 고통을 받고 마음으로 그지없는 악함을 생각하였다. 만일 삼보를 바르게 생각함으로 장엄을 삼으면 몰록 여러 고통을 벗게 된다. (18) 축생은 어리석음이 많은 까닭이요, (19) 염마라(閻魔羅)의 귀신이 죽고 서로 번갈아 두려워하고 나아가 왕의 몸까지도 또한 뜨거운 쇠가 구리를 녹이는 등의 두려움이 있는 까닭이다. (20) 모든 어려움이란 이른바 팔난(八難)과 인간에서 지옥의 죄수로 묶이고 갇힌 등에 있어서 불안함이 많은 연고로 널리 편하게 위로하여 모두 하여금 현성(賢聖)의 대중 모임에 들어가게 함은 저 어려운 곳을 뒤바꾼 것이다.

c) 법계에 두루함을 총합 결론하다[總結周徧] (後結 42下2)

如是所作이 充滿法界하니라
이렇게 하는 일이 법계에 가득하였다.

[疏] 後, 結周徧은 稱性用故니라
- c) 법계에 두루함을 총합 결론함이니 성품과 칭합하여 작용하는 까닭이다.

(ㄴ) 털구멍의 업과 작용을 밝히다[總顯毛孔業用] (二總 42下7)

海幢比丘가 又於其身一切毛孔에 一一皆出阿僧祇佛刹微塵數光明網이어든 一一光明網이 具阿僧祇色相과 阿僧祇莊嚴과 阿僧祇境界와 阿僧祇事業하여 充滿十方一切法界하니라
해당비구는 그 몸에 있는 모든 털구멍마다 낱낱이 아승지 세계의 티끌 수 광명 그물을 내고, 낱낱 광명 그물마다 아승지 빛깔과 아승지 장엄과 아승지 경계와 아승지 사업을 갖추어서 시방의 모든 법계에 가득하였다.

[疏] 二, 總顯毛孔光明業用을 可知니라 上來에 見定相用[110]은 竟하다
- (ㄴ) 털구멍의 업과 작용을 총합하여 밝힘이니 알 수 있으리라. 여기까지 ㄴ) 선정의 뛰어난 작용을 봄은 마친다.

---

110) 見定相用은 앞의 과목에는 觀定勝用이라 하다. (역자 주)

ㄷ) 공경하게 보고 증득하여 들어가다[瞻敬證入] (第三 43上4)

爾時에 善財童子가 一心觀察海幢比丘하고 深生渴仰하여 憶念彼三昧解脫하며 思惟彼不思議菩薩三昧하며 思惟彼不思議利益衆生方便海하며 思惟彼不思議無作用普莊嚴門하며 思惟彼莊嚴法界淸淨智하며 思惟彼受佛加持智하며 思惟彼出生菩薩自在力하며 思惟彼堅固菩薩大願力하며 思惟彼增廣菩薩諸行力하니라

그때 선재동자는 (1) 일심으로 해당비구를 관찰하면서 앙모하여, (2) 그 삼매의 해탈을 생각하고, (3) 그 부사의한 보살의 삼매를 생각하고, (4) 부사의하게 중생을 이익하게 하는 방편 바다를 생각하고 (5) 그 부사의하고 함이 없는 널리 장엄하는 문을 생각하고, (6) 그 법계를 장엄하는 청정한 지혜를 생각하고, (7) 그의 부처님 가지를 받는 지혜를 생각하고, (8) 그 보살의 자재함을 내는 힘을 생각하고, (9) 그 보살의 큰 서원을 견고히 하는 힘을 생각하고, (10) 그의 보살의 모든 행을 증장하는 힘을 생각하였다.

[疏] 第三, 爾時善財童子一心下는 瞻敬證入이라 中에 十句니 初句는 思人이니 證人法界요 餘句는 思法이니 證法法界라 於中에 初一句는 總이니 謂三昧는 是體요 解脫은 是用體用合明이니라 二, 別思彼體요 次二句는 別思彼用이니 一, 益生廣多요 二, 無思普徧이니 卽用而寂故라 次二句는 思前體用所因이니 一, 內智淨故요 二, 外緣加故라 後三句는 思其勝進이니 依前體用하여 進益後三故니라

■ ㄷ) 爾時善財童子一心 아래는 공경하게 보고 증득하여 들어감이니 그중에 열 구절이니 (ㄱ) 첫 구절[憶念彼三昧解脫]은 사람을 생각함이니 사람의 법계를 증득함이요, (ㄴ) 나머지 아홉 구절은 법을 생각함이니 법의 법계를 증득함이다. 그중에 a. 한 구절[思惟彼不思議菩薩三昧]은 총상이다. 이른바 삼매는 체성이요, 해탈은 작용이니 체성과 작용을 합쳐서 밝혔으니 둘을 개별로 저 체성을 사유함이요, b. 두 구절[思惟一衆生方便海, 思惟一普莊嚴門]은 개별로 저 작용을 사유함이니, (1) 중생을 이익함이 넓고 많음이요, (2) 생각함 없이 넓고 두루함이니 작용과 합치하여 고요한 연고다. c. 두 구절[思惟一法界淸淨智, 思惟一佛加持智]은 앞의 체성과 작용이 원인을 생각함이니 (1) 내적인 지혜가 청정한 연고요, (2) 외적인 인연이 더한 연고다. d. 세 구절[思惟一菩薩自在力, 思惟一大願力, 思惟一菩薩諸行力]은 그 승진법을 생각하고 앞의 체성과 작용을 의지하여 정진하여 뒤의 셋[十行, 十廻向, 十地]을 이익하는 까닭이다.

ㄹ) 걸린 시간[所經時分] (第四 43下3)
ㅁ) 선정에서 일어남을 보다[觀從定起] (第五)

如是住立思惟觀察하여 經一日一夜하며 乃至經於七日七夜와 半月一月과 乃至六月하고 復經六日하니라 過此已後에 海幢比丘가 從三昧出이시니라
이렇게 서서 생각하고 관찰하기를 하루 낮·하룻밤을 지내고, 칠일 칠야·보름·한 달·여섯 달을 지내고, 또 엿새를 지냈으니, 이렇게 지낸 뒤에 해당비구는 삼매에서 나왔다.

[疏] 第四, 如是住 下는 所經時分이라 六月이며 六日者는 第六住中에 滿 第六度故라 以法味로 資神故로 身心都忘하여 不覺時久니라 第五, 過此已 下는 明出定者니 所作訖故니라

- ㄹ) 如是住 아래는 걸린 시간이다. '여섯 달과 엿새'는 제6. 정심주(正心住) 중에 제6. 반야바라밀을 만족하는 연고며, 법의 맛으로 정신을 돕는 까닭이다. 몸과 마음이 모두 없어지면 시간이 오래됨을 깨닫지 못한다. ㅁ) 過此已 아래는 선정에서 일어남을 밝혔으니 지을 바가 끝난 까닭이다.

ㄴ. 법문을 묻다[諮問] 2.

ㄱ) 선재동자의 찬탄[讚] 2.
(ㄱ) 깊고 뛰어남을 표방하고 찬탄하다[標讚深勝] (第二 44下2)
(ㄴ) 나와서 이유를 칭찬하다[出讚所由] (後以)

善財童子가 讚言하되 聖者여 希有奇特다 如此三昧가 最爲甚深이며 如此三昧가 最爲廣大며 如此三昧가 境界無量이며 如此三昧가 神力難思며 如此三昧가 光明無等이며 如此三昧가 莊嚴無數며 如此三昧가 威力難制며 如此三昧가 境界平等이며 如此三昧가 普照十方이며 如此三昧가 利益無限하여 以能除滅一切衆生의 無量苦故니 所謂能令一切衆生으로 離貧苦故며 出地獄故며 免畜生故며 閉諸難門故며 開人天道故며 令人天衆生喜樂故며 令其愛樂禪境界故며 能令增長有爲樂故며 能令顯示出

有樂故며 能爲引發菩提心故며 能使增長福智行故며 能令增長大悲心故며 能令生起大願力故며 能令明了菩薩道故며 能使莊嚴究竟智故며 能令趣入大乘境故며 能令照了普賢行故며 能令證得諸菩薩地智光明故며 能令成就一切菩薩諸願行故며 能令安住一切智智境界中故니이다

선재동자가 찬탄하였다. "거룩하신 이여, 희유하시고 기특하시나이다. 이런 삼매는 가장 깊고, 이런 삼매는 가장 광대하고, 이런 삼매의 경계는 한량이 없고, 이런 삼매는 신력을 생각하기 어렵고, 이런 삼매는 광명이 비길 데 없고, 이런 삼매는 장엄이 수가 없고, 이런 삼매는 힘을 제어하기 어렵고, 이런 삼매는 경계가 평등하고, 이런 삼매는 시방을 두루 비추고, 이런 삼매는 이익이 한이 없어서 능히 모든 중생의 한량없는 괴로움을 제하나이다. 이른바 (1) 모든 중생으로 하여금 가난한 고통을 여의게 하며, (2) 지옥에서 벗어나게 하며, (3) 축생을 면하게 하며, (4) 액난의 문을 닫으며, (5) 사람과 하늘의 길을 열며, (6) 천상 인간의 중생을 기쁘게 하며, (7) 선정의 경계를 사랑하게 하며, (8) 함이 있는 낙을 늘게 하며, (9) 생사에서 벗어나는 낙을 나타내며, (10) 보리심을 인도하여 내며, (11) 복과 지혜의 행을 증장케 하며, (12) 가엾이 여기는 마음을 증장케 하며, (13) 큰 서원의 힘을 일으키게 하며, (14) 보살의 도를 분명히 알게 하며, (15) 가장 높은 지혜를 장엄하게 하며, (16) 대승의 경지에 나아가게

하며, (17) 보현의 행을 하게 하며, (18) 보살 지위의 지혜광명을 증득하게 하며, (19) 모든 보살의 원과 행을 성취케 하며, (20) 온갖 지혜의 경계에 머물게 하는 연고니이다.

[疏] 第二, 正明咨問이라 中에 二니 先, 讚이요 後, 問이라 今初에 分二니 初, 標讚深勝이요 後, 以能除滅下는 出讚所因이라 由具此下의 諸因일새 故로 上에 云甚深廣大等이라 其中에 云能令增長有爲樂者는 不捨有爲故요 出有樂者는 不染有故라 又上句는 爲凡夫요 次句는 爲二乘이요 下에 云引發菩提는 卽爲大器니라

ㄴ. 법문을 물음을 밝힘이다. 그중에 둘이니 ㄱ) 선재동자의 찬탄이요, ㄴ) 법문을 물음이다. 지금은 ㄱ)을 둘로 나누리니 (ㄱ) 깊고 뛰어남을 표방하고 찬탄함이요, (ㄴ) 以能除滅 아래는 나와서 이유를 칭찬함이다. 여기 아래의 모든 원인을 갖춤으로 말미암아 위에서 '매우 깊고 광대하다' 등으로 말하였다. 그 가운데 '(8) 능히 함이 있는 즐거움을 더욱 자라게 한다'고 말한 것은 유위를 버리지 않는 연고요, 유(有)에서 나온 즐거움은 유에 물들지 않는 까닭이요, 또한 위 구절[(7)令其愛樂禪境界故]은 범부가 되고, 다음 구절[(9)能令顯示出有樂故]은 이승이 되고, 아래에 '(10) 보리를 발하게 이끈다'고 말한 것은 곧 대승의 근기가 된다는 뜻이다.

ㄴ) 법문을 묻다[問] 2.

(ㄱ) 명칭을 묻다[問名] 2.
a. 질문하다[問] (第二 44下8)

b. 대답하다[答] (答有)

聖者여 此三昧者가 名爲何等이니잇고 海幢比丘가 言하시되 善男子여 此三昧가 名普眼捨得이며 又名般若波羅蜜境界淸淨光明이며 又名普莊嚴淸淨門이니 善男子여 我以修習般若波羅蜜故로 得此普莊嚴淸淨三昧等百萬阿僧祇三昧하라

거룩하신 이여, 이 삼매의 이름은 무엇이옵니까?" 해당비구는 말하였다. "착한 남자여, 이 삼매의 이름은 '넓은 눈으로 얻음을 버림'이라고도 하고, 반야바라밀다 경계의 청정한 광명이라고도 하고, 두루 장엄한 청정한 문이라고도 하느니라. 착한 남자여, 나는 반야바라밀다를 닦았으므로 이 두루 장엄한 청정한 삼매 등 백만 아승지 삼매를 얻었느니라."

[疏] 第二, 聖者此三昧者下는 正問이라 有二問答하니 先, 問名이요 後, 問用이라 初中에 先, 問이요 後, 答이라 今初니 上旣修入이어니 何更問名고 其猶世人이 得大王饍하여 雖飡勝味나 何必知名이리요 答有三名者는 初一, 從智立이요 次一, 雙就境智요 後一, 雙融境智立이라 名普眼捨得者는 般若之智로 照一切法일새 故名普眼이요 皆無所得일새 故云捨得이라 若有所得하면 不能卽寂而用以無所得일새 卽無所不得이라 菩薩이 無得일새 心無罣礙요 諸佛無得일새 則得菩提니라 昔에 云, 障無不寂을 曰捨요 理無不證을 曰得이라하니 非無此理나 而未造玄이니라 二, 合稱中에 般若淸淨故로 境界淸淨이니 淸淨之境

이 皆般若境故니라 三, 雙融立稱者는 般若로 了境에 無境非般若어니 何所不嚴이리요 故로 智論에 云, 說智와 及智處를 俱名爲般若라하니 是則若般若淸淨과 若境淸淨은 無二며 無二分하며 無別無斷故라 故로 一莊嚴이 一切莊嚴일새 名普莊嚴이라 及攝眷屬은 可知니라

■ ㄴ) 聖者此三昧者 아래는 법문을 바로 물음이다. 두 가지 질문과 대답이 있으니 (ㄱ) 명칭을 물음이요, (ㄴ) 작용을 물음이다. (ㄱ) 중에 a. 질문함이요, b. 대답함이다. 지금은 a.이니 위에서 이미 수행으로 들어갔는데 어찌 다시 이름을 물었는가? 그것은 세상 사람이 대왕의 성찬(盛饌)을 얻어서 비록 뛰어난 맛을 먹었더라도 어찌 반드시 이름을 알겠는가? b. 대답함에 세 가지 명칭이 있는 것은 (1) 하나[普眼捨得]는 지혜로부터 건립한 이름이요, (2) 하나[般若波羅蜜境界淸淨光明]는 경계와 지혜를 함께 입각한 이름이요, (3) 하나[普莊嚴淸淨門]는 경계와 지혜를 함께 융섭하여 건립한 이름이다. '넓은 눈으로 얼음을 버림'이라 이름한 것은 반야의 지혜로 온갖 법을 비추는 연고로 '넓은 눈[普眼]'이라 이름하였으니, 모두 얻은 바가 없으므로 보살이 얼음이 없어서 마음에 거리낌이 없고, 모든 부처님도 얼음이 없으면 보리를 얻게 된다. 예전에 이르되, "장애가 고요하지 않음을 '버린다'고 말하고, 이치를 증득하지 못함이 없는 것을 '얼음'이라 이름한다"고 하였으니, 이런 이치가 없지는 않지만 아직 현묘함에 나아가지는 못한다. b. 명칭을 합한 중에 반야가 청정한 연고로 경계가 청정하니, 청정한 경계는 모두 반야의 경계인 까닭이다. 함께 융섭하여 명칭을 세운 까닭은 반야로 경계를 요달하면 경계가 반야 아님이 없다. 어떤 곳을 장엄하지 못할까 하는 연고로『대지도론』에 이르되, "(보리와 보리로 끊은 것을 함께 보리라 이름하며) 지혜와 지혜의 처소를 설하여 모두 반야라

이름한다"¹¹¹⁾라 하였다. 그렇다면 저 반야가 청정함이요, 저 경계가 청정하면 둘이 없고 둘로 나눔도 없나니, 차별도 없고 끊을 것도 없는 까닭이다. 그러므로 하나를 장엄하면 모두를 장엄하는 것을 '두루 장엄함'이라 이름하였으니, 나아가 권속을 섭수함은 알 수 있으리라.

(ㄴ) 작용을 묻다[問用] 2.
a. 질문하다[問] (二善 45下7)

善財童子가 言하되 聖者여 此三昧境界가 究竟唯如是耶 잇가
선재동자가 말하였다. "이 삼매의 경계는 필경에 이것뿐이옵니까?"

[疏] 二, 善財童子言聖者下는 向境界¹¹²⁾中에 先, 問이요 後, 答이라 問云唯如是者는 上所目覩는 頗已修入이나 視聽之外에 更希異聞이라
■ (ㄴ) 善財童子言聖者 아래는 (작용을 물음)에서 경계를 물음 중에 a. 질문함이요, b. 대답함이다. a. 질문함에 이르되, "이것뿐이옵니까?"라 하였으니, 위에서 눈으로 본 것은 자못 이미 수행으로 들어가서 보고 들은 밖에 다시 다르게 들은 것을 (말하라고) 희망한 것이다.

b. 대답하다[答] 3.

---

111) 위 내용은 『宗鏡錄』제80권에 운, "菩提菩提斷 俱名爲菩提 說智及智處 俱名爲般若"라 하다.
112) 案向은 當作問, 問境界는 卽問用이라 하다.

a) 기세간에 무애하다[於器世間無礙] (後答 46下4)
b) 지정각세간에 무애하다[智正覺世間無礙] (次見)
c) 중생세간에 무애하다[於衆生世間無礙] (後大)

海幢이 言하시되 善男子여 入此三昧時에 了知一切世界하되 無所障礙하며 往詣一切世界하되 無所障礙하며 超過一切世界하되 無所障礙하며 莊嚴一切世界하되 無所障礙하며 修治一切世界하되 無所障礙하며 嚴淨一切世界하되 無所障礙하며 見一切佛하되 無所障礙하며 觀一切佛廣大威德하되 無所障礙하며 知一切佛自在神力하되 無所障礙하며 證一切佛諸廣大力하되 無所障礙하며 入一切佛諸功德海하되 無所障礙하며 受一切佛無量妙法하되 無所障礙하며 入一切佛法中하여 修習妙行하되 無所障礙하며 證一切佛轉法輪平等智하되 無所障礙하며 入一切諸佛衆會道場海하되 無所障礙하며 觀十方佛法하되 無所障礙하며 大悲攝受十方衆生하되 無所障礙하며 常起大慈하여 充滿十方하되 無所障礙하며 見十方佛에 心無厭足하되 無所障礙하며 入一切衆生海하되 無所障礙하며 知一切衆生根海하되 無所障礙하며 知一切衆生諸根差別智하되 無所障礙니라

해당비구는 말하였다. "착한 남자여, 이 삼매에 드는 때에는 (1) 모든 세계를 아는 데 장애가 없고, (2) 모든 세계에 가는 데 장애가 없고, (3) 모든 세계를 초과하는 데 장애가 없고, (4) 모든 세계를 장엄하는 데 장애가 없고, (5) 모든

세계를 다스리는 데 장애가 없고, (6) 모든 세계를 깨끗이 하는 데 장애가 없고, (7) 모든 부처님을 보는 데 장애가 없고, (8) 모든 부처님의 광대한 위엄과 도덕을 관찰하는 데 장애가 없고, (9) 모든 부처님의 자재한 신통의 힘을 아는 데 장애가 없고, (10) 모든 부처님의 광대한 힘을 증득하는 데 장애가 없고, (11) 모든 부처님의 공덕 바다에 들어가는 데 장애가 없고, (12) 모든 부처님의 한량없는 묘한 법을 받는 데 장애가 없으며, (13) 모든 부처님의 법 가운데 들어가서 묘한 행을 닦는 데 장애가 없고, (14) 모든 부처님이 법륜을 굴리는 평등한 지혜를 증득하는 데 장애가 없고, (15) 모든 부처님의 대중이 모인 도량 바다에 들어가는 데 장애가 없고, (16) 시방 부처의 법을 관찰하는 데 장애가 없고, (17) 크게 가엾이 여기므로 시방 중생을 거둬 주는 데 장애가 없고, (18) 크게 인자함을 항상 일으켜 시방에 충만하는 데 장애가 없고, (19) 시방 부처님을 보되 싫어하는 마음이 없는 데 장애가 없고, (20) 모든 중생 바다에 들어가는 데 장애가 없고, (21) 모든 중생의 근성 바다를 아는 데 장애가 없고, (22) 모든 중생의 근기와 차별한 지혜를 아는 데 장애가 없느니라.

[疏] 後, 答이라 中에 皆示[113]上來之所不及이라 於中에 三이니 初, 明於器世間無礙요 次, 見一切佛下는 於智正覺世間無礙요 後, 大悲攝受下는 於衆生世間無礙라 其中見佛도 亦爲攝生故라 文並이면 可知니라

---

113) 示는 甲續金本作是라 하다.

■ b. 대답함이다. 그중에 모두 여기까지 미치지 못한 것을 보여 줌이다. 그중에 셋이니 a) (처음 여섯 구절은) 기세간에 무애함을 밝힘이요, b) 見一切佛 아래 (열 구절)은 지정각세간에 무애함이다. c) 大悲攝受 아래 (여섯 구절)은 중생세간에 무애함이니, 그중에 부처님 친견함은 또한 중생을 섭수하기 위한 까닭이다. 경문과 함께하면 알 수 있으리라.

(다) 자신은 겸양하고 뛰어난 분을 추천하다[謙己推勝] 2.

ㄱ. 자신은 하나만 안다고 겸양하다[謙己] (第三 47上4)
ㄴ. 뛰어난 분을 추천하다[推勝] 2.
ㄱ) 저가 아는 것을 거론하다[擧彼所知] (後如)
ㄴ) 헤아릴 수 없음을 밝히다[顯不能測] (後而)

善男子여 我唯知此一般若波羅蜜三昧光明이어니와 如諸菩薩은 入智慧海하여 淨法界境하며 達一切趣하여 徧無量刹하며 總持自在하여 三昧淸淨하며 神通廣大하여 辯才無盡하며 善說諸地하여 爲衆生依하나니 而我何能知其妙行이며 辯其功德이며 了其所行이며 明其境界며 究其願力이며 入其要門이며 達其所證이며 說其道分이며 住其三昧며 見其心境이며 得其所有平等智慧리오
착한 남자여, 나는 오직 이 한 가지 반야바라밀다 삼매의 광명만을 알거니와, 보살들이 지혜 바다에 들어가 법계의 지경을 깨끗이 하며, 모든 길을 통달하며 한량없는 세계에 두

루하며, 총지가 자재하고 삼매가 청정하며, 신통이 광대하고 변재가 다하지 않으며, 여러 지위를 잘 말하며, 중생의 의지가 되는 일이야, 내가 어떻게 그 묘한 행을 알며 그 공덕을 말하며, 그 행할 것을 알며, 그 경계를 밝히며, 그 원력을 끝까지 마치며, 그 중요한 문에 들어가며, 그 증득한 것을 통달하며, 그 길의 부분을 말하며, 그 삼매에 머물며, 그 마음의 경지를 보며, 그 가진 바 평등한 지혜를 얻겠는가?

[疏] 第三, 謙己推勝이라 中에 初, 謙已知一이요 後, 如諸下는 推勝이라 中에 二니 先, 擧彼所知요 後, 而我下는 顯不能測이라

■ (다) 자신은 겸양하고 뛰어난 분을 추천함이다. 그중에 ㄱ. 자신은 하나만 안다고 겸양함이요, ㄴ. 如諸 아래는 뛰어난 분을 추천함이다. 그중에 둘이니 ㄱ) 저가 아는 것을 거론함이요, ㄴ) 而我 아래는 헤아릴 수 없음을 밝힘이다.

(라) 다음 선지식을 지시하다[指示後友] (第四 47上9)

善男子여 從此南行에 有一住處하니 名曰海潮요 彼有園林하니 名普莊嚴이며 於其園中에 有優婆夷하니 名曰休捨니 汝往彼問하되 菩薩이 云何學菩薩行이며 修菩薩道리잇고하라

착한 남자여, 여기서 남으로 가면 한 곳이 있으니 이름이 해조요, 거기 동산이 있으니 이름이 보장엄이며, 그 동산에 우바이가 있으니 이름이 휴사라 하느니라. 그대는 그에게 가

서 '보살이 어떻게 보살의 행을 배우며, 보살의 도를 닦느
냐'고 물어라."

[疏] 第四, 指示後友라 中에 處名海潮者는 但言有處하니 則猶是前國이
라 顯方便行이 不離般若故라 言海潮者는 謂潮所至處니 顯方便就
機가 不過限故며 亦將入生死海하여 以濟物故며 能知三世佛法海
故라 故上法門이 名爲海藏이니라 園名普莊嚴者는 約相인대 廣有衆
嚴故요 約表인대 以生死로 爲園苑하고 萬行으로 爲莊嚴故라 又文義
相隨等으로 莊嚴總持無漏法故니라 友名休捨者는 此云意樂이며 亦
云希望이며 亦云滿願이니 謂隨衆生의 意樂希望하여 得圓滿故며 亦
能圓滿性相法故니라 前에는 般若了眞일새 故寄比丘요 此는 以慈心
方便으로 入俗일새 故寄優婆夷矣니라

■ (라) 다음 선지식을 지시함이다. 그중에 장소 이름이 해조(海潮)인 것
은 단지 "장소가 있으면 오히려 앞의 나라가 있고 방편행을 밝힌다"
고 말했으니, 반야를 여의지 않은 까닭이다. 해조라 말한 것은 이른
바 조수가 이르는 곳이 방편이 근기에 입각함을 밝혔으니 한계를 넘
지 않는 까닭이다. 또한 생사의 바다에 장차 들어가서 중생을 구제
하는 까닭이다. 삼세 부처님 법의 바다를 잘 아는 연고이니, 그러므
로 위의 법문을 '바다 광[海藏]'이라 이름함이요, '동산 이름이 보장엄'
인 것은 모양을 잡으면 널리 여러 장엄이 있는 까닭이다. 표함을 잡
으면 생사로 동산을 삼고 만 가지 행으로 장엄을 삼은 까닭이다. '또
한 경문의 뜻과 모양이 따르는' 등은 장엄하는 총지가 번뇌 없는 법
인 연고다. '선우 이름이 휴사'인 것은 의요(意樂)라 번역하고, 또한 희
망이라 하고, 또한 원을 만족함[滿願]이라 말한다. 이른바 중생의 의

요와 희망을 따라서 원만함을 얻기 때문이다. 또한 능히 체성과 양상의 법을 원만한 연고며, 앞에는 반야로 진제를 요달한 연고로 비구에 의탁하였고, 여기는 자비심의 방편으로 속제에 들어간 연고로 우바이에 의탁한다는 뜻이다.

[鈔] 顯方便行이 不離般若者는 旣了俗由證眞일새 故說後得하여 明不離也니라 能知三世佛法者는 上約善友釋이요 此約表位라 經에 云, 佛子여 此菩薩이 應勸學十種廣大法이니 何等爲十고 所謂說一卽多하고 說多卽一하며 文隨於義하고 義隨於文하며 非有卽有요 有卽非有며 無相卽相이요 相卽無相이며 無性卽性이요 性卽無性이라하니 卽廣大法海也라 餘可思準이니라

● '방편행을 밝혔으니 반야를 여의지 않은 것'은 이미 속제를 요달함은 진제를 증득함으로 말미암은 연고로 후득지를 말하여 여의지 않음을 밝혔다. '능히 삼세 불법을 안다'는 것은 위는 선우를 잡아 해석함이요, 여기는 표한 지위를 잡은 해석이다. (십주품) 경문에 이르되, "불자여, 이 보살이 응당 열 가지 넓고 큰 법 배우기를 권할지니 무엇이 열 가지인가. 이른바 하나가 곧 많은 것이다 말하고 많은 것이 곧 하나다 말하며, 글이 뜻을 따르고 뜻이 글을 따르며, 있지 아니한 것이 곧 있고 있는 것이 곧 있지 아니하며, 모양 없는 것이 곧 모양이며 모양이 곧 모양이 없는 것이며, 성품 없는 것이 곧 성품이며 성품이 곧 성품 없는 것이니라"라고 하였으니 곧 광대한 법의 바다이다. 나머지는 생각으로 준할 수 있다.

(마) 덕을 연모하여 예배하고 물러가다[戀德禮辭] (經/時善 48上5)

時에 善財童子가 於海幢比丘所에 得堅固身하며 獲妙法財하며 入深境界하며 智慧明徹하며 三昧照耀하며 住清淨解하며 見甚深法하며 其心安住諸清淨門하며 智慧光明이 充滿十方하여 心生歡喜하여 踊躍無量하며 五體投地하여 頂禮其足하며 遶無量帀하여 恭敬瞻仰하며 思惟觀察하고 咨嗟戀慕하여 持其名號하며 想其容止하며 念其音聲하며 思其三昧와 及彼大願所行境界하며 受其智慧清淨光明하고 辭退而行하니라

그때 선재동자는 해당비구에게서 견고한 몸을 얻고 묘한 법의 재물을 얻었으며, 깊은 경계에 돌아가서 지혜가 밝게 통달하고 삼매가 환히 비치며, 청정한 이해에 머물러 깊은 법을 보았고, 마음은 청정한 문에 편안히 머물고 지혜의 광명이 시방에 가득하여, 환희한 마음으로 한량없이 뛰놀며, 오체를 땅에 엎드려 발에 절하고 한량없이 돌고 공경하고 앙모하며, 생각하고 관찰하며, 찬탄하고 앙모하여 그 이름을 염하고 그 동작을 생각하고 그 음성을 기억하고, 그 삼매와 큰 서원과 행하는 경계를 생각하며, 그 지혜와 청정한 광명을 받으면서 하직하고 물러갔다.

[翔字卷上 終]

大方廣佛華嚴經 제64권

大方廣佛華嚴經疏鈔 제64권 翔字卷下

제39 入法界品 ⑤

제39. 법계에 증득해 들어가는 품[入法界品] ⑤

여덟 번째 휴사(休捨)우바이는 해조처[海潮處] 장엄 동산에 머물면서

"착한 남자여, (1) 만일 중생으로서 착한 뿌리를 심지 못하고, 선지식의 거두어 줌을 받지 못하고, 부처님들의 보호함이 되지 않는 이는 마침내 나를 보지 못하느니라. 착한 남자여, 어떤 중생이나 나를 보기만 하면 다 아뇩다라삼먁삼보디에서 물러나지 아니하느니라."

열 번째 승열(勝熱)바라문은 불구덩이에 몸을 던지는 위법망구(爲法忘軀)의 수행으로 보살의 다함이 없는 바퀴 해탈 문[菩薩無盡輪解脫]을 얻었으니,

"그때 선재동자는 즉시 칼산에 올라가서 몸을 불구덩이에 던졌다. 내려가는 중간에서 보살의 잘 머무는 삼매[善住三昧]를 얻었고, 몸이 불꽃에 닿자 또 보살의 고요하고 즐거운 신통삼매를 얻었다. 그리고 선재동자가 여쭈었다. "매우 신기하옵니다. 거룩하신 이여, 이런 칼산과 불무더기에 몸이 닿을 적에 편안하고 쾌락하였나이다."

大方廣佛華嚴經 제64권

大方廣佛華嚴經疏鈔 제64권 翔字卷下

제39. 법계에 증득해 들어가는 품[入法界品] ⑤

사) 제8. 휴사우바이 선지식[休捨優婆夷] 2.
- 제7. 불퇴주(不退住)에 의탁한 선지식

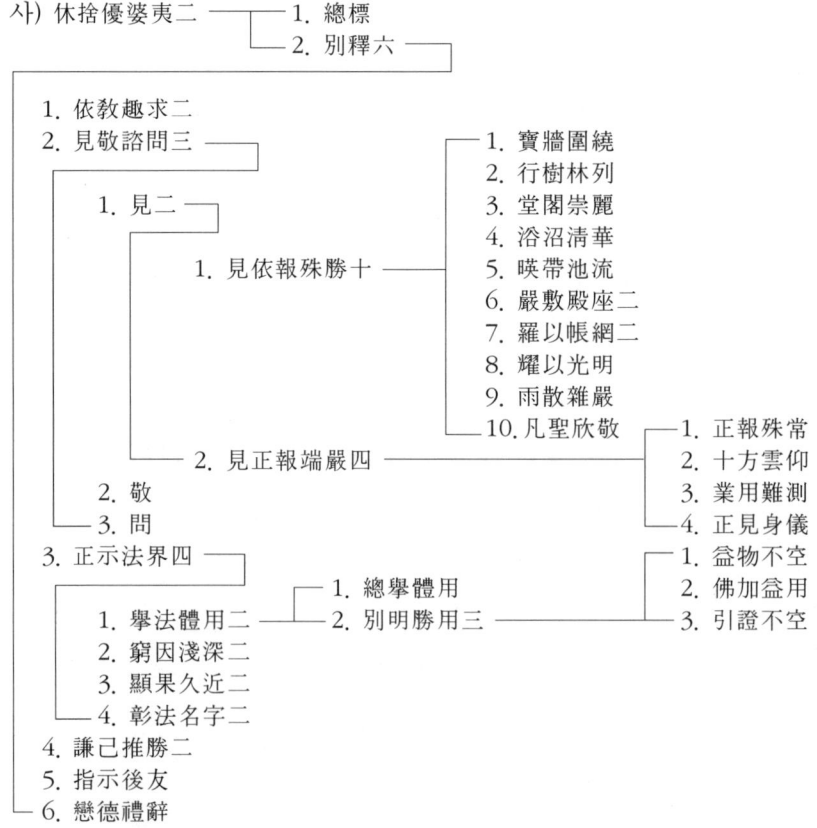

342　화엄경청량소 제30권 大方廣佛華嚴經 제64권

(가) 총합하여 표방하다[總標] (第七 1下1)

[疏] 第七, 休捨優婆夷는 寄不退住라
- 사) 휴사우바이는 제7. 불퇴주(不退住)에 의탁한 선지식이다.

[鈔] 寄不退住는 入於無生畢竟空理하여 心心이 常行空無相願하고 止觀雙運하여 緣不能壞가 湛猶澄海故니라
- 불퇴주에 의탁함은 생사 없고 필경까지 공한 이치에 들어간 것이다. 마음과 마음으로 항상 공하고 모양 없고 원할 것 없음을 행하여 사마타와 위빠사나를 함께 움직이고 무너뜨리지 않음을 인연하여 담담한 것이 맑은 바다와 같은 까닭이다.

(나) 개별로 해석하다[別釋] 6.

ㄱ. 선지식의 가르침에 의지하여 나아가 구하다[依敎趣求] 2.
ㄱ) 앞 선지식의 가르침을 기억하다[念前敎] (文中 1下4)
ㄴ) 다음 선지식을 찾다[求後友] (二漸)

爾時에 善財童子가 蒙善知識力하며 依善知識敎하며 念善知識語하고 於善知識에 深心愛樂하여 作是念言하되 因善知識하여 令我見佛이며 因善知識하여 令我聞法이라 善知識者는 是我師傳이니 示導於我諸佛法故며 善知識者는 是我眼目이니 令我見佛如虛空故며 善知識者는 是我津濟니 令我得入諸佛如來蓮華池故라하고 漸漸南

行하여 至海潮處하나니라

이때 선재동자가 선지식의 힘을 입고 선지식의 가르침을 의지하며 선지식의 말을 생각하면서 선지식에게 깊이 사랑하는 마음을 내어 이렇게 생각하였다. '선지식이 나로 하여금 부처님을 보게 하고, 선지식이 나로 하여금 법을 듣게 하였도다. (1) 선지식은 나의 스승이니 나에게 부처의 법을 보여 준 연고며, (2) 선지식은 나의 눈이니 나에게 부처님 보기를 허공과 같이 하게 한 연고며, (3) 선지식은 나의 나룻목이니 나로 하여금 부처님 여래의 연못에 들어가게 하는 연고라'라고 하면서, 점점 남으로 가서 해조라는 곳에 이르렀다.

[疏] 文中에 具六하니 第一, 依教趣求라 中에 二니 先, 念前友教라 文有十句하니 前五는 集經者序요 後五는 正陳所念을 可知니라 二, 漸次下는 趣求後友니 亦可知니라

■ 경문 중에 여섯을 갖추었으니 ㄱ. 선지식 가르침에 의지하여 나아가 구함이다. 그중에 둘이니 ㄱ) 앞 선지식의 가르침을 기억함이니 경문에 열 구절이 있다. (ㄱ) 앞의 다섯 구절은 경전 편집자의 서론이요, (ㄴ) 뒤의 다섯 구절은 생각한 바를 바로 진술함이니 알 수 있으리라. ㄴ) (다음 선지식에) 나아가 구함도 또한 알 수 있으리라.

ㄴ. 만나서 공경을 표하고 법문을 묻다[見敬諮問] 3.
ㄱ) 선지식을 뵙다[見] 2.
(ㄱ) 의보가 뛰어남을 보다[見依報殊勝] 10.

a. 보배 담장이 둘려 있다[寶牆圍繞] (第二 3下10)
b. 숲과 나무가 줄지어 나열하다[行樹林列] (二一)
c. 당각이 높고 화려하다[堂閣崇麗] (三其)
d. 목욕하는 연못이 깨끗하고 화려하다[浴沼清華] (四一)
e. 비치는 띠가 연못처럼 흐르다[暎帶池流] (五其)

見普莊嚴園에 衆寶垣牆이 周帀圍遶하며 一切寶樹가 行列莊嚴하며 一切寶華樹가 雨衆妙華하여 布散其地하며 一切寶香樹가 香氣氛氳하여 普熏十方하며 一切寶鬘樹가 雨大寶鬘하여 處處垂下하며 一切摩尼寶王樹가 雨大摩尼寶偏布充滿하며 一切寶衣樹가 雨種種色衣하여 隨其所應하여 周帀敷布하며 一切音樂樹가 風動成音에 其音美妙하여 過於天樂하며 一切莊嚴具樹가 各雨珍玩奇妙之物하여 處處分布하여 以爲嚴飾하니 其地清淨하여 無有高下하며 於中에 具有百萬殿堂하니 大摩尼寶之所合成이며 百萬樓閣이 閻浮檀金으로 以覆其上하며 百萬宮殿이 毘盧遮那摩尼寶로 間錯莊嚴하며 一萬浴池가 衆寶合成하여 七寶欄楯이 周帀圍遶하고 七寶階道가 四面分布하며 八功德水가 湛然盈滿하여 其水香氣가 如天栴檀하고 金沙布底하여 水清寶珠114)가 周徧間錯하며 鳧鴈孔雀과 俱枳羅鳥가 遊戲其中하여 出和雅音하며 寶多羅樹가 周帀行列하여 覆以寶網하고 垂諸金鈴하며 微風徐搖에 恒出美音하며 施大寶帳하여 寶樹圍遶하며 建立無

---

114) 合注云 清은 宋論作精; 案麗宋元明清合綱杭鼓纂續金本作清, 晉譯作淨水寶珠 貞元譯明本作精이라 하다.

數摩尼寶幢하여 光明普照百千由旬하며 其中에 復有百萬陂池하니 黑栴檀泥가 凝積其底하고 一切妙寶로 以爲蓮華하여 敷布水上하고 大摩尼華가 光色照耀하나니라

(1) 두루 장엄 동산을 보니 여러 보배로 된 담이 두루 둘리었는데, (2) 모든 보배 나무는 열을 지어 장엄하고, 모든 보배 꽃 나무는 여러 가지 묘한 꽃을 내려 땅에 흩었고, 모든 보배 향 나무는 향기가 자욱하게 시방에 풍기고, 모든 보배 화만 나무는 큰 보배 화만을 내려 곳곳에 드리우고, 모든 마니보배왕 나무는 큰 마니보배를 내려 널리 퍼져 가득하고, 모든 보배 옷 나무는 가지각색 옷을 내려 알맞게 두루 널렸고, 모든 음악 나무는 바람을 따라 내는 음악이 매우 아름답기가 하늘 풍류보다 지나치고, 모든 장엄거리 나무는 각각 훌륭하고 기묘한 물건을 내려 곳곳마다 널리어 장엄하였다. (3) 그 땅은 청정하여 고하가 없는데, 그 가운데는 백만 궁전이 있으니 큰 마니보배로 합하여 되었고, 백만 누각에는 염부단금이 위에 덮이었고, 백만 궁전은 비로자나 마니보배가 사이사이 장엄하였다. (4) 1만의 목욕하는 못은 여러 보배로 합하여 되었고, 칠보로 된 난간이 두루 돌렸으며, 칠보로 된 계단 길이 사면으로 뻗었고, 여덟 공덕을 가진 물이 맑고 가득하였는데 물의 향기가 하늘의 전단과 같으며, 금 모래가 밑에 깔리고 물을 맑히는 구슬이 사이사이 장식되었으며, 오리·기러기·공작·구기라 새들이 그 속에서 놀며 화평한 소리를 내었다. 보배 다라 나무가 주위로 항렬을 지어 섰는데, 보배 그물이 덮이고 금으로 만든 풍경을 달아

서 미풍이 불면 아름다운 소리를 내고, 보배 휘장을 둘러치고 보배 나무가 둘러섰으며, 무수한 마니보배 당기를 세워서 백천 유순까지 광명이 비치며, (5) 그 가운데 또 백만 못이 있는데 흑전단 앙금이 밑에 깔리고, 여러 가지 기묘한 보배로 연꽃이 되어 물 위에 덮였으며, 큰 마니보배 꽃에서는 빛이 찬란하였다.

[疏] 第二, 見普莊嚴下는 見敬咨問이라 中에 三이니 初, 見이요 次, 敬이요 後, 咨問이라 前中에 二니 先, 見依報殊勝이라 有十事莊嚴하니 一, 寶牆圍繞요 二, 一切寶樹下는 林樹行列이요 三, 其地下는 堂閣崇麗요 四, 一萬浴池下는 浴沼淸華요 五, 其中復有百萬陂下는 映帶池流요

■ ㄴ. 見普莊嚴 아래는 만나서 공경을 표하고 법문을 물음이다. 그중에 셋이니 ㄱ) 선지식을 뵈옴이요, ㄴ) 공경을 표함이요, ㄷ) 법문을 물음이다. ㄱ) 중에 둘이니 (ㄱ) 의보가 뛰어남을 봄이니 열 가지 일로 장엄함이 있나니, a. 보배 담장이 둘려 있음이요, b. 一切寶樹 아래는 숲과 나무가 줄지어 나열함이요, c. 其地 아래는 당각이 높고 화려함이요, d. 一萬浴池 아래는 목욕하는 못이 깨끗하고 화려함이요, e. 其中復有百萬陂 아래는 비치는 띠가 연못처럼 흐름이요,

f. 전당과 자리를 장엄하게 펼치다[嚴敷殿座] 2.
a) 전당[殿] (六園 4上4)
b) 자리를 펴다[座] (經/其宮)

園中에 復有廣大宮殿하니 名莊嚴幢이라 海藏妙寶로 以爲其地하고 毘瑠璃寶로 以爲其柱하고 閻浮檀金으로 以覆其上하고 光藏摩尼로 以爲莊嚴하고 無數寶王이 光焰熾然하고 重樓挾閣으로 種種莊飾하고 阿盧那香王과 覺悟香王이 皆出妙香하여 普熏一切하니라

其宮殿中에 復有無量寶蓮華座가 周廻布列하니 所謂照耀十方摩尼寶蓮華座와 毘盧遮那摩尼寶蓮華座와 照耀世間摩尼寶蓮華座와 妙藏摩尼寶蓮華座와 師子藏摩尼寶蓮華座와 離垢藏摩尼寶蓮華座와 普門摩尼寶蓮華座와 光嚴摩尼寶蓮華座와 安住大海藏淸淨摩尼王寶蓮華座와 金剛師子摩尼寶蓮華座하니라

(6) 동산 안에 또 광대한 궁전이 있으니 이름이 장엄당이라. 묘한 해장 보배로 땅이 되고, 비유리 보배로 기둥이 되고, 염부단금이 위에 덮이고 광장 마니로 장엄하였으며, 무수한 보배는 빛이 찬란하게 누각과 대청에 가지가지로 꾸미었고, 아로나 향과 각오 향에서 묘한 향기를 풍겨 모든 것에 퍼졌다.

그 궁전 안에 한량없는 보배 연꽃 자리가 둘러 놓였으니, 시방에 환하게 비치는 마니보배 연꽃 자리 · 비로자나 마니보배 연꽃 자리 · 세간에 환히 비치는 마니보배 연꽃 자리 · 묘장 마니보배 연꽃 자리 · 사자장 마니보배 연꽃 자리 · 이구장 마니보배 연꽃 자리 · 넓은 문 마니보배 연꽃 자리 · 광엄 마니보배 연꽃 자리 · 큰 바다에 머무는 장 청정 마니보배 연꽃 자리 · 금강사자 마니보배 연꽃 자리들이다.

[疏] 六, 園中에 復有廣大下는 嚴敷殿座니 卽別明善友所坐니 先, 殿이요 後, 座를 可知니라
- f. 園中復有廣大 아래는 전당과 자리를 장엄하게 펼침이니 선우가 앉는 곳에 대해 개별로 밝힘이다. a) 전당이요, b) 자리를 펼침이니 알 수 있으리라.

g. 휘장과 그물을 펼치다[羅以帳網] 2.
a) 휘장[帳] (七園 4上5)
b) 그물을 펼치다[網] (經/有百)

園中에 復有百萬種帳하니 所謂衣帳과 鬘帳과 香帳과 華帳과 枝帳과 摩尼帳과 眞金帳과 莊嚴具帳과 音樂帳과 象王神變帳과 馬王神變帳과 帝釋所着摩尼寶帳이니 如是等其數百萬이니라 有百萬大寶網이 彌覆其上하니 所謂寶鈴網과 寶蓋網과 寶身網과 海藏眞珠網과 紺瑠璃摩尼寶網과 師子摩尼網과 月光摩尼網과 種種形像衆香網과 寶冠網과 寶瓔珞網이니 如是等其數百萬이니라
(7) 동산 가운데에는 또 백만 가지 휘장이 있으니, 옷 휘장·화만 휘장·향 휘장·꽃 휘장·가지 휘장·마니 휘장·진금 휘장·장엄거리 휘장·음악 휘장·코끼리 신통변화 휘장·말 신통변화 휘장·제석에 쓰는 마니보배 휘장들의 수효가 백만이다. 또 백만 가지 보배 그물이 위에 덮었으니, 보배 풍경 그물·보배 일산 그물·보배 몸 그물·해장 진주 그물·연보라 빛 유리 마니보배 그물·사자 마니

그물·월광 마니 그물·종종 형상 뭇 향 그물·보배 관 그물·보배 영락 그물 이런 것들이 수효가 백만이다.

[疏] 七, 園中復有下는 羅以帳網이니 先, 帳이요 後, 網이라
- g. 園中復有 아래는 휘장과 그물을 펼침이니 a) 휘장이요, b) 그물을 펼침이다.

h. 광명이 비치다[耀以光明] (八有 4上6)
i. 비를 뿌려 여러 가지로 장엄하다[雨散雜嚴] (九常)
j. 범부와 성인들이 기쁘게 공경하다[凡聖欣敬] (十百)

有百萬大光明之所照耀하니 所謂焰光摩尼寶光明과 日藏摩尼寶光明과 月幢摩尼寶光明과 香焰摩尼寶光明과 勝藏摩尼寶光明과 蓮華藏摩尼寶光明과 焰幢摩尼寶光明과 大燈摩尼寶光明과 普照十方摩尼寶光明과 香光摩尼寶光明과 如是等其數百萬이며 常雨百萬莊嚴具하니 百萬黑栴檀香이 出妙音聲하고 百萬出過諸天曼陀羅華로 而以散之하고 百萬出過諸天瓔珞으로 以爲莊嚴하고 百萬出過諸天妙寶鬘帶로 處處垂下하고 百萬出過諸天衆色妙衣와 百萬雜色摩尼寶가 妙光普照하며 百萬天子가 欣樂瞻仰하여 頭面作禮하고 百萬婇女가 於虛空中에 投身而下하고 百萬菩薩이 恭敬親近하여 常樂聞法이어든

(8) 또 백만 가지 큰 광명으로 비추었으니, 불꽃 빛 마니보배 광명·일장 마니보배 광명·월당 마니보배 광명·향불

꽃 마니보배 광명·승장 마니보배 광명·연화장 마니보배 광명·염당 마니보배 광명·큰 등불 마니보배 광명·시방에 비치는 마니보배 광명·향 빛 마니보배 광명들이 수효가 백만이다. (9) 백만 가지 장엄거리와 백만 가지 흑전단 향을 내리니 거기서 묘한 음성이 나고, 하늘 만다라보다 더 좋은 백만 가지 만다라꽃을 흩고, 하늘 영락보다 더 좋은 백만 가지 영락으로 장엄하고, 하늘 화만보다 더 좋은 백만 가지 보배 화만 띠를 곳곳에 드리우고, 하늘 옷보다 더 좋은 백만 가지 여러 빛깔 옷과 백만 가지 잡색 마니보배에서는 기묘한 빛이 널리 비치었다. (10) 백만 천자들은 즐겁게 앙모하여 엎드려 절하고, 백만 채녀들은 허공에서 몸을 던져 내려오고, 백만 보살들은 공경하고 친근하면서 법문 듣기를 좋아하였다.

[疏] 八, 有百萬大光下는 耀以光明이요 九, 常雨下는 雨散雜嚴이요 十, 百萬天子下는 凡聖欣敬이니라
- h. 有百萬大光 아래는 광명이 비침이요, i. 常雨 아래는 비를 뿌려 여러 가지로 장엄함이요, j. 百萬天子 아래는 범부와 성인들이 기쁘게 공경함이다.

(ㄴ) 정보가 단정함을 발견하다[見正報端嚴] 4.
a. 정보가 빼어나다[正報殊常] (二時 5上1)
b. 시방에서 구름처럼 우러르다[十方雲仰] (二百)
c. 업과 작용은 헤아리기 어렵다[業用難測] (三其)

d. 몸의 거동을 바로 보다[正見身儀] (四爾)

時에 休捨優婆夷가 坐眞金座하사 戴海藏眞珠網冠하고 挂出過諸天眞金寶釧하고 垂紺靑髮하여 大摩尼網으로 莊嚴其首하고 師子口摩尼寶로 以爲耳璫하고 如意摩尼寶王으로 以爲瓔珞하고 一切寶網으로 垂覆其身하사 百千億那由他衆生이 曲躬恭敬하며 東方에 有無量衆生이 來詣其所하니 所謂梵天과 梵衆天과 大梵天과 梵輔天과 自在天과 乃至一切人及非人이며 南西北方과 四維上下도 皆亦如是하니 其有見此優婆夷者면 一切病苦가 悉得除滅하며 離煩惱垢하며 拔諸見刺하며 摧障礙山하며 入於無礙淸淨境界하며 增明一切所有善根하며 長養諸根하며 入一切智慧門하며 入一切總持門하며 一切三昧門과 一切大願門과 一切妙行門과 一切功德門이 皆得現前하며 其心廣大하여 具足神通하며 身無障礙하여 至一切處니라 爾時에 善財童子가 入普莊嚴園하여 周徧觀察하여 見休捨優婆夷가 坐於妙座하고

(1) 이때 휴사우바이는 황금 자리에 앉아서 해장 진주 그물 관을 쓰고, 하늘 것보다 더 좋은 진금 팔찌를 끼고, 검푸른 머리카락을 드리우고, 큰 마니 그물로 머리를 장엄하고, 사자구 마니보배로 귀고리를 하였고, 여의 마니보배로 영락을 만들고, 온갖 보배 그물로 몸을 덮어 드리웠는데, (2) 백천억 나유타 중생이 허리를 굽혀 공경하며, 동방에서 한량없는 중생이 모여 왔으니, 범천·범중천·대범천·범보

천·자재천들이며, 내지 사람과 사람 아닌 이들이요, 남방·서방·북방과 네 간방과 상방·하방도 역시 그러하였다. (3) 이 우바이를 보는 이는 모든 병이 다 없어지고, 번뇌의 때를 여의고 나쁜 소견을 뽑아 버렸으며, 장애의 산을 부수고 걸림 없이 청정한 경계에 들어가며, 모든 착한 뿌리를 더욱 밝히고, 모든 감관을 기르며, 모든 지혜의 문에 들어가고, 모든 다라니 문에 들어가서, 모든 삼매 문·모든 서원 문·모든 미묘한 수행 문·모든 공덕 문들이 앞에 나타나며, 마음이 광대하고 신통을 구족하며 몸에는 장애가 없이 모든 곳에 이르는 것이다. (4) 그때 선재동자는 두루 장엄 동산에 들어가 두루 살피다가 휴사우바이가 묘한 자리에 앉은 것을 보고,

[疏] 二, 時休捨下는 明見正報端嚴이라 於中에 四니 一, 正報殊常이요 二, 百千億下는 十方雲仰이요 三, 其有見此下는 業用難測이요 四, 爾時善財入下는 正見身儀니라
- ■ (ㄴ) 時休捨 아래는 정보가 단정함을 발견함이다. 그중에 넷이니 a. 정보가 빼어남이요, b. 百千億 아래는 시방에서 구름처럼 우러름이요, c. 其有見此 아래는 업과 작용은 헤아리기 어려움이요, d. 爾時善財入 아래는 몸의 거동을 바로 봄이다.

ㄴ) 공경을 표하다[敬] (二往 5上7)
ㄷ) 법요를 질문하다[問] (三白)

往詣其所하여 頂禮其足하며 遶無數帀하고 白言하되 聖
者여 我已先發阿耨多羅三藐三菩提心하니 而未知菩薩
이 云何學菩薩行이며 云何修菩薩道리잇고 我聞聖者는
善能誘誨라하니 願爲我說하소서

그곳에 나아가 발에 절하고 수없이 돌고 말하였다. "거룩하
신 이여, 저는 이미 아눗다라삼약삼보디심을 내었사오나,
보살이 어떻게 보살의 행을 배우며, 어떻게 보살의 도를 닦
는지를 알지 못하나이다. 들자온즉 거룩하신 이께서 잘 가
르치신다 하오니 나에게 말씀하소서."

[疏] 二, 往詣其所下는 設敬이요 三, 白言聖者下는 咨問法要라 文並이면
可知니라

■ ㄴ) 往詣其所 아래는 공경을 표함이요, ㄷ) 白言聖者 아래는 법요
를 질문함이니 경문과 함께하면 알 수 있으리라.

ㄷ. 바로 법계를 보이다[正示法界] 4.

ㄱ) 법계의 체성과 작용을 거론하다[擧法體用] 2.
(ㄱ) 체성과 작용을 총합하여 거론하다[總擧體用] (第三 5下1)

休捨가 告言하시되 善男子여 我唯得菩薩의 一解脫門하
니 若有見聞憶念於我어나 與我同住어나 供給我者면 悉
不唐捐이니라

휴사우바이는 말하였다. "착한 남자여, 나는 오직 보살의

한 해탈문을 얻었으니, 나를 보거나 듣거나 생각하는 이나, 나와 함께 있는 이나 나를 이바지하는 이는 모두 헛되지 아 니하리라.

[疏] 第三, 休捨告言善男子下는 稱讚授法이니 略無稱讚하고 但有正示法界라 於中에 四니 一, 擧法門體用이요 二, 窮因淺深이요 三, 顯果久近[115]이요 四, 彰法名字라 今初를 分二니 先, 總擧體用이니 名下에 當顯이요 用約不空이니라

■ ㄷ. 休捨告言善男子 아래는 칭찬하고 바로 법계를 말해 줌인데 칭찬함은 생략하여 없고 단지 법계를 바로 보임만 있다. 그중에 넷이니 ㄱ) 법문의 체성과 작용을 거론함이요, ㄴ) 인행이 얕고 깊음을 궁구함이요, ㄷ) 과덕이 오래고 가까움을 밝힘이요, ㄹ) 법문의 명칭을 밝힘이다. 지금은 ㄱ)을 둘로 나누리니 (ㄱ) 체성과 작용을 총합하여 거론함이다. 이름 아래에 당연히 밝힐 것이니 작용은 헛되지 않음을 잡은 해석이다.

(ㄴ) 뛰어난 작용을 개별로 밝히다[別明勝用] 3.
a. 중생을 이익함이 헛되지 않다[益物不空] (二善 6上4)
b. 부처님이 이익된 작용을 가피하다[佛加益用] (二善)
c. 인용하여 증명함이 헛되지 않다[引證不空] (三善)

善男子여 若有衆生이 不種善根이면 不爲善友之所攝受며 不爲諸佛之所護念이니 是人은 終不得見於我니라 善

---

115) 近은 甲南續金本作如라 하다.

男子여 其有衆生이 得見我者면 皆於阿耨多羅三藐三菩提에 獲不退轉이니라 善男子여 東方諸佛이 常來至此하여 處於寶座하사 爲我說法하며 南西北方과 四維上下의 一切諸佛도 悉來至此하여 處於寶座하사 爲我說法하나니 善男子여 我常不離見佛聞法하고 與諸菩薩로 而共同住하노라 善男子여 我此大衆이 有八萬四千億那由他하니 皆在此園하여 與我同行하여 悉於阿耨多羅三藐三菩提에 得不退轉하며 其餘衆生이 住此園者도 亦皆普入不退轉位니라

착한 남자여, (1) 만일 중생으로서 착한 뿌리를 심지 못하고, 선지식의 거두어 줌을 받지 못하고, 부처님들의 보호함이 되지 않는 이는 마침내 나를 보지 못하느니라. 착한 남자여, 어떤 중생이나 나를 보기만 하면 다 아눗다라삼약삼보디에서 물러나지 아니하니라. (2) 착한 남자여, 동방의 부처님들이 항상 여기 오셔서 보배 자리에 앉아 나에게 법을 말하며, 남방·서방·북방과 네 간방과 상방·하방에 계시는 부처님들도 다 여기 오셔서 보배 자리에 앉아 나에게 법을 말하느니라. 착한 남자여, 나는 항상 부처님을 보고 법을 들음을 떠나지 않고, 여러 보살들과 함께 있노라. (3) 착한 남자여, 나의 대중은 8만4천억 나유타인데 모두 이 동산에서 나와 함께 수행하며, 아눗다라삼약삼보디에서 물러나지 아니하고, 다른 중생들도 이 동산에 있는 이는 다 물러나지 않는 지위에 들어가느니라."

[疏] 二, 善男子若有下는 別明勝用이라 於中에 三이니 一, 明益物不空用이니 先, 反이요 後, 順이라 見皆不退者는 顯若得方便하면 至不退住故라 二, 善男子東方下는 諸佛被益用이니 以與三寶同住일새 故與我住에 皆悉不空이니라 三, 善男子我此下는 引證不空이니 現與同住가 皆不退故며 亦表方便入俗하면 則八萬塵勞가 皆成波羅蜜故니라

- (ㄴ) 善男子若有 아래는 뛰어난 작용을 개별로 밝힘이다. 그중에 셋이니 a. 중생 이익함이 헛되지 않은 작용을 밝힘이니 a) 반대로 밝힘이요, b) 순리로 밝힘이다. '모두 물러나지 않음을 본다'는 것은 만일 방편을 얻으면 불퇴주(不退住)에 이른 것을 밝힌 까닭이다. b. 善男子東方 아래는 부처님이 이익된 작용을 가피함이니 삼보와 함께 머무는 연고로 나와 함께 머무나니 모두 다 헛되지 않다는 뜻이다. c. 善男子我此 아래는 인용하여 증명함이 헛되지 않음이니 현재는 함께 머물러서 모두 물러나지 않는 까닭이다. 또한 방편으로 속제에 들어감을 표하면 8만 가지 번뇌가 모두 바라밀을 이루는 까닭이다.

ㄴ) 원인이 얕고 깊음을 궁구하다[窮因淺深] 2.

(ㄱ) 발심에 대해 질문하다[問] (二窮 7上8)
(ㄴ) 대답하다[答] 2.
a. 인연을 잡아 대답하다[約因緣答] (答中)

善財가 白言하되 聖者의 發阿耨多羅三藐三菩提心이 爲久近耶잇가 答言하시되 善男子여 我憶過去於然燈佛所에 修行梵行하여 恭敬供養하고 聞法受持하며 次前於離

垢佛所에 出家學道하여 受持正法하며 次前於妙幢佛所하며 次前於勝須彌佛所하며 次前於蓮華德藏佛所하며 次前於毘盧遮那佛所하며 次前於普眼佛所하며 次前於梵壽佛所하며 次前於金剛臍佛所하며 次前於婆樓那天佛所하라 善男子여 我憶過去於無量劫無量生中에 如是次第三十六恒河沙佛所에 皆悉承事하여 恭敬供養하며 聞法受持하여 淨修梵行하니 於此已往은 佛智所知라 非我能測이니라

선재동자가 말하였다. "거룩하신 이께서 아눗다라삼약삼보디심을 낸 지는 얼마나 오래되었나이까?" 휴사우바이가 대답하였다. "착한 남자여, 나는 과거 연등 부처님에게서 범행을 닦고 공경하고 공양하면서 법문을 들었고, 그 전에는 이구 부처님에 출가하여 도를 배우며 바른 법을 받아 지녔고, 그 전에는 묘당 부처님에게서, 그 전에는 승수미 부처님에게서, 그 전에는 연화덕장 부처님에게서, 그 전에는 비로자나 부처님에게서, 그 전에는 보안 부처님에게서, 그전에는 범수 부처님에게서, 그 전에는 금강제 부처님에게서, 그 전에는 바루나천 부처님에게서 배우던 것을 기억하노라. 착한 남자여, 나는 과거의 한량없는 겁 동안, 한량없이 태어나면서 이렇게 차례차례 36항하의 모래 수 부처님 계신 데서 받자와 섬기고 공경하고 공양하며 법을 듣고 받아 지니고 범행을 닦던 일을 기억하거니와, 그 이전의 일은 부처의 지혜로나 알 것이고 나로는 헤아릴 수 없노라.

[疏] 二, 窮因淺深이라 中에 先, 問이요 後, 答이라 答中에 二니 先, 約因緣 答이라 婆樓那者는 此云水也라 總三十六恒沙者는 近佛旣多며 發 心已久라 而要言三十六者는 顯已過前六位하여 位位에 具修六度니 六六三十六이라 皆是恒沙性德일새 故云爾耳니라 涅槃에 亦有此數 하니라

■ ㄴ) 인행이 얕고 깊음을 궁구함이니 그중에 (ㄱ) 발심에 대해 질문함 이요, (ㄴ) 대답함이다. (ㄴ) 대답함 중에 둘이다. a. 인연을 잡아 대 답함이니 바루나(婆樓那)는 물이라 번역한다. '총합하여 36항하의 모 래'라 한 것은 부처님을 친근함이 이미 많았다면 발심한 것이 오래이 지만 '중요하게 36가지'라 말한 것은 이미 앞의 여섯 지위를 초과한 것이다. 지위와 지위마다 육바라밀을 갖추어 닦아서 6과 6은 36이 되었다. 모두 항하 모래 같은 성품의 공덕인 연고로 그렇다고 말한 것일 뿐이며, 열반도 또한 이런 수효만큼 있다는 뜻이다.

b. 마음의 분량을 잡아 대답하다[約心量答] (後善 7下2)

善男子여 菩薩初發心이 無有量이니 充滿一切法界故며 菩薩大悲門이 無有量이니 普入一切世間故며 菩薩大願 門이 無有量이니 究竟十方法界故며 菩薩大慈門이 無有 量이니 普覆一切衆生故며 菩薩所修行이 無有量이니 於 一切刹一切劫中에 修習故며 菩薩三昧力이 無有量이니 令菩薩道로 不退故며 菩薩總持力이 無有量이니 能持一 切世間故며 菩薩智光力이 無有量이니 普能證入三世故 며 菩薩神通力이 無有量이니 普現一切刹網故며 菩薩辯

才力이 無有量이니 一音一切悉解故며 菩薩淸淨身이 無
有量이니 悉徧一切佛刹故니라

착한 남자여, (1) 보살의 처음으로 마음을 내는 것이 한량이 없나니, 모든 법계에 충만한 연고라. (2) 보살의 크게 가엾이 여기는 문이 한량이 없나니, 모든 세간에 널리 들어가는 연고라. (3) 보살의 큰 서원의 문이 한량이 없나니 시방 법계에 끝까지 이르는 연고라. (4) 보살의 크게 인자한 문이 한량이 없나니 모든 중생에게 널리 덮이는 연고라. (5) 보살의 닦는 행이 한량이 없나니 모든 세계에서 모든 겁 동안에 닦은 연고라. (6) 보살의 삼매의 힘이 한량이 없나니 보살의 도가 물러나지 않게 하는 연고라. (7) 보살의 모두 지니는 힘이 한량이 없나니 모든 세간을 능히 지니는 연고라. (8) 보살의 지혜 광명의 힘이 한량이 없나니 세 세상에 능히 증득하여 들어가는 연고라. (9) 보살의 신통한 힘이 한량이 없나니 모든 세계에 널리 나타나는 연고라. (10) 보살의 변재의 힘이 한량이 없나니, 한 음성으로 모든 것을 다 이해하게 하는 연고라. (11) 보살의 청정한 몸이 한량이 없나니 모든 부처의 세계에 두루하는 연고이니라."

[疏] 後, 善男子菩薩初發心下는 約心量答이니 意顯發心은 稱法界故며 亦等衆生이라 衆生도 亦無初際니 從癡有愛일새 而菩薩發心이요 癡愛도 無初니 心亦無終故니라

■ b. 善男子菩薩初發心 아래는 마음의 분량을 잡아 대답함이다. 생각으로는 발심은 법계와 칭합함을 밝힌 것이다. 또한 중생과 평등하

나니 중생도 또한 첫째 경계도 없으며, 어리석음에서부터 애정이 나오는데 보살의 발심은 어리석은 애정에도 시초가 없나니 마음도 또한 끝이 없기 때문이다.

[鈔] 涅槃亦有此數者는 卽第六經如來性品에 說四依義라 後經에 云, 迦葉菩薩이 白佛言호대 世尊하 如是經典을 正法滅時와 正戒毀時와 非法增長時116)와 無如法衆生時에 誰能聽受하고 奉持讀誦하여 令其通利하며 供養恭敬하며 書寫解說이니고 下取意引하리라 爾時에 佛讚迦葉하시되 善哉善哉라 善男子여 汝今에 善能問如是義로다 善男子여 若有衆生이 一恒河沙佛所에 發菩提心하야사 乃能於惡世에 不謗是經하고 不能爲人分別廣說하며 若二恒河沙佛所에 發菩提心하야사 乃能於惡世에 不謗하고 信樂受持讀誦이나 亦不能爲人演說하며 若三恒河沙佛所에 發菩提心하여 具第二人德하면 雖爲人說이나 未解深義며 若四恒河沙佛所에 發心하여 亦具前德하면 爲他廣說十六分中의 一分之義하고 雖復演說이나 亦不具足하며 若五恒河沙佛所에 發心하면 能廣爲人說十六分中의 八分之義하며 若六恒河沙佛所에 發心하면 能廣爲人說十六分中의 十二分之義하며 若七恒河沙佛所에 發心하야사 爲他廣說十六分中의 十四分義하며 若有於八恒河沙佛所에 發心한 然後라야 乃能於惡世中에 不謗是法하고 受持讀誦하고 書寫經卷하며 亦勸他人하여 令得書寫하며 自能聽受하고 亦勸他人하여 令得聽受通利等이라하니라 然이나 經에 但有積一至八하니 三十六言은 乃是義取라 一上에 加二가 爲三이요 三上에 加三이 爲六이요 六上에 加四가 爲十이요 十上에 加五가 爲十五요 十五上에 加

---

116) 時는 南金本無, 經原續本有라 하다.

六이 爲二十一이요 二十一上에 加七이 爲二十八이요 二十八上에 加八이 爲三十六이라 是則[117]積於八人의 二三四等하여 共爲三十六也라 雖是義取나 理必應然이니라

- '열반도 또한 이런 수효만큼 있다'는 것은 곧 『열반경』 제6권 여래성품에 네 가지 의지처의 뜻을 말한 부분이다. 뒤의 경문에 이르되, "세존이시여, 그러한 경전을 정법이 멸하려 할 때 그리고 계율이 허물어지려 할 때, 법 아닌 것이 늘어날 때, 그리고 법다운 중생이 없을 때에 누가 능히 듣고 수용하고 받들어 지니고 독송하겠습니까? 그리하여 통달하게 하고 이롭게 하고 공양 공경하고 쓰고 베끼고 해설하겠습니까?"라 하였는데 아래는 의미를 취하여 인용하리라. "그때 부처님께서 가섭보살을 찬탄하셨다. '훌륭하고 훌륭하다. 선남자여, 너는 지금 그러한 의미에 대해 잘 물었다. 선남자여, 어떤 중생이 1항하의 모래 수와 같은 부처님 처소에서 보리심을 일으켰다면 곧 이 악한 세상에서 그러한 경전을 비방하지 아니하고 다른 사람들을 위하여 자세히 연설하지는 못할 것이다. 어떤 중생이 2항하의 모래 수와 같은 부처님 처소에서 보리심을 일으킨 후에는 곧 이 악한 세상에서 이 법을 비방하지 않고 이 경전을 믿고 사랑하고 좋아하기는 하나 다른 사람들을 위하여 자세히 연설하지는 못할 것이다. 어떤 중생이 3항하의 모래 수와 같은 부처님 처소에서 보리심을 일으킨 후에는 둘째 사람의 덕을 갖추었지만, 비록 다른 사람들을 위하여 연설하기는 하나 깊은 의미를 이해하지는 못할 것이다. 어떤 중생이 4항하의 모래 수와 같은 부처님 처소에서 보리심을 일으키면 또한 앞의 공덕을 갖추고는 다른 사람들을 위하여 16부분 중에서 한 부분의 뜻이라도 자

---

117) 則은 南續金本作前이라 하다.

세히 연설할 것이나 비록 연설하더라도 구족하지는 못할 것이다. 어떤 중생이 5항하의 모래 수와 같은 부처님 처소에서 보리심을 일으키면 능히 다른 사람들을 위하여 16부분 중에서 8부분의 뜻을 자세히 연설할 것이다. 어떤 중생이 6항하의 모래 수와 같은 부처님 처소에서 보리심을 일으키면 다른 사람들을 위하여 16부분 중에서 12부분의 뜻을 자세히 연설할 것이다. 어떤 중생이 7항하의 모래 수와 같은 부처님 처소에서 보리심을 일으키면 다른 사람들을 위하여 16부분 중에서 14부분의 뜻을 자세히 연설할 것이다. 어떤 중생이 8항하의 모래 수와 같은 부처님 처소에서 보리심을 일으킨 후에는 곧 이 악한 세상에서 이 법을 비방하지 않고 수지 독송하고 경전을 쓰거나 베끼기도 하며, 또한 다른 사람을 권하여 쓰고 베끼도록 하고 스스로 듣고 받들며, 또한 다시 다른 사람에게 권하여서 하여금 듣고 받들게 하여 이익을 통하게 한다'는 등이다." 그러나 경문에는 단지 하나에서 여덟까지 쌓아서 36이란 말이 있어야 비로소 뜻으로 취한 것이 된다. 하나 위에 둘을 더하면 셋이 되고, 셋 위에 셋을 더하면 여섯이 되고, 여섯 위에 넷을 더하면 10이 되고, 10 위에 5를 더하면 15가 되고, 15 위에 6을 더하면 21이 되고, 21 위에 7을 더하면 28이 되고, 28 위에 8을 더하면 36이 된다. [1+2=3+3=6+4=10+5=15+6=21+7=28+8=36] 이렇다면 여덟 사람을 쌓고 2와 3과 4 등을 함께 하면 36이 되는 것이다. 비록 뜻으로 취하였지만 이치로는 반드시 응하여 그렇게 된다.

ㄷ) 과덕이 오래고 가까움을 밝히다[顯果久近] 2.
(ㄱ) 질문하다[問] (三顯 10下2)
(ㄴ) 대답하다[答] 3.

a. 한량없음을 반대로 해석하다[反釋無限] 2.
a) 개별로 설명하다[別明] (答中)
b) 총합하여 밝히다[總顯] (後如)

善財童子가 言하되 聖者가 久如에 當得阿耨多羅三藐三
菩提니잇고 答言하시되 善男子여 菩薩이 不爲教化調伏
一衆生故로 發菩提心이며 不爲教化調伏百衆生故로 發
菩提心이며 乃至不爲教化調伏不可說不可說轉衆生故
로 發菩提心이며 不爲教化一世界衆生故로 發菩提心이
며 乃至不爲教化不可說不可說轉世界衆生故로 發菩提
心이며 不爲教化閻浮提微塵數世界衆生故로 發菩提心
이며 不爲教化三千大千世界微塵數世界衆生故로 發菩
提心이며 乃至不爲教化不可說不可說轉三千大千世界
微塵數世界衆生故로 發菩提心이며 不爲供養一如來故
로 發菩提心이며 乃至不爲供養不可說不可說轉如來故
로 發菩提心이며 不爲供養一世界中次第興世諸如來故
로 發菩提心이며 乃至不爲供養不可說不可說轉世界中
次第興世諸如來故로 發菩提心이며 不爲供養一三千大
千世界微塵數世界中次第興世諸如來故로 發菩提心이
며 乃至不爲供養不可說不可說轉佛刹微塵數世界中次
第興世諸如來故로 發菩提心이며 不爲嚴淨一世界故로
發菩提心이며 乃至不爲嚴淨不可說不可說轉世界故로
發菩提心이며 不爲嚴淨一三千大千世界微塵數世界故
로 發菩提心이며 乃至不爲嚴淨不可說不可說轉三千大

千世界微塵數世界故로 發菩提心이며 不爲住持一如來
遺法故로 發菩提心이며 乃至不爲住持不可說不可說轉
如來遺法故로 發菩提心이며 不爲住持一世界如來遺法
故로 發菩提心이며 乃至不爲住持不可說不可說轉世界
如來遺法故로 發菩提心이며 不爲住持一閻浮提微塵數
世界如來遺法故로 發菩提心이며 乃至不爲住持不可說
不可說轉佛刹微塵數世界如來遺法故로 發菩提心이며
如是略說不爲滿一佛誓願故며 不爲往一佛國土故며 不
爲入一佛衆會故며 不爲持一佛法眼故며 不爲轉一佛法
輪故며 不爲知一世界中諸劫次第故며 不爲知一衆生心
海故며 不爲知一衆生根海故며 不爲知一衆生業海故며
不爲知一衆生行海故며 不爲知一衆生煩惱海故며 不爲
知一衆生煩惱習海故며 乃至不爲知不可說不可說轉佛
刹微塵數衆生煩惱習海故로 發菩提心이요

선재동자가 말하였다. "거룩하신 이여, 얼마나 오래면 아뇩
다라삼먁삼보디를 얻게 되나이까?" 휴사는 대답하였다.
"착한 남자여, (1) 보살은 한 중생을 교화하고 조복하기 위
하여 보리심을 내지 아니하며, (2) 백 중생을 교화하고 조복
하기 위하여 보리심을 내지 아니하며, (3) 내지 말할 수 없
이 말할 수 없는 곱 중생을 교화하고 조복하기 위하여 보리
심을 내지 아니하며, (4) 한 세계의 중생을 교화하기 위하여
보리심을 내지 아니하며, (5) 내지 말할 수 없이 말할 수 없
는 곱 세계의 중생을 교화하기 위하여 보리심을 내지 않느
니라. (6) 염부제의 티끌 수 세계의 중생을 교화하기 위하여

보리심을 내지 아니하며, (7) 삼천대천세계의 티끌 수 세계 중생을 교화하기 위하여 보리심을 내지 아니하며, (8) 내지 말할 수 없이 말할 수 없는 곱 삼천대천세계의 티끌 수 세계 중생을 교화하기 위하여 보리심을 내지 않느니라. (9) 한 여래를 공양하기 위하여 보리심을 내지 아니하며, (10) 내지 말할 수 없이 말할 수 없는 곱 여래를 공양하기 위하여 보리심을 내지 아니하며, (11) 한 세계 가운데 차례로 세상에 나시는 여래를 공양하기 위하여 보리심을 내지 아니하며, (12) 내지 말할 수 없이 말할 수 없는 곱 세계 가운데 차례로 세상에 나시는 여래를 공양하기 위하여 보리심을 내지 아니하며, (13) 한 삼천대천세계의 티끌 수 세계 가운데 차례로 세상에 나시는 여래를 공양하기 위하여 보리심을 내지 아니하며, (14) 내지 말할 수 없이 말할 수 없는 곱 세계의 티끌 수 세계 가운데 차례로 세상에 나시는 여래를 공양하기 위하여 보리심을 내지 않느니라. (15) 한 세계를 깨끗이 하기 위하여 보리심을 내지 아니하며, (16) 내지 말할 수 없이 말할 수 없는 곱 세계를 깨끗이 하기 위하여 보리심을 내지 아니하며, (17) 한 삼천대천세계의 티끌 수 세계를 깨끗이 하기 위하여 보리심을 내지 아니하며, (18) 내지 말할 수 없이 말할 수 없는 곱 삼천대천세계의 티끌 수 세계를 깨끗이 하기 위하여 보리심을 내지 않느니라. (19) 한 여래의 남기신 법을 머물러 지니기 위하여 보리심을 내지 아니하며, (20) 내지 말할 수 없이 말할 수 없는 곱 여래의 남기신 법을 머물러 지니기 위하여 보리심을 내지 아니하며, (21) 한 세계 여래의 남기신 법을 머물러 지니기 위하여 보리심을 내지 아니하며, (22) 내지 말할 수 없이 말할 수 없는 곱 세계 여래의 남기신 법을 머물러 지니기 위하여 보리심을 내지 아니하며, (23) 한 염부제 티끌 수 세계 여래의 남기신 법을 머물러 지니기 위하여 보리심을 내지 아니하며, (24) 내지 말할 수 없이 말할 수 없는 곱 세계의 티끌 수 세계 여래의 남기신 법을 머물러 지니기 위하여 보리심을 내지 않느니라.

(25) 이와 같이 간략히 말하면 한 부처의 서원만을 채우기 위하지 않은 연고며, 한 부처의 국토에만 가기만 위하지 않은 연고며, 한 부처의 대중에 들기만 위하지 않은 연고며, 한 부처님의 법 눈을 지니기만 위하지 않은 연고며, 한 부처님의 법륜을 굴리기만 위하지 않은 연고며, 한 세계의 여러 겁의 차례를 알기만 위하지 않는 연고며, 한 중생의 마음 바다를 알기만 위하지 않은 연고며, 한 중생의 근성 바다를 알기만 위하지 않은 연고며, 한 중생의 업 바다를 알기만 위하지 않은 연고며, 한 중생의 수행 바다를 알기만 위하지 않은 연고며, 한 중생의 번뇌 바다를 알기만 위하지 않은 연고며, 한 중생의 번뇌 습기 바다를 알기만 위하지 않은 연고며, 내지 말할 수 없이 말할 수 없는 곱 부처 세계의 티끌 수 중생의 번뇌 습기 바다를 알기만 위하지 않은 연고로 보리심을 내느니라.

[疏] 三, 顯果久近이라 中에 亦先, 問이요 後, 答이라 答中에 明無齊限故니

不應作久近之問이라 文中에 三이니 初는 反釋無齊限이라 於中에 先,
別明이 二十四句하니 初八은 化生이요 次六은 供佛이요 次四는 嚴刹
이요 後六은 持法이요 後, 如是略說下는 總顯이니라

- ㄷ) 과덕이 오래고 가까움을 밝힘이다. 그중에 또한 (ㄱ) 질문함이
요, (ㄴ) 대답함이다. (ㄴ) 대답함 중에 제한함이 없으므로 응당히 오
래고 가까운 질문을 짓지 않는다. 경문 중에 셋이니, a. 한량없음을
반대로 해석함이니 그중에 a) 24구절을 개별로 밝힘이니 (a) 여덟 구
절[(1) ~ (8)]은 중생 교화요, (b) 여섯 구절[(9) ~ (14)]은 부처님께 공양
함이요, (c) 네 구절[(15) ~ (18)]은 국토 장엄이요, (d) 여섯 구절[(19)
~ (24)]은 법을 지님이다. b) 如是略說 아래는 총합하여 밝힘이다.

b. 한량없음을 순리로 해석하다[順釋無限] 2.
a) 개별로 설명하다[別明] (二欲 11上10)
b) 총합하여 밝히다[總顯] (經/善男)

欲敎化調伏一切衆生하여 悉無餘故로 發菩提心이며 欲
承事供養一切諸佛하여 悉無餘故로 發菩提心이며 欲嚴
淨一切諸佛國土하여 悉無餘故로 發菩提心이며 欲護持
一切諸佛正敎하여 悉無餘故로 發菩提心이며 欲成滿一
切如來誓願하여 悉無餘故로 發菩提心이며 欲往一切諸
佛國土하여 悉無餘故로 發菩提心이며 欲入一切諸佛衆
會하여 悉無餘故로 發菩提心이며 欲知一切世界中諸劫
次第하여 悉無餘故로 發菩提心이며 欲知一切衆生心海
하여 悉無餘故로 發菩提心이며 欲知一切衆生根海하여

悉無餘故로 發菩提心이며 欲知一切衆生業海하여 悉無餘故로 發菩提心이며 欲知一切衆生行海하여 悉無餘故로 發菩提心이며 欲滅一切衆生諸煩惱海하여 悉無餘故로 發菩提心이며 欲拔一切衆生煩惱習海하여 悉無餘故로 發菩提心이니 善男子여 取要言之컨댄 菩薩이 以如是等百萬阿僧祇方便行故로 發菩提心이니라

(1) 모든 중생을 다 교화하고 조복하여 남음이 없게 하려고 보리심을 내며, (2) 모든 부처님을 다 섬기고 공양하여 남음이 없게 하려고 보리심을 내며, (3) 모든 부처의 국토를 다 깨끗이 하여 남음이 없게 하려고 보리심을 내며, (4) 모든 부처님의 바른 가르침을 다 보호하고 지니어 남음이 없게 하려고 보리심을 내며, (5) 모든 여래의 서원을 다 성취하여 남음이 없게 하려고 보리심을 내며, (6) 모든 부처의 국토에 모두 가서 남음이 없게 하려고 보리심을 내며, (7) 모든 부처님의 대중에 다 들어가서 남음이 없게 하려고 보리심을 내며, (8) 모든 세계의 여러 겁의 차례를 다 알아서 남음이 없게 하려고 보리심을 내느니라. (9) 모든 중생의 마음 바다를 다 알아서 남음이 없게 하려고 보리심을 내며, (10) 모든 중생의 근성 바다를 다 알아서 남음이 없게 하려고 보리심을 내며, (11) 모든 중생의 업 바다를 다 알아서 남음이 없게 하려고 보리심을 내며, (12) 모든 중생의 수행 바다를 다 알아서 남음이 없게 하려고 보리심을 내며, (13) 모든 중생의 번뇌 바다를 다 멸하여 남음이 없게 하려고 보리심을 내며, (14) 모든 중생의 번뇌 습기 바다를 다 빼내어 남음이

없게 하려고 보리심을 내느니라. 착한 남자여, 중요한 것을 추려서 말하면 보살은 이러한 백만 아승지 방편의 행을 하기 위하여 보리심을 내느니라.

[疏] 二, 欲敎化調伏一切衆生下는 順釋無齊限이라 亦有別과 有總을 可知니라
- b. 欲敎化調伏一切衆生 아래는 한량없음을 순리로 해석함이니, 또한 별상이 있고, 총상이 있으니 알 수 있으리라.

c. 그지없음을 총합 결론하다[總結無盡] (三善 11下5)

善男子여 菩薩行이 普入一切法하여 皆證得故며 普入一切刹하여 悉嚴淨故니 是故로 善男子여 嚴淨一切世界盡하여야 我願乃盡이며 拔一切衆生煩惱習氣盡하여야 我願乃滿이니라

착한 남자여, 보살의 행은 모든 법에 두루 들어가서 다 증득하려는 연고며, 모든 세계에 두루 들어가서 다 깨끗이 하려는 연고이니라. 착한 남자여, 그러기에 온갖 세계를 깨끗이 하여 마치면 나의 서원도 마칠 것이며, 모든 중생의 번뇌 습기를 뽑아 끝내면 나의 서원도 만족할 것이니라."

[疏] 三, 善男子菩薩行普入下는 總結無盡이니 此同初地의 十無盡句라 衆生無盡故로 成佛無期라 若爾인대 豈都無成耶아 因此하여 略辨成不成義하여 勒爲四句니 一, 以向約因緣厚薄으로 對今無盡하면 則

有始而無成이니 此約悲門에 得果가 不捨因故요 二, 以稱法界發心故로 不見初相이라야 方爲眞成이니 則無始而有終이니 此約智說이요 三, 悲智合明이니 不壞相故로 不妨始終이라 前後諸文이 其例非一이니라 四, 約稱性之談에 則無終無始라 故로 天女가 云, 但以世俗文字數故로 說有三世언정 非謂菩提가 有去來今이라하니라 故로 下의 大願精進夜神이 云, 不可以生死中의 長短劫數로 分別菩薩智輪等이라하니라 融斯四句컨대 無有障礙하여 欲成에 卽念念成이요 常成常不成이 無有障礙니라

■ c. 善男子菩薩行普入 아래는 그지없음을 총합하여 결론함이다. 이것은 초지(初地)의 열 가지 그지없는 구절118)과 같다. 중생이 그지없는 연고로 성불을 기약할 수 없음이요, 만일 그렇다면 어찌 한 사람도 성불함이 없겠는가? 이로 인하여 성불과 성불하지 못하는 뜻을 간략히 밝혔으니 억지로 네 구절이 되었다. (1) 앞에서 인연이 두텁고 엷음을 잡으면 지금과 상대하여 끝이 없음은 시작은 있어도 이룸이 없다는 뜻이다. 여기서 대비의 문을 잡으면 과덕은 인행을 버리지 않음을 얻은 까닭이요, (2) 법계와 칭합한 발심인 연고로 첫 모습을 보지 않아야만 비로소 진실로 이룸은 시작은 없어도 끝이 없음의 뜻이니, 이것은 지혜를 잡아 설함이다. (3) 자비와 지혜를 합하여 밝힘이니 모습을 무너뜨리지 않는 연고로 시작과 끝이 방해롭지 않음이요, 앞과 뒤의 모든 경문에 그 사례가 하나가 아니요, (4) 성품과 칭합한 이야기를 잡으면 끝이 없고 시작도 없는 연고로 천녀가 이르되, "단지 세속 문자의 숫자인 연고로 삼세가 있음을 말한다"119)고 하였으

---

118) 初地의 十無盡句는 "何等爲十고 所謂衆生界盡과 世界盡과 虛空界盡과 法界盡과 涅槃界盡과 佛出現界盡과 如來智界盡과 心所緣界盡과 佛智所入境界盡과 世間轉法轉智轉界盡이니라."
119) 『유마경』觀衆生品 제7. 보리의 무소득(無所得)에 云, "천녀가 말하였다. '모두가 세속의 문자인 숫자를 사용하여 삼세가 있음을 말한 것뿐입니다. 보리가 과거와 미래와 현재가 있다고 말한 것은 아닙니다[天이 曰 皆以

니 보리(菩提)는 과거 미래 현재가 있음을 말하지 않는 연고로 아래의 39번째 대원정진력(大願精進力)야신이 이르되, "(보살의 지혜 바퀴 모든 분별하는 경계를 멀리 여의었으므로) 생사 중에 있는 길고 짧으며 (물들고 깨 끗하고 넓고 좁고 많고 적은) 그러한 겁으로는 보살의 지혜 바퀴를 분별하 여 보일 수 없다"고 하였으니 이런 네 구절이 장애가 없음을 융섭하 나니 이루려고 하면 곧 생각 생각에 이루고, 항상 이루고 항상 이루 지 못함에 장애함이 없다.

[鈔] 故天女云者는 卽淨名經이니 前已引竟하니라
● '그러므로 천녀가 이른다'는 것은 곧『유마경』의 내용이니 앞에서 이 미 인용하여 마쳤다.

ㄹ) 법문의 명칭을 밝히다[彰法名字] 2.
(ㄱ) 질문하다[問] (四彰 12上9)
(ㄴ) 대답하다[答] (答云)

善財童子가 言하되 聖者여 此解脫이 名爲何等이니잇고
答言하시되 善男子여 此解脫이 名離憂安隱幢이니라
선재동자가 말하였다. "거룩하신 이여, 이 해탈의 이름은 무엇이라 하나이까?" "착한 남자여, 이 해탈은 <근심 없고 편안한 당기>라 하느니라.

[疏] 四, 彰法名字니 先, 問이요 後, 答이라 答云, 離憂安隱幢者는 此有

世俗文字數故로 說有三世언정 非謂菩提가 有去來今이니다].'"

二義하니 一, 以大悲高顯일새 所以稱幢이요 其有見者는 離業惑苦하여 不退菩提니 是謂離憂安隱이요 二者, 卽智之悲는 涉苦安隱이요 卽悲之智는 多劫無憂라 雙摧生死涅槃하여 特出凡小之外일새 故名幢矣니라

- ㄹ) 법문의 명칭을 밝힘이니 (ㄱ) 질문함이요, (ㄴ) 대답함이다. (ㄴ) 대답하여 '근심 없고 편안한 당기'라 말한 것은 여기에 두 가지 뜻이 있으니 (1) 대비가 높고 뚜렷한 까닭에 '깃대'라 부른 것이다. 그것을 어떤 이가 본 것은 업과 번뇌와 괴로움을 여의고, 보리에서 물러나지 않나니 이것을 '근심 없고 편안함'이라 말한 것이요, (2) 지혜와 합치한 자비는 괴로움을 건너가서 편안함이요, 자비와 합치한 지혜는 많은 세월 동안 근심이 없다는 뜻이다. 생사와 열반을 동시에 꺾고 범부나 소승의 밖으로 특별히 뛰어난 연고로 깃대라 이름한 것이다.

ㄹ. 자신은 겸양하고 뛰어난 분을 추천하다[謙己推勝] 2.

ㄱ) 자신은 겸양하다[謙己] (第四 13上2)
ㄴ) 뛰어난 분을 추천하다[推勝] (經/如諸)

善男子여 我唯知此一解脫門이어니와 如諸菩薩摩訶薩은 其心如海하여 悉能容受一切佛法하며 如須彌山하여 志意堅固하여 不可動搖하며 如善見藥하여 能除衆生의 煩惱重病하며 如明淨日하여 能破衆生의 無明暗障하며 猶如大地하여 能作一切衆生依處하며 猶如好風하여 能作一切衆生義利하며 猶如明燈하여 能爲衆生하여 生智

慧光하며 猶如大雲하여 能爲衆生하여 雨寂滅法하며 猶
如淨月하여 能爲衆生하여 放福德光하며 猶如帝釋하여
悉能守護一切衆生하나니 而我云何能知能說彼功德行
이리오

착한 남자여, 나는 다만 이 한 해탈문만을 알거니와, 보살
마하살들의 마음이 바다 같아서 모든 부처의 법을 받아들
이며, 수미산과 같이 뜻이 견고하여 동요할 수 없으며, 선견
약과 같아서 중생들의 번뇌병을 치료하며, 밝은 해와 같아
서 중생들의 어두운 무명을 깨뜨리며, 땅덩이와 같아서 모
든 중생의 의지할 데가 되며, 좋은 바람과 같아서 모든 중생
의 이익을 지으며, 밝은 등불과 같아서 중생들의 지혜의 빛
을 내며, 큰 구름과 같아서 중생에게 고요한 법을 비 내리
며, 깨끗한 달과 같아서 중생에게 복덕의 빛을 놓으며, 제석
천과 같아서 모든 중생을 수호하는 일이야 내가 어떻게 알
며 어떻게 그 공덕의 행을 말하겠는가?

[疏] 第四, 謙己推勝을 可知니라
■ ㄹ. 자신은 겸양하고 뛰어난 분을 추천함이니 알 수 있으리라.

ㅁ. 다음 선지식을 지시하다[指示後友](第五 13上6)
ㅂ. 선지식을 연모하여 예배하고 물러가다[戀德禮辭] (經/時善)

善男子여 於此南方海潮之處에 有一國土하니 名那羅素
요 中有仙人하니 名毘目瞿沙니 汝詣彼問하되 菩薩이 云

何學菩薩行이며 修菩薩道리잇고하라

時에 善財童子가 頂禮其足하고 遶無數帀하며 殷勤瞻仰하고 悲泣流淚하여 作是思惟하되 得菩提難이며 近善知識難이며 遇善知識難이며 得菩薩諸根難이며 淨菩薩諸根難이며 値同行善知識難이며 如理觀察難이며 依敎修行難이며 値遇出生善心方便難이며 値遇增長一切智法光明難이라하여 作是念已하고 辭退而行하니라

착한 남자여, 여기서 남쪽으로 가면 바다의 조수 미는 곳에 한 나라가 있으니 이름은 나라소요, 거기 선인이 있으니 이름이 비목구사니라. 그대는 그에게 가서 '보살이 어떻게 보살의 행을 배우며, 어떻게 보살의 도를 닦느냐?'고 물어라."
선재동자는 그의 발에 절하고 수없이 돌고 은근하게 앙모하여 눈물을 흘리면서 이렇게 생각하였다. '(1) 보리는 얻기 어렵고, (2) 선지식을 친근하기 어렵고, (3) 선지식을 만나기 어렵고, (4) 보살의 근기를 얻기 어렵고, (5) 보살의 근기를 깨끗이 하기 어렵고, (6) 함께 수행할 선지식을 만나기 어렵고, (7) 이치대로 관찰하기 어렵고, (8) 가르치는 대로 수행하기 어렵고, (9) 착한 마음을 내는 방편을 만나기 어렵고, (10) 온갖 지혜를 증장케 하는 법의 광명을 만나기 어렵구나.' 이렇게 생각하고는 하직하고 물러갔다.

[疏] 第五, 指示後友라 中에 言海潮之處者는 但約大悲가 攝物無失일새 受童眞名이니 故不異前處라 國名那羅素者는 此云不懶惰니 動刹持刹하며 觀刹詣刹이 無休息故라 仙人이 名毘目瞿沙者는 梵言猶略이

니 若具인대 應云毘目多羅涅懼沙니 此翻名最上無恐怖聲이라 亦云
毘沙摩니 此云無怖畏오 烏多羅는 此云上涅瞿婆는 此云出聲이라
二譯大同이니 謂常出增上無怖畏聲하여 安衆生故라 彼住文에 云,
出廣大徧滿音하여 以童眞淸潔無漏일새 故寄仙人表之니라

- ㅁ. 다음 선지식을 지시함이다. 그중에 '바다의 조수 미는 곳'이라 말한 것은 단지 대비(大悲)만 잡으면 중생을 거둠에 잘못이 없다. 동진(童眞)이라 이름 받은 연고로 앞의 선지식 처소와 다르지 않고, 나라 이름이 나라소(那羅素)인 것은 '게으르고 나태하지 않음'이라 번역한다. 국토를 움직이고 국토를 지키고, 국토를 관찰함과 국토에 나아갈 적에 휴식함이 없는 까닭이다. 신선 이름이 비목구사(毘目瞿沙)라 한 것은 범어로 '더욱 간략함'을 말한다. 만일 갖춘다면 응당히 비목다라열구사(毘目多羅涅懼沙)라 해야 하나니 번역하면 '가장 뛰어나서 두려움 없는 음성'이라 이름하며, 또한 비사마(毘沙摩)라 하기도 하나니 '두려워함이 없음'이라 번역한다. 오다라(烏多羅)는 상열구파(上涅瞿婆)라 번역하며, '음성을 냄'이라 번역하나니, 두 가지 번역이 크게는 같다. 이른바 항상 더없이 공포가 없는 소리를 냄이니 중생을 편안하게 하는 까닭이다. 저 동진주(童眞住)에 이르되, "넓고 크고 두루 가득한 음성을 낸다"라고 하였으니 동진은 청정하고 번뇌 없으므로 선인(仙人)에 의탁하여 표한 것이다.

[鈔] 彼住文에 云出廣大徧滿音者는 卽勝進十法中之一句耳니라
- '저 동진주(童眞住)에 이르되, 넓고 크고 두루 가득한 음성을 낸다'라고 한 것은 곧 승진행의 열 가지 법 중의 한 구절일 뿐이다.

아) 제9. 비목구사선인 선지식[毗目瞿沙仙人] 6.
- 제8. 동진주(童眞住)에 의탁한 선지식

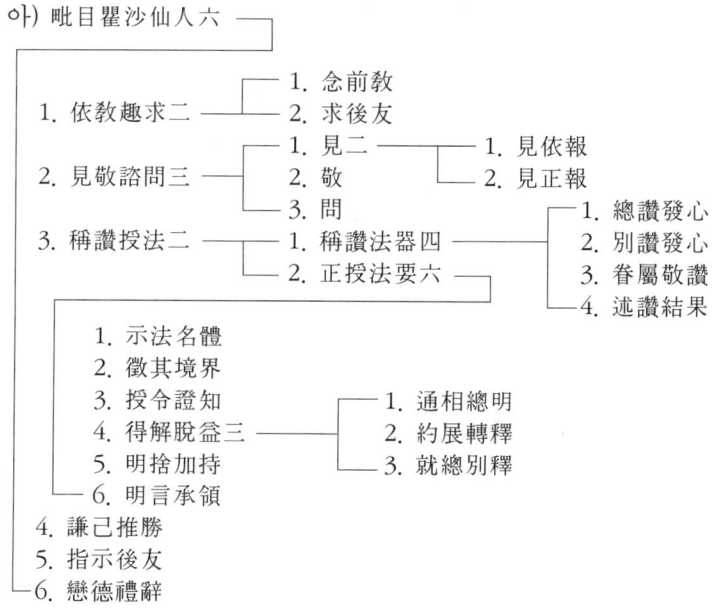

(가) 선지식의 가르침에 의지하여 나아가 구하다[依教趣求] 2.

ㄱ. 앞 선지식의 가르침을 기억하다[念前教] (第八 14上7)
ㄴ. 다음 선지식을 나아가 구하다[求後友] (經/漸漸)

爾時에 善財童子가 隨順思惟菩薩正教하며 隨順思惟菩薩淨行하여 生增長菩薩福力心하며 生明見一切諸佛心하며 生出生一切諸佛心하며 生增長一切大願心하며 生普見十方諸法心하며 生明照諸法實性心하며 生普散一

切障礙心하며 生觀察法界無暗心하며 生淸淨意寶莊嚴心하며 生摧伏一切衆魔心하고 漸漸遊行하여 至那羅素國하여 周徧推求毘目瞿沙하니라

그때 선재동자는 (1) 보살의 바르게 가르침을 따라 생각하고, (2) 보살의 깨끗한 행을 따라 생각하며, (3) 보살의 복력을 증장하려는 마음을 내고, (4) 모든 부처님을 분명히 보려는 마음을 내고, (5) 모든 부처님을 출생하려는 마음을 내고, (6) 모든 큰 서원을 증장하려는 마음을 내고, (7) 시방의 모든 법을 두루 보려는 마음을 내고, (8) 모든 법의 참된 성품을 밝게 보려는 마음을 내고, (9) 모든 장애를 두루 없애려는 마음을 내고, (10) 법계를 관찰하여 어두움 없으려는 마음을 내고, (11) 청정한 여의 보배로 장엄하려는 마음을 내고, (12) 모든 마를 항복받으려는 마음을 내면서, 점점 다니다가 나라소국에 이르러 비목다라구사를 찾았다.

[疏] 第八, 毘目仙人은 寄童眞住라 六段이니 初, 依敎趣求中에 初, 念前友敎라 有十二句하니 前二는 總明順前解行이요 後十은 依前增進勝心이니 前四는 約福이요 後六은 約智라 求友는 可知니라

■ 아) 비목구사선인은 제8. 동진주에 의탁한 선지식이다. 여섯 문단이니 (개) 선지식 가르침에 의지하여 나아가 구함 중에 ㄱ. 앞 선지식의 가르침을 기억함에 12구절이 있다. ㄱ) 앞의 두 구절[(1) 隨順思惟菩薩正敎 (2) 隨順思惟菩薩淨行]은 앞의 이해와 행법을 따름에 대해 총합하여 밝힘이요, ㄴ) 뒤의 열 구절은 앞을 의지하여 뛰어난 마음에 더욱 나아감이니 (ㄱ) 앞의 네 구절[(3) 生增長菩薩福力心 ~ (6) 生增長一切大願

心은 복을 잡은 해석이요, (ㄴ) 여섯 구절[(7) 生普見十方諸法心 ~ (12) 生摧伏一切衆魔心]은 지혜를 잡은 해석이다. ㄴ. 선지식 구함은 알 수 있으리라.

[鈔] 寄童眞住者는 心不生倒하며 不起邪魔의 破菩提心故니라
● '동진주에 의탁한 선지식'이란 마음에 뒤바뀜을 내지 않고 삿됨과 마군을 일으켜서 보리심을 깨뜨리지 않는 까닭이다.

(나) 만나서 공경을 표하고 법문을 묻다[見敬諮問] 3.

ㄱ. 선지식을 뵙다[見] 2.
ㄱ) 선지식의 의보를 보다[見依報] (第二 14下9)
ㄴ) 선지식의 정보를 뵙다[見正報] (後時)

見一大林이 阿僧祇樹로 以爲莊嚴하니 所謂種種葉樹가 扶疎布濩하며 種種華樹가 開敷鮮榮하며 種種果樹가 相續成熟하며 種種寶樹가 雨摩尼果하며 大栴檀樹가 處處行列하며 諸沈水樹가 常出好香하며 悅意香樹가 妙香莊嚴하며 波吒羅樹가 四面圍遶하며 尼拘律樹가 其身聳擢하며 閻浮檀樹가 常雨甘果하며 優鉢羅華와 波頭摩華로 以嚴池沼하니라
時에 善財童子가 見彼仙人이 在栴檀樹下하사 敷草而坐하니 領徒一萬이라 或着鹿皮하며 或着樹皮하며 或復編草하여 以爲衣服하며 髻環垂鬒하고 前後圍遶니라

큰 숲이 있는데 아승지 나무로 장엄하였다. 가지가지 나뭇잎은 울창하게 퍼지고, 가지가지 꽃나무는 아름답게 피었으며, 가지가지 과실나무는 계속하여 익었고, 가지가지 보배 나무는 마니 열매를 비 내리며, 큰 전단 나무는 간 데마다 열을 지어 섰고, 침수향 나무는 좋은 향기를 풍기며, 유쾌한 향나무는 묘한 향으로 장엄하고, 파아타라 나무가 사면에 둘러섰으며, 니구율 나무는 밑둥이 높이 솟았고, 염부단 나무에서는 단 과실이 항상 떨어지고, 우발라 꽃 · 파두마 꽃으로 연못을 장엄하였다.

이때 선재동자는 그 선인이 전단 나무 아래서 풀을 깔고 앉아서 1만 무리를 거느리고 있는데, 사슴 가죽을 입기도 하고 나무껍질을 입기도 하고, 풀을 엮어서 옷을 만들기도 하였으며, 상투를 짜고 고리를 드리운 이들이 앞뒤로 둘러 모시고 있는 것을 보았다.

[疏] 第二, 見一大下는 見敬咨問이라 中에 三이니 先, 見이요 次, 敬이요 後, 咨問이라 今初를 分二니 先, 見依報라 樹名波吒羅者는 正如此方의 楸樹오 尼拘律者는 如此方柳樹니 子似枇杷라 餘如音義니라 後, 時善財童子見彼下는 見正報라 領徒一萬者는 表萬行故니라

■ (나) 見一大 아래는 만나서 공경을 표하고 법문을 물음이다. 그중에 셋이니 ㄱ. 선지식을 뵈옴이요, ㄴ. 공경을 표함이요, ㄷ. 법문을 물음이다. 지금은 ㄱ.을 둘로 나누리니 ㄱ) 선지식의 의보를 뵈옴이요, 나무 이름이 파타라(波吒羅)인 것은 바로 중국의 개오동나무[楸樹]와 같다. 니구율(尼拘律)이란 중국의 버드나무와 같고, 씨앗은 비파(枇杷)

나무와 같다. 나머지는 『음의(音義)』와 같다. ㄴ) 時善財童子見彼 아래는 선지식의 정보를 뵈옴이다. '1만 무리를 거느리고 있다'는 것은 만행을 표한 까닭이다.

[鈔] 正如此方楸樹로 乃至餘如音義者는 音義에 具云, 楸樹下에 云호대 然이나 甚有香氣하고 其花紫色이요 如枇杷라 具云하면 其葉[120]이 如此方柳樹[121]요 子似枇杷니 子가 承帶如柿라 然其種類가 耐老하여 諸樹中에 最能高大라하니라

● '바로 중국의 개오동나무와 같으며 ~ 나머지는 음의(音義)와 같다'는 것은 『혜원음의』를 갖추어 말하면, 개오동나무 아래에 이르되, "그러나 매우 향기가 있으며 그 꽃이 자색(紫色)인 것은 중국의 버드나무와 같고 씨앗은 비파나무와 같으며 종자를 이어서 매는 것이 감나무와 같다. 하지만 그 종류가 노인병을 견디게 하나니, 모든 나무 중에 가장 높고 크게 자랄 수 있다"라 하였다.

ㄴ. 공경을 베풀고 칭찬하다[敬] (二善 16上1)
ㄷ. 법문을 묻다[問] (三白)

善財가 見已하고 往詣其所하여 五體投地하고 作如是言하되 我今得遇眞善知識하니 善知識者는 則是趣向一切智門이니 令我得入眞實道故며 善知識者는 則是趣向一切智乘이니 令我得至如來地故며 善知識者는 則是趣向一切智船이니 令我得至智寶洲故며 善知識者는 則是趣

---

120) 上八字는 甲南續金本無라 하다.
121) 案音義云 其樹葉如柿葉이라 하다.

向一切智炬니 令我得生十力光故며 善知識者는 則是趣
向一切智道니 令我得入涅槃城故며 善知識者는 則是趣
向一切智燈이니 令我得見夷險道故며 善知識者는 則是
趣向一切智橋니 令我得度險惡處故며 善知識者는 則是
趣向一切智蓋니 令我得生大慈凉故며 善知識者는 則是
趣向一切智眼이니 令我得見法性門故며 善知識者는 則
是趣向一切智潮니 令我滿足大悲水故니이다

作是語已하고 從地而起하여 遶無量帀하며 合掌前住하여
白言하되 聖者여 我已先發阿耨多羅三藐三菩提心하니
而未知菩薩이 云何學菩薩行이며 云何修菩薩道리잇고
我聞聖者는 善能誘誨라하니 願爲我說하소서

선재동자는 그 앞에 나아가서 오체를 엎드려 절하고 이렇게 말하였다. "나는 이제 정말 선지식을 만났나이다. (1) 선지식은 온갖 지혜에 나아가는 문이니, 나로 하여금 진실한 도에 들게 하는 연고라. (2) 선지식은 온갖 지혜에 나아가는 법이니, 여래의 지위에 이르게 하는 연고라. (3) 선지식은 온갖 지혜에 나아가는 배니, 지혜 보배의 섬에 이르게 하는 연고라. (4) 선지식은 온갖 지혜에 나아가는 횃불이니, 열 가지 힘의 빛을 내게 하는 연고라. (5) 선지식은 온갖 지혜에 나아가는 길이니, 열반의 성에 들어가게 하는 연고라. (6) 선지식은 온갖 지혜에 나아가는 등불이니, 평탄하고 험한 길을 보게 하는 연고라. (7) 선지식은 온갖 지혜에 나아가는 다리니, 험난한 곳을 건너게 하는 연고라. (8) 선지식은 온갖 지혜에 나아가는 일산이니, 크게 인자한 그늘을 내게 하는 연고라. (9) 선지식은 온갖 지혜에 나아가는 눈이니, 법의 성품의 문을 보게 하는 연고라. (10) 선지식은 온갖 지혜에 나아가는 조수니, 크게 가엾이 여기는 물을 만족하게 하는 연고라."
이렇게 말하고는 땅에서 일어나 한량없이 돌고 합장하고 서서 여쭈었다. "거룩하신 이여, 저는 이미 아눗다라삼먁삼보디심을 내었사오나, 보살이 어떻게 보살의 행을 배우며 보살의 도를 닦는지를 알지 못하나이다. 듣자온즉 거룩한 이께서 잘 가르치신다 하오니, 바라건대 말씀하여 주소서."

[疏] 二, 善財見已下는 設敬稱讚이라 於中에 三이니 先, 身敬이요 次, 言讚이라 見夷險者는 涅槃이 爲夷平이요 生死가 爲險難이라 又二가 皆爲險이요 不住가 爲夷라 餘는 可知니라 後, 作是語已下는 重明身敬이니 將欲問故라 三, 白言聖者下는 咨問法要니라

■ ㄴ. 善財見已 아래는 공경을 베풀고 칭찬함이다. 그중에 셋이니 ㄱ) 몸으로 공경함이요, ㄴ) 말로 찬탄함이다. '평탄하고 험한 길을 보게 한다'는 것은 열반은 평탄함이요 생사는 험난함이 된다. 또한 (열반과 생사) 둘 모두 험난함이 되고 머물지 않음이 평탄함이 되나니 나머지는 알 수 있으리라. ㄷ) 作是語已 아래는 몸으로 공경함을 거듭 밝힘이니 장차 질문하려 하는 까닭이다. ㄷ. 白言聖者 아래는 법문을 물음이다.

(다) 선재동자를 칭찬하고 법을 설해 주다[稱讚授法] 2.
ㄱ. 법의 그릇을 칭찬하다[稱讚法器] 4.

ㄱ) 발심을 총합하여 칭찬하다[總讚發心] (第三 17上4)
ㄴ) 발심을 개별로 칭찬하다[別讚發心] (次善)

時에 毘目瞿沙가 顧其徒衆하고 而作是言하시되 善男子여 此童子가 已發阿耨多羅三藐三菩提心이로다 善男子여 此童子가 普施一切衆生無畏하며 此童子가 普與一切衆生利益¹²²⁾하며 此童子가 常觀一切諸佛智海하며 此童子가 欲飮一切甘露法雨하며 此童子가 欲測一切廣大法海하며 此童子가 欲令衆生住智海中하며 此童子가 欲普發起廣大悲雲하며 此童子가 欲普雨於廣大法雨하며 此童子가 欲以智月로 普照世間하며 此童子가 欲滅世間煩惱毒熱하며 此童子가 欲長含識一切善根이로다

비목다라구사는 그 무리들을 돌아보고 이렇게 말하였다. "착한 남자들아, 이 동자는 이미 아늑다라삼약삼보디심을 내었느니라. 착한 남자여, (1) 이 동자는 모든 중생에게 두려움 없음을 보시하느니라. (2) 이 동자는 모든 중생에게 이익을 주느니라. (3) 이 동자는 모든 부처의 지혜 바다를 관찰하느니라. (4) 이 동자는 모든 감로의 법 비를 마시려 하느니라. (5) 이 동자는 모든 광대한 법 바다를 측량하려 하느니라. (6) 이 동자는 중생들을 지혜 바다에 머물게 하려 하느니라. (7) 이 동자는 광대한 자비 구름을 일으키려 하느니라. (8) 이 동자는 광대한 법 비를 내리려 하느니라. (9) 이 동자는 지혜의 달로 세간을 두루 비추려 하느니라. (10)

---

122) 與는 麗元本作興, 準貞元譯應從宋明宮淸合綱杭鼓纂續金本作與라 하다.

이 동자는 세간의 지독한 번뇌를 멸하려 하느니라. (11) 이 동자는 중생들의 모든 착한 뿌리를 기르려 하느니라."

[疏] 第三, 時毘目下는 稱讚授法이라 中에 二니 先, 稱讚法器요 後, 正授法要라 今初中에 四니 一, 總讚發心이니 視徒衆者는 令敬學故라 次, 善男子此童子下는 別讚發心之相이요

■ (다) 時毘目 아래는 선재동자를 칭찬하고 법을 설해 줌이다. 그중에 둘이니 ㄱ. 법의 그릇을 칭찬함이요, ㄴ. 법문의 요점을 바로 설해 줌이다. 지금은 ㄱ. 중에 넷이니 ㄱ) 발심을 총합하여 칭찬함이니 대중 무리를 보인 것은 하여금 공경하고 배우는 까닭이다. ㄴ) 善男子此童子 아래는 구사(瞿沙)선인이 발심하는 모습을 개별로 칭찬함이다.

ㄷ) 신선 무리가 공경히 칭찬하다[眷屬敬讚] (三時 17上6)

ㄹ) 결과를 말하여 찬탄하다[述讚結果] (四時)

時에 諸仙衆이 聞是語已하고 各以種種上妙香華로 散善財上하고 投身作禮하며 圍遶恭敬하여 作如是言하되 今此童子가 必當救護一切衆生하며 必當除滅諸地獄苦하며 必當永斷諸畜生道하며 必當轉去閻羅王界하며 必當關閉諸難處門하며 必當乾竭諸愛欲海하며 必令衆生으로 永滅苦蘊하며 必當永破無明黑暗하며 必當永斷貪愛繫縛하며 必以福德大輪圍山으로 圍遶世間하며 必以智慧大寶須彌로 顯示世間하며 必當出現淸淨智日하며 必當開示善根法藏하며 必使世間으로 明識險易케 하리이다

時에 毘目瞿沙가 告群仙言하시되 善男子여 若有能發阿
耨多羅三藐三菩提心이면 必當成就一切智道니 此善男
子가 已發阿耨多羅三藐三菩提心하니 當淨一切佛功德
地로다

이때 여러 신선 무리는 이 말을 듣고 가지각색 묘한 향과 꽃
으로 선재에게 흩고 절하고 두루 돌며 공경하고 이렇게 말
하였다. "이제 (1) 이 동자는 반드시 모든 중생을 구호하리
라. (2) 반드시 모든 지옥의 고통을 멸하리라. (3) 반드시 모
든 축생의 길을 끊으리라. (4) 반드시 염라대왕의 세계를 바
꾸어 놓으리라. (5) 반드시 여러 험난한 문을 닫으리라. (6)
반드시 애욕 바다를 말리리라. (7) 반드시 중생들의 괴로움
덩어리를 없애리라. (8) 반드시 무명의 어둠을 깨뜨리리라.
(9) 반드시 탐애의 결박을 끊으리라. (10) 반드시 복덕의 철
위산으로 세간을 둘러싸리라. (11) 반드시 지혜의 큰 보배
수미산으로 세간을 드러내리라. (12) 반드시 청정한 지혜의
해를 뜨게 하리라. (13) 반드시 착한 뿌리의 법장을 열어 보
이리라. (14) 반드시 세간 사람들로 험하고 평탄함을 알게
하리라."

이때 비목다라구사가 여러 신선에게 말하였다. "착한 남자
여, 만일 어떤 이가 아눗다라삼약삼보디심을 내면 반드시
온갖 지혜의 도를 성취하리라. 그러므로 이 착한 남자는 이
미 아눗다라삼약삼보디심을 내었으므로 마땅히 모든 부처
의 공덕 바탕을 깨끗이 하리라."

[疏] 三, 時諸仙衆下는 眷屬敬讚이라 言險易者는 易는 亦平也라 四, 時
毘目下는 述讚結果니라
■ ㄷ) 時諸仙衆 아래는 신선 권속이 공경히 칭찬함이다. '험난하고 평
탄하다'고 말한 것에서 쉬움도 또한 평탄하다는 뜻이다. ㄹ) 時毘目
아래는 결과를 말하여 찬탄함이다.

ㄴ. 법문의 요점을 바로 설해 주다[正授法要] 6.
ㄱ) 법문의 명칭과 체성을 보이다[示法名體] (第二 18上9)
ㄴ) 그 경계에 대해 질문하다[徵其境界] (二善)

時에 毘目瞿沙가 告善財童子言하시되 善男子여 我得菩
薩無勝幢解脫하라 善財가 白言하되 聖者여 無勝幢解脫
이 境界云何니잇고
비목다라구사는 선재동자에게 말하였다. "착한 남자여, 나
는 보살의 이길 이 없는 당기 해탈을 얻었노라." 선재동자
가 여쭈었다. "거룩하신 이여, 이길 이 없는 당기 해탈은 그
경계가 어떠하옵니까?"

[疏] 第二, 時毘目瞿沙告善財下는 正授法要라 文中에 有六하니 初, 示
法名體니 童眞淨智가 變化自在하여 高出功用之表일새 所以名幢이
요 相惑에 不動故로 云無勝이니 即此摧惑이 亦名幢義니라 二, 善財
白言下는 徵其境界라
■ ㄴ. 時毘目瞿沙告善財 아래는 법문의 요점을 바로 설해 줌이다. 경
문 중에 여섯이 있으니 ㄱ) 법문의 명칭과 체성을 보여서 동자처럼 순

진하고 청정한 지혜가 변화가 자재하다. 공용이 높게 뛰어남을 표하였으니 그러므로 깃대라 이름하며, 형상에 미혹해도 동하지 않는 연고로 '이길 이 없음'이라 말하나니 곧 여기서 미혹을 껶음도 또한 '깃대의 뜻'이라 이름한다. ㄴ) 善財白言 아래는 그 경계에 대해 질문함이요,

ㄷ) 법문을 설해 주고 증득하여 알게 하다[授令證知] (三時 18下2)

時에 毘目仙人이 卽申右手하사 摩善財頂하고 執善財手하신대 卽時善財가 自見其身이 往十方十佛刹微塵數世界中하고 到十佛刹微塵數諸佛所하여 見彼佛刹과 及其衆會와 諸佛相好의 種種莊嚴하며 亦聞彼佛이 隨諸衆生心之所樂하고 而演說法하고 一文一句를 皆悉通達하여 各別受持하여 無有雜亂하며 亦知彼佛이 以種種解로 淨治諸願하며 亦知彼佛이 以淸淨願으로 成就諸力하며 亦見彼佛의 隨衆生心하야 所現色相하며 亦見彼佛의 大光明網인 種種諸色이 淸淨圓滿하며 亦知彼佛의 無礙智慧 大光明力하며 又自見身이 於諸佛所에 經一日夜와 或七日夜와 半月一月과 一年十年과 百年千年하며 或經億年과 或阿庾多億年과 或那由他億年하며 或經半劫하며 或經一劫百劫千劫과 或百千億과 乃至不可說不可說佛刹微塵數劫하나라

이때 비목선인은 오른손을 펴서 선재의 정수리를 만지며 선

재의 손을 잡았다. 그때 선재동자는 (1) 자기의 몸이 시방으로 열 세계의 티끌 수 세계에 가서 열 세계의 티끌 수 부처님 처소에 이르렀음을 보았고, (2) 저 세계와 모인 대중과 부처님의 잘생긴 모습이 여러 가지로 장엄하였음을 보았으며, (3) 또 그 부처님이 중생들의 마음을 따라서 법을 연설함을 듣고 한 글자 한 구절을 모두 통달하여 따로따로 받아지니어 섞이지 아니하였다. (4) 또 저 부처님이 갖가지 지혜로 모든 서원을 깨끗하게 다스림도 보고, (5) 저 부처님이 청정한 서원으로 모든 힘을 성취함도 보고, (6) 저 부처님이 중생들의 마음을 따라 나타내는 모습도 보고, (7) 저 부처님의 큰 광명 그물의 가지각색 빛이 청정하고 원만함도 보고, (8) 또 저 부처님의 걸림 없는 지혜와 큰 광명의 힘도 알았다. (9) 또 자기의 몸이 여러 부처님 계신 데서 하루 낮 하룻밤을 지내기도 하고, 이레를 지내기도 하고, (10) 혹은 반달·한 달·일 년·십 년·백 년·천 년·억 년을 지내기도 하며, (11) 혹 아유다억 년·나유타억 년·혹 반 겁·한 겁·백 겁·천 겁·백천억 겁으로 내지 말할 수 없이 말할 수 없는 세계의 티끌 수 겁을 지내는 것을 보기도 하였다.

[疏] 三, 時毘目下는 授令證知니 摩頂은 顯加持之相이요 執手는 表授與之義니 相攝有力故라 所見은 可知니라

■ ㄷ) 時毘目 아래는 법문 설해 주고 증득하여 알게 함이다. '이마를 어루만짐'은 가피하여 가지는 모양을 밝힘이요, '손을 잡음'은 수여한다는 뜻을 표함이니 형상이 힘이 있음을 포섭한 연고며 볼 대상은

알 수 있으리라.

[鈔] 執手는 表授與之義는 約敎相說이요 言相攝有力者는 約義理說이라 上通諸敎오 此在華嚴이니라 知識은 有力하고 善財는 無力하니 力攝無力일새 故因知識하여 令善財見이니라 若善財有力하면 則仙人은 無力이라 力攝無力일새 仙人所證을 善財皆得이니 故互[123]相攝[124]이라하니라

● '손을 잡음'은 수여한다는 뜻을 표함이니 가르치는 양상을 잡아 해설함이다. '형상이 힘이 있음을 포섭한다'고 말한 것은 뜻과 이치를 잡아 해설함이요, 위는 여러 교법과 통하나니 여기에 화엄(華嚴)의 종지가 있으며, 선지식은 힘이 있고 선재는 힘 없음이요, 힘은 힘 없음을 포섭하는 연고로 선지식으로 인하여 선재로 하여금 보게 한 것이다. 만일 선재가 힘이 있다면 선인(仙人)은 힘이 없음이요, 힘은 힘 없음을 포섭하므로, 선인은 증득할 대상이니 선재가 모두 얻었으므로 번갈아 서로 포섭한 것이다.

ㄹ) 해탈법의 이익을 얻다[得解脫益] 3.
(ㄱ) 전체 모양으로 총합 설명하다[通相總明] (四爾 18下9)

爾時에 善財童子가 爲菩薩無勝幢解脫智光明照故로 得毘盧遮那藏三昧光明하며 爲無盡智解脫三昧光明照故로 得普攝諸方陀羅尼光明하며 爲金剛輪陀羅尼門光明照故로 得極淸淨智慧心三昧光明하며 爲普門莊嚴藏般若波羅蜜光明照故로 得佛虛空藏輪三昧光明하며 爲一

---
123) 互는 南續金本作云이라 하다.
124) 攝下에 甲南續金本有有力二字라 하다.

切佛法輪三昧光明照故로 得三世無盡智三昧光明이니라
그때 선재동자는 (1) 보살의 이길 이 없는 당기 해탈의 지혜
광명이 비춤으로 해서 비로자나장 삼매의 광명을 얻고, (2)
다함없는 지혜 해탈 삼매의 광명이 비춤으로 해서 여러 방위
를 두루 거두는 다라니 광명을 얻고, (3) 금강륜 다라니문의
광명이 비춤으로 해서 매우 청정한 지혜의 마음 삼매 광명을
얻고, (4) 넓은 문 장엄장 반야바라밀다의 광명이 비춤으로
해서 불허공장륜 삼매의 광명을 얻고, (5) 일체불법륜 삼매의
광명이 비춤으로 해서 세 세상 그지없는 삼매 광명을 얻었다.

[疏] 四, 爾時善財童子爲菩薩無勝下는 得解脫益이라 文有十句五對하
니 謂爲五法照하여 得五種益이라 能照는 皆是無勝幢之別名이니라
- ㄹ) 爾時善財童子爲菩薩無勝 아래는 해탈법의 이익을 얻음이다. 경
문에 열 구절로 다섯 대구가 있다. 이른바 다섯 가지 법을 비추어서
다섯 가지 이익을 얻나니 '비추는 주체'는 모두 '이길 이 없는 당기'의
다른 이름이다.

(ㄴ) 전전함을 잡아 해석하다[約展轉釋] (然初 19上1)

[疏] 然이나 初對는 爲總이요 餘四는 爲別이니 展轉相生이라 且初는 總對니
由見彼眞智作用하여 卽知是法界體上이 寂而徧照일새 故云三昧光
明이니라 二, 卽上에 所得三昧光明이 乃是能照之智로 作用無盡之
寂照니 故로 得所照十方을 智總持之하여 明鑑無遺니라 三, 卽上總
持가 以智爲體하여 堅利圓滿이니 由得此故로 能令自心으로 障淨智

明하여 爲寂照之光이니라 四, 得上淨智般若에 則無行不嚴이며 無德不備하여 爲莊嚴藏이라 此光照心에 能照如來法性空中하여 包含圓滿하여 正受現前이니라 五, 上虛空藏輪은 卽一切佛法을 圓滿寂照니 以此로 照心則智窮三世無盡法源이라 此約展轉釋이어니와

■ 그러나 첫 대구는 총상이요, 나머지 네 대구는 별상이니 전전이 서로 생겨난다는 뜻이다. 우선 (1) 총상으로 상대함이니 저 진실한 지혜의 작용을 봄으로 인함은 곧 법계의 체성 위인 줄 아는 것이다. 고요하면서 두루 비추는 연고로 '삼매의 광명'이라 말함이요, (2) 위에서 얻은 바 삼매의 광명과 합치해야만 비로소 비추는 주체의 지혜이므로 작용이 그지없고 고요하게 비추는 연고로 비출 대상인 시방을 얻어서 지혜로 총합하여 가지므로 남김 없이 밝게 비춘다. (3) 위의 총지와 합치함이니 지혜로 체성을 삼고 견고한 이치가 원만하나니, 이를 얻음으로 인하여 능히 자기 마음으로 하여금 장애가 정화되면 지혜가 밝아서 고요하게 비추는 광명이 된다. (4) 위의 청정한 지혜의 반야를 얻으면 행법을 장엄하지 않음이 없고 공덕을 갖추지 않음이 없어서 장엄하는 창고가 되었으니, 이런 광명으로 마음을 비추어서 비추는 주체인 여래의 법성이 공한 중에 포함한 것이 원만하여 삼매[正受]가 앞에 나타난다. (5) 위의 허공장륜(虛空藏輪)은 곧 온갖 불법이 원만하고 고요하게 비추어서 이것으로 마음을 비추면 지혜가 삼세가 다함 없는 법의 근원을 궁구하나니, 이것은 전전함을 잡아 해석함이다.

(ㄷ) 총상에 입각하여 개별로 해석하다[就總別釋] (若約 19上10)

[疏] 若約能照인대 皆是總中別義며 則不相躡이나 義不異前이요 而其所

得은 卽三昧中事니라

■ 만일 비추는 주체를 잡으면 모두 총상 중에 차별한 뜻이니 서로 포섭하지 않고 뜻이 앞과 다르지 않지만 그 얻은 바는 삼매 중의 일인 것이다.

[鈔] 文有十句五對下는 疏文이 有三하니 初, 通相總明이요 二, 然初對下는 展轉釋이니 則無勝幢之總이 爲第一能益이요 餘四는 展轉이니 皆以所益으로 轉爲能益이니라 三, 若約能照下는 就總別釋이니 無勝幢之總이 含於五義라 初之一能은 雖標總稱이나 卽受別名일새 故言能照가 皆是總中別義니 細尋하면 可見이니라

● 文有十句五對 아래는 소문이 셋이 있으니 (ㄱ) 전체 모양으로 총합 설명함이요, (ㄴ) 然初對 아래는 전전함을 잡아 해석하면 이길 이 없는 당기의 총상으로 첫째 이익되는 주체를 삼고, 나머지 넷은 전전이 해석함이니 모두 이익할 대상을 바꾸어서 이익되는 주체가 됨이요, (ㄷ) 若約能照 아래는 총상에 입각하여 개별로 해석하면 이길 이 없는 당기의 총상에 다섯 가지 뜻을 포함하였다. 처음의 한 가지 능함은 비록 총합 명칭을 표방함이니, 곧 다른 명칭을 받은 연고로 '비추는 주체가 모두 총상 중의 차별한 뜻'이라 말하였으니 자세히 찾으면 알 수 있으리라.

ㅁ) 버려서 가지함을 밝히다[明捨加持] (五時 19下10)
ㅂ) 말하여 받아들임을 밝히다[明言承領] (六時)

時彼仙人이 放善財手하신대 善財童子가 卽自見身이 還在本處어늘 時彼仙人이 告善財言하시되 善男子여 汝憶念耶아 善財가 言하되 唯라 此是聖者善知識力이니이다

이때 비목선인이 선재의 손을 놓으니, 선재동자는 자기의 몸이 도로 본 고장에 있음을 보았다. 그때 비목선인은 선재에게 말했다. "착한 남자여, 그대는 생각하는가?" 선재동자는 대답하였다. "그러하옵니다. 이것이 다 거룩하신 선지식의 힘인 줄 아옵니다."

[疏] 五, 時彼仙人放善財下는 明捨加持니 所作이 訖故라 還在本處者는 不移本處하여 而徧十方이라 處旣還本하니 時亦多劫이 未逾一日이라 故로 近遠無礙며 念劫圓融이니 皆圓敎善友의 法門之力이라 是以로 善財一生에 能辦多劫之行이요 普賢位內에 或經不可說劫이니 非但三祇라 皆法力으로 加持니 不應以時以處로 定斯玄旨니라 六, 時彼仙人告下는 明言承領을 可知니라

■ ㅁ) 時彼仙人放善財 아래는 버려서 가지함을 밝힘이니 짓는 일이 끝나는 까닭이다. '도로 본 고장에 있다'는 것은 본래 처소를 옮기지 않으면서 시방에 두루함이요, 처소가 이미 본래로 돌아왔으니 시간도 또한 많은 겁에 아직 하루를 넘지 않은 연고로 가깝고 먼 것이 무애하고 찰나와 겁이 원융함이 모두 원교(圓敎) 선우의 법문의 힘이다. 이런 까닭으로 선재의 일생에 많은 겁의 행을 잘 힘쓰는 것이요, 보현보살의 지위 안에 혹은 말할 수 없는 겁을 지나더라도 단지 삼 아승지가 모두 법력으로 가지할 뿐만 아니라 응당히 시간과 장소로 이런 현묘한 종지를 정하지 못하겠는가? ㅂ) 時彼仙人告 아래는 말하여 받아들임을 밝힘이니 알 수 있으리라.

[鈔] 是以善財一生에 能辦多劫之行者는 旣善友力일새 瞬[125)息之間에

或有佛所에 見經不可說不可說佛刹微塵數劫하여 修行不倦하니 何得一生에 不經多劫이리요 仙人之力이 長短自在故라 如世王質이 遇仙之碁하여 纔看斧柯爛에 已經三歲라도 尙謂食頃이어든 旣能以長으로 爲短하며 亦能以短으로 爲長이 如周穆이 隨於幻人하여 雖經多年이나 實唯瞬息이니 故로 結云, 不應以長短之時와 廣狹之處로 定其旨也라하니라

- '이런 까닭으로 선재의 일생에 많은 겁의 행을 잘 힘쓰는 것'이란 이미 선지식의 능력이 순식간에 혹은 어떤 이가 부처님 처소에서 말할 수 없이 말할 수 없는 불국토의 티끌 수 겁을 지나도록 수행하여 게으르지 않음을 보았으니 어찌 일생에 많은 겁을 보내지 않은 것이겠는가? 선인의 힘은 길고 짧음이 자재한 연고며, 세상의 왕의 성질이나 신선의 바둑[126]을 만남과 같다. 겨우 도끼자루가 썩은 것을 볼 적에 이미 삼년을 지났어도 오히려 밥 먹는 순간이라 말함이요, 이미 능히 긴 것으로 짧음을 삼고 또한 능히 짧은 것으로 긴 것을 삼는 것이 마치 주(周)나라 목왕(穆王)이 허깨비 사람을 따라서 비록 많은 해를 지나더라도 진실로 오직 순식간인 연고로 결론하여 말하되, "응당히 길고 짧은 시간과 넓고 좁은 장소가 아닌 것이 그 종지를 결정한다"라고 하였다.

---

125) 瞬은 金本作眗誤 下同, 甲南續本作眗; 案瞬眗通이라 하다.
126) '신선놀음에 도끼자루 썩는 줄 모른다'는 속담의 근원 설화. 한자어로 '선유후부가설화(仙遊朽斧柯說話)'라고도 한다. 전설로도 일부 전해지고 있다. 본래는 황해도 평산읍(平山邑) 가마골, 즉 부동(釜洞)이라는 마을이 있는데 이곳에 선암(仙巖)과 난가정(欄柯亭)이 있어 옛날 신선들이 이곳에서 바둑을 두었다고 전한다. 옛날 한 나무꾼이 나무를 하러 산속 깊이 들어갔다가 우연히 동굴을 발견했다. 동굴 안으로 들어가니 길이 점점 넓어지고 훤해지면서 눈앞에 두 백발 노인이 바둑을 두고 있는 것이 보였다. 나무꾼은 무심코 서서 바둑 두는 것을 보고 있다가 문득 돌아갈 시간이 되었다는 생각이 들어 옆에 세워 둔 도끼를 집으려 했는데 도끼자루가 바싹 썩어 집을 수가 없었다. 이상하게 생각하면서 마을로 내려와 보니 마을의 모습은 완전히 바뀌어 있었다. 한 노인을 만나 자기 이름을 말하자, 노인은 "그분은 저의 증조부 어른이십니다"라고 대답하더라는 것이다. 또 6세기경 간행된『술이기(述異記)』에는 진(秦)나라 때 왕질(王叱)이라는 나무꾼이 절강성 상류 구주의 석실산(石室山)으로 나무를 하러 갔다는 서두로 시작되는 같은 이야기가 실려 있으며, 에버하르트(Eberhard, W.)가 채록한 중국 민담 중에도 우리나라의 것과 공통된 이야기가 구전(口傳)되고 있다. (출처 한국민족문화대백과, 2009 한국학중앙연구원)

(라) 자신은 겸양하고 뛰어난 분을 추천하다[謙己推勝] (第四 21上2)

仙人이 言하시되 善男子여 我唯知此菩薩無勝幢解脫이어니와 如諸菩薩摩訶薩은 成就一切殊勝三昧하여 於一切時에 而得自在하며 於一念頃에 出生諸佛無量智慧하며 以佛智燈으로 而爲莊嚴하여 普照世間하며 一念普入三世境界하며 分形偏往十方國土하며 智身普入一切法界하며 隨衆生心하여 普現其前하며 觀其根行하여 而爲利益하며 放淨光明하여 甚可愛樂이니 而我云何能知能說彼功德行과 彼殊勝願과 彼莊嚴刹과 彼智境界와 彼三昧所行과 彼神通變化와 彼解脫遊戲와 彼身相差別과 彼音聲淸淨과 彼智慧光明이리오

비목선인이 말하였다. "착한 남자여, 나는 다만 이 <보살의 이길 이 없는 당기 해탈>만을 알거니와, 저 보살마하살이 모든 훌륭한 삼매를 성취하여, 모든 시절에 자유자재하고 잠깐 동안에 부처님의 한량없는 지혜를 내고 한 부처의 지혜 등불로 장엄하여 세간을 두루 비추며, 한 생각에 세 세상 경계에 두루 들어가서 형상을 나누어 시방의 국토에 두루 가며, 지혜 몸이 모든 법계에 들어가서 중생의 마음을 따라 그의 앞에 나타나서, 그의 근성과 행을 관찰하고 이익하게 하며, 매우 사랑스러운 깨끗한 광명을 놓는 일이야 내가 어떻게 알며, 저의 공덕의 행과 훌륭한 서원과 장엄한 세계와 지혜의 경계와 삼매의 행하는 데와 신통변화와 해탈의 유희와 몸이 각각 차별함과 음성이 청정함과 지혜의 광명을 어떻게 말하겠는가?

[疏] 第四, 仙人言下는 謙己推勝이라
- (라) 仙人言 아래는 자신은 겸양하고 뛰어난 분을 추천함이다.

(마) 다음 선지식을 지시하다[指示後友] (第五 21上4)
(바) 덕을 연모하여 예배하고 물러가다[戀德禮辭] (經/時善)

善男子여 於此南方에 有一聚落하니 名伊沙那요 有婆羅
門하니 名曰勝熱이니 汝詣彼問하되 菩薩이 云何學菩薩
行이며 修菩薩道리잇고하라
時에 善財童子가 歡喜踊躍하여 頂禮其足하며 遶無數帀
하여 殷勤瞻仰하고 辭退南行하니라
착한 남자여, 여기서 남쪽에 한 마을이 있으니 이름이 이사
나요, 거기 바라문이 있으니 이름이 승열이니라. 그대는 그
에게 가서 '보살이 어떻게 보살의 행을 배우며 보살의 도를
닦느냐?'고 물어라."
이때 선재동자는 즐거워 뛰놀면서 그의 발에 절하고 수없
이 돌고 은근하게 앙모하면서 하직하고 남쪽으로 떠났다.

[疏] 第五, 善男子於此下는 指示後友라 伊沙那者는 此云長直이라 謂里
巷徑永이니 表善知三際故로 長이요 善知勝義故로 直이라 婆羅門勝
熱者는 於五熱中에 成勝行故니 表體煩惱熱하여 成勝德故며 不染煩
惱하고 成淨行故니라
- (마) 善男子於此 아래는 다음 선지식을 지시함이다. 이사나(伊沙那)는
'길고 곧음'이라 번역하나니, 이른바 마을의 거리와 지름길이 긴 것은

삼제(三際)를 잘 아는 연고로 긴 것이요, 훌륭한 뜻을 잘 아는 연고로 곧음을 표하였다. 바라문이 승열(勝熱)이란 다섯 가지 뜨거움 중에 뛰어난 수행을 이룬 연고며, 체성이 번뇌가 뜨거움을 표하여 뛰어난 덕을 이루는 연고며, 번뇌에 물들지 않아서 청정한 행법을 이룬 까닭이다.

[鈔] 表善知三際故長이요 善知勝義故直者는 卽義引第九住文이니 經에 云, 此菩薩이 善知十種法하니 何等爲十고 所謂善知諸衆生受生하며 善知諸業煩惱現起하며 善知習氣相續하며 善知所行方便하며 善知無量法하며 善解諸威儀하며 善知世界差別하며 善知前際後際事하며 善知演說世諦하며 善知演說第一義諦라하니라 釋曰, 若剋實取인대 唯取第八과 及第十句요 若通相說하면 除第十句하고 餘는 皆三際之法이니라

● '삼제(三際)를 잘 아는 연고로 긴 것이요, 훌륭한 뜻을 잘 아는 연고로 곧음을 표한다'는 것은 뜻으로 (제15. 십주품) 제9. 법왕자주 경문을 인용함이다. 경문에 이르되, "이 보살이 열 가지 법을 잘 아나니 무엇이 열 가지인가? 이른바 (1) 모든 중생들이 태어나는 것을 잘 알며 (2) 모든 번뇌가 일어나는 것을 잘 알며 (3) 습기가 계속되는 것을 잘 알며 (4) 행할 방편을 잘 알며 (5) 한량없는 법을 잘 알며 (6) 모든 위의를 잘 알며 (7) 세계의 차별을 잘 알며 (8) 앞일과 뒷일을 잘 알며 (9) 세상 법을 연설할 줄 잘 알며 (10) 제일의제를 연설할 줄 잘 아는 것이다"라고 하였다. 해석하자면 만일 지극히 실법을 취하면 오직 제8과 제10 구절[(8)善知前際後際事 (10)善知演說第一義諦]을 취할 뿐이요, 만일 전체 모습으로 말하면 제10 구절만 제한다. 나머지는 모두 삼제(三際)의 법이다.

자) 제10. 승열바라문 선지식[勝熱婆羅門] 6.
- 제9. 법왕자주(法王子住)에 의탁한 선지식

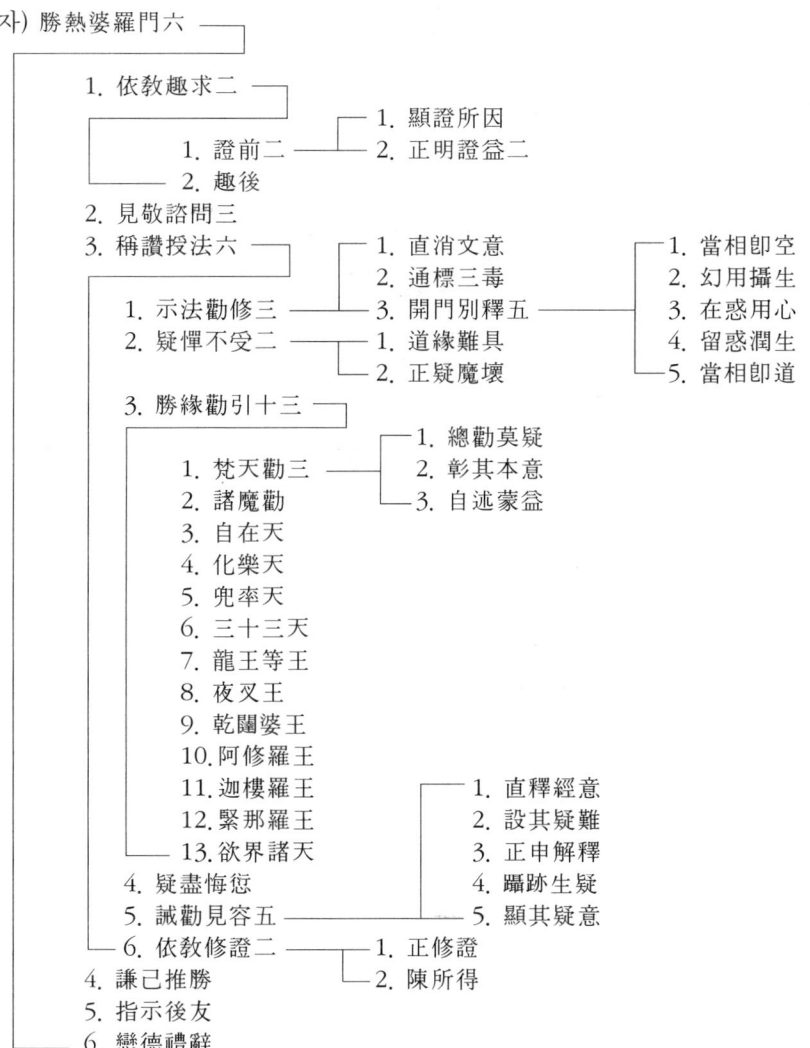

(가) 선지식의 가르침에 의지하여 나아가 구하다[依敎趣求] 2.

❖ 승열바라문, 휴사우바이, 비목구사선인을 만나는 모습 변상도(제64권)

ㄱ. 앞의 가르침을 증명하다[證前] 2.
ㄱ) 증득한 원인을 밝히다[顯證所因] (第九 21下9)
ㄴ) 증득한 이익을 밝히다[正明證益] 2.
(ㄱ) 자분행의 이익[自分益] (後住)
(ㄴ) 승진행의 이익[勝進益] (後求)

爾時에 善財童子가 爲菩薩無勝幢解脫所照故로 住諸佛
不思議神力하며 證菩薩不思議解脫神通智하며 得菩薩
不思議三昧智光明하며 得一切時熏修三昧智光明하며

得了知一切境界皆依想所住三昧智光明하며 得一切世間殊勝智光明하여 於一切處에 悉現其身하여 以究竟智로 說無二無分別平等法하며 以明淨智로 普照境界하며 凡所聞法을 皆能忍受하여 清淨信解하며 於法自性에 決定明了하며 心恒不捨菩薩妙行하며

求一切智하여 永無退轉하며 獲得十力智慧光明하며 勤求妙法하여 常無厭足하며 以正修行으로 入佛境界하며 出生菩薩無量莊嚴하며 無邊大願이 悉已清淨하며 以無窮盡智로 知無邊世界網하며 以無怯弱心으로 度無量眾生海하며 了無邊菩薩諸行境界하며 見無邊世界種種差別하며 見無邊世界種種莊嚴하며 入無邊世界微細境界하며 知無邊世界種種名號하며 知無邊世界種種言說하며 知無邊眾生種種解하며 見無邊眾生種種行하며 見無邊眾生成熟行하며 見無邊眾生差別想하니라

이때 선재동자는 (1) 보살이 이길 이 없는 당기 해탈의 비침을 받은 연고로 부처님의 부사의한 신통의 힘에 머물며, (2) 보살의 부사의한 해탈과 신통한 지혜를 증득하며, (3) 보살의 부사의한 삼매의 지혜 광명을 얻으며, (4) 모든 시기에 닦는 삼매의 지혜 광명을 얻으며, (5) 모든 경계가 다 생각을 의지하여 존재한 것임을 아는 삼매의 지혜 광명을 얻으며, (6) 모든 세간에서 가장 훌륭한 지혜 광명을 얻었다. (7) 모든 곳에 몸을 나타내고 끝까지 이른 지혜로 둘이 없고 분별이 없는 평등한 법을 말하며, (8) 밝고 깨끗한 지혜로 경계를 두루 비추며, (9) 들은 법을 모두 알아 가지며, (10) 청

정한 마음과 지혜로 법의 성품을 결정하여 알고 마음에는 보살의 묘한 행을 항상 버리지 않았다.

(11) 온갖 지혜를 구하되 영원히 물러나지 아니하고 열 가지 힘과 지혜의 광명을 얻었으며, (12) 묘한 법을 부지런히 구하여 싫은 생각이 없으며, (13) 바르게 행을 닦아 부처의 경지에 들어갔으며, (14) 보살의 한량없는 장엄을 내고 그지없는 큰 서원이 모두 청정하였으며, (15) 다함이 없는 지혜로 그지없는 세계 그물을 알고, (16) 겁약하지 않은 마음으로 한량없는 중생 바다를 제도하며, (17) 그지없는 보살의 모든 수행하는 경계를 알고, (18) 그지없는 세계의 여러 가지 차별을 보며, (19) 그지없는 세계의 여러 가지 장엄을 보며, (20) 그지없는 세계의 미세한 경계에 들어가며, (21) 그지없는 세계의 여러 가지 이름을 알며, (22) 그지없는 세계의 여러 가지 말을 알며, (23) 그지없는 중생의 여러 가지 지혜를 알며, (24) 그지없는 중생의 여러 가지 행을 보며, (25) 그지없는 중생의 성숙한 행을 보며, (26) 그지없는 중생의 차별한 생각을 보았다.

[疏] 第九, 勝熱善友는 寄王子住라 義如前釋하니라 文亦有六하니 一, 依敎趣入이라 中에 二니 初, 證前이요 後, 趣後라 前中에 二니 初, 顯證所因이요 後, 住諸佛下는 正明證益이라 於中에 二니 先, 得自分益이요 後, 求一切智下는 得勝進益이라 及於趣後는 文並이면 可知니라

■ 자) 제10. 승열바라문 선지식은 제9. 법왕자주에 의탁하였다. 뜻은 앞에서 해석한 내용과 같나니 경문에도 여섯 과목이 있다. (가) 선지

가르침에 의지하여 나아가 들어감이다. 그중에 둘이니 ㄱ. 앞의 가르침을 증명함이요, ㄴ. 다음 선지식에 나아감이다. ㄱ. 중에 둘이니 ㄱ) 증득한 원인을 밝힘이요, ㄴ) 住諸佛 아래는 증득한 이익을 밝힘이다. 그 중에 둘이니 (ㄱ) 자분행의 이익이요, (ㄴ) 求一切智 아래는 승진행의 이익을 얻음과 ㄴ. 다음 선지식에 나아감은 경문과 함께하면 알 수 있으리라.

[鈔] 寄王子住者는 從法王教하여 生於正解일새 當紹佛位故니라
● 법왕자주에 의탁함이란 법왕의 교법에서 바른 이해가 생겨나나니 미래에 부처 지위를 잇는 까닭이다.

ㄴ. 다음 선지식에 나아가다[趣後] (經/念善 22下7)

念善知識하여 漸次遊行하여 至伊沙那聚落하여
선지식을 생각하면서 점점 가다가 이사나 마을에 이르러,

(나) 만나서 공경을 표하고 법문을 묻다[見敬諮問] 3.

ㄱ. 선지식을 뵙다[見] (第二 23上5)
ㄴ. 공경을 표하다[敬] (經/時善)
ㄷ. 질문하다[問] (經/作如)

見彼勝熱이 修諸苦行하여 求一切智하되 四面火聚가 猶如大山하며 中有刀山이 高峻無極이어든 登彼山上하여 投身入火하니라

時에 善財童子가 頂禮其足하며 合掌而立하여 作如是言하되 聖者여 我已先發阿耨多羅三藐三菩提心하니 而未知菩薩이 云何學菩薩行이며 云何修菩薩道리잇고 我聞聖者는 善能誘誨라하니 願爲我說하소서

승열바라문이 모든 고행을 닦으며 온갖 지혜를 구하는 것을 보니, 사면에 있는 불무더기가 큰 산과 같은데, 그 속에 칼산이 있어 높고 가파르기 그지없었다. 승열바라문이 그 산 위에 올라가서 몸을 날려 불구덩이에 들어가는 것이었다. 그때 선재동자가 그의 발에 절하고 합장하고 서서 말하였다. "거룩하신 이여, 저는 이미 아눗다라삼약삼보디심을 내었사오나, 보살이 어떻게 보살의 행을 배우며 어떻게 보살의 도를 닦는가를 알지 못하나이다. 듣자온즉 거룩하신 이께서 잘 가르친다 하오니 바라건대 말씀하여 주소서."

[疏] 第二, 見彼勝熱下는 見敬咨問이라 中에 三이니 先, 見苦行이라 四面火聚者는 更加頭上에 有日은 卽五熱炙身이라 今에 但云四者는 四句般若가 皆燒惑薪故요 中有刀山者는 無分別智가 最居中道하여 無不割故며 高而無上하여 難可登故라 故로 智論에 云, 般若波羅蜜이 猶如大火聚하여 四邊不可取라 遠離於四句라하니 四句卽四邊이니 取則燒人하고 離則成智니라 又火有四義하니 一, 燒煩惱薪이요 二, 破無明暗이요 三, 成熟善根이요 四, 照現證理니라 投身入火者는 從無分別智하여 徧入四句하여 皆無滯故니라 又釋컨대 刀是斷德이니 無不割故요 火是智德이니 無不照故라 投身下者는 障盡證理故니 卽刀山이 爲能證이요 火聚가 爲所證이라 故此火等은 卽是法門이라 不須

別表니 現所用故며 稱性事故라 此爲甚深難解니 不可輕爾니라 二, 敬이요 三, 問이니 文並이면 可知니라

■ (나) 見彼勝熱 아래는 만나서 공경을 표하고 법문을 물음이다. 그 중에 셋이니 ㄱ. 고행하는 선지식을 뵈옴이다. '사면에 있는 불무더기'란 다시 머리 위에 있는 눈을 더함은 곧 다섯 가지 뜨거움으로 몸을 구움이다. 지금은 단지 넷이라 말한 것은 네 구절의 반야로 모두 번뇌의 섶을 태우는 까닭이다. '중간에 칼산이 있는 것'은 분별없는 지혜이니 중도에 먼저 머물러서 나누지 못함이 없기 때문이다. 높으면서 위가 없어서 올라가기 어려운 것이다. 그러므로 『대지도론』(제18권 釋初品中般若波羅蜜)에 이르되, "반야바라밀은 큰 불더미와 같아서 네 귀퉁이 어디서도 취할 수 없나니 (취할 것도 취하지 않을 것도 모두 없더라)"라 하였고, 네 구절을 멀리 여의며, 네 구절은 곧 네 귀퉁이이므로 취하면 사람을 태우고 여의면 지혜를 이룬다. 또 불에 네 가지 뜻이 있으니 (1) 번뇌의 섶을 태움이요, (2) 무명의 어둠을 깨뜨림이요, (3) 착한 뿌리를 성숙함이요, (4) 현법을 비추고 이치를 증득함이다. '몸을 던져 불에 들어감'이란 분별없는 지혜로부터 네 구절에 두루 들어가나니 모두에 지체하지 않는 까닭이다. 또 해석하면 칼산은 단절하는 덕이니 해치지 않음이 없기 때문이요, 불은 지혜로운 덕이니 비추지 않음이 없기 때문이다. '아래로 몸을 던짐'이란 장애를 끊고 이치를 증득하는 까닭이니 곧 칼산은 증득하는 주체요, 불더미는 증득할 대상이므로 이런 불 등은 곧 법문이요, 모름지기 개별로 표하지 않나니 현재 소용되는 연고며 성품과 칭합하는 일인 연고다. 이것으로 매우 깊게 알기 어려워서 가볍게 그렇게 하지는 못한다. ㄴ. 공경을 표함이요, ㄷ. 질문함이니, 경문과 함께하면 알 수 있으리라.

[鈔] 故로 智論에 云, 般若波羅蜜이 猶如大火聚는 卽第二十論이니라 又 釋刀는 是斷德等者는 上에는 唯就[127]般若上說이요 此下는 卽三德涅槃이니 刀山은 是解脫德이요 火는 是般若德이요 理는 卽法身이니라
- 그러므로 『대지도론』에 "반야바라밀은 큰 불더미와 같다"라 말한 것은 곧 제20권[128] 논문이요, 또한 '칼산은 단절하는 덕' 등이란 이 위는 오직 반야(般若)에 대해 입각한 설명이요, 이 아래는 곧 세 가지 덕의 열반에 입각한 설명이니 칼산은 해탈한 덕이요, 불은 반야의 덕이요, 이치는 법신의 덕이다.

(다) 선재동자를 칭찬하고 법문을 설해 주다[稱讚授法] 6.
ㄱ. 법을 보여 주고 수행하기 권하다[示法勸修] 3.
ㄱ) 경문의 의미를 바로 풀이하다[直消文意] (第三 24上3)

婆羅門이 言하시되 善男子여 汝今若能上此刀山하여 投身火聚하면 諸菩薩行이 悉得淸淨하리라
바라문이 말하였다. "착한 남자여, 그대가 만일 이 칼산 위에 올라가서 몸을 불구덩이에 던지면 모든 보살의 행이 모두 청정하여지리라."

[疏] 第三, 婆羅門言下는 正示法界라 有六하니 一, 示法勸修요 二, 疑憚不受요 三, 勝緣勸引이요 四, 疑盡悔愆이요 五, 誠勸見容이요 六, 依敎修證이라 今初니 然刀山은 不可執이요 火聚는 不可取나 若能不住無分別智로 徧入四句하면 則遠離四謗이며 不滯空有어니 何行不成

---
127) 就는 南續金本作約이라 하다.
128) 大智度論 제20권은 찾아보니 제18권 釋初品中般若波羅蜜 제29의 내용이다.

이리요 所以要令入者는 破其見心하여 令解菩薩深密法故라 順相은 易解나 逆相은 難知故니라

- (다) 婆羅門言 아래는 (선재동자를 칭찬하고) 바로 법문을 설해 줌인데 여섯 과목이 있다. ㄱ. 법을 보여 주고 수행하기 권함이요, ㄴ. 의심하고 꺼려서 받아들이지 않음이요, ㄷ. 뛰어난 인연으로 이끌기를 권함이요, ㄹ. 의심한 것을 모두 후회함이요, ㅁ. 훈계하고 얼굴 보기를 권유함이요, ㅂ. 가르침에 의지해 수행하여 증득함이다. 지금은 ㄱ.이니 그런데 칼산은 잡을 수 없고 불무더기는 취할 수 없다. 만일 능히 분별없는 지혜에 머물지 않으면 두루 네 구절에 들어가나니 네 가지 비방을 멀리 여의고서 공과 유에 지체하지 않으면 무슨 행법인들 이루지 못할 것인가? 그런 까닭에 하여금 들어가게 하기를 요구함은 그 보는 마음을 깨뜨린 것이다. 보살로 하여금 깊고 비밀한 법을 이해하게 하려는 까닭이며, 모양에 수순하면 이해하기 쉽나니 거스른 모양은 알기 어려운 까닭이다.

[鈔] 今初以下는 疏文有三하니 初, 直消文意니 卽就前에 約般若上說이니 般若가 能成衆行故니라

- 지금은 ㄱ. 아래는 소문에 셋이 있으니 ㄱ) 경문의 의미를 바로 풀이함이니 곧 앞에서 반야(般若)에 대해 설명함이니 반야는 여러 행법을 능히 성취하는 까닭이다.

ㄴ) 삼독에 대해 통틀어 표방하다[通標三毒] (此中 24下1)

[疏] 此中에는 示於邪見이요 無厭足王은 示瞋이요 婆須蜜女는 示貪은 顯

三毒相에 並有正法故니라
- 이 가운데 사견(邪見)을 보여 줌이니 무염족왕 선지식은 진심(瞋心)을 보여 주고, 26번째 바수밀다녀 선지식은 탐심(貪心)을 보였으니 삼독의 모습에서 아울러 정법(正法)이 있음을 밝히기 때문이다.

ㄷ) 문을 전개하여 개별로 해석하다[開門別釋] 5.
(ㄱ) 해당 모양이 공과 합치하다[當相卽空] (然有 24下2)
(ㄴ) 허깨비 같은 작용이 중생을 포섭하다[幻用攝生] (二約)

[疏] 然이나 有五義하니 一, 當相卽空이니 空故로 是道요 非謂此三이 卽是佛法이라 諸部般若에 其文非一이니라 二, 約幻用攝生인대 亦非卽是니 如淨名에 云, 行於非道하여 先以欲으로 鉤牽하고 後令入佛智等이라하니라

- 그러나 다섯 가지 뜻이 있으니 (ㄱ) 해당 모양이 공과 합치함이니 공한 연고로 도(道)이다. 이런 셋이 곧 불법과 합치함을 말한 것이 아니니, 모든 부(部)의 반야에 그 경문이 하나가 아니다. (ㄴ) 허깨비 같은 작용을 잡아 중생을 포섭함이니, 또한 아닌 것이 곧 옳은 것이니 마치『유마경』(불도품)에 이르되, "(보살이) 비도(非道)를 행함이 (곧 불도를 통달하는 것이다)"라 하였으니 (1) 욕심을 끌어당기려 하는 까닭이요, (2) 하여금 부처님 지혜에 들어가게 하려는 등이다.

[鈔] 二, 此中示下는 通標三毒深玄之義라 三, 然有五義下는 開門別釋이라 一, 言諸部般若에 其文非一者는 文中에 廣說三毒과 四倒가 悉皆淸淨이라하며 廣說貪欲瞋癡가 性皆空寂故니라 如淨名에 行於非

道者는 卽第二經佛道品이니 文殊師利가 問維摩詰言하시되 菩薩이 云何通達佛道오 維摩詰이 言호대 菩薩이 行於非道가 是爲通達佛道니라 又問호대 云何行於非道가 通達佛道오 答曰, 菩薩이 行五無間하야도 而無惱恚하며 至於地獄하야도 無諸罪垢하며 至於畜生하야도 無有無明憍慢等過하며 至於餓鬼하야도 而具足佛法하며 乃至示行瞋恚而常慈愍이라하여 皆言示行이 卽幻用攝生이니라 又云, 云何爲如來種고 文殊가 答云하시되 有身爲種이요 無明有愛가 爲種이요 貪恚癡가 爲種等이라하고 結云하시되 六十二見과 一切煩惱가 皆是佛種이니라 曰, 何謂也오 答曰, 若見無爲하여 入正位者인대 不能復發阿耨多羅三藐三菩提心이니 譬如高原陸地에 不生蓮花等이라하시니 皆菩薩의 幻用化生이니라 言先以欲으로 鉤牽者는 亦是此品에 淨名이 答普現色身之要言也라 經에 云, 示受於五欲이나 亦復現行禪하여 令魔心憒亂하여 不能得其便하며 火中生蓮花가 是可謂希有하여 在欲而行禪이 希有도 亦如是라 或現作婬女하여 引諸好色者하여 先以欲으로 鉤牽하고 後令入佛智라하니라 旣言現作하니 明知幻用이니라

ㄴ) 此中示 아래는 삼독(三毒)이 깊고 현묘한 뜻을 통틀어 표방함이요, ㄷ) 然有五義 아래는 문을 전개하여 개별로 해석함이다. (1) '모든 부의 반야에 그 경문이 하나가 아님'이라 한 것은 경문 중에 삼독(三毒)과 네 가지 전도[四顚倒]를 자세히 설명함이니 모두 다 청정하다는 뜻이다. 탐욕, 진에, 우치를 자세히 설명함이니 성품이 모두 공적한 까닭이다. '유마경에서, (보살이) 비도(非道)를 행함과 같다'는 것은 곧 제2권의 불도품이다. "문수사리가 유마힐 거사에게 물어 말하되, '보살이 불도를 어떻게 통달합니까?' 유마힐이 말하였다. '만약 보살이 비도(非道)를 행하면 이것이 불도를 통달하는 것입니다.' 문수사리

가 또 물었다. '보살이 어떻게 비도를 행합니까?' 유마힐이 답하였다. '만약 보살이 오무간지옥에 갈 일을 행하더라도 괴로워하거나 성내는 일이 없으며, 지옥에 가는 죄도 없으며, 축생에 가도 무명과 교만함 등과 같은 허물이 없으며, 아귀에 가도 불법을 구족하며, 진에(瞋恚)를 보이더라도 항상 자비롭게 인욕을 합니다. 모두가 행을 보임이니 곧 허깨비 같은 작용으로 중생을 포섭합니다'라고 하였고, 또 말하되, '무엇이 여래의 종자[根本]입니까?' 문수사리가 말하였다. '신체가 있음이 종자가 되며, 무명과 생존에 대한 집착[有愛]이 종자가 되며, 탐욕과 성냄과 어리석음이 종자 등이 된다'고 하였고, 결론하여 말하되, '62종의 사견과 일체 번뇌가 다 부처의 종자가 됩니다.' 유마 거사가 다시 물었다. '왜 그렇습니까?' 문수사리가 답하였다. '만약 무위를 보아서 바른 지위에 들어간 사람은 다시는 아눗다라삼먁삼보디심을 발하지 아니합니다. 비유하자면 마치 높은 언덕과 육지에는 연꽃이 피어나지 아니합니다'"라 한 등이니 모두 보살의 허깨비 같은 작용으로 중생을 교화함이다.

(1) '욕심을 끌어당기려 하는 까닭'이라 말한 것은 또한 같은 불도품이니 『유마경』에 보현색신(普現色身) 보살이 요구에 대답한 말이다. 경문에 이르되, "오욕을 받는 것도 보이고 다시 참선하는 것도 보여서 마군의 마음을 어지럽게 만들어 그들이 기회를 잡지 못하게 합니다. 불 속에서 핀 연꽃이 가히 희유하듯이 욕심 중에 있으면서 참선을 함이 희유함도 그와 같습니다. 혹은 음탕한 여자가 되어 모든 호색(好色)한 이들을 이끌어 먼저 욕망으로 끌어당겨 놓고 뒤에는 부처님의 지혜에 들게 합니다"라고 하였으니, 이미 현재 지음이 허깨비 같은 작용인 것을 분명히 안다고 말한 것이다.

(ㄷ) 번뇌 속에서 마음을 쓰다[在惑用心] (三在 25下5)
(ㄹ) 번뇌에 머물러 중생을 윤택하다[留惑潤生] (四留)
(ㅁ) 해당 모양이 도와 합치하다[當相卽道] (五當)

[疏] 三, 在惑用心이니 如俗流輩는 此在觀心爲道요 亦非卽道니라 四, 留惑潤生하여 長菩薩道라 亦非卽是니 如淨名에 云, 不入生死大海하면 則不能得¹²⁹⁾一切智寶等이라하니라 五, 當相卽道니 不同前四하여 不思議故라 無行經에 云, 淫欲이 卽是道요 恚癡도 亦復然이라 如是 三法中에 具一切佛法이라하시니 亦斯義矣니라

(ㄷ) 번뇌 속에서 마음을 쓰는 것은 세속 무리들과 같아서 마음을 관찰함이 도가 됨도 또한 도와 합치함이 아니다. (ㄹ) 번뇌에 머물러 중생을 윤택함이다. 보살의 도를 기르는 것도 또한 도와 합치함이니, 마치 『유마경』에 이르되, "생사하는 큰 바다에 들어가지 아니하면 곧 일체 지혜의 보물을 얻을 수 없습니다"라고 하였다. (ㅁ) 해당 모양이 도와 합치함은 앞의 넷과 다르나니 불가사의한 까닭이다. 『제법무행경』에 이르되, "음욕이 곧 도이다. 성냄과 어리석음도 마찬가지요, 이런 세 가지 법 중에 온갖 불법을 갖추고 있다"라고 하였으니 또한 이런 뜻이다.

[鈔] 三在惑用心者는 以是俗流의 帶妻挾子가 是其常業이라 未能捨事하니 事上에 用心하여 令了性空호대 但我妄念이 未得自在하니 非以爲是라 令惑漸薄하여 便能遠離니라 上經에 亦云, 菩薩在家에 與妻子 俱나 未曾暫捨一切智心等이라하니라 四留惑潤生은 出現에 已釋하니

---

129) 得은 甲南續金本作生, 經原本作得이라 하다.

라 淨名에 不入生死大海는 此前喩에 云, 譬如不入大海하면 不能得無價寶珠라하니 疏但合文이니라 五, 當相卽道者는 是道體故며 理無二味故며 無有一法도 非佛法故라 言不思議故者는 總相歎也니 不可作欲等思故라 引無行經文은 前曾一用하니 取欲空性은 則用初義요

● (ㄷ) '번뇌 속에서 마음을 쓴다'는 것은 세속 무리이다. '처를 거느리고 자식을 기름[帶妻挾子]'은 그 일상의 업이니, 능히 일을 버리지 않음이다. 일 위에 마음을 써서 성품이 공함을 요달하게 함이다. 단지 내가 생각만 잊으면 자재함을 기다리지 않는다. 이것이 옳은 일인가? 미혹으로 하여금 점차 엷어져서 문득 능히 멀리 여의게 하였으니, 위의 경문에도 또한 "보살이 집에 살면서 처자와 함께 하더라도 아직 일찍이 잠시도 온갖 지혜의 마음을 버리지 않는다"라고 하였다. (ㄹ) 번뇌에 머물면서 중생을 윤택함은 제37. 여래출현품에 이미 해석한 내용이요, 『유마경』에 '생사하는 큰 바다에 들어가지 않음'을 이 앞에서 비유하여 말하되, "비유컨대 마치 큰 바다에 들어가지 아니하면 능히 무가보주(無價寶珠)를 얻을 수 없는 것과 같다"라고 하였으니 소문에는 단지 합한 문장뿐이다. (ㅁ) 해당 모양이 도와 합치함이란 도의 체성인 연고며, 이치가 둘이 없는 맛인 연고며, 한 법도 불법 아님이 없다고 말한 까닭이다. '불가사의한 까닭'이란 총상으로 찬탄함이다. 욕구 등의 생각을 지을 수 없는 연고로 『제법무행경(諸法無行經)』의 경문을 인용하였으니 앞에는 일찍이 하나를 쓰고 욕심이 공한 성품을 취함은 (ㄱ)의 뜻을 쓰는 것이다.

今取卽道라 亦如智論第七에 喜根菩薩이 爲於勝意菩薩하여 而說

偈言하시되 淫欲卽是道요 恚癡도 亦復然이라 如是三事中에 無量諸佛道라 若有人이 分別淫怒癡와 及道하면 是人去佛遠이 譬如天與地니라 道及淫怒癡는 是一法平等이니 若人聞怖畏하면 去佛道甚遠이니라 淫法不生滅하며 不能令心惱어늘 若人計吾我하면 淫將入惡道니라 見有에 無異行하면 是不離無有어니와 若知有無等하면 超勝成佛道라하여 都說七十餘偈호대 皆卽道也라 喜根이 於今現在에 東方으로 過十億佛土作佛하니 其國土도 亦號寶藏이요 佛號는 光喩日月王이니라 文殊가 言勝意比丘하시되 我身是也니 爾時에 不信하여 受無量苦라하니라 佛問하시되 聞偈에 得何益고 答하시되 能畢衆苦하고 世世利根하여 解深妙法等이라하니라

● '지금 도와 합치함을 취함'도 또한 『대지도론』제7권에 "희근(喜根)보살이 승의(勝意)보살을 위하여 게송을 설하여 말하되, '음욕이 곧 도법이요, 성냄과 어리석음도 그렇다. 이런 세 가지 일에 한량없는 불법이 있다. / 어떤 사람이 분별하여 삼독과 도는 다르다 하면 이 사람은 부처님과 멀어지기 하늘과 땅 사이 같으리. / 도와 삼독은 한 법이어서 평등하거늘 이 말을 듣고 겁내는 이는 불도에서 떨어지리니. / 음욕의 법이 생멸하는 것 아니매 마음을 괴롭히지도 못하거늘 어떤 자기 주장으로 계교하되 음욕으로 인하여 지옥에 든다 하네. / 있다 없다 두 법이 다르다 하면 이는 있다 없다를 없애지 못함이니 있음 없음이 균등함을 알면 수승하게 초출하여 불도를 이루리라'"라고 하였으니 도무지 70여 게송을 설함이 모두 곧 도이다. 희근(喜根)보살이 지금 현재에 동방으로 십억 불국토를 지나 부처가 되었으니 그 국토도 또한 보배 창고라 부른다. 부처님 명호의 광명으로 해와 달의 왕에 비유하나니 문수가 승의(勝意)비구에게 말하되, "내 몸이 바로

이것이다. 그때 믿지 않으면 한량없는 고통을 받는다"라고 하였다. 부처님이 묻되, "게송을 듣고 어떤 이익을 얻었는가?" 대답한다. "능히 많은 고통을 마치고 세세(世世)에 감관이 예리해서 깊고 묘한 법을 알 것이다"고 하는 등이라 말하였다.

ㄴ. 의심하고 꺼려서 받아들이지 않다[疑憚不受] 2.
ㄱ) 도의 인연을 갖추기 어렵다[道緣難具] (二時 27上7)
ㄴ) 마군이 무너뜨릴까 바로 의심하다[正疑魔壞] (後此)

時에 善財童子가 作如是念하되 得人身難이며 離諸難難이며 得無難難이며 得淨法難이며 得值佛難이며 具諸根難이며 聞佛法難이며 遇善人難이며 逢眞善知識難이며 受如理正敎難이며 得正命難이며 隨法行難이니 此將非魔와 魔所使耶아 將非是魔의 險惡徒黨이 詐現菩薩善知識相하여 而欲爲我하여 作善根難하며 作壽命難하여 障我修行一切智道하며 牽我令入諸惡道中하며 欲障我法門하며 障我佛法가

그때 선재동자는 이렇게 생각하였다. '(1) 사람의 몸은 얻기 어렵고, (2) 모든 난을 여의기 어렵고, (3) 난이 없어짐을 얻기 어렵고, (4) 청정한 법을 얻기 어렵고, (5) 부처를 만나기 어렵고, (6) 모든 감관을 구비하기 어렵고, (7) 불법을 얻기 어렵고, (8) 선한 사람을 만나기 어렵고, (9) 선지식을 만나기 어렵고, (10) 이치대로 가르침을 받기 어렵고, (11) 바른 생활을 하기 어렵고, (12) 법을 따라 행하기 어렵다더니, 이

것은 마가 아닌가? 마가 시키는 것이 아닌가? 마의 험악한 무리들이 보살인 듯이 선지식의 모양을 꾸며 가지고, 나에게 착한 뿌리의 난을 짓고 수명의 난을 지어서 나의 온갖 지혜의 길을 닦는 것을 장애하고, 나를 끌어서 나쁜 길에 들어가게 하고, 나의 법문을 막고 나의 불법을 막는 것이 아닌가?'

[疏] 二, 時善財童子作如是下는 疑憚不受니 非惜身命이라 恐失道緣이니 示智未深일새 故生此念이라 文中에 先, 明道緣難具라 於中에 離諸難者는 非佛前後等이요 得無難者는 非生聾等이요 具諸根者는 謂信進等이라 後, 此將非下는 正疑魔壞라

ㄴ. 時善財童子作如是 아래는 의심하고 꺼려서 받아들이지 않음이다. 신명을 아끼지 아니하고 도의 인연을 잃을까 두려워함이니 지혜가 깊지 않음을 보인 연고로 이런 생각을 낸 것이다. 경문 중에 ㄱ) 도의 인연을 갖추기 어려움을 밝힘이다. 그중에 '모든 어려움을 여읜다'는 것은 부처님 앞과 뒤 등이 아니요, '어려움 없음을 얻는다'는 것은 '나면서 귀머거리[生聾]'가 아닌 등이요, '모든 감관이 구족하다'는 것은 이른바 믿음과 정진 등을 말한다. ㄴ) 將非 아래는 마군이 무너뜨릴까 바로 의심함이다.

ㄷ. 뛰어난 인연으로 이끌기를 권하다[勝緣勸引] 13.

ㄱ) 범천왕의 권유[梵天勸] 3.
(ㄱ) 의심하지 않기를 권하다[總勸莫疑] (三作 28上3)

(ㄴ) 그 본래 의미를 밝히다[彰其本意] (二今)
(ㄷ) 입은 이익을 스스로 진술하다[自述蒙益] (三善)

作是念時에 十千梵天이 在虛空中하여 作如是言하되 善男子여 莫作是念하며 莫作是念하라 今此聖者가 得金剛焰三昧光明하사 發大精進하여 度諸衆生하되 心無退轉하사 欲竭一切貪愛海하며 欲截一切邪見網하며 欲燒一切煩惱薪하며 欲照一切惑稠林하며 欲斷一切老死怖하며 欲壞一切三世障하며 欲放一切法光明이니라
善男子여 我諸梵天이 多着邪見하여 皆悉自謂是自在者며 是能作者라 於世間中에 我是最勝이라하더니 見婆羅門의 五熱炙身하고 於自宮殿에 心不樂着하며 於諸禪定에 不得滋味하여 皆共來請婆羅門所하니
時에 婆羅門이 以神通力으로 示大苦行하여 爲我說法하사 能令我等으로 滅一切見하고 除一切慢하며 住於大慈하고 行於大悲하며 起廣大心하고 發菩提意하며 常見諸佛하고 恒聞妙法하여 於一切處에 心無所礙케하시니라

이렇게 생각할 때에 10천 범천이 허공에서 이렇게 말했다. "착한 남자여, 그런 생각을 하지 말라. 그런 생각을 하지 말라. (1) 이 거룩한 이는 금강불꽃 삼매의 광명을 얻었고, (2) 크게 정진하여 중생을 건지려는 마음이 물러나지 아니하였으며, (3) 모든 탐애의 바다를 말리려 하고, (4) 모든 삿된 소견의 그물을 찢으려 하고, (5) 모든 번뇌의 섶을 태우려 하고, (6) 모든 의혹의 숲을 비추려 하고, (7) 모든 늙어 죽

는 공포를 끊으려 하고, (8) 모든 세 세상 장애를 무너뜨리려 하고, (9) 모든 법의 광명을 놓으려 하느니라.

착한 남자여, 우리 범천들이 흔히 삿된 소견에 집착하여 스스로 생각하기를 '우리가 자유자재한 이며, 능히 짓는 이가 되어, 이 세간에서 가장 훌륭하다' 하였더니, 이 바라문이 다섯 군데 뜨거움으로 몸을 볶는 것을 보고는 우리의 궁전에 사랑하는 마음이 없고, 여러 가지 선정에서도 재미를 얻지 못하여서, 함께 와서 바라문에게 청하였노라.

그때 바라문은 신통한 힘으로 크게 고행함을 보이면서 우리에게 법을 말하여 우리의 모든 소견을 없애 주고, 모든 교만을 제하여 주며, 크게 인자함에 머물고 크게 가엾이 여김을 행하며, 광대한 마음을 일으키고 보리심을 내게 하여, 항상 부처님을 뵈옵고 항상 묘한 법을 듣고는 온갖 곳에 마음이 걸리지 아니하였노라."

[疏] 三, 作是念時下는 勝緣勸引이라 中에 有十三衆이 各述曾爲勝熱化益하고 故勸勿疑라 初一은 卽色界梵天이니 多是初禪이라 文中에 有三하니 一, 總勸莫疑요 二, 今此下는 彰其本意라 智慧堅利가 猶如金剛이요 燒諸惑薪하고 發諸智焰하여 燒而常寂이 爲三昧光이니라 三, 善男子下는 自述蒙益이라 梵王이 最初에 生此하고 餘衆은 念而後生일새 故生邪見이니라

■ ㄷ. 作是念時 아래는 뛰어난 인연을 인용하기 권함이다. 그중에 13부류 대중이 있으니 각기 일찍이 승열바라문의 교화한 이익을 진술한 연고로 의심하지 말 것을 권함이다. ㄱ) 색계 범천왕의 권유이니 대

부분 초선천이요, 경문 중에 셋이 있으니 (ㄱ) 의심하지 않기를 권함이요, (ㄴ) 수此 아래는 그 본래 의미를 밝힘이다. 지혜가 견고하고 날카로움이 금강과 같고 모든 번뇌의 섶을 태워서 모든 지혜 불꽃을 일으키고 태워도 항상 고요하여 삼매의 광명으로 삼았다. (ㄷ) 善男子 아래는 입은 이익을 스스로 진술함이다. 범천왕이 가장 먼저 여기서 태어나고 나머지 대중의 생각으로 뒤에 태어나는 연고로 삿된 소견을 일으킨다.

ㄴ) 여러 마군의 권유[諸魔勸] (經/復有 28上9)

復有十千諸魔가 在虛空中하여 以天摩尼寶로 散婆羅門上하고 告善財言하되 善男子여 此婆羅門이 五熱炙身時에 其火光明이 暎奪於我의 所有宮殿하여 諸莊嚴具가 皆如聚墨하여 令我於中에 不生樂着이어늘 我與眷屬으로 來詣其所하니 此婆羅門이 爲我說法하사 令我와 及餘無量天子와 諸天女等으로 皆於阿耨多羅三藐三菩提에 得不退轉케하시니라

또 10천의 마의 무리가 공중에서 하늘 마니보배로 바라문이 위에 흩고, 선재동자에게 말하였다. "착한 남자여, 이 바라문이 다섯 군데 뜨거움으로 몸을 볶을 때에 그 불의 광명이 나의 궁전의 장엄거리를 가리어 참참하게 하므로 나는 그 궁전에 애착을 내지 않고 권속들과 함께 그의 처소에 왔더니, 이 바라문이 나에게 법을 말하여, 나와 한량없는 다른 천자와 천녀들로 하여금 아눗다라삼약삼보디에서 물러나

지 않게 하였느니라."

ㄷ) 자재천의 권유[自在天勸] (經/復有 28下4)
ㄹ) 화락천의 권유[化樂天勸] (經/復有)

復有十千自在天王이 於虛空中에 各散天華하고 作如是
言하되 善男子여 此婆羅門이 五熱炙身時에 其火光明이
暎奪我等의 所有宮殿하여 諸莊嚴具가 皆如聚墨하여 令
我於中에 不生愛着이어늘 即與眷屬으로 來詣其所하니
此婆羅門이 爲我說法하사 令我於心에 而得自在하며 於
煩惱中에 而得自在하며 於受生中에 而得自在하며 於諸
業障에 而得自在하며 於諸三昧에 而得自在하며 於莊嚴
具에 而得自在하며 於壽命中에 而得自在하며 乃至能於
一切佛法에 而得自在케하시니라
復有十千化樂天王이 於虛空中에 作天音樂하여 恭敬供養
하고 作如是言하되 善男子여 此婆羅門이 五熱炙身時에 其
火光明이 照我宮殿의 諸莊嚴具와 及諸婇女하야 能令我等
으로 不受欲樂하며 不求欲樂하여 身心柔軟이어늘 即與眾俱
하여 來詣其所하니 時에 婆羅門이 爲我說法하사 能令我等
으로 心得清淨하며 心得明潔하며 心得純善하며 心得柔軟하
며 心生歡喜하며 乃至令得清淨十力清淨之身하여 生無量
身하며 乃至令得佛身佛語佛聲佛心하여 具足成就一切智
智케하시니라
또 10천의 자재천왕이 허공중에서 하늘 꽃을 뿌리고 이렇게 말하였다. "착한 남자여, 이 바라문이 다섯 군데 뜨거움으로 몸을 볶을 때에 그 불의 광명이 나의 궁전에 있는 장엄거리를 가리어 참참하게 하므로 나는 거기에 애착하지 않고 권속들과 함께 그의 처소에 왔더니, 이 바라문이 나에게 법을 말하여 나로 하여금 마음에 자재하게 하고 번뇌에도 자재하게 하고 태어나는 데에도 자재하게 하고 모든 업장에도 자재하게 하고 모든 삼매에도 자재하게 하고 장엄거리에도 자재하게 하고 목숨에도 자재하게 하며 내지 모든 불법에까지 자재하게 하였느니라."

또 10천의 화락천왕이 허공에서 하늘 음악을 연주하여 공경하며 공양하고 이렇게 말하였다. "착한 남자여, 이 바라문이 다섯 군데 뜨거움으로 몸을 볶을 때에 그 불의 광명이 나의 궁전의 장엄거리들과 채녀들에게 비추매 나는 욕망을 내지도 않고 욕망을 구하지도 않고 몸과 마음이 부드러워져서 무리들과 함께 그의 처소에 왔더니, 바라문이 나에게 법을 말하여 나의 마음이 청정하고 마음이 깨끗하고 마음이 순일하여지고, 마음이 부드러워지고 환희하게 하며, 내지 깨끗한 열 가지 힘과 깨끗한 몸을 얻게 하고 한량없는 몸을 내며, 내지 부처의 몸·부처의 말·부처의 음성·부처의 마음을 얻으며, 온갖 지혜의 지혜까지 구족히 성취하게 하였느니라."

ㅁ) 도솔천의 권유[兜率天勸] (經/復有 29上8)

ㅂ) 삼십삼천의 권유[三十三天勸] (經/復有)

復有十千兜率天王과 天子天女無量眷屬이 於虛空中에
雨衆妙香하여 恭敬頂禮하고 作如是言하되 善男子여 此
婆羅門이 五熱炙身時에 令我等諸天과 及其眷屬으로 於
自宮殿에 無有樂着이어늘 共詣其所하여 聞其說法하니
能令我等으로 不貪境界하여 少欲知足하며 心生歡喜하
여 心得充滿하며 生諸善根하여 發菩提心하며 乃至圓滿
一切佛法케하시니라
復有十千三十三天과 幷其眷屬天子天女가 前後圍遶하
여 於虛空中에 雨天曼陀羅華하여 恭敬供養하고 作如是
言하되 善男子여 此婆羅門이 五熱炙身時에 令我等諸天
으로 於天音樂에 不生樂着이어늘 共詣其所하니 時에 婆
羅門이 爲我等說一切諸法의 無常敗壞하사 令我捨離一
切欲樂하며 令我斷除憍慢放逸하며 令我愛樂無上菩提
케하시니라 又善男子여 我當見此婆羅門時에 須彌山頂
이 六種震動이어늘 我等이 恐怖하여 皆發菩提心하여 堅
固不動하라

또 10천의 도솔천왕과 천자 천녀와 한량없는 권속들이 허
공에서 묘한 향을 뿌려서 공경하며 절하고 이렇게 말하였
다. "착한 남자여, 이 바라문이 다섯 군데 뜨거움으로 몸을
볶을 적에 우리 하늘들과 권속들이 자기의 궁전을 좋아하
지 않고, 그의 처소에 와서 그의 설법을 들었더니, 우리들은
경계에 탐하지 않고 욕심이 적어 넉넉함을 알았으며, 마음
이 기쁘고 마음이 만족하여 착한 뿌리를 내고 보리심을 내
었으며, 내지 모든 불법을 원만하였느니라."

또 10천의 삼십삼천이 있어 권속들과 천자와 천녀들에게 둘러싸여서 허공중으로 만다라 꽃을 내리어 공경하고 공양하면서 이렇게 말하였다. "착한 남자여, 이 바라문이 다섯 군데 뜨거움으로 몸을 볶을 적에 우리들은 하늘 음악에는 즐거운 생각을 내지 않고 그의 처소에 왔더니, 바라문이 우리에게 모든 법을 무상하고 파괴되는 것이라 말하여, 우리로 하여금 모든 낙을 버리고 교만과 방일을 끊게 하여 위없는 보리를 사랑하게 하였느니라. 또 착한 남자여, 우리들이 이 바라문을 보았을 적에 수미산 꼭대기가 여섯 가지로 진동하므로 우리들은 무서워서 보리심을 내었는데 견고하여 동요하지 않았느니라."

[疏] 次五는 欲天이요

■ 다음의 다섯[ㄴ) 諸魔勸 ㄷ) 自在天 ㄹ) 化樂天 ㅁ) 兜率天 ㅂ) 三十三天]은 욕계 하늘의 권유이다.

ㅅ) 용왕들의 권유[龍王等王勸] (經/復有 30上2)
ㅇ) 야차왕의 권유[夜叉王勸] (經/復有)

復有十千龍王하니 所謂伊那跋羅龍王과 難陀優波難陀龍王等이 於虛空中에 雨黑栴檀하며 無量龍女가 奏天音樂하며 雨天妙華와 及天香水하여 恭敬供養하고 作如是言하되 善男子여 此婆羅門이 五熱炙身時에 其火光明이 普照一切諸龍宮殿하여 令諸龍衆으로 離熱沙怖와 金翅

鳥怖하고 滅除瞋恚하여 身得淸凉하고 心無垢濁하며 聞
法信解하여 厭惡龍趣하여 以至誠心으로 悔除業障하며
乃至發阿耨多羅三藐三菩提意하여 住一切智케하시니라
復有十千夜叉王이 於虛空中에 以種種供具로 恭敬供養
此婆羅門과 及以善財하고 作如是言하되 善男子여 此婆
羅門이 五熱炙身時에 我及眷屬이 悉於衆生에 發慈愍
心하니 一切羅刹鳩槃茶等도 亦生慈心하며 以慈心故로
於諸衆生에 無所惱害하고 而來見我어늘 我及彼等이 於
自宮殿에 不生樂着하고 卽與共俱하여 來詣其所하니 時
에 婆羅門이 卽爲我等하여 如應說法하사 一切皆得身心
安樂하며 又令無量夜叉羅刹鳩槃茶等으로 發於無上菩
提之心케하시니라

또 10천의 용왕이 있으니, 이나발라 용왕과 난타, 우파난타 용왕들이라, 허공에서 흑전단을 비 내리고 한량없는 용녀들은 하늘 음악을 연주하며 하늘 꽃과 하늘 향수를 비 내려서 공경하며 공양하고 이렇게 말하였다. "착한 남자여, 이 바라문이 다섯 군데 뜨거움으로 몸을 볶을 적에, 그 불의 광명이 모든 용의 궁전에 비치어, 용들로 하여금 뜨거운 모래의 공포와 금시조의 공포를 여의고, 성내는 일을 제하고 몸이 청량하여졌으며, 마음에 흐림이 없어 법을 듣고 믿었으며, 용의 종류를 싫어하고 지성으로 업장을 뉘우쳐 없애며, 아눗다라삼약삼보디심까지 내어 온갖 지혜에 머물렀느니라."

또 10천의 야차왕이 허공중에서 가지가지 공양거리로 이

바라문과 선재동자를 공경하며 공양하고 이렇게 말하였다. "착한 남자여, 이 바라문이 다섯 군데 뜨거움으로 몸을 볶을 적에 나와 권속들은 중생에게 가엾이 여기는 마음을 내었고, 모든 나찰과 구반다들도 인자한 마음을 내었다. 인자한 마음을 가졌으므로 중생들을 해롭게 하지 아니하고 나에게로 왔다. 나와 그들은 자기의 궁전에 좋아하는 생각이 없었고, 함께 바라문의 처소에 갔더니, 그는 우리에게 적당한 법을 말하여 모두 몸과 마음이 안락하였으며, 한량없는 야차와 나찰과 구반다들도 위가 없는 보리심을 내게 하였느니라."

ㅈ) 건달바왕의 권유[乾闥婆王勸] (經/復有 30下6)
ㅊ) 아수라왕의 권유[阿修羅王勸] (經/復有)

復有十千乾闥婆王이 於虛空中에 作如是言하되 善男子여 此婆羅門이 五熱炙身時에 其火光明이 照我宮殿하여 悉令我等으로 受不思議無量快樂일새 是故我等이 來詣其所하니 此婆羅門이 爲我說法하사 能令我等으로 於阿耨多羅三藐三菩提에 得不退轉케하시니라

復有十千阿修羅王이 從大海出하여 住在虛空하여 舒右膝輪하고 合掌前禮하여 作如是言하되 善男子여 此婆羅門이 五熱炙身時에 我阿修羅의 所有宮殿과 大海大地가 悉皆震動하여 令我等으로 捨憍慢放逸일새 是故我等이 來詣其所하여 從其聞法하고 捨離諂誑하며 安住忍地하여

堅固不動하여 圓滿十力하라

또 10천의 건달바왕이 허공중에서 이렇게 말하였다. "착한 남자여, 이 바라문이 다섯 군데 뜨거움으로 몸을 볶을 적에 그 광명이 나의 궁전에 비치어 우리들도 부사의한 한량없는 쾌락을 받게 하였다. 그래서 우리들은 그의 처소에 갔더니, 이 바라문이 우리에게 법을 말하여 아뇩다라삼먁삼보리에서 물러나지 않게 하였느니라."

또 10천의 아수라왕이 큰 바다에서 나와 허공에 있으면서 오른 무릎을 펴고 합장하여 절하고 이렇게 말하였다. "착한 남자여, 이 바라문이 다섯 군데 뜨거움으로 몸을 볶을 적에 우리 아수라들의 궁전과 바다와 육지들이 모두 진동하여 우리들로 하여금 교만과 방일을 버리게 하였으므로, 우리들은 그의 처소에 가서 그의 법문을 듣고 아첨과 허황함을 버리고 참는 지위에 머물러서 견고하여 동하지 않으며 열 가지 힘을 원만히 하였느니라."

ㅋ) 가루라왕의 권유[迦樓羅王勸] (經/復有 31上4)

ㅌ) 긴나라왕의 권유[緊那羅王勸] (經/復有)

復有十千迦樓羅王이 勇力持王으로 而爲上首하여 化作外道童子之形하여 於虛空中에 唱如是言하되 善男子여 此婆羅門이 五熱炙身時에 其火光明이 照我宮殿하니 一切震動하여 皆悉恐怖라 是故我等이 來詣其所하니 時에 婆羅門이 即爲我等하여 如應說法하사 令修習大慈하고

稱讚大悲하여 度生死海하여 於欲泥中에 拔濟衆生하며 歎菩提心하고 起方便智하여 隨其所宜하여 調伏衆生케 하시니라

復有十千緊那羅王이 於虛空中에 唱如是言하되 善男子여 此婆羅門이 五熱炙身時에 我等所住宮殿에 諸多羅樹와 諸寶鈴網과 諸寶繒帶와 諸音樂樹와 諸妙寶樹와 及諸樂器가 自然而出佛聲法聲과 及不退轉菩薩僧聲과 願求無上菩提之聲하여 云하되 某方某國에 有某菩薩이 發菩提心하며 某方某國에 有某菩薩이 修行苦行하여 難捨能捨하며 乃至淸淨一切智行하며 某方某國에 有某菩薩이 往詣道場하며 乃至某方某國에 有某如來가 作佛事已하고 而般涅槃이라하니

善男子여 假使有人이 以閻浮提一切草木으로 末爲微塵하면 此微塵數는 可知邊際어니와 我宮殿中에 寶多羅樹와 乃至樂器의 所說菩薩名과 如來名과 所發大願과 所修行等은 無有能得知其邊際니라

善男子여 我等이 以聞佛聲法聲菩薩僧聲하고 生大歡喜하여 來詣其所하니 時에 婆羅門이 卽爲我等하여 如應說法하사 令我及餘無量衆生으로 於阿耨多羅三藐三菩提에 得不退轉케하시니라

또 10천의 가루라왕이 있는데, 용맹을 가진 왕이 우두머리가 되었더니, 외도의 동자 형상으로 변화하여 허공중에서 이런 말을 외쳤다. "착한 남자여, 이 바라문이 다섯 군데 뜨거움으로 몸을 볶을 적에, 그 불 광명이 우리 궁전에 비치니

온갖 것이 진동하여 모두 무서워하였다. 그래서 우리들이 그의 처소에 갔더니, 바라문이 우리에게 적당하게 법을 말하여 크게 인자함을 익히고 크게 가엾이 여김을 칭찬하고 생사 바다를 건너게 하며, 탐욕의 수렁에서 중생들을 빼내어 보리심을 찬탄하고 방편의 지혜를 일으키며, 적당하게 중생들을 조복하였느니라."

또 10천의 긴나라왕이 허공중에서 이렇게 외쳤다. "착한 남자여, 이 바라문이 다섯 군데 뜨거움으로 몸을 볶을 적에 우리가 있는 궁전의 여러 다라 나무·여러 보배 풍경 그물·보배 비단 띠·여러 음악 나무·여러 묘한 보배 나무와 모든 악기에서 저절로 부처의 소리·법의 소리·물러나지 않는 보살승의 소리와, 위없는 보리를 구하는 소리를 내어 말하였다. '어느 곳 어느 나라에는 아무 보살이 보리심을 내었다. 어느 쪽 어느 나라에서는 아무 보살이 고행을 행하고 버리기 어려운 것을 버렸으며, 내지 온갖 지혜의 행을 깨끗이 하였다. 어느 쪽 어느 나라에서는 아무 보살이 도량에 나아갔으며, 내지 어느 쪽 어느 나라에는 아무 여래가 불사를 마치고 열반에 들었다'라고 하였느니라.

착한 남자여, 가령 어떤 사람이 염부제의 모든 초목을 갈아서 작은 티끌을 만들면, 그 티끌 수효는 알 수 있다 하더라도, 나의 궁전에 있는 보배 다라 나무와 내지 악기에서 말하는 보살의 이름·여래의 이름·내는 서원·닦는 행들은 그 끝닿은 데를 알지 못하리라.

착한 남자여, 우리는 부처의 소리·법의 소리·보살승의

소리를 듣고 매우 기뻐서 바라문의 처소에 왔더니, 그때 바라문은 나에게 적당하게 법을 말하여 나와 다른 한량없는 중생들로 하여금 아눗다라삼약삼보디에서 물러나지 않게 하였느니라."

[疏] 次六은 雜類니 各有復有하여 以爲揀別이라
■ 다음의 여섯[ㅅ) 龍王等王 ㅇ) 夜叉王 ㅈ) 乾闥婆王 ㅊ) 阿修羅王 ㅋ) 迦樓羅王 ㅌ) 緊那羅王]은 잡류의 권유이다. 각기 復有가 있어서 가려서 차별함이 된다.

ㅍ) 욕계 하늘의 권유[欲界諸天勸] (十三 32下1)

復有無量欲界諸天이 於虛空中에 以妙供具로 恭敬供養하고 唱如是言하되 善男子여 此婆羅門이 五熱炙身時에 其火光明이 照阿鼻等一切地獄하여 諸所受苦로 悉令休息이어늘 我等이 見此火光明故로 心生淨信하며 以信心故로 從彼命終하여 生於天中하며 爲知恩故로 而來其所하여 恭敬瞻仰하여 無有厭足하니 時에 婆羅門이 爲我說法하사 令無量衆生으로 發菩提心케하시니라

또 한량없는 욕심 세계 하늘들이 허공중에서 아름다운 공양거리로 공경하며 공양하고 이렇게 외쳤다. "착한 남자여, 이 바라문이 다섯 군데 뜨거움으로 몸을 볶을 적에 불의 광명이 아비지옥 등 여러 지옥에 비치어 모든 고통받던 일이 쉬었으며, 우리들도 그 불의 광명을 보고 깨끗한 신심을 내

었고, 신심을 내었으므로 거기서 죽어서 하늘에 태어났으며, 그 은혜를 알았으므로 바라문의 처소에 와서 공경하고 앙모하여 싫은 생각이 없었고, 바라문은 우리에게 법을 말하여 한량없는 중생들이 보리심을 내었느니라."

[疏] 十三, 欲界諸天衆이라 然此欲界는 卽是一類從地獄出者니 通六天과 及前夜摩와 四天王이라 前所不列은 皆在其中이니라

■ ㅍ) 욕계 하늘의 권유이다. 그러나 이런 욕계는 곧 한 부류이니 지옥에서 나온 것은 뜻으로는 여섯 하늘과 앞의 야마천, 사천왕천과 통하나니 앞에서 나열하지 않은 것은 모두 이 가운데 있다.

ㄹ. 의심한 것을 모두 후회하다[疑盡悔愆] (第四 32下7)

爾時에 善財童子가 聞如是法하고 心大歡喜하여 於婆羅門所에 發起眞實善知識心하여 頭頂禮敬하고 唱如是言하되 我於大聖善知識所에 生不善心이로소니 唯願聖者는 容我悔過하소서

그때 선재동자는 이런 법문을 듣고 매우 기뻐서 바라문에 대하여 진실한 선지식이란 마음을 내어 엎드려 절하고 이렇게 말하였다. "제가 거룩하신 선지식에게 착하지 못한 마음을 내었나이다. 바라옵건대 거룩하신 이여, 저의 참회를 받아 주옵소서."

[疏] 第四, 爾時善財聞如是下는 疑盡悔愆이라

■ ㄹ. 爾時善財聞如是 아래는 의심한 것을 모두 후회함이다.

ㅁ. 훈계하고 얼굴 보기를 권유하다[誡勸見容] 5.

ㄱ) 경의 의미를 바로 해석하다[直釋經意] (第五 33上1)
ㄴ) 그 의심과 힐난을 설정하다[設其疑難] (魔亦)
ㄷ) 힐난을 바로 풀어 해석하다[正申解釋] (以此)

時에 婆羅門이 卽爲善財하사 而說頌言하시되
바라문은 선재동자에게 게송을 말하였다.

若有諸菩薩이   順善知識教하여
一切無疑懼하여   安住心不動하면
보살이 누구든지
선지식의 가르침 순종하면
모든 의심과 두려움이 없어지고
편안히 있어 마음이 흔들리지 않으리.

當知如是人은   必獲廣大利하여
坐菩提樹下하여   成於無上覺이니라
마땅히 알라. 이런 사람들은
광대한 이익 얻으리니
보리수 아래 앉아서
위없는 깨달음 이루리라.

[疏] 第五, 時婆羅下는 誡勸見容이라 上疑는 爲揀其眞僞요 此勸은 爲顯 其實德이니라 魔亦能爲現勸이어니 何故로 聞卽疑除오 以此善友를 前友指來하시고 況勸中에 正說은 非魔能作이요 善財도 亦得超魔之 眼故라

■ ㅁ. 時婆羅 아래는 훈계하고 얼굴 보기를 권유함이다. 위는 의심함이니 그 진실과 거짓을 구분하기 위함이요, 여기는 권유함이니 그 실법의 덕을 밝히기 위함이다. 마(魔)도 또한 능히 현재에 권하려 한다면 무슨 까닭에 들으면 곧 의심을 제하는가? 여기 선지식은 앞의 선지식의 지시로 온 것이니, 하물며 권유함 중에 바로 설함이겠는가? 마군이 하는 일이 아닌 것이요, 선재도 또한 마군을 초월한 눈을 얻은 까닭이다.

ㄹ) 자취를 토대로 의심이 생겨나다[躡跡生疑] (若爾 33上5)
ㅁ) 그 의심한 의미를 밝히다[顯其疑意] (以顯)

[疏] 若爾인대 何以生疑오 以顯法故니 如第八地中에 佛之七勸이라 縱佛이 不勸이나 豈容趣寂이리요 又爲後代之軌하여 令審察故니라

■ 만일 그렇다면 어째서 의심이 생겼는가? 법을 밝히려는 까닭이다. 마치 제8. 부동지 중에 부처님이 일곱 번 권유한 것은 설사 부처님이 권유하지 않더라도 어찌 고요함에 나아감을 용납하겠는가? 또한 후대(後代)의 궤범이 되어 하여금 살피게 하기 위한 까닭이다.

[鈔] 上疑爲揀其眞僞下는 疏文有五하니 一, 直釋經意요 二, 魔亦能爲下는 設疑難이요 三, 以此善友下는 解釋이요 四, 若爾下는 躡迹生疑

ㅁ 五, 以顯法故下는 釋顯疑니라

● 上疑爲揀其眞僞 아래는 소문에 다섯이 있으니 ㄱ) 경문의 의미를 바로 해석함이요, ㄴ) 魔亦能爲 아래는 그 의심과 힐난을 설정함이요, ㄷ) 以此善友 아래는 힐난을 바로 풀어 해석함이요, ㄹ) 若爾 아래는 자취를 토대로 의심이 생겨남이요, ㅁ) 以顯法故 아래는 그 의심한 의미를 밝힘이다.

ㅂ. 가르침에 의지해 수행하여 증득하다[依敎修證] 2.
ㄱ) 바로 수행하여 증득하다[正修證] (第六 33下1)
ㄴ) 얻은 바를 진술하다[陳所得] (二善)

爾時에 善財童子가 卽登刀山하여 自投火聚할새 未至中間에 卽得菩薩善住三昧하며 纔觸火焰에 又得菩薩寂靜樂神通三昧하고 善財가 白言하되 甚奇聖者여 如是刀山과 及大火聚에 我身이 觸時에 安隱快樂하이다

그때 선재동자는 즉시 칼산에 올라가서 몸을 불구덩이에 던졌다. 내려가는 중간에서 <보살의 잘 머무는 삼매>를 얻었고, 몸이 불꽃에 닿자 또 보살의 고요하고 즐거운 신통삼매를 얻었다. 그리고 선재동자가 여쭈었다. "매우 신기하옵니다. 거룩하신 이여, 이런 칼산과 불무더기에 몸이 닿을 적에 편안하고 쾌락하였나이다."

[疏] 第六, 爾時善財下는 依敎修證이라 於中에 二니 初, 正修證이라 未至得善住三昧者는 上不依山하고 下不依火하고 正處於空이니 卽顯般

若가 離於二邊하여 無所住故라 名爲善住寂靜樂神通三昧者는 親證般若實體가 卽性淨涅槃이니 故云寂靜樂이요 而大用無涯일새 故云神通이라 觸者는 親證也라 故로 淨名에 云, 受諸觸을 如智證이라하니라 二, 善財白言下는 自陳所得이니 顯後得起說이니라

■ ㅂ. 爾時善財 아래는 가르침에 의지해 수행하여 증득함이다. 그중에 둘이니 ㄱ) 바로 수행하여 증득함이다. '내려가는 중간에 보살의 잘 머무는 삼매[菩薩善住三昧]를 얻은 것'은 위는 산에 의지하지 않고, 아래는 불에 의지하지 않는데, 바로 허공에 머물면 곧 반야가 드러남이요, 두 변두리를 여의고 머무는 바가 없는 연고로 '잘 머문다'고 이름하였다. '고요하고 즐거운 신통삼매'란 반야의 실법 체성을 몸소 증득한 것이니, 곧 성품이 청정한 열반[性淨涅槃]인 연고로 '고요한 즐거움'이라 하였고, 큰 작용이 끝이 없는 연고로 '신통함'이라 하였다. 닿음은 몸소 증득한다는 뜻이니 그러므로『유마경』(제자품)에 이르되, "모든 감촉을 받아들이지만 지혜로 아는 것과 같이한다"고 하였다. ㄴ) 善財白言 아래는 스스로 얻은 바가 후득지에서 일어남을 밝혀 진술하였다.

[鈔] 故淨名云受諸觸如智證者는 卽第一迦葉章中이니 謂智證實相에 則觸而非觸이요 觸而非觸에 受亦130)當然하여 心境兩冥131)이 爲親證也니라

● '그러므로 유마경에 이르되, 모든 감촉을 받아들이지만 지혜로 아는 것과 같이한다'는 것은 곧『유마경』(제3. 제자품) 제1. 가섭장에서 이른바 지혜로 실상을 증득하면 감촉하더라도 감촉한 것이 아니요, 감

---

130) 受亦은 甲本作受觸亦, 南續金本作受觸이라 하다.
131) 冥下에 甲南續金本有名字라 하다.

촉하더라도 감촉하지 않음은 받음도 역시 당연함이니 마음과 경계 둘 다 그윽이 계합한 것을 '몸소 증득함[親證]'이라 한 것이다.

(라) 자신은 겸양하고 뛰어난 분을 추천하다[謙己推勝] (第四 34上6)

時에 婆羅門이 告善財言하시되 善男子여 我唯得此菩薩無盡輪解脫이어니와 如諸菩薩摩訶薩은 大功德焰으로 能燒一切衆生見惑하여 令無有餘하여 必不退轉하며 無窮盡心과 無懈怠心과 無怯弱心으로 發如金剛藏那羅延心과 疾修諸行無遲緩心하여 願如風輪하여 普持一切精進大誓하여 皆無退轉하나니 而我云何能知能說彼功德行이리오

이때 바라문이 선재에게 말하였다. "착한 남자여, 나는 다만 이 〈보살의 다함이 없는 바퀴 해탈문〉을 얻었거니와, 저 보살마하살의 큰 공덕 불꽃으로써 능히 모든 중생들의 소견의 미혹을 태워서 남음이 없게 하여 반드시 물러나지 않게 하며, 다하지 않는 마음·게으르지 않은 마음·겁이 없는 마음으로 금강장 나라연 같은 마음과 빨리 수행하고 지체하지 않는 마음을 내며, 바람 둘레와 같이 여러 가지 노력과 큰 서원을 두루 지니려는 마음이 물러나지 않는 것이야 내가 어떻게 알며 그 공덕의 행을 어떻게 말하겠는가?

[疏] 第四, 謙己推勝이라 謙己中에 云無盡輪者는 有二義하니 一, 智輪摧惑하여 照其本源이 無可盡故오 二, 反常智用이 用周法界하여 無有

盡故오 圓轉不已일새 所以名輪이라 推勝은 可知니라

■ (라) 자신은 겸양하고 뛰어난 분을 추천함이다. ㄱ. 자기를 겸양함 중에 '다함이 없는 바퀴'라 말한 것은 두 가지 뜻이 있으니 ㄱ) 지혜 바퀴로 미혹을 꺾으면 그 본원을 비추나니 가히 다할 수 없는 까닭이다. ㄴ) 일상의 지혜와 반대로 작용하면 작용이 법계에 두루하나니 다함이 없기 때문이다. 둥글게 구르는 것이 끝나지 않아서 바퀴라 이름한 것이요, 뛰어난 분을 추천함은 알 수 있으리라.

(마) 다음 선지식을 지시하다[指示後友] (第五 34下1)
(바) 덕을 연모하여 예배하고 물러가다[戀德禮辭] (經/時善)

善男子여 於此南方에 有城하니 名師子奮迅이요 中有童女하니 名曰慈行이니 汝詣彼問하되 菩薩이 云何學菩薩行이며 修菩薩道리잇고하라 時에 善財童子가 頂禮其足하며 遶無數帀하고 辭退而去하니라
착한 남자여, 여기서 남쪽으로 가면 사자분신이란 성이 있고, 그 성중에 동녀가 있으니 이름이 자행이니라. 그대는 그 이에게 가서 '보살이 어떻게 보살의 행을 배우며 보살의 도를 닦느냐?'고 물어라."
그때 선재동자는 그의 발에 엎드려 절하고 수없이 돌고 하직하고 물러갔다.

[疏] 第五, 指示後友라 師子奮迅者는 師子幢王의 所居에 表振動照耀하여 住持世界하여 自在無畏故라 慈行童女者는 知衆生根하여 令其調

伏에 慈爲行故라 智中에 生悲하여 便能處世無染이 是謂童女니 以學 如來十種智故니라
- (마) 다음 선지식을 지시함이다. '사자 힘 뻗치는'이란 사자당왕(師子 幢王)이 사는 곳이니 진동함이 밝게 비추고 세계에 머물러 지니되 자 재하고 두려움 없는 까닭이다. 자행동녀는 중생의 근본을 알아서 그 로 하여금 조복하게 함은 자비로 행하기 위한 까닭이요, 지혜 속에 자비가 생겨나서 문득 능히 세간에 처하여도 물듦이 없음을 말하여 동녀(童女)라 말하였으니, 여래의 열 가지 지혜를 배우려는 까닭이다.

[鈔] 表振動等者는 彼經에 云, 佛子여 云何爲菩薩灌頂住오 此菩薩이 成 就十種智하니 何者爲十고 所謂振動無數世界하며 二, 照耀요 三, 住 持요 四, 往詣요 五, 嚴淨이요 上四는 皆同初句라 六, 開示無數衆生 이요 七, 觀察無數衆生이요 八, 知無數衆生根이요 九, 令無數衆生으 로 趣入이요 十, 令無量衆生으로 調伏이라 今以無畏로 貫斯十句니라
- '진동함 등을 표한다'는 것은 저 (십주품) 경문에 이르되, "불자여, 어 떤 것이 보살의 관정주(灌頂住)인가? 이 보살이 열 가지 지혜를 성취하 나니 무엇이 열 가지인가? 이른바 (1) 수없는 세계를 진동하며 (2) 수없는 세계를 밝게 비치며 (3) 수없는 세계에 머물며 (4) 수없는 세 계에 나아가며 (5) 수없는 세계를 깨끗이 장엄하며 (6) 수없는 중생 에게 열어 보이며 (7) 수없는 중생을 관찰하며 (8) 수없는 중생의 근 기를 알며 (9) 수없는 중생들을 들어가게 하며 (10) 수없는 중생들 을 조복하게 함이다"라고 하였으니 지금은 두려움 없음으로 이런 열 구절과 관통한다.

[翔字卷下 終]

화엄경청량소 제30권

| 초판 1쇄 발행_ 2020년 9월 1일

| 저_ 청량징관
| 역주_ 석반산
| 펴낸이_ 오세룡
| 편집_ 손미숙 박성화 김정은 김영미
| 기획_ 최은영 곽은영
| 디자인_ 김효선 고혜정 장혜정
| 홍보 마케팅_ 이주하
| 펴낸곳_ 담앤북스
　　　　　서울특별시 종로구 새문안로3길 23 경희궁의 아침 4단지 805호
　　　　　대표전화 02)765-1251 전송 02)764-1251 전자우편 damnbooks@hanmail.net
　　　　　출판등록 제300-2011-115호
| ISBN 979-11-6201-231-4 04220

정가 30,000원